Hans H. Brüggemann und Waltraud Gerhardt-Häckl

Verläßliche IT-Systeme

DUD-Fachbeiträge

herausgegeben von Karl Rihaczek, Paul Schmitz, Herbert Meister

Lieferbare Titel der Reihe sind:

2 Einheitliche Höhere Kommunikationsprotokolle – Schicht 4
Hrsg.: Bundesministerium des Innern

6 *Karl Rihaczek*
Datenverschlüsselung in Kommunikationssystemen

10 *Hans-Albert Lennartz*
Datenschutz und Wissenschaftsfreiheit

13 *Ulrich Pordesch, Volker Hammer, Alexander Roßnagel*
Prüfung des rechtsgemäßen Betriebs von ISDN-Anlagen

14 *Hans-Jürgen Seelos*
Informationssysteme und Datenschutz im Krankenhaus

15 *Heinzpeter Höller*
Kommunikationssysteme – Normung und soziale Akzeptanz

16 *Gerhard Weck und Patrick Horster (Hrsg.)*
Verläßliche Informationssysteme
Proceedings der GI-Fachtagung VIS'93

17 *Hans-Albert Lennartz*
Rechtliche Steuerung informationstechnischer Systeme

18 *Georg Erwin Thaller*
Computersicherheit

19 *Günther Cyranek, Kurt Bauknecht (Hrsg.)*
Sicherheitsrisiko Informationstechnik

20 *Wilfried Dankmeier*
Codierung

21 *Heinrich Rust*
Zuverlässigkeit und Verantwortung

22 *Hans H. Brüggemann und Waltraud Gerhardt-Häckl*
Verläßliche IT-Systeme
Proceedings der GI-Fachtagung VIS'95

Hans H. Brüggemann und
Waltraud Gerhardt-Häckl

Verläßliche IT-Systeme

Proceedings der GI-Fachtagung VIS '95

CIP-Codierung angefordert

Das in diesem Buch enthaltene Programm-Material ist mit keiner Verpflichtung oder Garantie irgendeiner Art verbunden. Der Autor, die Herausgeber und der Verlag übernehmen infolgedessen keine Verantwortung und werden keine daraus folgende oder sonstige Haftung übernehmen, die auf irgendeine Art aus der Benutzung dieses Programm-Materials oder Teilen davon entsteht.

Alle Rechte vorbehalten
© Friedr. Vieweg & Sohn Verlagsgesellschaft mbH, Braunschweig/Wiesbaden, 1995

Der Verlag Vieweg ist ein Unternehmen der Bertelsmann Fachinformation GmbH.

Das Werk einschließlich aller seiner Teile ist urheberrechtlich geschützt. Jede Verwertung außerhalb der engen Grenzen des Urheberrechtsgesetzes ist ohne Zustimmung des Verlags unzulässig und strafbar. Das gilt insbesondere für Vervielfältigungen, Übersetzungen, Mikroverfilmungen und die Einspeicherung und Verarbeitung in elektronischen Systemen.

Druck und buchbinderische Verarbeitung: Langelüddecke, Braunschweig
Gedruckt auf säurefreiem Papier
Printed in Germany

ISBN 3-528-05483-2

VIS '95

Verläßliche IT-Systeme

Programmkomitee:
H.-J. Appelrath, Universität Oldenburg
J. Biskup, Universität Hildesheim
H.H. Brüggemann, Universität GH Essen /
  Universität Hildesheim (Co-Chair)
R. Dierstein, DLR, Oberpfaffenhofen
K. Dittrich, Universität Zürich
M. Domke, GMD, Birlinghoven
D. Fox, Universität GH Siegen
W. Gerhardt-Häckl, TU Delft (Co-Chair)
M. Hegenbarth, DeTeMobil, Bonn
S. Herda, GMD, Darmstadt
P. Horster, TU Chemnitz-Zwickau
F.-J. Kauffels, Euskirchen
H. Kurth, IABG, Ottobrunn
V. Lange, BSI, Bonn
A. Lubinski, Universität Rostock
A. Pfitzmann, TU Dresden
H. Pohl, ISIS, Essen
E. Raubold, Telekom FTZ, Darmstadt
M. Reitenspieß, SNI, München
I. Schaumüller-Bichl, GENESiS, Hagenberg
H.-G. Stiegler, SNI, München
K. Vogel, BSI, Bonn
G. Weck, INFODAS, Köln

Organisationskomitee:
A. Heuer, Universität Rostock
A. Lubinski, Universität Rostock

Vorwort

Informationstechnische Systeme sind heute aus dem Leben nicht mehr wegzudenken. In relativ kurzer Zeit und in unterschiedlichsten Lebensbereichen hat der Gebrauch von IT-Systemen zu Abhängigkeiten zwischen diesen Systemen und dem erwarteten Funktionieren der automatisierten Prozesse geführt. Diese Wechselwirkungen sind verschieden groß, abhängig von den Eigenschaften des betreffenden IT-Systems, der Umgebung des IT-Systems sowie der Art und Intensität seines Gebrauchs. Ein Bewertungsmaßstab, den insbesondere Benutzer und Betreiber eines IT-Systems an die erwartungsgemäße Unterstützung der automatisierten Prozesse anlegen, wird durch den Begriff *Verläßlichkeit* charakterisiert. Verläßlichkeit umfaßt ein Bündel von Systemeigenschaften, die über die klassischen Sicherheitsanforderungen der Verfügbarkeit, Integrität und Vertraulichkeit hinausgehen. Hinzu treten mindestens noch Forderungen bezüglich der Durchschaubarkeit der Wirkungen einer Benutzer-Aktion und umgekehrt der Rückverfolgbarkeit einer Wirkung zu den auslösenden Aktionen und Personen. Ein umfassendes Kriterium ist die Verantwortbarkeit der Nutzung eines IT-Systems unter verschiedenen Aspekten wie z.B. der Wahrung von Persönlichkeitsrechten, sicherheitstechnischer Anforderungen oder der Realisierung von Unternehmenszielen.

Verläßlichkeitskriterien sind ein Schlüssel für das Vertrauen, das Benutzer und Betreiber in technische Systeme setzen. Sie sind damit zu Akzeptanzkriterien für technische Systeme geworden. Verläßlichkeitskriterien sowie Methoden und Techniken zur Durchsetzung von Verläßlichkeit sind bisher meist im eingeschränkten Kontext der Systemsicherheit diskutiert worden. Verläßlichkeit verlangt aber nicht nur Schutz vor unberechtigten Zugriffen auf Daten oder Funktionen, sondern z.B. auch die (mathematisch) beweisbare oder die (technisch) garantierbare Funktionalität eines Systems.

Solche Anforderungen verlangen profunde Kenntnisse zur Verläßlichkeit und zu den damit verbundenen Abhängigkeiten von denjenigen, die IT-Systeme benutzen und betreiben. Sie verlangen aber erst recht auch Forschung und Entwicklung mit höchsten Qualitätsansprüchen sowie die Einbeziehung relevanter Probleme in die (Hochschul-)Ausbildung. Eine weitere Notwendigkeit, bedingt durch die wechselseitigen Abhängigkeiten zwischen IT-Systemen, ihrer Umgebung und ihren Betreibern und Benutzern, ist die Verringerung des Abstandes zwischen der akademischen Forschung und der praktischen Anwendung.

Diesem Spektrum von Zielen stellt sich die GI-Fachtagung "Verläßliche IT-Systeme (VIS' 95)" der Fachgruppe 2.5.3 "Verläßliche Informationssysteme" der Gesellschaft für Informatik.

Die '95er Tagung in Rostock gibt neben mehr allgemeinen Themen wie
- dem Krypto-Konflikt,
- der Kryptographie im staatlichen Geheimschutz und
- IT-Sicherheitsevaluationskriterien

einen Überblick über aktuelle Arbeiten
- zu Problemen der Geheimhaltung in Datenbanken,
- zum Zugriffsschutz,
- zur Sicherheit in verteilten Systemen,
- zu formalen Techniken der Kryptographie und Verifikation,
- zu Mechanismen für den Urhebernachweis,
- zur Bereitstellung hochzuverlässiger Systeme im Telekommunikationsbereich,
- zu Mobilität und Intrusion Detection.

Mehr anwendungsbezogene Beiträge beschäftigen sich mit
- Datenschutz im Gesundheitsbereich,
- der Prüfung von Sicherheitskomponenten,
- der verläßlichen Übertragung sicherheitsrelevanter Daten für den Zugverkehr,
- Erfahrungen mit dem Zugriffsschutz für OSI-Management.

Ein Diskussionsforum zum
- Einsatz von Verschlüsselungsverfahren

soll neben Anforderungen und Nutzen insbesondere den akzeptierbaren Grad staatlicher Reglementierung zum Inhalt haben.

Wir wünschen allen Tagungsteilnehmern eine anregende Tagung und danken allen Autoren und Vortragenden, den Gutachtern und den Rostocker Organisatoren, insbesondere Frau Astrid Lubinski, für Ihren Beitrag zum Gelingen der Tagung.

Nicht zuletzt danken wir Herrn Dr. Klockenbusch vom Verlag Vieweg für die reibungslose Zusammenarbeit. Der erste Herausgeber dankt Herrn Henrik Hüne für die Unterstützung bei technischen Arbeiten.

Essen/Hildesheim und Delft, im Januar 1995

Hans H. Brüggemann
Waltraud Gerhardt-Häckl

Inhaltsverzeichnis

Eingeladene Hauptvorträge

A. *Heuser*, Kryptographie im staatlichen Geheimschutz 1

K. *Pommerening*, Datenschutz in Krankenhausinformationssystemen . . 5

R.A. *Rueppel*, Der Krypto-Konflikt: Versuch einer Standortbestimmung   23

M. *Reitenspieß*, Bereitstellung hochzuverlässiger Systeme im Telekommunikationsbereich 27

K. *Rannenberg*, Evaluationskriterien zur IT-Sicherheit - Entwicklungen und Perspektiven in der Normung und außerhalb . . . 45

Diskussionsforum

H. *Pohl*, Einige Bemerkungen zu Anforderungen, Nutzen und staatlicher Regulierung beim Einsatz von Verschlüsselungsverfahren . 69

Informationssysteme

A. *Spalka*, Einige grundlegende Betrachtungen über Geheimhaltung in Datenbanken 75

L. *Kotter*, Datenreduzierende Sichten und ihre Bewertungskriterien bei polyinstantiierten Datenbanken 97

Zugriffsschutz

R. *Jacobs*, Systemverwaltung und Irrelevanzstrategien für die Sicherheitsstrategie der chinesischen Mauer 119

G. *Gahse*, Zugriffskontrolle in Konferenzsystemen 141

Verteilte Systeme

D. *Fox, T. Henn, K. Reichel, Ch. Ruland*, Guarded Authentic Local Area Network GALAN 163

J. Thees, H. Federrath, Methoden zum Schutz von Verkehrsdaten in
Funknetzen 181

Datenschutz im Gesundheitsbereich

W. Thoben, H.-J. Appelrath, Verschlüsselung personenbezogener und
Abgleich anonymisierter Daten durch Kontrollnummern 193

Formale Techniken (Kryptographie und Verifikation)

P. Horster, M. Michels, H. Petersen, Das Meta-ElGamal
Signaturverfahren und seine Anwendungen 207

W.A. Halang, B. Krämer, N. Völker, Formale Verifikation der
Grundelemente in Funktionsplänen von Notabschaltsystemen 229

Mechanismen für den Urhebernachweis

G. Caronni, Assuring Ownership Rights for Digital Images 251

V. Hammer, Digitale Signaturen mit integrierter Zertifikatkette -
Gewinne für den Urheberschafts- und Autorisierungsnachweis 265

Anwendungen aus der Praxis

Ch. Schramm, Praktische Erfahrungen bei der Prüfung von
Betriebssystemen und Sicherheitskomponenten für Mainframes
am Beispiel von MVS und RACF 275

J. Braband, EURORADIO: Verläßliche Übertragung
sicherheitsrelevanter Zugbeeinflussungsdaten über offene Netzwerke . 297

R. Grimm, Th. Hetschold, Zugriffsschutz für OSI-Management -
Erfahrungen aus dem DeTeBerkom-Projekt BMSec 307

Mobilität und Intrusion Detection

A. Pfitzmann, B. Pfitzmann, M. Schunter, M. Waidner, Vertrauenswürdiger Entwurf portabler Benutzerendgeräte und Sicherheitsmodule 329

M. Sobirey, Aktuelle Anforderungen an Intrusion Detection-Systeme
und deren Berücksichtigung bei der Systemgestaltung von AID^2 . . . 351

Kryptographie im staatlichen Geheimschutz

Ansgar Heuser,
Bundesamt für Sicherheit in der Informationstechnik (BSI)
Postfach 20 03 63
53133 Bonn

1. "Kryptographische Sicherheit" im BSI
2. Zulassung von Verschlüsselungssystemen: Maßstäbe und Methoden
3. Einsatzgrundsätze

1. Die durch den Bundesminister des Innern herausgegebene "Verschlußsachenanweisung (VSA)" legt fest, daß als amtlich geheimzuhaltend eingestufte Daten bei ihrer Übertragung auf ungesicherten Kanälen zu verschlüsseln sind; gleiches gilt für die Speicherung solcher Informationen, sobald die physikalischen Träger dieser Daten nicht ihrerseits als Verschlußsache behandelt werden sollen.
Solche Daten fallen in weitem Umfang an in den klassischen Bereichen Bundeswehr, Auswärtiges Amt, Nachrichtendienste, aber auch im privatwirtschaftlichen Sektor, wo etwa im Rahmen von Entwicklungsaufträgen Verschlußsachen zu bearbeiten sind.

In beiden genannten Fällen der VSA bedürfen die eingesetzten Verschlüsselungssysteme einer sog. "Zulassung" (s.u.) durch das BSI.

Das Bundesamt fördert die Entwicklung zulassungsfähiger Systeme durch
- Bedarfsermittlung bei den potentiellen Anwendern
- Vergabe von Entwicklungsaufträgen
- Beratung von Herstellern
- Bereitstellung kryptographischer Komponenten ("Kryptochips")

Es unterstützt deren Einsatz u.a. durch
- Begleitung der Installation

- Schulung und Beratung der Anwender
- Formulierung von Einsatzvorschriften
- Versorgung mit Schlüsselmitteln

Im übrigen behördlichen Bereich, wo zwar in einem allgemeinen Sinne "sensible", nicht jedoch formal als Verschlußsache eingestufte (z.B. personenbezogene oder finanzwirksame) Daten behandelt werden, fällt dem Bundesamt eine lediglich beratende Aufgabe zu; eine Weisungskompetenz besteht hier nicht. Die einer Empfehlung zugrunde liegenden Kategorien sind denen im Verschlußsachenbereich vergleichbar; auch hier findet eine Entwicklungsförderung im obigen Sinne durch das BSI statt, allerdings in eingeschränktem Umfang.

Im Rahmen des Zertifizierungsverfahrens nach den ITSEC nimmt das BSI eine Beurteilung von IT-Sicherungssystemen vor; soweit diese kryptographische Komponenten enthalten, erfolgt zwar keine Bewertung abstrakter mathematischer Chiffrieralgorithmen, wohl aber eine Aussage zu deren korrekter Implementation, Einbettung, Schlüsselmittelversorgung und Handhabung.

Organisatorisch wird die Aufgabe Entwicklung und Evaluierung von Verschlüsselungssystemen (vom kryptographischen Algorithmus bis zu vollständigen Netzstrukturen) in der Abteilung "Kryptographische Sicherheit" wahrgenommen.

2. Eine Evaluierung eines Verschlüsselungssystems mit dem Ziel der Zulassung erfolgt auf Antrag eines behördlichen Anwenders (nicht des Herstellers); sie ist als Dienstleistung gegenüber einer Behörde nicht kostenpflichtig. In der Regel findet sie entwicklungsbegleitend statt, insbesondere wenn eine Beauftragung durch das BSI vorliegt.

Gegenstand der Beurteilung sind dabei:
- das eingesetzte Chiffrierverfahren unter Einschluß des Schlüsselmanagements
- Ausschluß kompromittierender Kanäle, insbesondere elektromagnetischer Abstrahlung
- Manipulationsschutz durch "Anti-Tamper" - Maßnahmen

- Sicherungen gegen Fehlbedienung und Fehlfunktion
- Einhaltung von allgemeinen Aspekten der Sicherheitsarchitektur (Hard- und Software)
- Umgebungsbedingungen bei Entwicklung und Produktion

Die Maßstäbe leiten sich dabei von einer "worst-case" - Betrachtung ab, d.h. man unterstellt einen Angreifer, der über beträchtliche materielle wie immaterielle Ressourcen verfügt, sowie ferner extreme Einsatzbedingungen.

Die Forderung nach Entwicklung und Produktion in gesicherter Umgebung leitet sich von der nicht zu unterschätzenden Bedrohung durch Manipulationsversuche ab; als Konsequenz kommen als Hersteller in der Regel nur Firmen in Betracht, die sich in der Geheimschutzbetreuung durch das Bundesministerium für Wirtschaft befinden.

Die Zulassung wird ausgesprochen bis zu einem bestimmten Verschlußsachen-Einstufungsgrad; sie kann bei Gewinnung neuer Erkenntnisse widerrufen werden.

3. Die im staatlichen Geheimschutzbereich eingesetzten Verschlüsselungssysteme unterliegen einer eingeschränkten Verbreitung: sie sind z.T. selbst als Verschlußsache anzusehen. Ferner muß das Bedienungspersonal sich in einigen Fällen einer besonderen Sicherheitsüberprüfung unterziehen, auch müssen die Räumlichkeiten, in denen bestimmte Geräte betrieben werden, besonderen Auflagen genügen.

Diese Maßnahmen sind Bestandteil einer Sicherheitsphilosophie, die einem potentiellen Angreifer den Zugriff auf die Systeme selbst nach Möglichkeit verwehren will: zwar verlangt Zulassungsfähigkeit, daß die Sicherheit nicht darauf beruht, daß diesem die Detailkenntnis der Geräte fehlt, ohne Not darf jedoch diese zusätzliche - beträchtliche - Hürde gegenüber einem Angriff nicht preisgegeben werden.

Denn bei aller Sorgfalt der Beurteilung verbleibt ein Restrisiko aufgrund der Unzulänglichkeit der eigenen Erkenntnisse; dies verlangt, nach Möglichkeit eine tiefgreifende Schwachstellenanalyse durch als bedrohlich anzusehende Interessierte zu verhindern. Für den engeren Bereich der eigentlichen Chiffrieralgorithmen ergibt sich daraus die Notwendigkeit ihrer Geheimhaltung (und darum Eigenentwicklung) sowie folglich ihrer adäquaten Umsetzung in Technik auf eine Weise, die diesem Anspruch genügt, in der Regel also durch hochintegrierte Schaltkreise.

Nicht verschwiegen sei, daß ein weiteres Motiv für die Nichtverbreitung hochsicherer Systeme auch darin begründet ist, diese nicht in solche Hände fallen zu lassen, wo ihr Einsatz die staatliche Sicherheit gefährden würde, sei es im In- oder im Ausland.

Datenschutz in Krankenhausinformationssystemen

Klaus Pommerening

Institut für Medizinische Statistik und Dokumentation
Johannes-Gutenberg-Universität, D-55101 Mainz
Email: pom@anke.imsd.uni-mainz.de

Zusammenfassung

Medizinische Daten gehören zu den besonders sensitiven Daten einer Person. Sie unterliegen der ärztlichen Schweigepflicht und dem Recht auf informationelle Selbstbestimmung. Durch die Einführung von Informations- und Kommunikationstechnologie soll die Qualität und Effizienz der Gesundheitsversorgung, besonders im Krankenhaus, verbessert werden. Dadurch entstehen aber auch neue Risiken für die Vertraulichkeit der medizinischen Daten. Bestehende Krankenhausinformations-, Abteilungs- und Arbeitsplatzsysteme lassen diese Risiken weitgehend außer Acht. Die existierenden technischen Konzepte für die Verläßlichkeit und Vertrauenswürdigkeit medizinischer Informationssysteme müssen daher so bald wie möglich in die Praxis umgesetzt werden. Die Informatiker sind aufgerufen, sie mit wissenschaftlichen Methoden weiterzuentwickeln und bei der Modellierung von Krankenhausinformationssystemen endlich zu berücksichtigen.

1 Datenschutz in der Medizin

Von den drei klassischen Grundforderungen an verläßliche informationstechnische Systeme,

- Verfügbarkeit,
- Integrität,
- Vertraulichkeit,

steht die dritte, die Forderung nach der Vertraulichkeit, im Mittelpunkt dieses Vortrags. Selbstverständlich hat der Patient ein mindestens ebenso großes Interesse an der Verfügbarkeit und der Integrität seiner Daten und daran, daß er durch die Automatisierung von diagnostischen und therapeutischen Prozeduren keinen Schaden erleidet. Die Medizin ist daher einer der Bereiche, in denen die Forderung nach verläßlichen und vertrauenswürdigen Informationssystemen am dringendsten ist.

1.1 Die Vertraulichkeit medizinischer Daten

Die Vertraulichkeit medizinischer Daten beruht auf der ärztlichen Schweigepflicht, die im Eid des Hippokrates definiert wird, und auf dem Grundrecht auf informationelle Selbstbestimmung. Das Vertrauen des Patienten in den Arzt ist eine wichtige Grundlage des Gesundheitssystems; ob es angesichts der allgemeinen Undurchschaubarkeit des modernen Medizinbetriebs, aber auch aufgrund menschlicher Unzulänglichkeiten, überhaupt in nennenswertem Maße existiert, ist vielleicht nicht ganz sicher. Jedenfalls darf es durch undurchschaubare Anwendung informationstechnischer Methoden und unkontrollierbare Datenströme nicht noch weiter geschädigt werden. Der Mensch, hier in seiner Eigenschaft als Patient, muß sich darauf verlassen können, daß die Daten zu seiner Person und die Informationen, die er über sich preisgibt, nicht ohne seinen Willen und ohne sein Wissen weiterverwendet werden. Das bedeutet der Ausdruck „informationelles Selbstbestimmungsrecht", den das Bundesverfassungsgericht geprägt hat. Selbstverständlich sind auch die persönlichen Daten anderer Beteiligter am Gesundheitsprozeß, z. B. Personaldaten im Krankenhaus, wirksam zu schützen.

1.2 Hauptprobleme

Die drei Hauptprobleme für den Datenschutz in der Medizin, speziell in Krankenhausinformationssystemen, sind
   1. die mangelhafte rechtliche Situation,
   2. organisatorische Unzulänglichkeiten,
   3. fehlende Umsetzung der existierenden Technik.

Die mangelhafte rechtliche Situation ist gekennzeichnet durch eine selbst für Juristen kaum noch überschaubare Fülle einschlägiger Gesetze mit unterschiedlichem Anwendungsbereich und teilweise widersprüchlichen Regelungen; dabei ist die Subsidiarität der Datenschutzgesetze besonders problematisch: Treten Konflikte zwischen verschiedenen Gesetzen auf, wie sie z. B. beim GSG in Abschnitt 3 beschrieben werden, so tritt der Datenschutz zurück – und dies, obwohl er als Grundrecht definiert ist.

Die organisatorischen Unzulänglichkeiten zeigen sich in fehlenden Regelungen für Verantwortlichkeiten und in der mangelnden Motivation der Beteiligten, wirksame Datenschutzmaßnahmen einzuführen.

Die Informatisierung von Arztpraxen und Krankenhäusern macht rapide Fortschritte. Personalcomputer, Server und Netze werden installiert und betrieben, obwohl sie ohne besondere Maßnahmen keinen wirksamen Schutz gegen Ausspähung und Verfälschung der gespeicherten oder übermittelten Daten bieten. Das Eindringen offener Informations- und Kommunikationssysteme in das Gesundheitssystem läßt die Gefährdung der empfindlichsten persönlichen Daten immer weiter wachsen. Existierende Sicherheitstechnik, wie kryptographische Protokolle oder PC-Sicherheitssysteme, bleibt dabei weitgehend unbeachtet. Informationstechnische Systeme, speziell in der Medizin, sollten aber so konzipiert und konstruiert werden, daß sie das Recht auf Vertraulichkeit auf allen Ebenen wirksam schützen.

1.3 Initiativen

Neben verschiedenen internationalen und europäischen Initiativen zur Verbesserung von Datenschutz und Datensicherheit in der Medizin hat auch die in Deutschland zuständige Fachgesellschaft GMDS (Deutsche Gesellschaft für Medizinische Informatik, Biometrie und Epidemiologie) eine Arbeitsgruppe „Datenschutz in Krankenhausinformationssystemen" gegründet, aus deren Arbeit wesentliche Teile dieses Vortrags entstanden sind [1]. Die Aufgaben dieser Arbeitsgruppe sind:

A) Erstellung eines Datenschutzkonzepts für Krankenhausinformationssysteme.
- Formulierung der Datenschutzanforderungen.
- Definition einer modellhaften Zugriffsmatrix.
- Sicherheitskriterien: Definition von zu beachtenden Gefährdungen und nötigen Sicherheitsstufen aus den Anforderungen des Datenschutzes.
- Empfehlungen zur technischen Absicherung des Datenschutzes in Krankenhäusern.
- Definition, eventuell Bereitstellung der kryptographischen Infrastruktur.

B) Umsetzung des Datenschutzkonzepts.
- Durchführung von Modellprojekten, Referenzinstallationen.
- Fachliche Beratung zu Datenschutz-Technologien und organisatorischen Fragen.

Bisher wurde, als Grundlage für ein Muster-Datenschutzkonzept, ein Positionspapier „Allgemeine Grundsätze für den Datenschutz in Krankenhausinformationssystemen" erarbeitet [1]. Ferner wurde für die gruppeninterne Kommunikation das Paket PGP eingeführt, um Erfahrungen mit kryptographischer Technik zu sammeln. Wesentlich für die Arbeitsgruppe ist auch die Mitarbeit in den entsprechenden Working Groups der internationalen Medizin-Informatik-Vereinigungen IMIA und EFMI.

2 Datenschutz im Krankenhaus

Die Datenschutzanforderungen für medizinische Daten müssen in der speziellen Situation eines Krankenhauses weiter präzisiert werden.

2.1 Die Organisation des Krankenhauses

Das Krankenhaus ist arbeitsteilig organisiert. Während eines Krankenhausaufenthalts wandert der Patient durch mehrere Fachabteilungen zu verschiedenen Untersuchungen; Blut- und andere Proben werden an verschiedene Laboratorien übergeben. Patienten-Stammdaten werden von der Klinksverwaltung bearbeitet, ebenso die Abrechnung mit den Kostenträgern. An allen diesen Stellen fallen Daten an, die gespeichert und übermittelt werden müssen. Dennoch kann der Krankenhausbetrieb nicht als „informationelle Einheit" angesehen werden, in der uneingeschränkt Patientendaten ausgetauscht und verwendet werden dürfen. Vielmehr dürfen diese Daten nur „im Rahmen der Zweckbestimmung des Behandlungsvertrags" verarbeitet werden; sie sind unter Verantwortung der erhebenden Stelle oder der Stelle ihrer überwiegenden Verwendung zu speichern und dürfen nur bei Bedarf nach einem überprüfbaren Verfahren anderen Leistungsstellen offenbart werden. Sie unterliegen also der „Datenhoheit" der Fachabteilung.

Der Patient willigt mit dem Abschluß des Behandlungsvertrags zwar darin ein, daß Daten über ihn erhoben und gespeichert werden; er hat aber das Recht darauf, daß nur die jeweils erforderlichen Teilinformationen aus der Krankenakte anderen an der Behandlung beteiligten Personen oder Stellen offenbart werden.

Auch die Krankenhausverwaltung darf nur zu den Daten Zugang haben, die für ihre Zwecke erforderlich sind.

Für eine vertiefte Darstellung der Situation und die Herleitung im Begründungszusammenhang sei auf [9] verwiesen.

2.2 Krankenhausinformationssysteme

Ein Krankenhausinformationssystem (KIS) ist ein kompliziertes Geflecht von verschiedenen, oft verschiedenartigen Subsystemen. Es gibt, besonders in kleineren Krankenhäusern, gelegentlich zentrale Systeme; der Normalfall ist heute aber ein dezentrales System mit Arbeitsplatzsystemen, Abteilungssystemen, einigen zentralen Datenbanken und einem globalen Informations- und Kommunikationssystem. Die Daten müssen zur rechten Zeit am rechten Ort zugänglich sein. Die Krankenakten werden in verschiedenen Teilen an verschiedenen Stellen geschrieben und müssen eine Vielfalt verschiedener Sichten bieten. Hersteller und Betreiber solcher Systeme sind froh, wenn die Kommunikation zwischen den Subsystemen irgendwie klappt und schrecken davor zurück, zusätzliche Komplexität in Form von Datenschutzmaßnahmen einzuführen.

Für das gesamte Krankenhaus sollte ein einheitliches Konzept existieren, das Verantwortlichkeiten, Prozeduren und Zugriffsrechte definiert. Dies ist eine schwierige Aufgabe, zumal in verteilten Datenbanksystemen nicht offensichtlich klar ist, wo die Daten überhaupt physisch lokalisiert sind und welcher Systemverwalter verantwortlich für sie ist. Dieses Gesamtkonzept muß in jedem Teil des Systems implementiert und nach dem Stand der Technik abgesichert werden. Jedes Krankenhaus, vielleicht sogar jede Abteilung, sollte einen Sicherheitsbeauftragten haben. Krankenhausnetze müssen von Fernverkehrsnetzen abgekoppelt werden, sei es physisch oder logisch (durch kryptographische Techniken), zumindest durch einen „Firewall". Weitere Vorschläge für Sicherheitsmaßnahmen folgen in Abschnitt 4.3.

2.3 Die elektronische Krankenakte

Die erste und wichtigste Anwendung eines Computersystems in Klinik oder Arztpraxis ist die Verwaltung der Patientendaten. Die elektronische Krankenakte dient mehreren Zwecken:

- Abrechnung mit den Kostenträgern,
- gesetzlich vorgeschriebene Dokumentation von Diagnose und Therapie,
- Qualitätskontrolle,
- wissenschaftliche Auswertung.

Die Daten müssen im Normalfall zehn, teilweise bis zu 30 Jahren aufbewahrt werden (Archivierungspflicht). Technische Maßnahmen müssen die Integrität der Daten gewährleisten und dafür sorgen, daß sie, auch über lange Zeiträume, nur berechtigten Personen zugänglich sind, wobei das „need to know"-Prinzip streng anzuwenden ist. Im Papierzeitalter bot das Chaos und die Unübersichtlichkeit der Patientenakten noch einen gewissen Schutz; im Zeitalter der elektronischen Medien können wir uns keine Nachlässigkeit beim Umgang mit Patientendaten mehr erlauben.

Die Patientendaten sind nach dem Stand der Technik zu schützen, wobei aber das Prinzip der Verhältnismäßigkeit zu beachten ist. Insbesondere für medizinische Daten ist wegen ihrer Sensitivität ein hoher Sicherungsaufwand geboten. Durch technische und organisatorische Maßnahmen muß gewährleistet sein, daß nur der zuständige Arzt und, soweit für die Behandlung nötig, mitbehandelnde Ärzte und Pflegepersonal die Patientendaten lesen oder im zulässigen Rahmen weitergeben können.

3 Die Struktur des Gesundheitssystems

Das neue Gesundheitsstrukturgesetz (GSG) hat zum Ziel, die Aufwärtsspirale der Kosten für das Gesundheitssystem zu brechen. Wirtschaftlichkeit und Qualitätssicherung der Krankenversorgung sollen verbessert werden; Hauptziel ist aber die Kostendämpfung im Gesundheitswesen.

3.1 Inhalte des GSG

Um seine Ziele zu erreichen, führt das GSG die leistungsorientierte Vergütung nach Leistungskatalogen, Fallpauschalen und Sonderentgelten anstelle der bisherigen pauschalen Pflegesätze ein. Außerdem verlangt es eine ziemlich genaue Dokumentation der erbrachten diagnostischen und therapeutischen Leistungen und deren Übermittlung an die Kostenträger (Krankenkassen oder Versicherungen). Die Daten müssen in standardisierter, maschinenlesbarer Form und patientenbezogen übermittelt werden. Dazu heißt es im GSG [3, § 302]:

„Die ... Krankenhäuser sind verpflichtet, den Krankenkassen bei Krankenhausbehandlung folgende Angaben maschinenlesbar zu übermitteln:

...

3. den Tag, die Uhrzeit und den Grund der Aufnahme sowie die Einweisungsdiagnose, die Aufnahmediagnose, bei einer Änderung der Aufnahmediagnose die nachfolgenden Diagnosen, die voraussichtliche Dauer der Krankenhausbehandlung sowie, falls diese überschritten wird, auf Verlangen der Krankenkasse die medizinische Begründung.

...

6. Datum und Art der im jeweiligen Krankenhaus durchgeführten Operationen,

7. den Tag, die Uhrzeit und den Grund der Entlassung oder der externen Verlegung sowie die Entlassungs- oder Verlegungsdiagnose; ...

8. Angaben über die im jeweiligen Krankenhaus durchgeführten Rehabilitationsmaßnahmen sowie Vorschläge für die Art der weiteren Behandlung mit Angabe geeigneter Einrichtungen,

..."

3.2 Datenschutzprobleme des GSG

Das GSG hat mit den bisherigen Vorstellungen von Datenschutz nicht viel gemeinsam. Insbesondere werden Daten nach außen übermittelt, die nach bisherigem Rechtsverständnis nicht einmal zwischen verschiedenen Abteilungen eines Krankenhauses ausgetauscht werden dürften.

Die Unterscheidung zwischen administrativen und medizinischen Daten verblaßt. Patientendaten werden zwischen den Instanzen des Gesundheitssystems ohne Mitbestimmungsrecht des Patienten umhergeschoben. Das informationelle Selbstbestimmungsrecht der Patienten wird verletzt. Der Datenschutz verschwindet im Bermuda-Dreieck zwischen Patient, Arzt und Krankenkasse. Es entstehen riesige Datensammlungen über alle Versicherten. Der gläserne Patient und der gläserne Arzt werden geschaffen.

Die Krankenhausinformationssysteme müssen unterschiedliche rechtliche Grundlagen für verschiedenen Typen von Patienten berücksichtigen (z. B. privat versicherte). Streng genommen ist daher eine einheitliche Patientendatenbank rechtlich nicht zulässig.

Sehr zu beanstanden ist auch die fehlende Transportsicherung: Das bevorzugte Medium für die maschinenlesbare Datenübermittlung ist der Postversand einer Diskette in einem Brief. Da die Krankenkassen den Aufwand minimieren wollen, sind Einschreiben dabei ausdrücklich ausgeschlossen. Erst recht lassen die Durchführungsbestimmungen keine kryptographische Verschlüsselung der Daten zu.

Da die optimale Versorgung immer teurer wird, ist für die Kosteneffizienz sicherlich eine größere Transparenz der medizinischen Prozesse nötig. Die Optimierung der Gesundheitsversorgung sollte aber auch möglich sein, ohne solch große Mengen personenbezogener Daten zu offenbaren. „The need for information must not lead to the protection of the human personality being neglected." [5, 3.1.1]

3.3 Lösungsansätze

Die Datenschutzbeauftragten haben keine Handhabe gegen das GSG, weil es ein vom Parlament beschlossenes Gesetz ist. Wirksam wäre vielleicht eine Verfassungsbeschwerde, die aber nur von einem betroffenen Patienten eingelegt werden kann.

Davon abgesehen gibt es folgende Vorschläge zur Verbesserung der für den Datenschutz bedrohlichen Situation:

- Verschlüsselung der Datenübermittlung,
- Verwendung von Pseudonymen,
- Verlagerung der Qualitätskontrolle auf krankenhausinterne Instanzen.

Der erste Vorschlag wäre relativ leicht zu verwirklichen, da es geeignete Verschlüsselungsprogramme gibt, etwa PGP. Die zu schaffende Infrastruktur bestünde im wesentlichen aus der Installation von PGP bei jedem Arzt und in jedem Krankenhaus, der einmaligen Schlüsselerzeugung und dem Führen eines Verzeichnisses aller öffentlichen Schlüssel bei der Krankenkasse.

Pseudonyme sind kryptographische Protokolle, die Anonymität bei elektronischen Transaktionen sichern [4]. Musterbeispiele sind:

- die Kontrollnummern, die bei den Pilotprojekten zur Krebsregistrierung in Rheinland-Pfalz und Niedersachsen verwendet werden und die auch Eingang in das Bundeskrebsregistergesetz gefunden haben,
- das anonyme elektronische Rezept [10],
- elektronisches Geld [2, 6.3].

Kontrollnummern nach dem Krebsregistermodell sind für die Abrechnung mit den Krankenkassen nicht so gut geeignet: Sie setzen entweder einen identischen kryptographischen Schlüssel bei allen Krankenhäusern und Ärzten voraus, oder bieten andernfalls den Krankenkassen die Möglichkeit zum Datenabgleich durch Probeverschlüsselung. Voll geeignet sind aber die Modelle „elektronisches Rezept" und „elektronisches Geld", wenn man sie sinngemäß anwendet.

Das elektronische Rezept setzt die Ablösung der gegenwärtigen Krankenversicherten-Karten durch echte Smart Cards voraus. Es wird vom Arzt elektronisch signiert, in die Smart Card des Patienten eingetragen, in der Apotheke geprüft und bearbeitet, an die Krankenkasse übermittelt und vollelektronisch abgerechnet. Es wird dadurch pseudonymisiert, daß im Rezeptkopf statt Name, Adresse und Mitgliedsnummer ein Pseudonym des Patienten steht; auch der Arzt kann durch ein Pseudonym repräsentiert werden. Kostenabrechnungen und Auswertungen bleiben möglich, z. B.:

- ob das Rezept für ein Mitglied der betreffenden Krankenkasse erstellt wurde,
- ob das Rezept von einem zugelassenen Kassenarzt ausgestellt wurde, einschließlich Facharzt-Richtung,
- welche Rezepte in einem Zeitraum für eine Person ausgestellt wurden,
- wie oft ein Arzt welche Medikamente verordnet,
- statistische Auswertungen über gewisse nichtidentifizierende Merkmale wie Geschlecht und Geburtsjahr.

Auswertungen können dann natürlich nur statistisch oder, falls einzelfallbezogen, anonym erfolgen. In begründeten Fällen (die gesetzlich geregelt sein müßten) ist im Struifschen Modell eine Aufhebung der Pseudonyme mit Hilfe einer (oder dem Zusammenwirken zweier) spezieller Re-Identifizierungskarten möglich.

Die Übertragung dieses Modells auf die Abrechnung der ärztlichen Behandlung sieht sogar noch einfacher aus. Der Patient wählt ein Pseudonym und läßt es sich in „camouflierter" Form von der Krankenkasse durch elektronische Unterschrift bestätigen – ganz analog zum Prägen einer elektronischen Münze wie in [2] beschrieben. Jeder, auch die Krankenkasse selbst, kann die Echtheit des Pseudonyms mit dem öffentlichen Schlüssel der Krankenkasse prüfen. Niemand kann das Pseudonym seinem Besitzer zuordnen, außer dieser selbst; natürlich muß es in einem kryptographisch geschützten Bereich der Karte abgelegt sein. Kein Patient kann ein gefälschtes Pseudonym erzeugen. Es dient also als echter Krankenversicherten-Ausweis.

Die Pseudonymisierung des Arztes wäre zwar analog machbar, würde aber auch die Führung von pseudonymen Bankkonten zur Überweisung der Honorare nötig machen.

Die nötige Infrastruktur für die Einführung von Pseudonymen besteht in der Verfügbarkeit asymmetrischer Verschlüsselungssoftware, z. B. PGP, in allen Arztpraxen und bei den Krankenkassen. Erzeugt werden können die Pseudonyme auf dem Arztcomputer oder auf dem Computer des Patienten. Als zusätzlicher organisatorischer Aufwand kommt das Übermitteln des camouflierten Pseudonyms an die Krankenkasse hinzu, die es in unterschriebener Form zurückreicht. Datenträger dafür könnte die Smart Card des Patienten sein.

4 Sicherheit - wie verwirklichen?

Kehren wir zu den Krankenhausinformationssystemen zurück. Natürlich ist keine vollständige Sicherheit erreichbar. Es läßt sich aber prinzipiell mit dem Stand der Technik ein angemessenes Sicherheitsniveau erreichen. Dabei gibt es mehrere Stufen, auf denen man ansetzen kann:

- die allgemeine Systemsicherheit,
- Sicherheitsanforderungen im medizinischen Bereich allgemein,
- spezielle Gesichtspunkte für Krankenhausinformationssysteme.

Zu beachten sind aber auch psychologische Aspekte bei Benutzern, Entwicklern und Vertreibern von Krankenhausinformationssystemen.

4.1 Die Motivation der Benutzer

Die Verwirklichung des Datenschutzes im medizinischen Bereich ist in einem beklagenswerten Zustand („alarming" in [5, p. 1]). Ein möglicher Grund ist, daß die Mediziner die Notwendigkeit von Maßnahmen nicht einsehen – es gibt nur wenige bekannt gewordene spektakuläre Fälle von Datenschutzverletzungen im medizinischen Bereich. Außerdem fürchten sie zusätzlichen Streß und Hindernisse im Arbeitsablauf. Sie fürchten, daß Datenschutzmaßnahmen eine Menge Geld und Zeit kosten und sich nicht lohnen.

Die fachkundigen Informatiker sollten hier ganz klar machen, daß moderne Sicherheitstechniken für Anwender und Systembetreiber nicht besonders kompliziert sind. Voraussetzung dafür ist, daß diese Techniken bereits beim Systemdesign berücksichtigt und als integrierte Systemleistung konzipiert werden. Eine ideale Sicherheitsmaßnahme scheint die Verwendung von Chipkarten (als „Professional Cards") zu sein, die mit kryptographischen Funktionen ausgestattet sind. Sie machen Systemzugang (als Paßwortersatz) und Datenzugriff (über kryptographische Funktionen) einfach und trotzdem sicher und veranlassen den Besitzer, besonders wenn sie mit der elektronischen Unterschrift gekoppelt sind, die Sicherheit ernst zu nehmen. Alle anderen Sicherheitsmaßnahmen sollten vor dem Benutzer verborgen bleiben, solange er sich legal verhält. Ein Detailbeispiel für ein benutzerfreundliches Design: Eine Login-Logout-Sequenz ist für einen Wechsel der Zugriffsrechte in einer zeitkritischen Situation völlig ungeeignet; statt dessen sollte der Wechsel „fliegend" durch Wechsel der Chipkarte möglich sein, ohne daß man die laufende Anwendung verlassen muß.

Die Sicherheitsmaßnahmen sollen die Aufmerksamkeit des Arztes nicht vom Patienten ablenken. Zwar sind Datenschutzmaßnahmen ohne Mitwirkung der Beteiligten nicht zu verwirklichen, aber die Belastung des medizinischen Personals durch organisatorische und technische Verfahren ist zu minimieren. Der sachgerechte Umgang mit den Patientendaten darf durch Schutzmaßnahmen nicht beeinträchtigt werden. Die Verfügbarkeit der Daten, besonders in kritischen Situationen, ist im Interesse des Patienten zu gewährleisten. Technische Datenschutzmaßnahmen sollen den freien Austausch nichtgeschützter Informationen möglichst wenig behindern, z. B. den Zugriff auf externe Informationsdienste wie DIMDI und elektronische Post. Auch die Verwendung der Daten für Forschungszwecke soll, soweit die Datenschutzanforderungen für wissenschaftliche Forschungsvorhaben erfüllt sind, gewährleistet sein.

4.2 Die Motivation von Entwicklern und Vertreibern

Hersteller und Entwickler von Krankenhausinformationssystemen und Teilsystemen sehen Datenschutz und -sicherheit anscheinend nicht als positive Systemeigenschaft an, mit der man attraktive Werbung machen kann; negative Konzepte wirken nicht verkaufsfördernd. Es gibt einen großen Markt für billige Hardware und spektakuläre Software wie grafische Benutzungsoberflächen. Der Markt für sichere Systeme ist dagegen sehr klein; diese sind daher auch unverhältnismäßig teuer. In dieser Beziehung haben auch die US-Exportbeschränkungen für kryptographische Produkte eine Menge Unheil angerichtet. Benötigt werden klare Sicherheitsstandards für alle medizinischen Anwendungsbereiche, auf die sich Entwickler stützen können.

4.3 Ansatz zu einem Datenschutzkonzept

Ein allgemeingültiges Datenschutzmodell kann wohl nicht entwickelt werden, denn wegen großer Unterschiede in den Krankenhäusern gibt es nicht einmal ein allgemeines Modell für Krankenhausinformationssysteme. Daher muß man sich bei Empfehlungen auf möglichst allgemeingültige Ansätze und systemunabhängige oder anpaßbare Vorschläge beschränken, z. B. bei der Schwachstellen- und Bedrohungsanalyse, der Identifikation relevanter Subjekte und Objekte, der grundsätzlichen Definition von Zugriffsrechten und bei Empfehlungen für Sicherheitsmaßnahmen organisatorischer oder technischer Art.

Bei den Bedrohungen kann man unterscheiden zwischen naheliegenden Bedrohungen, wie:

- zufällige Besucher an unbeaufsichtigten Geräten,
- nichtmedizinisches Personal (z. B. Putzdienst),
- Wartungsdienst,
- Reparaturdienst (Fall „Vobis-Festplatten").

und „exotischen" Bedrohungen, wie:

- Presse,
- Kriminelle,
- Hacker.

Diese sind zwar auch real und müssen bedacht werden; sie werden aber von den Systembetreibern oft heruntergespielt. In jedem konkreten Fall ist eine Schwachstellenanalyse nötig; die Differenzierung der Bedrohungen ist allerdings nicht so wichtig, da die Datenschutzvorschriften sowieso bestmögliche Sicherung nach dem Stand der Technik verlangen. Zu beachten ist, daß Wartung komplizierter Datenbanksysteme oft nur mit realen Daten sinnvoll ist, im Gegensatz zur oft erhobenen Forderung nach Wartung mit Testdaten. Einziger Ausweg: Überwachung und Aufzeichnung der Aktionen des Wartungspersonals.

Aus der Grundsatzerklärung der Arbeitsgruppe folgen einige Vorgaben für ein Sicherheitskonzept in Krankenhausinformationssystemen:

- Daten werden in der Verantwortung der erhebenden Abteilung gespeichert und sind vor anderen Abteilungen zu schützen.

- Die erhebende Abteilung verwaltet auch die Zugriffsrechte zu den Daten („Prinzip der logischen Überweisung").
- Das zu erstellende Modell erfordert also autonome Abteilungsserver, die ihre Zugriffsrechte selbst verwalten.

Die naheliegende Realisierung dieses Modells besteht also aus einem System von Abteilungsservern und Abteilungsnetzen, wobei die Kommunikation zwischen den Abteilungen über ein Backbone-Netz stattfindet. Insbesondere ist die Netztopologie nicht nach Gebäuden, sondern nach Abteilungen zu gliedern. Die Abteilungssubnetze werden durch Router, eventuell sogar durch Firewallsysteme getrennt. Auf lange Sicht sollte man die Subnetze aber besser logisch durch kryptographische Protokolle trennen.

Bei den Zugriffsrechten ist zu unterscheiden zwischen statischen Zugriffsrechten, die an die Person gebunden sind, und dynamischen Zugriffsrechte, die an die Rolle gebunden sind. Die Zugriffsrechte sind nach den Hierarchieebenen innerhalb einer Abteilung zu gliedern:

- Chefarzt,
- Oberarzt,
- Stationsarzt (sieht nur seine Patienten),
- ...

Analog ist die Hierarchie beim Pflegepersonal (etwa Oberschwester) zu berücksichtigen. Weitere relevante Rollen sind:

- Forscher,
- Medizinstudent,
- Krankenhausverwaltung,
- Patient (der Rechte an seinen eigenen Daten hat),
- Arztsekretariat.

Nicht vergessen werden dürfen die Notfallzugriffsrechte!

Mögliche Schutzstufen für Daten im Krankenhaus sind (nach dem Katalog der technischen und organisatorischen Maßnahmen zum Datenschutz des staatlichen Koordinierungsausschusses Datenverarbeitung Bayern):

A) Frei zugängliche Daten (z. B. Bibliothekskatalog, Vorlesungsverzeichnis).

B) Daten, deren Mißbrauch keine besondere Beeinträchtigung erwarten läßt (z.B. Adressenverzeichnisse, Verteiler).

C) Daten, deren Mißbrauch den Betroffenen in seiner gesellschaftlichen Stellung oder wirtschaftlichen Verhältnissen beeinträchtigen kann („Ansehen") (z. B. Patientenstammdaten, allgemeine Personaldaten).

D) Daten, deren Mißbrauch die gesellschaftliche Stellung oder die wirtschaftlichen Verhältnisse des Betroffenen erheblich beeinträchtigen kann („Existenz") (z. B. medizinische Patientendaten, Unterbringung in Anstalten, dienstliche Beurteilungen).

E) Daten, deren Mißbrauch Gesundheit, Leben oder Freiheit des Betroffenen beeinträchtigen kann (z. B. besonders empfindliche Patientendaten, man denke etwa an psychiatrische Behandlungen).

Diese Schutzstufen verdeutlichen die Sensitivität der Daten und helfen bei der Gruppierung von Daten. Für die Anwendung scheinen sie mir von geringerer Bedeutung zu sein, denn grundsätzlich gilt:

1. Im Zweifelsfall ist die höhere Schutzstufe zu unterstellen.

2. Sind Maßnahmen für die höhere Schutzstufe nicht „teurer", sind sie auch für die niedrigere Schutzstufe anzuwenden.

Daher brauchen sie im Modell eventuell nur sehr eingeschränkt berücksichtigt zu werden, insbesondere, wenn das „need-to-know"-Prinzip konsequent angewendet wird.

Mögliche allgemeingültige Empfehlungen für Sicherheitsmaßnahmen sind

- Verschlüsselte Datenspeicherung,
- verschlüsselte Kommunikation (Datenübermittlung),
- überprüfbare Zugriffskontrolle („mandatory") aufgrund einer systemweit definierten Zugriffsmatrix,
- elektronische Unterschrift von Verordnungen, Leistungsanforderungen, Kommunikation, Dokumentation,
- zentrales Schlüsselverzeichnis (mit zentraler Zertifikationsinstanz),
- Chipkarten als persönlicher Ausweis und Schlüsselablage (mit PIN-Schutz), auch als „Professional Card" bezeichnet,
- Firewall- und andere Netzsicherheitstechniken,
- Einsatz von PC-Sicherheitssystemen,
- organisatorisch: Verpflichtung, Schulungen, ...

4.4 Ein Ansatz zur Modellierung

Ein Krankenhausinformationssystem ist kein geschlossenes System. Durch Modularisierung der Kommunikationsströme kann man es aber als ein System mit kontrollierten Ein- und Ausgängen modellieren. Weitere Systeme auf dieser Hierarchiestufe sind der Patient, die niedergelassenen Ärzte und die Krankenkassen und Versicherungsunternehmen, siehe Abbildung 1. (Auch epidemiologische Register, soweit sie existieren, sind auf dieser Stufe anzusiedeln.) Innerhalb dieser Systeme der oberen Stufe sind jeweils die internen Datenströme und -speicher zu modellieren. Im Krankenhausinformationssystem sind die beteiligten Entitäten: Fachabteilungen, Kliniksverwaltung, Leistungsstellen (wie Labore), siehe Abbildung 2. Diese sind weiter hierarchisch untergliedert nach Funktionen, wie Arzt, Pflegepersonal, technische Angestellte.

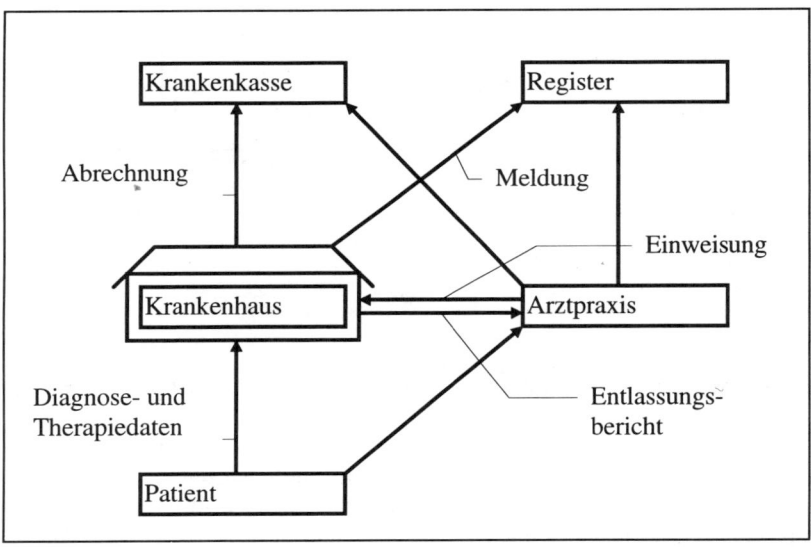

Abb. 1 Datenströme vom und zum Krankenhaus

Die Erfahrung bei der Entwicklung von Informationssystemen läßt erwarten, daß auch bei der Modellierung eines Krankenhausinformationssystems ein sauberes Datenmodell zu einem sauberen Sicherheitskonzept führt. Dieses mündet in eine, durch Gruppierung von Objekten und Subjekten übersichtlich gestaltete, Zugriffsmatrix; ein prototypisches Beispiel dafür ist in [9] angegeben. Verläßlichkeit bedeutet hier, daß die Annahmen, die dem Modell zugrunde liegen, von der Implementation garantiert werden, z. B. Annahmen darüber, wer Zugang zu welchen Informationen hat. Hier dürfen natürlich auch die Möglichkeiten zum Datenzugriff unter Umgehung des Anwendungssystems nicht vergessen werden, z. B. mit Hilfe von direktem Plattenzugriff.

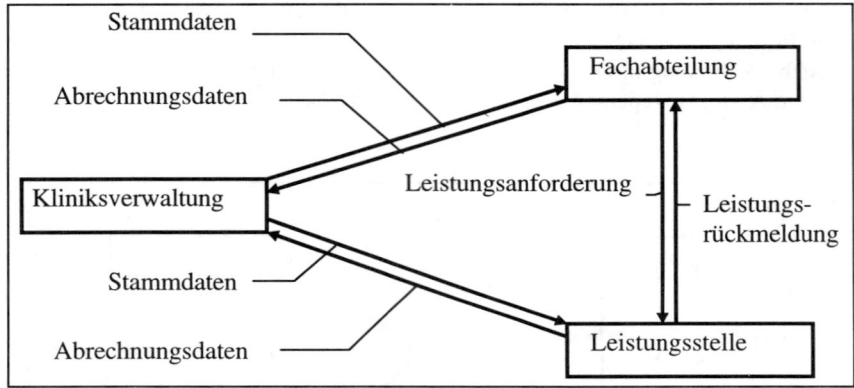

Abb. 2 Datenströme im Krankenhaus

4.5 Sicherheitsinfrastruktur für Krankenhausinformationssysteme

Die technischen und organisatorischen Datenschutzmaßnahmen in einer Klinik sind nicht nebenbei zu erledigen. Sie erfordern die Schaffung einer entsprechenden Infrastruktur und eine klare Festlegung der Verantwortlichkeiten sowie die Einplanung eines angemessenen finanziellen und personellen Aufwands, insbesondere für einen Sicherheitsverantwortlichen.

Für medizinische Anwendungssysteme aller Arten sind geeignete technische Standards in Anlehnung an die IT-Sicherheitskriterien [11] wünschenswert, die man den Herstellern gegenüber durchsetzen kann und die die Planung und Beurteilung von Systemen erleichtern. Insbesondere ist eine geeignete kryptographische Infrastruktur zu definieren und soweit wie möglich zu schaffen. Kryptographie ist die einzige Möglichkeit, in offenen Systemen die Offenbarung und Manipulation von Informationen zu kontrollieren, und somit die Voraussetzung, das beim logischen Systemdesign erstellte Zugriffsmodell technisch abzusichern. Zu dieser kryptographischen Infrastruktur gehört ein Satz von standardisierten Verschlüsselungsverfahren ebenso wie eine Zertifizierungsorganisation für öffentliche Schlüssel.

Datenschutzinhalte und -ziele sowie Sicherheitsanforderungen sind so zu spezifizieren, daß Hersteller genügend genaue Richtlinien in die Hand bekommen. Die technischen Schutzmaßnahmen sollen als Systemleistung konzipiert werden, die vom Benutzer kontrollierbar, aber nicht ohne weiteres abschaltbar ist. Als technische Absicherung müssen Patientendaten (wie auch andere möglicherweise vertrauliche Daten) per Systemvoreinstellung gegen Einsichtnahme und Übermittlung geschützt sein; die jeweilige Freigabe muß ein bewußter Akt sein und richtet sich nach der im Datenmodell definierten Zugriffsmatrix (Sicherheitsprinzip des geschlossenen Systems).

5 Zusammenfassung und Ausblick

Die Notwendigkeit, aber auch die Möglichkeit, realisierbare Sicherheitskonzepte zu entwickeln, ist gegeben. Die Zeit ist reif, daraus funktionsfähige Systeme zusammenzubauen, anstatt weiterhin auf unwirksame oder schwache vermeintliche Sicherheitsmaßnahmen zu vertrauen. Datenschutz und Datensicherheit müssen bereits beim Design von Krankenhausinformationssystemen berücksichtigt werden. Sie müssen durch eine geeignete sicherheitstechnische Infrastruktur garantiert werden. Nur so kann die rechtliche Zulässigkeit und die gesellschaftliche Akzeptanz des Betriebs von Krankenhausinformationssystemen erreicht werden.

Literatur

[1] Arbeitsgruppe Datenschutz in Krankenhausinformationssystemen. Allgemeine Grundsätze für den Datenschutz in Krankenhausinformationssystemen. Positionspapier, GMDS, 1994.

[2] Albrecht Beutelspacher. *Kryptologie*. Vieweg, Braunschweig, Wiesbaden, 1993.

[3] Bundesgesetzblatt, Jahrgang 1992, Teil I.

[4] David Chaum. Security without identification: Transaction systems to make big brother obsolete. Communications of the ACM 28 (1985), 1030 – 1044.

[5] The Commission of the European Communities DG XIII/F AIM. *Data Protection and Confidentiality in Health Informatics.* AIM Working Conference, Brussels, 19 – 21 March 1990. IOS Press, Amsterdam, Washington DC, Tokio, 1991.

[6] Datenschutzkommission Rheinland-Pfalz. *Datenschutz im Krankenhaus.* Mainz, 1989.

[7] Michael Hortmann. Interim technical recommendations for data protection in CC computer systems: Guidelines for the use of security functions. Deliverable 3, AIM project TANIT, Workpackage PROTEC, 1992.

[8] Klaus Pommerening. *Datenschutz und Datensicherheit.* BI-Wissenschaftsverlag, Mannheim, Wien, Zürich, 1991.

[9] Hans-Jürgen Seelos. *Informationssysteme und Datenschutz im Krankenhaus.* DuD-Fachbeiträge Band 14, Vieweg, Braunschweig, Wiesbaden, 1991.

[10] Bruno Struif: Datenschutz bei elektronischen Rezepten und elektronischem Notfallausweis. Forum „Vertrauenswürdige Informationstechnik für Medizin und Gesundheitsverwaltung", Bonn, 15./16. September 1994.

[11] Zentralstelle für Sicherheit in der Informationstechnik. *IT-Sicherheitskriterien – Kriterien für die Bewertung der Sicherheit von Systemen der Informationstechnik (IT).* Bundesanzeiger, Köln, 1990.

Der Krypto-Konflikt:
Versuch einer Standortbestimmung
(Kurzfassung)

Dr. Rainer A. Rueppel
r^3 security engineering ag
Zürichstr. 151, CH-8607 Aathal
e-mail: rueppel@r3.ch

Zusammenfassung

Es besteht ein zunehmendes Bedürfnis nach Vertraulichkeit bei der elektronischen Übermittlung von Informationen. Der Einsatz von modernen Chiffrierverfahren führt jedoch dazu, dass die Strafverfolgungs- und Staatsschutzbehörden die Möglichkeit der elektronischen Überwachung verlieren. Es resultiert ein Interessenskonflikt zwischen Staatsschutz und privater Freiheit, der auch als Krypto-Konflikt bezeichnet wird. Dieses Thema wird international immer intensiver diskutiert. Dieses Referat diskutiert die vorgeschlagenen Lösungsansätze und die damit zusammenhängenden Probleme.

1. Einleitung

Noch nie war Verschlüsselungstechnologie so günstig, so sicher und so leicht zu beschaffen wie heute. Private können heute ein Sicherheitsniveau erreichen, das bis vor kurzem noch dem Militär und den Regierungsstellen vorbehalten war. Beim Einsatz moderner Verschlüsselungstechnologie haben die Strafverfolgungs- und Staatsschutzbehörden trotz legaler Abhörmassnahmen kaum eine Möglichkeit mehr, die übermittelten Informationen mitzulesen. Obwohl zur Zeit gemäss offiziellen Angaben nur wenige Abhöraktionen durchgeführt werden, befürchten die Strafverfolgungs- und Staatsschutzbehörden, dass der freie Einsatz von Chiffriersystemen sich zu einem Problem ausweiten könnte.
Das folgende Bild zeigt ein konventionelles, symmetrisches Chiffriersystem. Beim Absender A werden die Daten mit Hilfe des Chiffrieralgorithmus E und des Geheimschlüssels KS chiffriert und dann über ein Datennetz dem Empfänger B zugesandt. Dieser dechiffriert die empfangenen Daten mit Hilfe des Dechiffrieralgorithmus D und des Schlüssels KS. Beide Parteien benutzen den gleichen Geheimschlüssel KS, der über einen gesicherten Kanal vorgängig ausgetauscht werden muss.

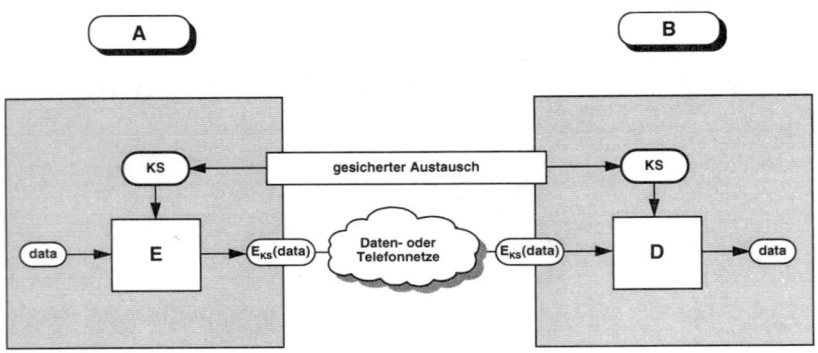

Figur - Konventionelles Verschlüsselungssystem

2. Das Dilemma des Staatsschutzes

Die Strafverfolgungs- und Staatsschutzbehörden sind im Dilemma. Sie können einerseits den Einsatz von Chiffriertechniken nicht aufhalten. Andererseits können und wollen sie nicht auf ihre gesetzlich verbrieften Abhörmassnahmen verzichten. Eine aus Sicht des Staatschutzes akzeptable Lösung dieses Interessenskonfliktes kann also nur bedeuten, dass Chiffriertechniken angewandt werden, die bei Bedarf ein Abhören der übermittelten Informationen erlauben.
Technisch gesehen gibt es zwei Möglichkeiten, die Bedürfnisse des Staatsschutzes abzudecken (siehe auch obige Figur):

Strategie 1: Das Chiffrierverfahren kann auch ohne Kenntnis des Schlüssels gebrochen werden.

Strategie 2: Der Geheimschlüssel, der für die Chiffrierung verwendet wurde, kann bei Bedarf offengelegt werden.

Strategie 1 bedingt, dass ein schwaches Chiffrierverfahren zum Einsatz kommt und hat zur Konsequenz, dass andere Organisationen das Chiffrierverfahren auch brechen können (sofern sie den Algorithmus kennen). Strategie 1 wird oft für die Export-Versionen der Chiffrierverfahren angewandt. Da starke Verschlüsselungstechnologie in vielen Ländern unter die Waffenausfuhr-Gesetze fällt, wird in der Regel nur eine Export-Lizenz erteilt, wenn ein abgemagertes Chiffrierverfahren in den Produkten implementiert ist. Diese Strategie kann aber im eigenen Land aus offensichtlichen Gründen nicht zur Anwendung gelangen.
Strategie 2 bedingt, dass der Schlüssel an einem vertrauenswürdigen Platz hinterlegt wird. Es bleibt somit Strategie 2, wenn man die Staatsschutzinteressen bejaht. Dies ist genau die Stossrichtung des amerikanischen ESCROW Programms. Die Übersetzung von Escrow heisst nach Langenscheidt "bei Dritten

(als Treuhänder) hinterlegtes Vertragswerk, das erst bei Erfüllung der Bedingung in Kraft tritt". ESCROW bezieht sich auf die treuhänderische Hinterlegung der Schlüssel bei staatlichen Datenbanken.

3. Versuch einer Standortbestimmung

In diesem Referat soll der Versuch einer Standortbestimmung unternommen werden:

1. Die international vorgeschlagenen Lösungsansätze
2. Die Elemente einer rechtsstaatlich verträglichen Lösung
3. Die Vertrauensfrage beim Einsatz von Sicherheitstechnologie
4. Der Einfluss auf unsere Informationsgesellschaft
5. Die Exportproblematik
6. Trends und Entwicklungen rund um den Krypto-Konflikt

Die Problematik des Krypto-Konflikts ist so vielschichtig und komplex, dass nur eine offene und fundierte Auseinandersetzung mit allen Aspekten zu einer tragbaren Lösung führen kann.

Erfahrungen bei der Bereitstellung hochzuverlässiger Systeme im Telekombereich

Manfred Reitenpieß
Siemens Nixdorf Informationssysteme AG
Otto-Hahn-Ring 6, D-81730 München
e-mail: Manfred.Reitenspiess@mch.sni.de

Zusammenfassung

An Telekommunikationssysteme werden besonders hohe Verfügbarkeitsanforderungen gestellt. Der folgende Bericht gibt einen Überblick über Verfahren und Mechanismen, die bei der Implementierung und Integration eines Service Control Points, einer Komponente in Intelligenten Netzen, erfolgreich eingesetzt werden konnten. Dabei werden einige Maßnahmen im Detail vorgestellt, die auch in anderen Systemen zur Erhöhung der Verfügbarkeit Bedeutung erlangen können. Es zeigt sich, daß zur allgemeinen Bereitstellung solcher Maßnahmen und zu ihrer breiten Einsetzbarkeit noch weitere theoretische Untersuchungen notwendig sind. Ebenso müssen Erfahrungen auch in anderen Einsatzbereichen gewonnen werden. Schließlich ist die Akzeptanz der Mechanismen mit geeigneten Standards abzusichern.

1 Einleitung

Der Bereich der Telekommunikation gewinnt immer mehr an Bedeutung (siehe z. B. [5]). Begriffe wie Datenautobahn, weltweite Vernetzung, Kommunikationsgesellschaft und ihre breite Diskussion zeigen dies ganz deutlich. Damit ist auch Verfügbarkeit der Systeme von entscheidender Bedeutung.

Im folgenden soll anhand des Beispiels eines Intelligenten Netzes[1], einem Konzept zur Bereitstellung von Telekommunikationsdiensten in öffentlichen Netzen, gezeigt werden, welche Probleme bei der Bereitstellung der geforderten Verfügbarkeitseigenschaften zu lösen sind und welche Maßnahmen dazu vorgesehen werden (Kapitel 2). In Kapitel 3 werden dann einige konkrete Mechanismen, ihr Benutzungsmodell und ihre Einbettung in das Gesamtsystem vorgestellt. Die vorgestellten Mechanismen werden in Kapitel 4 bewertet und Möglichkeiten zur

---

[1] [1] zeigt die erwartete Bedeutung von Intelligenten Netzen in zukünftigen Vermittlungssystemen; im gleichen Heft finden sich weitere Beiträge, die sich mit der zukünftigen Rolle von Intelligenten Netzen beschäftigen

weiteren Bearbeitung aufgezeigt. Einige Literaturhinweise schließen den Beitrag ab. Zunächst jedoch wird ein einfaches Modell eines Intelligenten Netzes zum besseren Verständnis der weiteren Ausführungen beschrieben und es werden die wesentlichen Verfügbarkeitsanforderungen zusammengestellt.

Intelligente Netze als Prototyp einer Telekomanwendung

Das Konzept der Intelligenten Netze (siehe [4] für einen Überblick) erlaubt es, durch Verbindung von Vermittlungstechnik und Informationstechnik neue und flexible Dienste in öffentlichen Vermittlungssystemen anzubieten. Beispiele für solche Dienste sind Universal Personal Telecommunication (UPT) und Virtual Card Calling (VCC).
- UPT bietet eine einheitliche Telephonnummer und ihre Administration über das Telephon (Dial Tone Multi Frequency, DTMF)
- VCC erlaubt die Nutzung von Telephonkarten, Kreditkarten oder logischen Kartenkonten

Weitere heute verfügbare Dienste sind Freephone (FPH, Kosten trägt der angerufene Teilnehmer), Virtual Private Network (VPN, privates Nummernschema auf Basis eines öffentlichen Netzes), Teleinfo (Informationsdienste) und Televoting (TV, Abstimmung via Telephon).

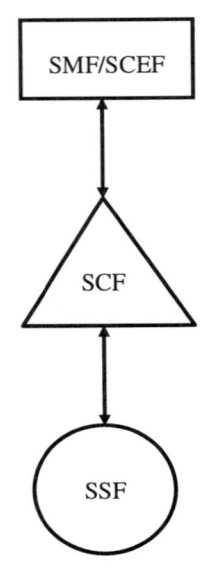

Abb. 1: IN Grundkomponenten

Ein Intelligentes Netz besteht aus folgenden drei wichtigen Komponenten[2]:
- Die Service Management Function (SMF) und Service Creation Environment Function (SCEF) dienen zum Einrichten und Administrieren von Diensten und Kunden eines Intelligenten Netzes durch Dienstkunden und Dienstanbieter.
- Die Service Control Function (SCF) steuert die Service Switching Function entsprechend den Vorgaben der SMF. Daneben erstellt die SCF anhand der bearbeiteten Anrufe Statistikinformationen und andere anrufbezogene Informationen und sendet sie zur SMF zur Auswertung.
- Die Service Switching Function (SSF) stellt die eigentliche Verbindung zwischen Anrufer (A-Teilnehmer) und B-Teilnehmer her. Aufgrund von vorgegebenen Dienstkennzahlen wird die SCF zur Ermittlung des eigentlichen B-Teilnehmers angesteuert.

Anforderungen an die Hochverfügbarkeit

Für Telekommunikationssysteme wird heute eine Verfügbarkeit von bis zu 99.9996% gefordert. Das entspricht einer Ausfallzeit von 2 Minuten im Jahr. Dabei wird unterschieden zwischen Anwendungen zur Anrufbearbeitung und Managementanwendungen zum Betreiben der Systeme. Für Managementan-wendungen sind mehrere Stunden Ausfallzeit im Jahr zulässig, entsprechend einer Verfügbarkeit von 99.93%. Es ist zu beachten, daß in die Ausfallzeit auch Reparaturzeiten einzurechnen sind. Die Konsistenz der Daten ist sicherzustellen. Bei der Anzahl der bearbeiteten Anrufe ist eine Verlustrate von 0,0001 zulässig. Weitere Anforderungen beziehen sich auf die Reaktionszeiten, die eine Komponente bei der Anrufbearbeitung garantieren muß. So sind üblicherweise im Service Control Point eines Intelligenten Netzes 98% der Anrufe innerhalb von 500 ms zu bearbeiten.

Auch im Telekommunikationsbereich ist ein Trend zum Einsatz von Standardkomponenten zu beobachten. Dies hat mehrere Gründe. Einerseits wird durch den Einsatz von Standardkomponenten der Wettbewerb zur Bereitstellung von Telekommunikationsanwendungen größer, da die Anzahl der Hardwareanbieter wächst. Andererseits ist mit günstigeren Preisen zu rechnen, da der Einsatz von Standardkomponenten größeren Absatz und damit günstigere Herstellkosten sowohl der Hardware als auch der Software zuläßt. Schließlich verbessern Standardkomponenten die Portierbarkeit von und die Interaktion zwischen Lösungen, ein Aspekt, der gerade im Hinblick auf weltweite Kommunikationsdienste immer mehr an Bedeutung gewinnt.

---

[2] siehe Abbildung 1, [3] geht genauer auf die Teilkomponenten und ihre Funktionen ein

2 Hochverfügbarkeitsmaßnahmen im Überblick

Nachdem in den vorhergehenden Kapiteln die Anforderungen an hochverfügbare Anwendungen im Telekombereich zusammengefaßt wurden, soll in den folgenden Abschnitten ein Überblick über das Maßnahmenspektrum zur Erfüllung dieser Anforderungen gegeben werden. Kapitel 3 geht dann detailliert auf einige ausgewählte Techniken ein. Die vorgestellten Maßnahmen beruhen auf den Erfahrungen des Autors bei der Implementierung der Service Control Function und ihrer Integration in einem Intelligenten Netz[3].

Die Systeme werden aus folgenden Blickwinkeln betrachtet:
- Hardware und Basissoftware der Systemkomponenten
- Anwendungssoftware des Systems
- Einbettung des Systems in die Betriebsumgebung
- Einbettung des Systems in die Anwendungsumgebung

Diese Auswahl ist teilweise willkürlich, gibt aber einerseits die Sicht der Hersteller verglichen mit dem der Betreiber von Telekomsystemen wieder, andererseits die Sicht der Betreiber verglichen mit der der Anwender. Die Sichten verschiedener Benutzer des betrachteten Systems - Dienstadministration, Netzadministration, Wartung, Dienstnutzer, Dienstanbieter - wurden nicht zusätzlich miteinander verglichen, da sich daraus keine neuen Aspekte ergeben.

2.1 Die Hardware und Basissoftware der Systemkomponenten

Bei der Auswahl von Hardware und Basissoftware[4] für hochverfügbare Telekomsysteme sind besondere Maßstäbe an die Verfügbarkeit der eingesetzten Komponenten und ihrer Zusammensetzung zu legen. So ist ein nahezu unterbrechungsfreier Betrieb nur durch entsprechende Redundanz der Hardware zu erreichen. Zur Begrenzung der Ausbreitung von Fehlern sind einerseits Mechanismen zur Fehlererkennung und andererseits geeignete Fehlerbehebungs- und Fehlermeldemaßnahmen vorzusehen. Diese Maßnahmen bestehen üblicherweise in einem Zusammenwirken von Hardware und Basissoftware. Die Fehlerbehebung wird sich meist auf den automatischen Ersatz ausgefallener Komponenten beschränken. In Ausnahmefällen, z. B. bei der Nutzung von Fehlerkorrekturcodes in Speicherbausteinen, können bereits entstandene Fehler korrigiert werden.

---

[3] zu allgemeinen Markterwartungen beim Einsatz hochverfügbarer Systeme im Telekombereich siehe [8]

[4] unter Basissoftware soll im weiteren das Betriebssystem und systemnahe Software wie z. B. Protokollstacks verstanden werden

Die beigestellte Basissoftware muß auf das angebotene Verfügbarkeitskonzept der Hardware unterstützen. So sind Clusterlösungen nur durch geeignete Umschaltkonzepte der Basissoftware möglich. Auch die Redundanz von E/A-Komponenten sind kaum ohne Softwareunterstützung möglich, z. B. bei der Nutzung redundanter LAN-Verbindungen. In Mehrprozessorsystemen muß bei Ausfall einer CPU sichergestellt sein, daß das Betriebssystem ohne Auswirkungen auf die Konsistenz von Daten, Benutzerprogrammen oder Konfigurationsdaten weiterarbeiten kann.

In den implementierten Protokollschichten sind geeignete Fehlererkennungs- und Wiederaufsetzmaßnahmen vorzusehen. Fehlerhafte Pakete oder Paketverlust dürfen nicht zum Protokollabbruch oder gar zum Abbruch der Anrufbearbeitung führen. Da sich gezeigt hat, daß komplexe Recoverymaßnahmen teilweise im Widerspruch zu Performance und Stabilität des Protokolls stehen, werden einfache Mechanismen eingesetzt, die einen geringen Call-Verlust, d. h. den Verlust einzelner Anrufe zulassen, aber die Bereitschaft des Gesamtsystems immer gewährleisten.

2.2 Die Anwendungssoftware des Systems

Bei der Entwicklung der Anwendungssoftware sind neben bekannten Softwareengineeringmethoden besondere Verfahren zur dynamischen und statischen Absicherung der geforderten Verfügbarkeitseigenschaften einzusetzen. Zur Verbesserung der statischen Programmeigenschaften werden Pfadabdeckungsanalysen und formale Reviews, insbesondere von kritischen, die Verfügbarkeit und die Performance beeinflussenden Komponenten durchgeführt und dokumentiert. Die Testarbeiten führen mehrere, voneinander getrennte Teams durch. Die Entwicklung der Testprogramme erfolgt ebenfalls getrennt auf Basis verschiedener Testziele. Im Entwicklungsteam werden Tests zur Absicherung der funktionalen Eigenschaften auf Basis der Entwicklungsdokumentation durchgeführt (Whitebox). Der Entwicklung nachgeschaltet führt ein Team Teilsystemtests auf Basis der externen Spezifikationen durch, wo insbesondere auch die Reaktion auf Fehlfunktionen, die Last- und Performanceeigenschaften überprüft werden. Schließlich erstellt ein drittes Team auf Basis der Kundenanforderungen und -vereinbarungen Integrations- und Verbundtests, die alle Teilsysteme eines Telekommunikationssystems zusammen überprüfen[5].

Neben den Tests werden durch analytische Betrachtungen spezifische Eigenschaften der Systeme untersucht. Dazu zählen insbesondere Fehlerprognosemodelle und Verfügbarkeitsanalysen. Obwohl an verbesserten Verfahren gearbeitet

---

[5] auf die Relevanz anwendungsnaher Tests wird in [6] hingewiesen

wird, beschränken sich Verfügbarkeitsanalysen häufig noch auf Hardwarekomponenten. Ebenfalls eine große Rolle spielt die empirische Untersuchung bereits installierter Systeme, ihres dynamischen Verhaltens und ihrer Verfügbarkeit. Da bei Updateversionen oder bei der Weiterentwicklung von Versionen auf bereits vorhandener Software aufgebaut wird, können relativ einfach Schlüsse auf Folgeversionen abgeleitet werden.

Eine wichtige Rolle in Telekomanwendungen spielen die dynamischen Systemeigenschaften, die speziell auf die Erhöhung der Verfügbarkeit und Stabilität ausgerichtet sind. So werden Redundanzeigenschaften nicht nur in der Hardware, sondern auch für die Anwendungssoftware eingesetzt. Die Palette der Verfahren reicht von der Replikation der Software und ihrer mehrfachen parallelen Ausführung bis hin zur unabhängigen parallelen Bearbeitung von Telekommunikationsaufträgen mit der Möglichkeit, nach Hardware oder Softwareausfall auf Basis von Recoverypunkten erneut aufzusetzen.

Andere dynamische Erweiterungen werden zur Fehlererkennung und Fehlerbearbeitung asynchron zur laufenden Applikation bereitgestellt. Dazu zählen z. B. die Überwachung von Dateilängen oder die Ablauffähigkeit von Prozessen mithilfe von Monitor- oder Auditprogrammen.

Schließlich machen die Applikationen von speziellen Programm- oder Dateieigenschaften Gebrauch, um die verfügbaren Redundanzeigenschaften oder Überwachungsverfahren gezielt einzusetzen. Eine generelle Implementierung, wie sie sonst vom Basissystem angeboten wird, ist aufgrund der strikten Performance- und Stabilitätsanforderungen oft nicht anwendbar. Als Beispiel sei hier ein genereller Transaktionsmechanismus im Betriebssystem genannt. Die Anzahl der Wiederaufsetzpunkte ist von der jeweiligen Applikation abhängig und muß auch von dort gesteuert werden.

2.3 Die Einbettung des Systems in die Betriebsumgebung

Die Verfügbarkeit eines Telekomsystems wird nicht nur von den funktionalen Programmeigenschaften bestimmt, sondern auch von der Betriebsfreundlichkeit des Systems. Dazu zählt nicht nur eine einfach zu handhabende Oberfläche zum Systemmanagement, sondern auch eine klar überschaubare Fehleranzeige mit der Möglichkeit zur Fehleranalyse und -bearbeitung.

Da die Systemverfügbarkeit auch von der Schnelligkeit der Reparatur defekter Komponenten abhängt, ist eine effiziente Serviceorganisation genauso entscheidend wie eine effektive Fehlerverfolgung und -bearbeitung. Gerade bei der Behebung von Softwarefehlern ist wiederum die Entwicklung entscheidend gefordert, da auf hochpriore Fehlermeldungen teilweise innerhalb von Tagen und Stunden (meist mit einem Workaround) reagiert werden muß. Die formale Fehlerbehebung muß natürlich den gleichen Qualitätsansprüchen genügen wie die vorausgehende Entwicklung. Hinzu kommt allerdings, daß Fehlerbehebungen oder Softwareupdates im laufenden Betrieb, d. h. ohne Unterbrechung des Callprocessing, einzuspielen sind. Diese Eigenschaft ist insbesondere beim Einspielen neuer Versionen des Betriebssystems von Bedeutung und wird von vielen fehlertoleranten Systemen nicht unterstützt.

2.4 Die Einbettung des Systems in die Anwendungsumgebung

Anwendungen im Telekombereich erfordern umfangreiche Maßnahmen zur Absicherung der Daten und Programme gegen unabsichtliche oder absichtliche Eingriffe. Gerade Beschwerden über die Höhe von Telephonrechnungen zeigen, wie wichtig die Konsistenz von Anwendungsdaten zu nehmen ist. Die Maßnahmen sind vielfältig und bestehen in einem Zusammenspiel von Anwendung und Basissoftware. Wichtig ist, daß i. allg. die Anwendungen spezielle Vorkehrungen zur Erfüllung der geforderten Eigenschaften erbringen müssen.

Die Basissysteme werden durch geeignete Rollenspezifikationen mithilfe von Sicherheitsfunktionen des Betriebssystems gegen Sicherheitsangriffe geschützt. In Abhängigkeit von den bearbeiteten Daten werden nach Bedarf Verschlüsselungsverfahren eingesetzt. Chipkarten werden zur Kontrolle des Systemzugangs verwendet. Bei Zugang zum X.25-Netz wird das Konzept der geschlossenen Benutzergruppen genutzt. Ein wesentliches Element ist auch die organisatorische Separierung von wichtigen Komponenten des Callprocessing beim Netzanschluß.

Beispiele in jüngster Zeit zeigen aber, daß auch Dienstspezifikationen selbst Anlaß zum Mißbrauch geben können. Hier kann nur durch generelle Standardisierungsmaßnahmen der Dienste selbst Abhilfe geschaffen werden.

3 Spezielle Mechanismen

In den folgenden Abschnitten werden einige Mechanismen vorgestellt, die sich bei der Bereitstellung hochverfügbarer Systeme im Telekombereich bewährt haben und aus Sicht des Autors auch längerfristig tragfähig sind.

3.1 Redundanz durch Clusterung

Grundprinzip der Clusterung ist das Zusammenschalten mehrerer Standardkomponenten zu einer größeren Einheit mit folgenden Zielen:
- Erhöhung der Skalierbarkeit auf Basis von Standardkomponenten
- Erhöhung von Performance und Kapazität
- Erhöhung der Verfügbarkeit

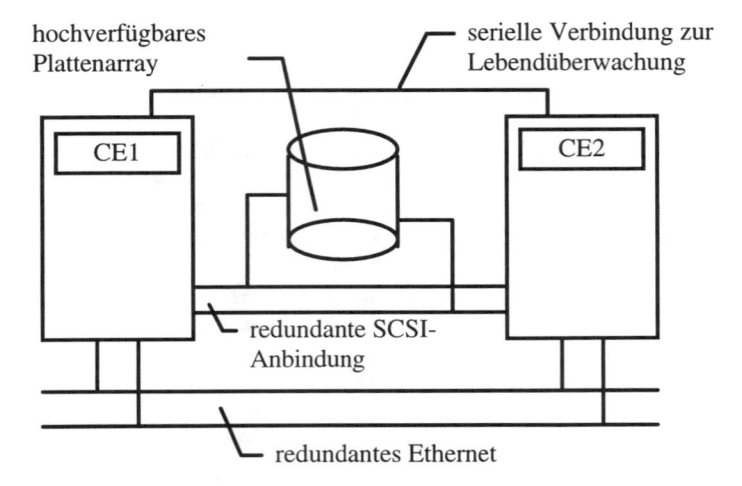

Abb. 2: Blockschaltbild eines Clusters

Anhand von Abbildung 2 sollen wesentliche Eigenschaften der Hardwareclusterung verdeutlicht werden. Zwei Rechnerknoten CE1 und CE2 werden zusammengeschlossen. Die zwei Systeme kommunizieren über folgende Kanäle:
1. Das redundante Ethernet dient zur Übertragung von Informationen zwischen den Knoten. Dazu zählen insbesondere Synchronisationsinformation beim Zugriff auf gemeinsame Daten im Plattensystem, Information der Lebendüberwachung und Konfigurationsinformation.
2. Der Zugriff auf die beiden Systemen gemeinsamen Platten wird über redundante SCSI-Stränge realisiert.
3. Schließlich dient die serielle Leitung als Backup für das Ethernet zur Lebendüberwachung.

Neben den genannten Hardwarekomponenten sind einige spezifische Softwarekomponenten zur Steuerung der Clusterkonfiguration vorzusehen. Dazu gehören insbesondere die Lebendüberwachung, die Unterstützung eines redundanten Ethernets und die Synchronisation des Zugriffs auf gemeinsame Externdaten im Cluster.

Besonders zu erwähnen ist die Implementierung der Umschaltung eines Clusters im Fehlerfall, da hierbei einige spezielle Probleme zu lösen sind. Zunächst muß der Ausfall erkannt werden. Dazu werden zwischen den Knoten „I'm alive"-Nachrichten ausgetauscht. Der Datenaustausch erfolgt über das Ethernet. Das Ausbleiben einer Nachricht kann dann mehrere Ursachen haben:

1. Der Partnerrechner ist tatsächlich ausgefallen. Dann werden am überlebenden Knoten die für eine Umschaltung spezifizierten Maßnahmen automatisch ausgeführt. Dazu gehören das Rücksetzen von Sperren an den gemeinsam benutzten Daten, die Aktualisierung der Konfigurationsinformation und entsprechende Fehlermeldungen, um eine Reparatur des verbleibenden Systems anzustossen.
2. Der Partnerknoten hat im Moment keine Zeit oder Ressourcen, um eine Lebendnachricht zu senden. Dies ist der schwierigste Fall, da nicht entscheidbar ist, ob der Partnerknoten aufgrund eines Fehlers nicht reagiert oder doch noch arbeitet. Da die Konsistenz von gemeinsam genutzten Daten i. allg. höchste Priorität hat, werden in diesem Fall nach einer einstellbaren Zeit Aktionen zum Herunterfahren des Partnerknotens durch einen Arbitrator eingeleitet. Erst dann kann sicher angenommen werden, daß der Partnerknoten (und nur genau einer) keine Änderungen der Daten mehr vornimmt und entsprechend 1. die Umschaltung gestartet werden kann.
3. Die Ethernetverbindung ist ausgefallen, so daß über den Standardweg keine Nachrichten übertragen werden können. In diesem Fall wird der Weg über die serielle Verbindung gewählt, um Lebendnachrichten zu senden. Trifft auch darüber keine Nachricht ein, so ist entsprechend 2. zu verfahren.

In jedem Fall muß mit einer teilweise anwendungsabhängigen Latenzzeit gerechnet werden, bis eine Umschaltung erfolgreich abgeschlossen werden und das verbleibende System „normal" weiterarbeiten kann. Wenn ein durchgehender Betrieb sichergestellt werden soll, so dürfen Anwendungen nicht von Komponenten abhängen, die durch die Umschaltung blockiert werden können.

Das Clusterkonzept hat in den letzten Jahren auch durch die Verbreitung von leistungsfähigen Workstations und PCs breite Akzeptanz gefunden. So werden teilweise zur Durchführung komplexer Berechnungen weltweit verteilte Systeme zusammengeschaltet (-> Kapazitäts- und Performanceaspekt, Kostenaspekt). Andererseits bieten inzwischen viele DV-Hersteller Clusterkonzepte zur Erhöhung der Verfügbarkeit der angebotenen DV-Systeme an.

3.2 Hochverfügbare Plattenarrays

Hochverfügbare Plattenarrays spielen, wie in 3.1 bereits gezeigt, eine wesentliche Rolle zur Erhöhung der Systemverfügbarkeit. Dabei haben sogenannte RAID-Systeme (Redundant Array of Inexpensive Disks) in den letzten Jahren sehr an Bedeutung gewonnen[6]. RAID-Systeme bieten wesentliche Vorteile bei der Optimierung der redundanten Ablage von Daten auf Externspeichern. Außerdem wird die Zentraleinheit von der Verwaltung der Redundanzeigenschaften entlastet.

Trotzdem genügen diese Möglichkeiten nicht den hohen Verfügbarkeitsanforderungen mit Telekombereich. Einerseits müssen die Redundanzeigenschaften sich auch auf die Anschlußmöglichkeiten der Plattensysteme ausdehnen. So sind in Abbildung 2 auch die Wege zum Plattensystem vierfach (zweimal je Knoten). Prinzipiell würde auch ein Weg je Knoten ausreichen. Ähnliches gilt für die Controller in den Knoten, wo ebenfalls nur durch Redundanz ein durchgehender Betrieb gewährleistet werden kann. Andererseits besteht ein Plattenarray nicht nur aus den Platten, sondern auch aus Stromversorgung und Lüfter. Auch ein Ausfall dieser Komponenten darf nicht zum Gesamtausfall der Platten führen.

Neben den Maßnahmen zur Aufrechterhaltung des Betriebs im Fehlerfall sind auch Maßnahmen zur Reparatur vorzusehen. Trotz inzwischen großer MTTF-Zeiten (250000 h für eine Platte) verringert sich die Wahrscheinlichkeit eines Plattenausfalls bei Berücksichtigung des geforderten Speichervolumens. So verringert sich die oben genannte MTTF auf 2500 h bei einem Plattenarray mit 100 Platten. Nur wenn auch die Reparatur des Systems nicht zum Ausfall führt, können die strengen Anforderungen erfüllt werden. Dazu sind sowohl organisatorische als auch technische Vorkehrungen notwendig. Eine geeignete Serviceorganisation muß die Bereitstellung von Ersatzteilen und ihren fachgerechten Einbau anstelle defekter Komponenten sicherstellen.

Durch technische Maßnahmen ist die Reparatur im laufenden Betrieb (Stichwort Online-Repair, OLR) zu gewährleisten. Die Möglichkeit, im laufenden Betrieb defekte Teile (Stromversorgung, Lüfter, Platteneinheit) zu ersetzen, ist inzwischen in vielen Plattensystemen gegeben. Den möglichen Aufbau einer solchen Platteneinheit zeigt Abbildung 3. Der Plattenschrank ist in vier voneinander unabhängige Einheiten I-IV aufgeteilt. Jede Einheit hat eine Stromversorgung S_i und einen Lüfter L_i und vier Platten D_{i1} - D_{i4}. Jede Platteneinheit ist separat abschaltbar. Z. B. kann Einheit I abgeschaltet und repariert werden, ohne daß Einheiten II

---

[6] in [2] findet sich ein ausführlicher Überblick über die im Rahmen von RAID angewandten Konzepte und auch über die damit verbundenen Probleme

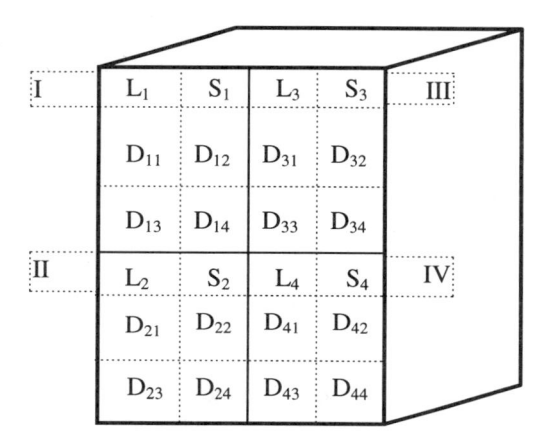

```
┌─────────────────────────────┐
│ I  │ L₁ │ S₁ │ L₃ │ S₃ │ III│
│    │ D₁₁│ D₁₂│ D₃₁│ D₃₂│    │
│    │ D₁₃│ D₁₄│ D₃₃│ D₃₄│    │
│ II │ L₂ │ S₂ │ L₄ │ S₄ │ IV │
│    │ D₂₁│ D₂₂│ D₄₁│ D₄₂│    │
│    │ D₂₃│ D₂₄│ D₄₃│ D₄₄│    │
└─────────────────────────────┘
```

Abb. 3: Grundaufbau eines externen Plattenschranks

bis IV davon betroffen sind. Die Datensicherheit und ihre kontinuierliche Verfügbarkeit kann dadurch sichergestellt werden, daß die Daten über die Einheiten hinweg gespiegelt werden (z. B. Platte D_{12} wird gespiegelt über Platte D_{34}).

3.3 Softwareredundanz

Das oben beschriebene Clusterkonzept führt fast von selbst auf ein einfaches Konzept der Softwareredundanz, das darauf basiert, daß die gleiche Software mehrfach, aber weitestgehend unabhängig voneinander ausgeführt wird. Das Prinzip der Hardwareredundanz, aus Standardkomponenten zusammengesetzte Systeme aufzubauen, wird damit auch für die Software übernommen. Allerdings sind damit analog zum Hardwarekonzept auch Anpassungen bei Überschneidung der Knotengrenzen verbunden.

Das Konzept berücksichtigt insbesondere,
- daß die meisten Fehler, auch in ausreichend getesteten Systemen, in der Software liegen, daß
- bei Systemwechseln im Cluster die Software am überlebenden System unterbrechungsfrei weiterarbeiten kann und daß
- weitestgehend Softwarekomponenten verwendet werden können, die unabhängig von der spezifischen Clusterkonfiguration sind.

Gerade diese Eigenschaften sind häufig auch durch sogenannte fehlertolerante Hardwarekonzepte nicht abgedeckt. So können z. B. Softwarefehler in einem fehlertoleranten Hardwarekonzept nicht abgefangen werden, sondern führen unter Umständen zum Gesamtausfall des Systems. Analog ist ein Versionswechsel der Basissoftware auch in fehlertoleranten Systemen meist mit einer Systemunterbrechung verbunden.

Beim Einsatz des Konzepts der Softwareredundanz ist mit verschiedenen Problembereichen zu rechnen, die aber auch in Mehrprozessorsystemen bei der mehrfachen Inkarnation von Softwarekomponenten zu lösen sind. Das Softwarekonzept ist so anzulegen, daß globale Daten auf ein Minimum reduziert werden. Dadurch verringern sich gegenseitige Abhängigkeiten und notwendige Synchronisationspunkte (siehe auch 3.4, Datenredundanz).

Die Umschaltung im Cluster muß ebenso wie der Ausfall einer Komponente durch geeignete Rückfall- und Wiederaufsetzmechanismen eingeplant werden. Die Mechanismen werden über einheitliche Schnittstellen in den Anwendungen eingesetzt. Folgende Basisfunktionen werden dazu benötigt:
1. Anmelden einer Applikation zur Prozeßüberwachung; dabei wird zwischen der Primärapplikation und der Sekundärapplikation unterschieden
2. Aushungern von Warteschlangen zur Vorbereitung einer geplanten Umschaltung
3. Gemeinsame schnelle Kommunikationsfunktionen, die die Kommunikation über Knotengrenzen hinweg erlauben
4. Funktionen zur Sicherung von Wiederaufsetzpunkten und zum Wiederherstellen von Systemzuständen auch über Knotengrenzen hinweg

Die Funktionen folgen einem gemeinsamen Benutzungsmodell. Zunächst müssen sich Applikationen (mit jeweils einer Sekundäranwendung) bei der Prozeßüberwachung anmelden. Die Spezifikation einer Sekundäranwendung ist notwendig, um im Umschaltfall Nachrichten passend zusenden zu können. Bei einem einfachen Prozeßausfall reicht der Neustart des ausgefallenen Prozesses. Für eine geplante Abschaltung wird durch „Aushungern" der zu stoppenden Prozesse der korrekte Abschluß der laufenden Aktivitäten sichergestellt. Es ist in der Verantwortung der Applikationen, mithilfe der bereitgestellten Funktionen geeignete Wiederaufsetzpunkte zu spezifizieren. Bei einem Neustart wird überprüft, ob eine Funktion fortzusetzen und damit auf einen Wiederaufsetzpunkt zuzugreifen ist. Die automatische Ablage von Wiederaufsetzpunkten verbietet sich wegen der Performanceanforderungen. Wichtig ist, daß sowohl Kommunikations- als auch Sicherungsfunktionen zentral bereitgestellt werden. Dadurch ist die für Applikationen transparente Anpassung an veränderte Konfigurationen oder Tuning möglich.

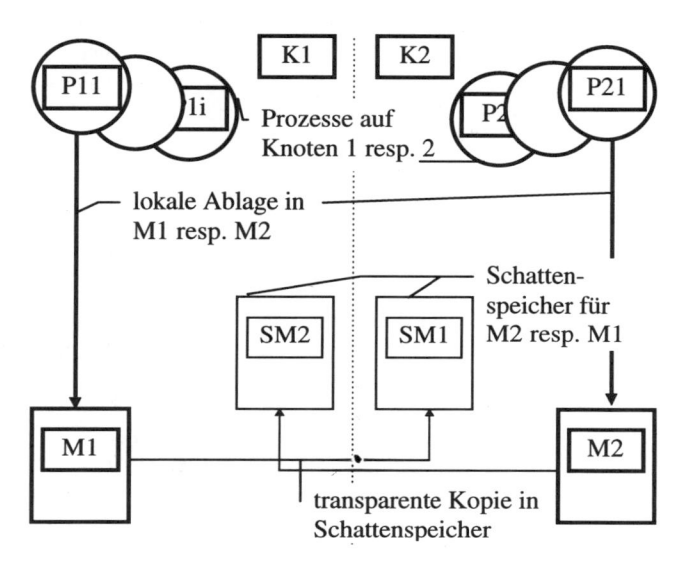

Abb. 4: Redundanz transienter Daten

3.4 Datenredundanz

Zur Implementierung von Datenredundanz in einem Clustersystem bieten sich generell zwei Möglichkeiten:
1. Kurzlebige Daten, die sehr kurze Zugriffszeiten erfordern, werden im Hauptspeicher gehalten. Dabei ist ein Spiegelungskonzept zu implementieren, mit dem Daten eines Clusterknotens im Hauptspeicher des Partnerknotens repliziert werden.
2. Langlebige Daten werden auf externen Medien abgelegt, wobei man sich herkömmlicher Verfahren, wie sie bereits in 3.2 beschrieben wurden, bedient.

An dieser Stelle soll nur auf die Replikation kurzlebiger Daten (transienter Daten) eingegangen werden. Die Replikation dieser Daten ist notwendig, da nicht alle Daten der Anwendungen parallel auf ein externes Medium geschrieben werden können. Trotzdem sind die Daten bei Knotenausfall am verbleibenden Knoten bereitzustellen, um eine kontinuierliche Bearbeitung auch bereits begonnener Transaktionen sicherzustellen. Ansonsten sind die geforderten Performance- und Responsezeiten nicht einzuhalten.

Das grundlegende Benutzungsmodell ist in Abbildung 4 dargestellt. Lokale Prozesse P_{11}, P_{12}, P_{1i} des Knotens K_1 schreiben in den lokalen Hauptspeicher M_1.

Die Schreiboperationen werden über Bibliotheksroutinen abgewickelt, die neben dem lokalen Schreiben auch das Kopieren der Daten in den Schattenspeicher SM_1 auf dem Knoten K_2 durchführen. Bei Störung des Knotens K_1 sind die Daten im Schattenspeicher SM_1 auf Knoten K_2 zur weiteren Bearbeitung verfügbar. Dieses Konzept wird speziell zur Fortsetzung von Anrufen auch bei Ausfall eines Clusterknotens angewandt.

3.5 Softwaremanagement

Die Forderung nach Versionswechseln im laufenden Betrieb ebenso wie die notwendige strikte Kontrolle von Fehlerbehebungen oder länderspezifischen Anpassungen hat auch Rückwirkungen auf die einzusetzende Softwareentwicklungsumgebung. Dazu wurden auf Basis von Standardwerkzeugen wie RCS (Resource Control System) folgende wesentliche Erweiterungen vorgenommen:
- Bereitstellung von Einzelkorrekturständen (EKS): Aus einem eindeutig definierten Sourcestand können Fehler einzeln behoben und eingespielt werden. Dadurch werden potentielle Nebenwirkungen auf andere Sourcemoduln minimiert und einfach prüfbar gemacht.
- Stücklistenverfahren und Archivierung: Für jede erstellte Version bzw. Variante, wie sie z. B. für länderspezifische Ausprägungen eines international bereitzustellenden Softwarepakets notwendig ist, wird eine Stückliste erstellt. Über die Stückliste und die archivierten Modulstände ist zu jedem Zeitpunkt eine einmal erstellte Version wieder regenerierbar.

Allgemein sind Anforderungen an den Softwareentwicklungsprozeß und seine ständige Verbesserung anzustreben, wie sie in [7] beschrieben sind.

Zur Einbringung von neuen Softwareständen oder auch von Einzelkorrekturständen sind zusätzliche Vorkehrungen im laufenden System notwendig, wie sie bereits oben beschrieben wurden (OLR).

3.6 Fehlerbearbeitung

Zur Erfüllung der geforderten Verfügbarkeitseigenschaften kommen der Fehlererkennung, -meldung und -bearbeitung besondere Bedeutung zu.

Die Fehlererkennung erfolgt dezentral in einzelnen Softwaremoduln. Allerdings werden zur Überwachung zentraler Ressourcen oder von systemübergreifenden Eigenschaften spezielle Audit- bzw. Monitorprogramme eingesetzt. Mithilfe von Auditprogrammen werden Konsistenzeigenschaften von Anwenderdaten oder Systemdaten in regelmäßigen Abständen überprüft. Die Abstandslänge hängt vom

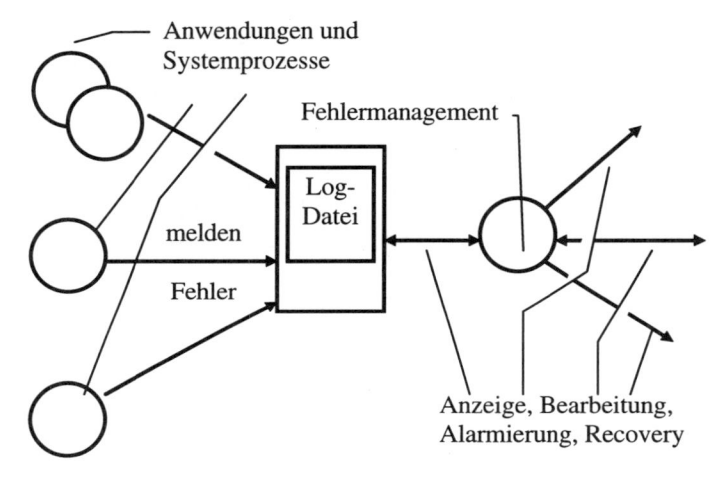

Abb. 5: Fehlerbearbeitungskonzept

jeweiligen Datentyp ab. Beispiele sind Konsistenzeigenschaften von Indexdateien, die Existenz von wichtigen Konfigurationsdateien oder die Verfügbarkeit der Systemkonsole. Monitorprogramme werden eingesetzt, um Zustände wichtiger Systemressourcen zu überwachen. So ist z. B. zu vermeiden, daß der Überlauf einer Logdatei oder der Verbrauch von Plattenplatz zum Systemabbruch führt. Dazu werden ressourcenspezifische Grenzwerte eingeführt, die bei Überschreitung zu entsprechenden Fehlermeldungen führen.

Die Meldung von Fehlern wird über eine zentrale Schnittstelle geführt, um sie einer gemeinsamen Analyse zuzuführen. Der Ablauf ist schematisch in Abbildung 5 dargestellt. Aus einer zentralen Logdatei werden die Fehler über anwendungsspezifische Filter mit folgenden wesentlichen Kriterien weiterbearbeitet.
- Einstellbare Klassifizierung der Fehler: Die Einstellbarkeit ist notwendig, da nicht jeder Fehler gleich behandelt wird und auch die Dringlichkeit der Behandlung anpaßbar bleiben muß.
- Empfangsadressen der Meldung: Für bestimmte Meldungen können sich spezifische Empfänger angemeldet haben, z. B. zur Alarmierung von Wartungspersonal oder zur Weitergabe an zentrale Managementstationen. Im Normalfall geht die Meldung zur Bedienstation.
- Automatische Fehleranalyse: Die vielfache Wiederholung der gleichen Fehlermeldung soll unterdrückt werden, um dadurch nicht andere, aber enventuell

wichtigere Meldungen zu überdecken. Bei Auftreten einer vorgebbaren Konstellation von Fehlern kann eine höhere Einstufung notwendig werden.
- Aus der Abfolge von Fehlermeldungen und ihren Konstellationen können Recoveryaktionen abgeleitet und teilweise automatisch angestoßen werden.

Über einen Fehlermanagementbaustein sind die Filter einstellbar. Insbesondere ist die dynamische Klassifizierung von Fehlern notwendig, um die Fehlerreaktionen an das aktuelle Systemverhalten anpassen zu können. Die Benutzbarkeit des Systems, ein wesentlicher Verfügbarkeitsfaktor, wird durch Hilfetexte und Reparaturtexte zu jeder Fehlermeldung wesentlich verbessert.

4 Bewertung

Im vorliegenden Beitrag wurden Erfahrungen bei der Bereitstellung von hochzuverlässigen Systemen im Telekombereich zusammengefaßt. Zunächst wurden die allgemeinen Anforderungen dargestellt und auf eine spezielle Telekomanwendung, nämlich Intelligente, Netze abgebildet. Die dann anschließenden Beschreibungen der Verfahren und speziell eingesetzter Mechanismen führen zu folgenden allgemeinen Ergebnissen.

1. Bei der Bereitstellung hochverfügbarer Systeme sind sowohl technische als auch organisatorische Komponenten zu integrieren. Wie oben gezeigt wurde, sind technische Maßnahmen zwar notwendige Voraussetzung zur Verbesserung der Verfügbarkeit, sind aber durch geeignete Servicekonzepte zu ergänzen.

2. Allgemeine Schnittstellen zur Unterstützung bei der Entwicklung hochverfügbarer Anwendungen sind in Entwicklung bzw. bereits allgemein verfügbar. Mehrere der gezeigten Mechanismen bestehen in einem Zusammenwirken von anwendungsspezifischen und allgemeinen Funktionen. Während Wiederaufsetzpunkte anwendungsspezifisch festzulegen sind, so können die Schnittstellen zu ihrer Sicherung und zum Rücksetzen allgemein spezifiziert werden. Die breite Produktpalette von RAID-Systemen zeigt, daß Hochverfügbarkeitseigenschaften immer wichtiger werden und auch ein entsprechender Markt dafür vorhanden ist.

3. Hochverfügbarkeitseigenschaften gewinnen gerade in Standardlösungen immer mehr an Bedeutung. Die Entwicklung von fehlertoleranten Systemen ist zwar für Spezialanwendungen sinnvoll und notwendig, erlaubt aber wegen der hohen Kosten keine breite Einsetzbarkeit. Hier setzen Entwicklungen auf Basis von Standardkomponenten ein, wie sie z. B. oben beschrieben wurden. Sie bieten

unter dem Stichwort Skalierbarkeit ein breites Spektrum zwischen Preis, Verfügbarkeit und Leistung.

4. Die Standardisierung auf dem Gebiet hochverfügbarer Systeme steht erst am Anfang. Obwohl durch RAID-Systeme Fortschritte bei der Standardisierung erkennbar sind, so sind allgemein einsetzbare Softwareschnittstellen zur Erhöhung der Verfügbarkeit zu entwickeln. Auch der Vergleich verschiedener Konzepte oder die Bewertung von Lösungen basieren noch auf individuellen Modellen und sind zu verallgemeinern.

Aufgrund der weiter steigenden Anforderungen an die Verfügbarkeit von informationstechnischen Systemen und an ihre allgemeine Bereitstellung sind verstärkte Anstrengungen in Wissenschaft und Praxis notwendig und sinnvoll. Anwendungsbereiche wie die Telekommunikation können als Katalysator und als Vorreiter für solche generelle Lösungskonzepte betrachtet werden.

Literatur

[1] Bennett, Ronnie Lee, Policello, George E., Switching Systems in the 21st Century, IEEE Communications Magazine, March 1993, 24-28.
[2] Chen, Peter M., Lee, Edward K., Gibson, Garth A., Katz, Randy H., Patterson, David A., RAID: High-Performance, Reliable Secondary Storage, ACM Computing Surveys, Vol. 26, No. 2, June 1994, 145-186.
[3] Christensen, Björn Eske, Underwood, Derek, Kommunikationsnetze werden intelligenter, telecom report 14 (1991) Heft 5, 262-265.
[4] Garrahan, James J., Russo, Peter A., Kitami, Kenichi, Kung, Roberto, Intelligent Network Overview, IEEE Communications Magazine, March 1993, 30-37.
[5] Mossotto, Cesare, Pathways for Telecommunications: A European Outlook, IEEE Communications Magazine, August 1993, 52-58.
[6] Musa, John D., Operational Profiles in Software-Reliability Engineering, IEEE Software, March 1993, 14-32.
[7] Paulk, Mark C., Curtis Bill, Chrissis, Mary Beth, Weber, Charles V., Capability Maturity Model, Version 1.1, IEEE Software, July 1993, 18-27.
[8] Computers that Never Need to Shut Down, Communications International, 12/93, 50-56.

Evaluationskriterien zur IT-Sicherheit – Entwicklungen und Perspektiven in der Normung und außerhalb

Kai Rannenberg

Abteilung Telematik, Institut für Informatik und Gesellschaft
Universität Freiburg, Friedrichstraße 50, D-79098 Freiburg[*]
Telefon +49-761-203-4926, Fax +49-761-203-4929
E-Mail kara@iig.uni-freiburg.de

Zusammenfassung

Die europäischen IT-Sicherheitsevaluationskriterien ITSEC haben bei ihrem Erscheinen teilweise harte Kritik erfahren. Inzwischen liegen weitere Kriterien und Entwürfe vor. Nach einer Einführung (1) werden sie und die entsprechenden Entwicklungen in der Normung und außerhalb beschrieben (2) und der Kritik an den ITSEC (3) gegenübergestellt (4).

1 Sicherheitszertifizierung bei IT-Systemen und die ITSEC

Sicherheitszertifizierung bei IT-Systemen ordnet sich in Deutschland mittlerweile in ein umfängliches Geflecht von Zuständigkeiten und Begriffen ein. Ihm ist der erste Teil dieses Kapitels (1.1) gewidmet, während die anderen zwei (1.2, 1.3) die Vorgeschichte und den Ansatz der ITSEC kurz zusammenfassen.

1.1 Zertifizierung, Evaluation und Kriterien

Die Komplexität heutiger Hardware- und Softwarekomponenten macht die Beurteilung der Sicherheit informationstechnischer Systeme durch einfache „Draufschau" unmöglich. Für Beschaffung und Betrieb Verantwortliche haben zudem oft weder Zeit noch Kompetenz, die Aussagen von Herstellern bezüglich der Sicherheit angebotener Systeme zu beurteilen.

---

[*] Teile der hier beschriebenen Arbeit wurden mit Mitteln der Gottlieb Daimler- und Karl Benz-Stiftung, Ladenburg, für das Kolleg „Sicherheit in der Kommunikationstechnik" gefördert. Dank für wertvolle Diskussionen gebührt u.a. Rüdiger Dierstein, Anja Jerichow, Andreas Pfitzmann und vielen Delegierten in der nationalen und internationalen Normung, die im allgemeinen lieber ungenannt bleiben wollen, außerdem dem FoBS-Service-Team und Dörte Neundorf, die sehr dazu beigetragen haben, daß dieser Text rechtzeitig fertig wurde.

Abhilfe sollen Sicherheitszertifikate schaffen. Möglichst unabhängige Stellen sollen diese Zertifikate für geeignete Produkte oder Systeme erteilen (*Zertifizierung*). Vorher muß das jeweilige Produkt oder System (der *Evaluationsgegenstand – EVG*) eine Bewertung (*Evaluation*) durch ein herstellerneutrales Prüflabor erfolgreich überstehen. Grundlage der Evaluation sind Kriterienkataloge, wie die EU-weit einheitlichen „*Information Technology Security Evaluation Criteria – ITSEC*" [5]. Sie sollen auch dazu dienen, daß verschiedene Prüfer den gleichen Evaluationsgegenstand bezüglich gleicher Anforderungen gleich beurteilen.

In Deutschland werden IT-Sicherheitszertifikate von zwei Stellen ausgegeben: seit 1991 vom Bundesamt für Sicherheit in der Informationstechnik (BSI) und neuerdings von der Gütegemeinschaft Software e.V. (Eine Liste der durch das BSI erteilten Zertifikate [3] ist dort erhältlich). Beide Stellen akkreditieren Prüflabors (etwa TÜVe oder Systemhäuser), die die eigentliche Evaluation vornehmen. Welches Prüflabor die Evaluation durchführen soll, kann der Antragsteller (Sponsor) vorschlagen. Er zahlt auch die für Evaluation und Zertifizierung anfallenden Kosten.

Der Begriff *Akkreditierung* hat zwei Bedeutungen: Erstens bezeichnet er das Verfahren, das für ein Prüflabor gleichzeitig die technische Kompetenz und die Unabhängigkeit zur Durchführung der zugehörigen Aufgaben feststellt; zweitens ist das Verfahren gemeint, das ein IT-System zum Betrieb in einer speziellen Umgebung freigibt.

1.2 Die Vorgeschichte der ITSEC

Als erste IT-Sicherheitsevaluationskriterien gelten die 1983 erstmals und 1985 nahezu unverändert erneut veröffentlichten „*Trusted Computer Security Evaluation Criteria – TCSEC*" des „Department of Defense" der USA [29]; bekannter ist der aus ihrer Einbandfarbe abgeleitete Name „Orange Book". Die beste Eigenschaft der TCSEC ist die Einfachheit ihrer Struktur. Sicherheitsanforderungen und -eigenschaften werden in sieben hierarchische Levels von D aufsteigend bis A1 eingeordnet. Diese einfache Struktur machte die TCSEC jedoch für andere Anwendungen als die Verwaltung militärischer Dokumente auf einzelnen zentralen Rechnern untauglich. Auch eine Interpretation der TCSEC für Netze [30] konnte hierbei nicht helfen.

Wegen der Schwächen der TCSEC und der US-amerikanischen Politik gegenüber evaluationsinteressierten ausländischen Herstellern wurden in Europa eigene Kriterien entworfen [6, 10, 11, 25, 33]. Die ITSEC [5] sind harmonisierte Kriterien der EG-Nationen Deutschland, Frankreich, Großbritannien und Niederlande, wobei der Einfluß der britischen und der deutschen Kriterien am stärksten erscheint. Die Version 1.2 erschien im Juni 1991. Sie und ihre Vorgängerinnen lösten harte Kritik aus (vgl. 3). Damals und noch danach [22] wurde der Eindruck erweckt, die ITSEC V. 1.2 seien nur bis 1993 gültig und sollten bis dahin auf der Basis von Evaluationserfahrungen und des Diskussionsstandes in der internationalen Normung in Richtung auf eine „stabile" Version 2.0 überarbeitet werden. Eine Version 2.0 ist nicht in Sicht, und die Version 1.2 ist weiterhin Grundlage für Evaluationen in Europa.

1.3 Der Ansatz der ITSEC

Die ITSEC sehen eine Evaluation und Zertifizierung bezüglich Umfang der Sicherheitsfunktionalität und Qualitätssicherungsmaßnahmen[1] vor. „Sicherheit" wird als Kombination aus Vertraulichkeit, Integrität und Verfügbarkeit betrachtet, ohne daß dies direkte Konsequenzen für die Ableitung von Sicherheitsfunktionalität hätte. Ausdrücklich werden Evaluationsgegenstände in Systeme und Produkte unterschieden: Systeme haben einen zum Zeitpunkt der Evaluation bekannten Zweck und eine spezifische Betriebsumgebung; bei Produkten, etwa Sicherheitssoftware für Personalcomputer, ist die Einsatzumgebung zum Zeitpunkt der Evaluation unbekannt.

Die zu evaluierende Sicherheitsfunktionalität kann der Sponsor frei wählen, allerdings ist er gehalten, sie möglichst mit den in den ITSEC enthaltenen „Generic Headings" zu beschreiben. 10 Funktionalitätsklassen sind als Beispiele in den ITSEC enthalten. Ein weiteres Beispiel einer Funktionalitätsklasse findet sich in [12], eine Detaillierung zur Funktionalitätsbeschreibung der ITSEC aus japanischer Sicht in [16]. Der im Rahmen einer Zertifizierung nach den ITSEC zu erreichende Evaluationslevel (E0 bis E6) hängt von Ausmaß und Tiefe der Qualitätssicherungsmaßnahmen ab.

2 Die Post-ITSEC-Ära und ihre Kriterien

Nach den ITSEC sind inzwischen mehrere Kriterien bzw. Kriterienentwürfe erschienen. Während 2.1 einige generelle Entwicklungslinien dokumentiert, ist 2.2 einer kurzen Beschreibung der drei wichtigsten Kriterien gewidmet.

---

[1] In der offiziellen deutschen Übersetzung der ITSEC wird nicht, wie noch bei den deutschen Vorgängerkriterien von Qualitätssicherung, sondern von Vertrauenswürdigkeit geschrieben. Trotzdem wird im folgenden der eingeführte und weiterhin besser passende Begriff „Qualitätssicherung" beibehalten.

2.1 Tendenzen bei Kriterien und Umfeld

In den folgenden Unterkapiteln werden einige Entwicklungslinien der Kriterien und ihres Umfelds beschrieben. Sie betreffen die Struktur der Kriterien sowie wesentliche Aspekte der Sicherheitsfunktionalität und der Qualitätssicherung. Wichtig sind weiterhin die nicht immer nur technischen Aspekte einer internationalen Harmonisierung. Eine genauere Untersuchung der Entwicklung im Bereich Funktionalität findet sich in [19].

2.1.1 Funktionalität und Qualitätssicherung getrennt oder in Schutzprofilen zusammen?

Der wesentliche strukturelle Unterschied zwischen den ITSEC und den TCSEC ist die in den ITSEC eingeführte Zweigliederung der zu bewertenden Sicherheit in Sicherheitsfunktionalität (*Functionality*) einerseits und Qualitätssicherungsmaßnahmen (*Assurance*) andererseits:

(1) Unter Funktionalität fällt, was das zu bewertende System tut oder tun kann, um sicher zu sein; dies sind typischerweise eingebaute Maßnahmen wie Paßwortschutz, Zugriffskontrollisten oder Verschlüsselung.

(2) Qualitätssicherungsmaßnahmen sind die Aufwendungen, die Entwickler, Produzenten und eventuell auch Betreiber unternehmen, um das System sicher herzustellen und nutzbar zu machen; typische Beispiele sind Dokumentation und Review der Entwicklung, systematisches Testen, der Einsatz mathematisch-formaler Entwurfsmethoden oder Benutzer- und Verwalterhandbücher.

Die Trennung von Funktionalität und Qualitätssicherung wurde allgemein als großer Fortschritt empfunden, weil sie es möglich machte, auch Systeme mit sehr begrenzter Funktionalität, etwa kleine Gatewayrechner, in Richtung auf hohe Evaluationslevel zu prüfen. In der Version 3.0 der kanadischen CTCPEC [8] wurde dieser Ansatz übernommen; bei der ISO teilte man das Normprojekt in zwei entsprechende Teile sowie einen dritten als Rahmen (2.2.3). Auch in den USA tauchten Entwürfe für ein Nachfolgedokument zu den TCSEC auf, daß sich an der Zweigliederung orientierte [31].

In den USA regten sich jedoch auch kritische Stimmen: Sie stuften die Aufteilung als irreführend ein und warnten vor nur scheinbar sicheren Systemen mit umfangreicher Sicherheitsfunktionalität aber nur äußerst magerer Qualitätssicherung, ebenso vor Systemen mit „Quasi-Null-Funktionalität", die nichts könnten, dies aber mit einem sehr hohen Evaluationslevel bescheinigt bekämen. Im übrigen sei die Aufteilung in vielen Fällen künstlich, weil

Sicherheitsfunktionalität und Qualitätssicherungsmaßnahmen wechselseitig voneinander abhingen.

Meistgenanntes Beispiel dafür ist das Phänomen der verdeckten Kanäle: Deren Behandlung, etwa durch konstruktive Vorkehrungen zur Begrenzung ihrer Bandbreite, ist eine funktionale Maßnahme; die Suche nach verdeckten Kanälen fällt unter Qualitätssicherung. Oft seien für verschiedene Implementierungen ein und der selben Basisfunktionalität auch verschiedene Qualitätssicherungsmaßnahmen nötig, etwa im Bereich Identifikation und Authentifizierung: Mechanismen, die von Benutzern gewählte Paßworte auf Eignung untersuchen, seien auf andere Weise zu evaluieren als solche, die selbst sichere Paßworte generierten.

Dieser Argumentationslinie folgte der erste weit bekanntgemachte Entwurf eines Nachfolgedokumentes für die TCSEC, die „*Federal Criteria for Information Technology Security – FC-ITS*" [32]. Die FC-ITS enthalten zwar getrennte Kapitel für „Functionality" und „Assurance", betonen jedoch die „Dependencies" zwischen beiden Aspekten stark – ein Ansatz, der sich zwar auch in den CTCPEC fand, dort jedoch weit weniger betont wurde. Eine Brücke zwischen „Functionality" und „Assurance" sollen die sogenannten „Protection Profiles" (Schutzprofile) schlagen (siehe auch 2.1.4).

Die Diskussion über den Sinn einer Betonung der „Dependencies" hält an. Eventuell bietet das Konzept der Schutzprofile den Benutzern bessere Möglichkeiten, ihre Sicherheitsanforderungen zu formulieren; andererseits ist es auch in den Verdacht geraten, lediglich als ein Vehikel zur Konservierung der überkommenen TCSEC-Strukturen zu fungieren. Dieser Verdacht wird dadurch noch geschürt, daß von den sieben Beispielen für Schutzprofile in den FC-ITS fünf den TCSEC-Sicherheitsklassen entstammen. Die derzeit von fünf nordatlantischen Regierungen entwickelten „*Common Criteria – CC*" [4] (s. 2.2.2) haben das Konzept der „Protection Profiles" übernommen, bieten allerdings auch die Möglichkeit einer getrennten Betrachtung von Funktionalität und Qualitätssicherung.

2.1.2 Vorgeschriebene Funktionalität oder Auswahlkatalog?

In den TCSEC ist sehr strikt festgelegt, was Sicherheitsfunktionalität zu sein hat, und die TCSEC-Klassen folgen einer entsprechend strikten Hierarchie. Bereits die ITSEC eröffneten den Sponsoren die Möglichkeit, die zu evaluierende Funktionalität selbst zu bestimmen. Daß auch die ITSEC-Funktionalitätsklassen – zumindest offiziell – lediglich als Beispiele angesehen werden, hat der Diskussion, welche Funktionalitätsklassen wirklich benötigt werden, einen Teil ihrer Schärfe genommen. Damit steigt jedoch die Bedeutung der Grundfunktionen (in den ITSEC „Generic Headings"), aus denen man Funktionalität kombinieren kann.

Gegenwärtig ist bei der ISO geplant, einige Beispiele für Funktionalitätsklassen, möglichst aus verschiedenen Quellen, in die ECITS-Norm (vgl. 2.2.3) aufzunehmen. Die Autoren der CC (vgl. 2.2.2) planen darin je einen eigenen Teil für vordefinierte Schutzprofile und für Prozeduren zur Registrierung von Schutzprofilen.

2.1.3 Von einseitiger zu mehrseitiger Sicherheit

In den TCSEC wird unter Sicherheit im wesentlichen die Sicherheit der Eigner und Betreiber des IT-Systems verstanden; die Sicherheit der Benutzer und Gespeicherten bleibt unberücksichtigt. Diese Einseitigkeit läßt nutzer- und datenschutzfreundliche Funktionalität auf der Basis datensparsamer Techniken (Beispiele aus dem Telekommunikations- und Finanzbereich stehen in [18] und [7]) unberücksichtigt. Deren Evaluation und Zertifizierung wird erschwert, weil ein erheblicher Mehraufwand entstehen kann, wenn Evaluationsziele abseits der offiziellen Kriterien formuliert werden müssen und Evaluationsergebnisse entsprechend schwerer verständlich sind und weniger offiziell wirken (vgl. 3.4 und 4.4).

Die Einseitigkeit ließ in den folgenden Kriterien, etwa den ITSEC, nach, ist jedoch immer noch deutlich und hat zu scharfer Kritik geführt (vgl. 3, speziell 3.1). Zunächst in der Normung und später auch beim Entwurf der CC hat die Kritik in gewissem Maße gewirkt: Zumindest einige Elemente mehrseitiger Sicherheit finden sich in den neueren Entwürfen (vgl. 4.1). In einigen Bereichen bestehen allerdings noch erhebliche Defizite (vgl. 4, speziell 4.2).

2.1.4 Qualitätssicherungsbausteine oder -levels

Bei den ITSEC gehört zu einem Evaluationsergebnis stets die Angabe eines Evaluationslevels innerhalb einer Hierarchie von E0 bis E6, der den Umfang und die Tiefe der Qualitätssicherungsmaßnahmen widerspiegelt. Bei den TCSEC ist sogar noch der Umfang der zertifizierten Funktionalität in die Levelstruktur einbezogen.

Da sich mehr und mehr Qualitätssicherungsmaßnahmen entwickeln, von denen keine eine vollständige Sicherheit garantieren kann, die aber bei verschiedenen Evaluationsgegenständen verschieden hilfreich sind, gerät das Konzept der hierarchisch angeordneten Levels ins Wanken. In den CC und vorher schon in den FC-ITS sind die Qualitätssicherungsmaßnahmen als einzelne Bausteine aufgeführt, die die Sponsoren zusammen mit Funktionalitätsbausteinen zu

"Protection Profiles" kombinieren können. Ob sich diese Kombinationen gegenüber den gleichfalls in den CC vertretenen "Assurance Levels" durchsetzen, bleibt abzuwarten.

2.1.5 Probleme der internationalen Harmonisierung

Das Ziel, die jeweiligen nationalen Kriterien international soweit zu harmonisieren, daß Zertifikate gegenseitig anerkannt werden, ist nicht nur eine technische, sondern auch eine in hohem Maße politische Herausforderung.

In mindestens fünf Staaten (CDN, D, F, GB, USA) wurden erhebliche Summen in die Entwicklung der nationalen Kriterien investiert, in mindestens vier Staaten (CDN, D, GB, USA) auch in die Entwicklung einer Zertifizierungsorganisation. Darüber hinaus haben die jeweiligen nationalen Unternehmen bereits viel Geld investiert, um entweder als Prüfer oder als Hersteller mit den jeweils gültigen Kriterienkonzepten vertraut zu werden. Wenn dann um eine Harmonisierung unterschiedlicher Konzepte gerungen wird, kann durchaus davon ausgegangen werden, daß der Schutz der nationalen Investitionen und der eigenen Wirtschaft mancher nationalen Verhandlungsdelegation mindestens ebensoviel bedeutet, wie die Güte einer technischen Problemlösung.

Verstärkt wird dieses Bestreben durch die vielfach unerwartet niedrige Zahl von Evaluationen und Evaluationsanträgen der Hersteller. Diese klagen über die hohen Evaluationskosten. Je internationaler die Hersteller agieren, desto größer ist ihr Wunsch nach einheitlichen Kriterien, um die Produkte nur einmal evaluieren zu müssen. Umgekehrt profitieren aber die Evaluationsstellen und manche kleine Hersteller von dem Schutz, den nationale Zertifikate bieten. Noch unübersichtlicher wird die Situation dadurch, daß viele Hersteller einen Evaluationssparlevel fordern, für den sie die Evaluation kostengünstig im eigenen Hause abwickeln können, den sie aber trotzdem zertifiziert bekommen.

Weitere Probleme verursachen Sprachschwierigkeiten, insbesondere, wenn die nationalen Zertifizierungsorganisationen ähnlich klingende Worte mit verschiedenen Bedeutungen belegt haben. Prominentestes Beispiel ist der Begriff "Zertifizierung" bzw. "Certification". Eine Zertifizierung ist in Deutschland die Veröffentlichung eines formellen Beschlusses, der die Resultate einer Evaluation festhält und bescheinigt, daß die Kriterien korrekt angewendet wurden. In Großbritannien hat der Begriff "Certification" die gleiche Bedeutung. In den USA bedeutet "Certification" weit weniger. Dort ist lediglich der Prozeß der Evaluation gemeint. Der Satz, daß für ein Produkt die "Certification" bevorsteht, hat in den USA also eine weit geringere Aussagekraft als in Europa.

2.2 Die Post-ITSEC-Kriterien

Drei Kriterien können als wesentliche Post-ITSEC-Kriterien betrachtet werden und werden in den folgenden Kapiteln kurz beschrieben:
(1) Die kanadischen CTCPEC (siehe 2.2.1);
(2) Die transatlantischen Common Criteria (CC) (siehe 2.2.2);
(3) Die in der ISO genormten ECITS (siehe 2.2.3).

Die Eigenheiten der US-amerikanischen FC-ITS werden in 2.2.2 mit beschrieben. Alle Beschreibungen sind sehr kurz, da wesentliche Charakteristika der Kriterien entweder schon in 2.1 hervortraten oder in Kapitel 4 detailliert der Kritik an den ITSEC gegenüber gestellt werden.

2.2.1 Die kanadischen CTCPEC

Nach zwei Vorläufern, die den US-amerikanischen TCSEC sehr ähnelten, vollzog die in ersten Entwürfen 1992 vorliegende Version 3.0 der „*Canadian Trusted Computer Product Evaluation Criteria – CTCPEC*" [8] nicht nur die in den ITSEC beschriebenen Entwicklungen nach, sondern setzte auch neue Akzente. Die in den ITSEC eingeführte Trennung von Sicherheitsfunktionalität und Qualitätssicherung wurde beibehalten. Allerdings ist die Sicherheitsfunktionalität wesentlich detaillierter in 4 „Facets" und 18 „Services" (die in etwa den 8 „Generic Headings" der ITSEC entsprechen) gegliedert (vgl. auch 4.1). Darüber hinaus sind die Abhängigkeiten („Constraints") einzelner „Services" voneinander oder von den 7 „Assurance Levels" dokumentiert. Eine Ergänzung der CTCPEC im Hinblick auf Verschlüsselung und Funktionen zum Datenaustausch findet sich in [9].

2.2.2 Die Common Criteria

Nach der Veröffentlichung der ITSEC und deren Vordringen innerhalb der ISO-Normung veröffentlichten die USA einen TCSEC-Nachfolgeentwurf namens „*Federal Criteria for Information Technology Security – FC-ITS*" [32]. Als Reaktion darauf und im Angesicht einer gegenseitigen Blockade der US-amerikanischen und der europäischen Positionen in der Normung vereinbarten die USA, Kanada und die EU-Kommission den Entwurf gemeinsamer Kriterien, der „*Common Criteria for Information Technology Security Evaluation – CC*" [4]. Ein mit vier US-Amerikanern (je zwei von NIST und NSA) sowie je zwei Kanadiern, Briten, Franzosen und Deutschen besetztes *„Common Criteria Editorial Board – CCEB"* trifft sich regelmäßig und unterhält eine Liaison zum entsprechenden Gremium der ISO. Die CC sind als Kriterienrahmenwerk geplant, das die Möglichkeiten der vorliegenden Kriterien umfassen soll. In der seit November 1994 vorliegenden Version 0.9 wurde von den ITSEC die Trennung in Sicherheitsfunktionalität und Qualitätssicherung übernommen; von den FC-ITS stammen die „Protection Profiles" und die Idee, nicht nur die Sicherheitsfunktionalität, sondern auch die Maßnahmen zur Qualitätssicherung in insgesamt über 250 Komponenten („Components") zu unterteilen (vgl. 2.1.1 und 2.1.4). Diese Bausteine sind zu annähernd 100 „Families" zusammengefaßt, die ihrerseits auf 16 „Classes" aufgeteilt sind.

2.2.3 Die ECITS der ISO

Im Oktober 1990, also etwa gleichzeitig mit der Diskussion der ersten öffentlichen Version der ITSEC, begann in der internationalen Normung (SC27)[2] die Diskussion um *„Evaluation Criteria for IT Security – ECITS"*, und ein entsprechendes Normungsprojekt (1.27.16) wurde initiiert. Die entstehende Norm soll aus drei Teilen bestehen, einer Einleitung und je einem Teil zu Funktionalität und Qualitätssicherung. Die als erste Entwürfe für Teil 2 und 3 in den Normungsprozeß eingebrachten Dokumente stimmten fast wörtlich mit den entsprechenden Teilen der ITSEC überein. Inzwischen [15] ist der Teil 2 stark durch die CTCPEC und eigene Arbeiten geprägt (vgl. 4.1). Der Teil 1 orientiert sich sehr in Richtung der CC. Ob ECITS und CC verschmelzen, ist derzeit noch unklar, wird aber offiziell sowohl vom CCEB als auch von SC27 angestrebt. Eine fertige Norm ist nicht vor 1997 zu erwarten.

3 Kritik an den bisherigen Kriterien

Der größte Teil der jüngeren kritischen Kommentare zu Evaluationskriterien in Europa konzentrierte sich auf die ITSEC. Am deutlichsten und gleichzeitig am weitesten veröffentlicht ist die Kritik an der Version 1.2 der ITSEC, die der Präsidiumsarbeitskreis „Datenschutz und Datensicherung" der Gesellschaft für Informatik im Frühjahr 1992 verabschiedete [14]. Allerdings existiert auch eine Fülle weiterer Texte, die mehr oder weniger deutliche Kritik an den jeweils diskutierten Evaluationskriterien enthalten; die folgende Liste erhebt

---

[2] Zuständig ist die „Working Group 3" (WG3) des „Scientific Committee 27 – Security Techniques" (SC27) des „Joint Technical Committee 1" (JTC1) der „International Organisation for Standardisation" (ISO) und der „International Electrotechnical Commission" (IEC), kurz ISO/IEC JTC1/SC27/WG3.

keinen Anspruch auf Vollständigkeit, zumal sie sich überwiegend auf die deutschsprachige Literatur bezieht [1; 2; 13; 17; 20; 21; 23; 24; 26; 27; 28]. Die Hauptpunkte der Kritik lassen sich grob in fünf Bereiche einteilen:

(1) Unausgewogenheit der beschriebenen bzw. berücksichtigten Sicherheitsfunktionalität (siehe 3.1);

(2) Unausgewogenheit der Anforderungen an die Qualitätssicherung (3.2);

(3) Hohe Kosten und Ineffizienz des Evaluationsprozesses (3.3);

(4) Geringe Aussagekraft und Verwertbarkeit der Evaluationsresultate (3.4);

(5) Ein für die Fachöffentlichkeit unkontrollierbarer und nicht nachvollziehbarer Prozeß der Entstehung der Kriterien (3.5).

Generell wird bemängelt, daß die Kriterien zu sehr auf hierarchisch verwaltete Systeme konzentriert sind, bei denen die Interessen der Betreiber die der Benutzer dominieren. Dezentral organisierte und verwaltete, also die meisten vernetzten, IT-Systeme würden nicht berücksichtigt. Ebensowenig werde beachtet, daß Gefahren nicht nur von einfachen Benutzern und Außenstehenden, sondern auch von Betreibern und Herstellern der Systeme ausgehen könnten. Der Prozeß der Evaluation wird oft als zu formal, bürokratisch und aufwendig beklagt.

3.1 Balance der Sicherheitsfunktionalität

„Einige der wesentlichen Sicherheitsfunktionen werden in den Kriterienkatalogen nicht aufgeführt oder stehen sogar im Widerspruch zu ihnen", ist die Zusammenfassung der Kritik zur Funktionalität in [26]. Im einzelnen werden hier und in anderen Beiträgen [1; 14; 20; 21; 23] vor allem die folgenden Punkte bemängelt:

(1) Daß verschiedene Gruppen, die mit einem IT-System zu tun haben (etwa Nutzer, Betreiber, Gespeicherte), auch unterschiedliche Sicherheitsinteressen haben, wird bei der Beschreibung der Sicherheitsfunktionalität nicht berücksichtigt. Entsprechend ist die Beschreibung auf der Ebene der Grundfunktionen wie der Funktionalitätsklassen unausgewogen. Überbetont ist datensammelnde Funktionalität, die dem Nutzer Risiken aufbürdet. Unberücksichtigt blieb datensparsame Funktionalität, die ihn davor bewahren kann.

(2) Die Kriterien sind zu stark auf Betriebssysteme ausgerichtet; Anforderungen offener Kommunikationssysteme sind nicht abgedeckt.

(3) Verdeckte Kanäle werden kaum berücksichtigt. Es fehlen insbesondere Begrenzungen für deren Bandbreite, etwa in den Funktionalitätsklassen.

3.2 Balance der Qualitätssicherungsanforderungen

Besonders ausführlich wird die mangelnde Balance der Anforderungen an die Qualitätssicherung in [1; 14; 27] kritisiert. Generell wird eine zu starke Betonung formaler Methoden zur Verifikation und die zu starke Konzentration auf Produktevaluationen beklagt. Dadurch würden wesentliche Risikoaspekte, aber auch Möglichkeiten zur Qualitätssteigerung übersehen:

(1) Bei der Bewertung der Korrektheit sind die Evaluationslevels zu sehr auf die Nutzung formaler Methoden abgestellt (ein höherer Evaluationslevel als E3 ist gemäß ITSEC ohne den Einsatz formaler Methoden nicht zu erreichen).

(2) Gefahren, die aus unsicheren Softwarewerkzeugen resultieren (etwa Trojanische Pferde in Compilern), werden nicht berücksichtigt und entsprechende Verbesserungen des Evaluationsgegenstandes nicht „belohnt".

(3) Möglichkeiten, zur Qualitätssicherung statistische Verfahren auf der Basis vorangegangener Systeme einzusetzen, werden zu wenig berücksichtigt.

(4) Die Unterscheidung der Mechanismenstärke innerhalb der Bewertung der Wirksamkeit in nur drei Klassen (einfach, mittel, hoch) ist ungenügend, insbesondere bei der Bewertung kryptographischer Mechanismen.

(5) Zur Bewertung der Stärke kryptographischer Mechanismen ist ihre Veröffentlichung nötig und in den Kriterien zu fordern.

(6) Für die Produktevaluation wird zu viel Aufwand betrieben, der bei der Installation und der Akkreditierung des Systems in der Einsatzumgebung ohnehin wiederholt werden muß: Beispielsweise würden trotz der (sehr umfangreichen) Sicherheitshandbücher, die vom Hersteller im Zuge der Produktevaluation erstellt werden müssen, von den Anwendern im Zuge der Installation und Akkreditierung noch einmal eigene geschrieben.

3.3 Kosten und Effizienz des Evaluationsprozesses

Vor allem von seiten der Sponsoren von Evaluationen, jedoch nicht nur von dort, wird beklagt, der Evaluationsprozeß sei zu langsam und ineffizient, nicht zuletzt aufgrund mangelnder Flexibilität im Ablauf [1; 23; 27; 28]:

(1) Evaluationsverfahren sind unverträglich mit den Entwicklungsverfahren und den internen Qualitätssicherungsverfahren der Hersteller.

(2) Der Fokus der Kriterien endet nach der jeweils einzelnen Zertifizierung des jeweiligen Evaluationsgegenstandes. Zur Einstufung von Systemen, die aus Evaluationsgegenständen zusammengesetzt sind, wird keine Hilfe gegeben. Zu wenige Produktevaluationen können modular durchgeführt

werden oder später als Grundlage für Systemevaluationen oder Akkreditierungen dienen, weil zu viel Wissen über den Evaluationsgegenstand bei den beteiligten Mitarbeitern mit der Zeit wieder verloren geht und auch in den (eher knapp gefaßten) Zertifikaten nicht dokumentiert ist.

(3) Zertifizierte Systeme sind nur unter hohem Aufwand weiterzuentwickeln, weil der bürokratische Aufwand einer Reevaluation immens ist und durch die Zertifizierungsergebnisse nicht ausreichend reduziert wird.

3.4 Aussagekraft und Verwertbarkeit der Ergebnisse

Die Aussagekraft der Ergebnisse ist nach übereinstimmender Ansicht vieler Kritiker [1; 2; 14; 27] nicht hoch genug. Allerdings differieren die Begründungen für diese Kritik teilweise erheblich:

(1) Die Evaluationshierarchien sind inadäquat, weil es keine adäquate Metrik für die Bewertung der Sicherheit informationstechnischer Systeme gibt.

(2) Nach der Weiterentwicklung und Pflege von zertifizierten Systemen sind die ursprünglichen Zertifikate formal wertlos und auch inhaltlich oft nicht mehr aussagekräftig genug, um weitere Evaluationen entscheidend zu erleichtern.

(3) Fragen der Neueinstufung eines zertifizierten Systems aufgrund von Fortschritten in der Technik oder gesteigerten Bedrohungsmöglichkeiten sind nicht berücksichtigt, ebensowenig die Frage, ob Zertifikate abzuerkennen sind, nachdem Fehler offenbar wurden.

(4) Nur wenige evaluierte System sind wirklich im Einsatz, obwohl von Herstellerseite hoch in ihre Evaluation investiert wurde.

(5) Der Werbeeffekt einer Zertifizierung ist im Verhältnis zu den Kosten zu gering. Darum gehen viele Hersteller dazu über, mit dem (oftmals irreführenden) Slogan „Designed-to-Meet" zu werben.

3.5 Entstehungsprozeß der Kriterien

Öffentlich kritisiert wurde bislang hauptsächlich der Prozeß der Entstehung der ITSEC bis zur Version 1.2, und dies wurde vor allem von der GI öffentlich gemacht [14]. Speziell drei Punkte fielen negativ auf:

(1) Die Autoren der ITSEC lieferten kaum Begründungen für ihre Entwurfsentscheidungen.

(2) Auf Kritik wurde nie detailliert geantwortet.

(3) Verschiedentlich wurden kritische Punkte in Folgeversionen einfach weggelassen, ohne daß darauf hingewiesen wurde.

4 Die neuen Kriterien im Lichte der bekannten Kritik

Nachdem inzwischen einige von den ITSEC sehr verschiedene Kriterien bzw. Kriterienentwürfe vorliegen, bietet sich eine Untersuchung dieser Kriterien im Lichte der Kritik aus Kapitel 3 an. Die Gliederung dieses Kapitels folgt der von Kapitel 3, untersucht werden die in 2 vorgestellten kanadischen CTCPEC 3.0, die aktuellen ECITS-Normentwürfe der ISO und die Version 0.9 der CC.

4.1 Balance der Sicherheitsfunktionalität

In den Teilen der Kriterien, die die Beschreibung von Sicherheitsfunktionalität regeln, hat sich seit den ITSEC einiges getan. Insbesondere ist datensparsame und damit vielfach datenschutzfreundliche Funktionalität in den Entwürfen für die CC und die ECITS wenigstens erwähnt, wenn auch noch lange nicht ihrer Bedeutung entsprechend repräsentiert.

In den aktuellen CTCPEC [8] sind zwar noch keine datensparsamen Funktionalitäten enthalten, allerdings gibt ihre Struktur immerhin Raum dafür. Die Einführung von „Accountability" als vierte oberste Gliederungseinheit („Facet") neben „Confidentiality", „Integrity" und „Availability" führt dazu, daß unter „Confidentiality" keine Protokollierungsfunktionen mehr eingeordnet sind. Diese sind jetzt unter „Accountability" zu finden, und damit ist unter „Confidentiality" Raum für Funktionalitäten („Services") wie „Unbeobachtbarkeit", „Unverkettbarkeit" und „Anonymität", mit denen sich z.B. datensparsame Telekommunikationsdienste beschreiben lassen. In der „Facet" „Accountability" läßt sich „Pseudonymität" einordnen und stände dann gleichberechtigt neben „Services" wie „Audit" oder „Identification and Authentication". Drei einfache „Services" zum Austausch von Daten über Netze enthalten die „Cryptographic Modules" [9], die als Ergänzung zu den CTCPEC erschienen. Sie sind allerdings keiner der vier „Facets" zugeordnet, obwohl dies relativ leicht möglich gewesen wäre.

Daß die Struktur der CTCPEC zumindest Raum für datenschutzfreundliche Funktionalität gibt, mag ein Zufall sein. Es hat jedoch bei der ISO im Oktober 1992 den Entschluß gefördert, statt der bis dahin verwendeten „Generic Headings" der ITSEC die „Facets" und „Services" des entsprechenden damaligen kanadischen Kriterienentwurfes zur Basis des Teils 2 des ECITS-Normentwurfs zu machen. Außerdem wurden „Unobservability", „Anonymity" und „Pseudonymity" als „Services" aufgenommen, später noch „Unlinkability".

Auch „Services" zum Schutz von Inhalten bei der Datenübertragung („Data Exchange Integrity" und „Data Exchange Confidentiality") fanden Platz, um die an den ITSEC veröffentlichte Kritik zu vermeiden, ebenso zwei „Services" zu „Non-Repudiation".

Zunächst wurden die neuen „Services" nur in einem ergänzenden *informativen* Anhang untergebracht, während die aus den CTCPEC in einem – normungsorganisatorisch bedeutenderen – *normativen* Anhang standen. Im November 1994 wurde infolge einer seit 1993 mehrfach vorgebrachten Initiative der deutschen Delegation, der sich seitdem mehr und mehr Nationen anschlossen, entschieden, die beide Anhänge zu einem normativen Anhang zusammenzulegen. Dieser Beschluß hat vermutlich auch Auswirkungen auf die CC. Während also die „Services" der CTCPEC die Diskussion in der Normung befruchteten, verschwand die Strukturebene der „Facets" (und die Zuordnung der „Services" dazu) wieder aus den ECITS, weil man sich nicht über eine einheitliche Zuordnung einigen konnte. Infolgedessen steht in den ECITS nun eine vergleichsweise vollständige, allerdings ziemlich lange und ungegliederte, Liste von „Services".

Die CC enthalten in ihrer Version 0.9 vom Oktober 1994 [4] eine sogenannte „Class" „Privacy" mit den „Families" „Unobservability", „Anonymity", „Pseudonymity" und „Unlinkability", außerdem eine „Class" „Communication" mit den „Families" „Non-Repudiation of Origin" und „Non-Repudiation of Receipt". Allerdings sind beide „Classes", insbesondere die zu „Privacy", noch nicht besonders weit ausformuliert. Unter „Privacy" finden sich im wesentlichen die entsprechenden Texte aus den ECITS sowie einige fast wortwörtlich übernommene Kommentare zur Version 0.6 der CC. Es ist derzeit noch unklar, ob die nordamerikanischen Vertreter im CC Editorial Board die „Class" „Privacy" und die enthaltenen „Families" akzeptieren. Dies könnte Auswirkungen auf den ECITS-Entwurf der ISO haben, da in der ISO derzeit eine weitgehende Konvergenz von ECITS und CC angestrebt wird. Umgekehrt wurde aber auch deutlich und unwidersprochen formuliert, daß die CC ohne eine „Class" „Privacy" (oder einen gleichwertigen Ersatz innerhalb einer anderen Strukturierung der Funktionalität) nicht, zumindest nicht unverändert, in eine ISO-Norm übernommen würden.

Der zweite Schwerpunkt der Kritik an der ITSEC-Funktionalität war die unzureichende Berücksichtigung verdeckter Kanäle. Wer nun in den drei neuen Kriterien ein in Zahlen vorgegebenes Limit für die Bandbreite verdeckter Kanäle sucht, wird enttäuscht. Allerdings wird das Thema dort zumindest ausführlicher behandelt als in den ITSEC. Die CTCPEC enthalten in ihrem Funktionalitätsteil drei „Services", die von der Dokumentation über das „Auditing" bis hin zur Eliminierung verdeckter Kanäle reichen. Das Problem der Bandbreite wird in einem Anhang diskutiert; die Festlegung eines Limits wird als Aufgabe des Sponsors angesehen, bei deren Lösung er die vorgesehene

Betriebsumgebung berücksichtigen möge. Die ECITS haben die drei „Services" der CTCPEC zu verdeckten Kanälen übernommen; ein Bandbreitenlimit festzulegen, ist ebenfalls Sache des Sponsors.

Die CC behandeln das Problem der Bandbreite am ausführlichsten. Im Teil 2 (Functionality) finden sich in der „Class" „User Data Protection" die „Families" „Specific Information Flow Limitation", die sich auf einzelne Kanäle bezieht, und „Global Information Flow Limitation", innerhalb der der Sponsor eine maximale Gesamtbreite für alle Informationsflüsse festlegen kann. Beide „Families" sind über „Dependencies" mit „Families" aus dem Teil 3 (Assurance) verknüpft. Dort finden sich innerhalb der „Class" „Vulnerability Assessment" zumindest drei „Components", nämlich „Storage Channel Analysis", „Timing Channel Analysis" und „Formal Covert Channel Analysis". Unklar ist, ob die „Component" „Elimination of all Covert Channels" in den CC enthalten ist; sie findet sich nicht im Haupttext, jedoch in einem Vergleich der CC mit den CTCPEC. Von den „Assurance Levels" enthält bislang nur der höchste (AL7) eine „Component" zur Analyse verdeckter Kanäle; in AL4 und darunter ist nichts enthalten. Allerdings ist aufgrund der Hierarchisierung der Levels zu erwarten, daß auch die noch nicht genauer spezifizierten Levels AL6 und AL5 „Components" zur Analyse verdeckter Kanäle enthalten werden.

4.2 Balance der Qualitätssicherungsanforderungen

Wie die Sicherheitsfunktionalität war auch die Balance der Qualitätssicherungsanforderungen harter Kritik ausgesetzt. Allerdings hat sich hier im Vergleich zu den Entwicklungen bei der Sicherheitsfunktionalität wenig neues entwickelt. Die wesentliche Veränderung besteht darin, daß das in den ITSEC noch fest vorgeschriebene Konzept der Evaluationslevel in den CC nicht mehr verbindlich ist. Sponsoren können sich also nicht nur die Funktionalität aus Bausteinen zusammenstellen, sondern auch die Maßnahmen zur Qualitätssicherung.

An der starken Betonung formaler Methoden hat sich sowohl bei den CTCPEC als auch bei den ECITS nur wenig gegenüber den ITSEC geändert. Die CC enthalten vier statt drei Levels, die noch weitgehend ohne formale oder semiformale Methoden auskommen. In den oberen Levels entsprechen die Anforderungen weitgehend denen der ITSEC. Allerdings kann bei den CC eventuell die Möglichkeit, Qualitätssicherungsbausteine unabhängig von den Levels zu kombinieren, zu mehr Unabhängigkeit von formalen Methoden verhelfen.

Gefahren, die aus unsicheren Softwarewerkzeugen resultieren, sind keinem der drei untersuchten Kriterienkataloge entscheidend wichtiger als den ITSEC. Die einzige Maßnahme bleibt Konfigurationskontrolle für die Entwicklungswerkzeuge und Laufzeitprogrammbibliotheken. In den CC sind die entsprechenden Maßnahmen in der „Family" „Tools and Techniques" innerhalb der „Class"

"Life-Cycle Support" zusammengefaßt. Auch im Bereich statistischer Verfahren zur Qualitätssicherung hat sich in den Kriterien nichts entwickelt. Entfernt verwandt mit diesen Ideen sind lediglich die „Class" „Life-Cycle Support" der CC und entsprechende Passagen in den CTCPEC.

Was die Differenzierung der Mechanismenstärke angeht, hat sich gegenüber den ITSEC ebenfalls nichts getan. Die ECITS enthalten noch den ITSEC-Text; die CC unterscheiden ebenfalls lediglich drei Kategorien bezüglich der Stärke der Bedrohungen, die innerhalb der Einsatzumgebung auftreten können. Die zusätzliche Einteilung von Mechanismen in solche „mit Geheimnis", etwa Paßworte, und solche „ohne Geheimnis", etwa Zugriffskontrollisten, ist in diesem Zusammenhang nur wenig hilfreich.

Eine adäquate Bewertung kryptographischer Mechanismen, etwa durch den Zwang zur Veröffentlichung der Algorithmen, ist in keinem der Kriterienkataloge ausreichend abgesichert; im übrigen sind kryptographische Mechanismen ausdrücklich aus dem Fokus der CC ausgeklammert und in die Verantwortung der nationalen Zertifizierungsorganisationen gestellt. Auch die „Cryptographic Modules" zu den CTCPEC [9] bieten kaum neues, obwohl sie die Prüfung kryptographischer Mechanismen detaillierter beschreiben als die ITSEC.

Der Aufwand für die Produktevaluation kann, wenn nach den CC evaluiert wird, theoretisch reduziert werden: Die Qualitätssicherungskomponenten kann der Sponsor fast nach Belieben zusammenstellen. So könnte er auf die Komponenten „User Guidance" und „Administrator Guidance" verzichten, um den eventuell als unangemessen hoch beklagten Aufwand für Sicherheitshandbücher zu reduzieren. Allerdings enthält bereits die niedrigste der in denn CC empfohlenen Evaluationsstufen die Forderung nach „User Guidance" und „Administrator Guidance". Diese Anforderung bleibt bis zur höchsten Stufe gleich, worin auch die CTCPEC den CC gleichen. Die ECITS unterscheiden sich an dieser Stelle nicht von den ITSEC.

4.3 Kosten und Effizienz des Evaluationsprozesses

Ein Wunsch vieler Sponsoren ist, daß die Kosten des Evaluationsprozesses sinken und seine Effizienz steigt. Evaluationsverfahren verträglicher mit den internen Qualitätssicherungsverfahren der Hersteller zu gestalten, ist eines ihrer Anliegen. Entwicklungsbegleitende Evaluation liegt nach wie vor innerhalb des Fokus aller Kriterien seit den ITSEC, hat aber wohl nicht immer alle Bedürfnisse befriedigt. Ob die in den CC vorgesehene Möglichkeit, als Sponsor Qualitätssicherungsbausteine zu kombinieren, hier hilft und nicht umgekehrt den Aussagewert der Zertifikate schmälert (vgl. 4.4), ist noch unklar.

Zur Einstufung von Systemen, die sich aus Kombinationen von Evaluationsgegenständen zusammensetzen, wird wenig Neues geboten. Die CTCPEC legen die Verantwortung dafür in die Hände der Zertifizierungsinstanz, die von Fall zu Fall entscheiden soll, zu einer Evaluation zusammengesetzter Systeme jedoch nicht verpflichtet ist. Die ECITS stehen hier noch auf dem Stand der ITSEC. In den CC werden immerhin einige organisatorische Hilfen angedacht; es gibt die Möglichkeit, „Protection Profiles" einzeln (also ohne, daß gleichzeitig ein Produkt evaluiert wird) zu evaluieren und registrieren zu lassen, ebenso sollen international geführte Register zertifizierter Produkte entstehen. Bei der Evaluation eines Gesamtsystems können diese dann zu Rate gezogen werden und eventuell Doppelarbeit verhindern. Allerdings deutet alles darauf hin, daß zumindest die Risikoanalyse in jedem Fall neu durchgeführt werden muß, weil die Kombinationsmöglichkeiten der Produkte und die damit verbundenen Risiken in den Einzelzertifikaten üblicherweise nicht abgedeckt sind.

Spezielle Konzepte zur Vereinfachung der Reevaluation zertifizierter und danach weiterentwickelter Produkte finden sich in keinem Kriterienkatalog. Eventuell kann die „Family" „Life-Cycle Definition" der CC helfen, weil sie dazu beiträgt, die Entwicklungsprozesse für komplexe Systeme überschaubarer zu machen.

4.4 Aussagekraft und Verwertbarkeit der Ergebnisse

Hinsichtlich der Struktur der Evaluationsergebnisse unterscheiden sich von allen drei Kriterien die CC am deutlichsten von den ITSEC. Hauptgrund dafür ist, daß – wie bereits erwähnt – eine Zertifizierung nach den CC nicht unbedingt mit einem „Assurance Level" (den Evaluationslevels der ITSEC vergleichbar) abschließen muß.

Der Sponsor kann, zumindest oberhalb des recht einfach erreichbaren Levels AL1, selbst bestimmen, welche Qualitätssicherungsbausteine er in seinem „Security Target" kombiniert. Entsprechend sind auch andere Ergebnisse als die Zuordnung zu einem Level möglich; außerdem kann auch nach Anforderungen evaluiert und zertifiziert werde, die in den Kriterien nicht enthalten sind. Das Problem einer zwangsweisen Einordnung eines Produktes innerhalb einer möglicherweise unangemessenen Metrik wird somit geringer.

Umgekehrt wird natürlich die Zertifikatslandschaft unübersichtlicher: Ein Vergleich von Zertifikaten erfordert mehr als nur das bloße Gegenüberstellen der jeweils erreichten Evaluationslevels. Dies war allerdings auch bei den ITSEC-Zertifikaten nötig und wurde nur unter dem Eindruck der Levelangabe oft vergessen. Entsprechend kann die neue Unübersichtlichkeit zu einer insgesamt realistischeren Einschätzung von Zertifikaten durch potentielle Käufer führen (vgl. auch [17]). Wenig hilfreich erscheint hierbei allerdings die Definition der CC für „Conformant to CC" bzw. Konformität zu den einzelnen Teilen der CC. Nur Evaluationsgegenstände, die *vollständig* auf „Families" des Teils 2 und „Assurance Levels" des Teils 3 basieren, sind „Conformant". Ein Sponsor, der zusätzliche Funktionalität oder Qualitätssicherung nachweist, kann zwar ein „Extended" bekommen, verliert aber das durchaus werbewirksame Wort „Conformant" aus seinem Zertifikat.

Die CTCPEC enthalten noch das Level-Konzept der ITSEC. Bei den ECITS kommt es darauf an, ob man sich an dem stark CC-beeinflußten Teil 1 oder dem sehr ITSEC-ähnlichen Teil 3 orientiert. Vieles deutet darauf hin, daß das Konzept der CC in die Normung Eingang findet, weil es auch Platz für Levels bietet, Zertifikate aber nicht allein darauf festlegt.

Was mit Zertifikaten passiert, nachdem beim zertifizierten Produkt Fehler oder unter veränderten Rahmenbedingungen nicht mehr tolerierbare Schwächen offenbar wurden, bleibt bei den CTCPEC wie den ECITS unerwähnt. In der Einleitung der CC wird kurz darauf hingewiesen, daß solche Vorkommnisse eine Reevaluation nötig machen können, im weiteren wird darauf allerdings nicht direkt eingegangen. Immerhin existiert jedoch eine „Family" „Flaw Remediation" innerhalb der „Class" „Life-Cycle Support"; in ihr sind organisatorische Maßnahmen zur Bekanntmachung, Dokumentation und Behebung von Fehlern, die während des Betriebs auftauchen, zusammengefaßt und werden damit Teil der Evaluation. Ab AL4 aufwärts sind Maßnahmen zur „Flaw Remediation" in den „Assurance Levels" enthalten.

4.5 Entstehungsprozeß der Kriterien

Die drei Post-ITSEC-Kriterien entstammen drei verschiedenen Organisationen; so unterscheiden sich auch die Begleitumstände. Die CTCPEC 3.0 waren 1992 international in einer Entwurfsversion erhältlich und konnten so durch die Fachöffentlichkeit kommentiert werden. Zwar gab es wie bei den ITSEC keine detaillierten Antworten auf die Kommentare, jedoch enthielten sowohl die Entwurfsversion wie die endgültigen Kriterien sehr ausführliche Erläuterungen und Begründungen zu den einzelnen Entwurfsentscheidungen. Darüber hinaus waren die Autoren namentlich genannt, und es wurde durch organisatorische Maßnahmen und Informationen (etwa E-Mail-Adressen, Telefon- und Faxnummern) dafür gesorgt, daß sie einfach für Diskussionen erreichbar waren. Dies mag ebenso wie der sehr bescheiden und zurückhaltend formulierte Fokus der CTCPEC dazu beigetragen haben, daß Kritik am Entwurfsprozeß dieser Kriterien nicht bekannt wurde, zumindest in Europa nicht.

Die Erarbeitung der ECITS folgt den Regeln der ISO-Normung. Üben die nationalen Normungsorganisationen Kritik an den Entwürfen, werden diese Kommentare im allgemeinen sorgfältig beantwortet, schon um später den nötigen Konsens der abstimmenden Nationen sicherzustellen. Insofern sind die meisten Entwurfsentscheidungen, die innerhalb der ISO-Gremien gefällt wurden, dokumentiert oder zumindest irgendwo einmal dokumentiert worden. Auch Kritik einzelner Experten konnte bislang meist inhaltlich diskutiert werden, zumal die Editoren der drei Teile des Normentwurfs namentlich bekannt sind. Keine eigenen Erläuterungen gibt es für die Entwurfsentscheidungen, die in den im Ganzen (hauptsächlich aus den ITSEC) übernommenen Teilen der Normentwürfe stecken.

Die Sitzungen des Gremiums sind öffentlich für die Delegierten der nationalen Normungsorganisationen; allerdings sind erhebliche Reisekosten aufzubringen, um an den weltweit verstreuten Sitzungsorten erscheinen zu können. Die Delegierung zu den Sitzungen ist Aufgabe der nationalen Normungsorganisationen, die ihre Delegierten zur Unterstützung der jeweiligen nationalen Position und zur Abstimmung mit der Delegation verpflichten können.

Vor der Version 0.9 gab es zu den CC keine autorisierten öffentlichen Dokumente. Die Sitzungen des CC Editorial Board sind nicht öffentlich. Der Review der Version 0.6 der CC war nur einem geschlossenen Kreis von Experten möglich (in Deutschland u.a. dem Nationalen Expertenarbeitskreis „IT-Sicherheitskriterien" beim BSI), und die ISO erhielt die Textversion nur mit deutlicher Verspätung. Die Antwort auf die Kommentare der Reviewer war ähnlich knapp wie die entsprechenden Antworten an die ITSEC-Kommentatoren.

Die Version 0.9 der CC wurde frühzeitig der Normung zugänglich gemacht und enthält immerhin eine, wenn auch dünne, „Technical Rationale", einen Einleitungsteil und eine Synopse, die die CC mit den schon bekannten Kriterien vergleicht. Ob die Erläuterungen des mit insgesamt ca. 800 Seiten sehr umfangreichen Dokumentes bei den Lesern das von den Autoren intendierte Verständnis der Kriterien fördern und ob dieses Verständnis dann mit der Realität der CC Version 0.9 übereinstimmt, läßt sich so kurz nach deren Veröffentlichung noch nicht sagen – dies muß die weitere Diskussion zeigen.

5 Ein Fazit und Folgerungen

Wirklich gute Evaluationskriterien müssen wenigstens die besten aller in den drei untersuchten Kriterien verstreuten guten Eigenschaften auf sich vereinigen, denn schließlich sollen sie bei der Erreichung von drei – nicht unbedingt neuen – Hauptzielen helfen:

(1) Aussagekräftige Evaluationsergebnisse zu relevanten IT-Sicherheitsprodukten und -systemen;

(2) Internationale gegenseitige Anerkennung von Zertifikaten;

(3) Förderung und nicht Hemmung eines umfassenderen und tieferen Verständnisses von Sicherheit von Informationstechnik.

Aus diesen Zielen und den in den letzten Kapiteln diskutierten Schwächen wie den Fortschritten der aktuellen Kriterien und Entwürfe ergeben sich auf drei Ebenen je vier Anforderungen. Die drei Ebenen für Anforderungen sind:

(1) Die Kriterien selbst (siehe 5.1);

(2) Die Kriterienentwurfsprozesse (5.2);

(3) Das Evaluations-, Zertifizierungs- und Akkreditierungssystem (5.3).

Einige Anforderungen werden derzeit teilweise erfüllt, andere gar nicht, obwohl sie erst in ihrer Gesamtheit voll wirken können.

5.1 Anforderungen an die Kriterien

Mindestens vier Anforderungen an gute oder wenigstens bessere Kriterien sind zu formulieren:

(1) Eine Beschreibung von Sicherheitsfunktionalität, die den verschiedenen Facetten mehrseitiger Sicherheit und damit nicht nur den Sicherheitsinteressen der Betreiber und Hersteller des jeweiligen IT-Systems, sondern auch denen der Nutzer und Gespeicherten gerecht wird: Hierzu gehören geeignete einzelne Strukturelemente (ob sie nun „Services" oder „Families" heißen) innerhalb einer ausgewogenen Gesamtstruktur sowie beispielhafte Bündel von Funktionalität (etwa in „Functionality Classes" oder „Functionality Profiles"), die Nichtexperten die Auswahl erleichtern, jedoch nicht vorschreiben. Wichtige Beispiele sind Bündel von Funktionalität, die das informationelle Selbstbestimmungsrecht der Bürger und ihr Recht auf unbeobachtbare Kommunikation, etwa bei der Bewertung von Telekommunikationsdiensten und -endgeräten, berücksichtigen.

(2) Maßnahmen zur Qualitätssicherung und Evaluationslevels, die rechnergestütztes Software Engineering (CASE), die dabei verwendeten Werkzeuge (Editoren, Compiler, Versionsverwaltungssysteme usw.) sowie die Risiken transitiver Trojanischer Pferde darin wirklich berücksichtigen.

(3) Bewertungsmaßstäbe für kryptographische Verfahren, die hohe Evaluationslevels nur für solche Mechanismen vorsehen, deren komplettes Design international öffentlich ist und diskutiert werden konnte und kann.

(4) Eine bescheidenere Formulierung von Titel und Anspruch existierender Kriterien, besonders der ITSEC, um Mißverständnisse über deren Inhalt und Anwendbarkeit zu vermeiden. Um den dort formulierten Ansprüchen

gerecht zu werden, ist selbst in die umfangreichsten der neuen Kriterienwerke noch weit mehr Arbeit zu investieren.

5.2 Anforderungen an den Kriterienentwurfsprozeß

Auch an den Kriterienentwurfsprozeß können wenigstens vier Forderungen gestellt werden:

(1) Öffentlichkeit: Dazu gehört die rechtzeitige Veröffentlichung der Entwürfe zusammen mit detaillierten Begründungen für die getroffenen Entwurfsentscheidungen.

(2) Offenheit gegenüber Kritik: Wichtig ist eine komplette und detaillierte Gegenüberstellung der Kritik der Reviewer und der jeweiligen begründeten Reaktion, gegebenenfalls ein Eingeständnis der Schwächen der Kriterien und die Förderung von Alternativen.

(3) Repräsentativität der Autoren: Dazu sind insbesondere die bislang immer noch unterrepräsentierten „Gespeicherten" und Benutzer zu beteiligen, gegebenenfalls über eigene und entsprechend geförderte Vertreter.

(4) Prüfung der Kriterien: Bevor sie verbindlich werden, sind die Kriterien hinsichtlich ihrer praktischen Verwertbarkeit zu prüfen. Dies gilt insbesondere dort, wo die derzeit gültigen Kriterien Defizite aufweisen, etwa bei öffentlichen vernetzten Systeme mit verteilter Verantwortung.

5.3 Anforderungen an das Zertifizierungssystem

Solange die Kriterien unvollkommen sind, fällt den Evaluations-, Akkreditierungs- und besonders den Zertifizierungsstellen eine besondere Verantwortung zu, aber auch, wenn perfekte Kriterien vorlägen, gibt es Anforderungen an sie:

(1) Flexibler Umgang mit dem „Sicherheitsverständnis" bestehender Kriterien: Die Bewertung von Evaluationsgegenständen, die in den Kriterien nicht abgedeckte Funktionalität enthalten, sollte unter den Defiziten der Kriterien nicht leiden.

(2) Kontinuierliche Überwachung der Gültigkeit von Zertifikaten: Hierzu kann eine Reevaluation gehören, wenn die Rahmenbedingungen sich verändert haben, gegebenenfalls auch die zeitliche Limitierung der Gültigkeit eines Zertifikates, etwa bei einem Verschlüsselungsprodukt.

(3) Weitgehend dezentrale Organisation und echte öffentliche Kontrolle nicht nur der Evaluationsstellen, sondern auch der Zertifizierer und Akkrediteure: Auch wenn die für die Kriterienentwicklung zuständige Abteilung

des BSI bei der Entwicklung der CC deutlich mehr Informations- und Kooperationsbereitschaft zeigt als bei der Entwicklung der ITSEC, sollte die für Zertifizierungen zuständige Abteilung es als Zeichen verstehen, daß sich derzeit in Deutschland neben dem BSI die Gütegemeinschaft Software als zweite Zertifizierungsstelle für IT-Sicherheit etabliert. Möglicherweise ist das BSI auch mit seiner Vielfach- und teilweisen Monopolfunktion (Evaluationsstelle, Akkreditierungsstelle, Zertifizierungsstelle, Entwickler von Schutzmechanismen und -kriterien im Auftrag staatlicher Stellen sowie Zulassungsinstanz von Mechanismen, insbesondere Kryptoprodukten, für die Anwendung bei Behörden) überfordert und bedarf stärkerer Aufmerksamkeit und Hilfe durch die verantwortlichen Ministerien und vor durch allem das Parlament. Dieses Phänomen ist allerdings kein rein deutsches.

(4) International organisierte öffentliche Bewertung kryptographischer Mechanismen statt deren Verbot: Die Bereitstellung leistungsfähiger und wirklich sicherer Verschlüsselungsmechanismen für Unternehmen und Bürger wird in nächster Zeit wichtig für den Schutz vor pseudostaatlicher Ausforschung und Erpressung durch das organisierte Verbrechen und damit bedeutend für den Erhalt einer couragierten Demokratie wie des Wirtschaftsstandortes Deutschland werden. Wirklich sichere kryptographische Mechanismen sind nur durch eine international organisierte Bewertung erreichbar, und es stände einer Zertifizierungsstelle wie gegebenenfalls dem zuständigen Ministerium gut an, bei der Organisation dieser Bewertung mitzuwirken, anstelle durch Restriktionen oder Verbote für Kryptoverfahren eine trügerische Scheinsicherheit zu erzeugen.

6 Literatur

[1] Marshall D. Abrams, Patricia R. Toth: A Head Start on Assurance; Proceedings of an Invitational Workshop on Information Technology Assurance and Trustworthiness, Williamsburg, Virginia, March 21-23, 1994; National Institute of Standards and Technology Internal Report NISTIR 5472, erhältlich via ftp von csrc.nist.gov

[2] Klaus Brunnstein, Simone Fischer-Hübner: Möglichkeiten und Grenzen von Kriterienkatalogen; Wirtschaftsinformatik, 34.4, August 1992, S. 391-400

[3] Bundesamt für Sicherheit in der Informationstechnik: BSI-Zertifizierung; BSI-Veröffentlichung 7148, November 1994

[4] Common Criteria Editorial Board (CCEB): Common Criteria for Information Technology Security Evaluation (CC), Version 0.9, 31st October 1994; 3 of 5 Parts + Example Protection Profiles + Technical Rationale (Version 0.5), ca. 800 pages; erhältlich beim BSI, Abt. V, Bonn

[5] (Informal) EC advisory group SOG-IS: Information Technology Security Evaluation Criteria (ITSEC) – Provisional Harmonised Criteria – Version 1.2; 28 June 1991; 163 pages, Office for Official Publications of the European Communities, ISBN 92-826-3004-8

[6] UK Systems Security Confidence Levels, CESG Memorandum No.3, Communications-Electronics Security Group, United Kingdom, January 1989

[7] David Chaum, Security without Identification: Transaction Systems to make Big Brother Obsolete; Communications of the ACM 28.10 (1985), pp. 1030-1044

[8] Canadian System Security Centre: The Canadian Trusted Computer Product Evaluation Criteria, Version 3.0e; January 1993, 233 pages; Communications Security Establishment, Government of Canada

[9] Canadian System Security Centre: Cryptographic Modules – Cryptographic and Exchange Services, Draft Version 1.0e; July 1993, 45 pages; Communications Security Establishment, Government of Canada

[10] DTI Commercial Computer Security Centre Evaluation Manual, V22; DTI, UK, Feb. 1989

[11] DTI Commercial Computer Security Centre Functionality Manual, V21; DTI, UK, Feb. 1989

[12] European Computer Manufacturers Association (ECMA): Commercially oriented Functionality Class for Security Evaluation (COFC) – Final Draft; Document ECMA/TC36-TG1/93/27 or ECMA/TC36/93/22, August 1993; Gottfried Sedlak, Gino Lauri, ECMA Technical Committee 36

[13] Michael Gehrke, Andreas Pfitzmann, Kai Rannenberg: Information Technology Security Evaluation Criteria – a Contribution to Vulnerability? in: Information Processing 92 – Proceedings of the IFIP 12th World Computer Congress Madrid, Spain, 7-11 Sept. 1992, ed. by R. Aiken, pp. 579-587

[14] Präsidiumsarbeitskreis Datenschutz und Datensicherung der Gesellschaft für Informatik: Stellungnahme zu den Kriterien für die Bewertung der Sicherheit von Systemen der Informationstechnik (ITSEC) V. 1.2; Informatik-Spektrum 15.4, August 1992, S. 221-224

[15] International Organisation for Standardisation / International Electrotechnical Commission, Joint Technical Committee 1, Subcommittee 27: Evaluation Criteria for IT Security, Part 1-3, Working Drafts Summer 1994; Documents ISO/IEC JTC1/SC27/N887, ISO/IEC JTC1/SC27/N891, ISO/IEC JTC1/SC27/N911

[16] Japanese Electronic Industry Development Association: Computer Security Evaluation Criteria – Functionality Requirements, Draft Version 1.0; 31 August 1992, 30 pages, Special Committee for Security Evaluation Criteria, JEIDA, 3-5-7 Shiba-koen, Minato-ku, Tokyo 105, Japan

[17] Martin Meyer, Kai Rannenberg: Eine Bewertung der „Information Technology Security Evaluation Criteria"; in Andreas Pfitzmann, Eckart Raubold: Proc. Verläßliche Informationssysteme (VIS'91), März 1991, Darmstadt; Informatik-Fachberichte 271, Springer-Verlag, Heidelberg 1991, S. 243-258

[18] Andreas Pfitzmann, Birgit Pfitzmann, Michael Waidner: Datenschutz garantierende offene Kommunikationsnetze; Informatik-Spektrum 11.3, Juni 1988, S. 118-142

[19] Kai Rannenberg: Recent Development in Information Technology Security Evaluation – The Need for Evaluation Criteria for multilateral Security; in Richard Sizer, Louise Yngström, Henrik Kaspersen und Simone Fischer-Hübner: Security and Control of Information Technology in Society – Proceedings of the IFIP TC9/WG 9.6 Working Conference August 12-17, 1993, onboard M/S Ilich and ashore at St. Petersburg, Russia; North-Holland, Amsterdam 1994, pp. 113-128

[20] Karl Rihaczek: The Harmonised ITSEC Evaluation Criteria; Comp. & Sec. 10 (1991) pp. 101-110

[21] Karl Rihaczek: Anmerkungen zu den harmonisierten Evaluationskriterien für IT-Systeme; in Andreas Pfitzmann, Eckart Raubold: Proc. Verläßliche Informationssysteme (VIS'91), März 1991, Darmstadt; Informatik-Fachberichte 271, Springer-Verlag, Heidelberg 1991, S. 259-276

[22] John Robinson: Computer Security Evaluation: Developments in the European ITSEC Programme; Comp. & Sec. 11.6 (1992); pp. 518-524

[23] Roland Schützig: Evaluierung komplexer Systeme – Folgerungen für Sicherheitskriterien; in Andreas Pfitzmann, Eckart Raubold: Proc. Verläßliche Informationssysteme (VIS'91), März 1991, Darmstadt; Informatik-Fachberichte 271, Springer-Verlag, Heidelberg 1991, S. 116-132

[24] Roland Schützig: Die Evaluation des BS2000 V10.0 – Erfahrungen mit Evaluationskriterien bei einem umfangreichen System; in Gerhard Weck, Patrick Horster: Proc. Verläßliche Informationssysteme (VIS'93), Mai 1993, München; DuD-Fachbeiträge 16, Vieweg, Braunschweig und Wiesbaden, 1993, S. 205-224

[25] Catalogue de Critères Destinés à évaluer le Degré de Confiance des Systèmes d'Information, 692/SGDN/DISSI/SCSSI, Service Central de la Sécurité des Systèmes d'Information, Juillet 1989.

[26] Helmut G. Stiegler: Wieviel Sicherheit bietet ein evaluiertes System; in Andreas Pfitzmann, Eckart Raubold: Proc. Verläßliche Informationssysteme (VIS'91), März 1991, Darmstadt, Informatik-Fachberichte 271; Springer-Verlag, Heidelberg 1991, S. 277-288

[27] Helmut G. Stiegler: Stellenwert von Sicherheitskriterien für Lehre und Forschung aus Herstellersicht; Datenschutz und Datensicherheit 16.12 (1992); S. 638-642

[28] Elmar Stöcker: Evaluation eines Großrechnerbetriebssystems – Erfahrungsbericht; in Gerhard Weck, Patrick Horster: Proc. Verläßliche Informationssysteme (VIS'93), Mai 1993, München; DuD-Fachbeiträge 16, Vieweg, Braunschweig und Wiesbaden, 1993, S. 191-204

[29] DoD Standard: Department of Defense Trusted Computer System Evaluation Criteria; December 1985, DOD 5200.28-STD, Supersedes CSC-STD-001-83, dtd 15 Aug 83, Library No. S225,711

[30] United States National Computer Security Center: Trusted Network Interpretation of the Trusted Computer System Evaluation Criteria – Version 1; 31 July 1987, NCSC-TG-005, Library No. S228,526

[31] United States National Institute for Standards and Technology: Minimum Security Requirements for Multi-User Operating Systems – Issue 2; 07 August 1992, 54 pages, Computer Security Division, Computer Systems Laboratory, NIST

[32] United States National Institute for Standards and Technology & National Security Agency: Federal Criteria for Information Technology Security – Draft Version 1.0; December 1992, 2 volumes

[33] Zentralstelle für Sicherheit in der Informationstechnik: IT-Sicherheitskriterien – Kriterien für die Bewertung der Sicherheit von Systemen der Informationstechnik (IT), 1. Fassung vom 11. Januar 1989; Bundesanzeiger-Verlag, ISBN 3-88784-192-1

Einige Bemerkungen zu Anforderungen, Nutzen und staatlicher Reglementierung beim Einsatz von Verschlüsselungsverfahren

Hartmut Pohl[1]

Sicherheitsprobleme der International Information Infrastructure

Die zunehmende Vernetzung von Systemen der Informationsverarbeitung von Unternehmen, Behörden und Privaten im nationalen (National Information Infrastructure - NII der USA) und internationalen Bereich schafft Netze mit einer von Einzelnen derzeit nicht mehr überschaubaren Komplexität.

Wegen der Vielzahl angeschlossener IV-Systeme kann heutzutage auch nicht flächendeckend kontrolliert werden, in welchen angeschlossenen Systemen Fehlverhalten auftritt und von welchen Systemen unberechtigten Aktionen ausgehen wie z.B. Behinderung oder sogar Verhinderung der Kommunikation, unberechtigte Kenntnisnahme von Daten oder unberechtigte Veränderung. Zur vertrauenswürdigen Nutzung der Netze ist es auch notwendig, daß die übertragenen Nachrichten authentisch sind und dem Kommunikationspartner verbindlich zugeordnet werden können. Als weitere wünschenswerte Dienste kommen Anonymität und Pseudonymität der Kommunikation in Betracht. Zur Abwehr derartiger Ereignisse ist der Einsatz von Sicherheitsmaßnahmen erforderlich.[2]

In den letzten Jahren ist international wiederholt eine staatliche Reglementierung von Sicherheitsmaßnahmen in der Informationsverarbeitung und in Kommunikationssystemen diskutiert worden. Diese Diskussion ging von Fachleuten in den USA aus und wurde auch in die Öffentlichkeit getragen. In Europa wurde eine derart breite Diskussion bisher noch nicht geführt.

Eine besondere Bedeutung kommt der freien - in westlichen Staaten bisher unreglementierten - Anwendung von Verschlüsselungsverfahren und Geräten deswegen zu, weil eine Reihe von Sicherheitsmaßnahmen unabdingbar auf Verschlüsse-

---

[1] Hartmut Pohl, Fachbereich Wirtschaft der Abt. Bocholt, FH Gelsenkirchen und Institut für Informationssicherheit - ISIS, Essen.

[2] Vergl. (10). Darin ist eine umfangreiche Bibliographie - auch zur historischen Entwicklung enthalten.

lung aufbauen; dies gilt insbesondere für die o.g. Sicherheitsziele und -probleme. Die Bedeutung der Kommunikationssicherheit wird von Privaten, Unternehmen und Behörden zunehmend erkannt:

- Dies gilt sowohl für die Anwendungsmöglichkeiten der Verfahren: Zugriffskontrolle mit Identifizierung und Authentifizierung, Schutz vor unberechtigter Kenntnisnahme oder Veränderung von Daten bei der Speicherung und Übertragung.
- Klar erkannt werden auch die weltweiten Überwachungsmöglichkeiten jeglicher Kommunikation durch Dritte wie Behörden und Organisationen und das damit mögliche Mithören und Mitlesen - auch verschlüsselt übertragener Daten - bis hin zur Industriespionage[3].

Sichere Kommunikation zwischen Unternehmen, Behörden und Privaten ist daher ohne den Einsatz von Verschlüsselung in Sicherheitsmaßnahmen nicht realisierbar. Dabei muß berücksichtigt werden, daß qualitative hochwertige Verschlüsselungsprodukte (Hardware und Software) weltweit kommerziell auch verfügbar sind[4].

Interessenlage der Behörden

Seit einigen Jahren beklagen die Strafverfolgungsbehörden und auch die im Vorfeld arbeitenden Nachrichtendienste der Industriestaaten die Unfähigkeit, moderne Verschlüsselungsverfahren zu brechen; dies erscheint ihnen deswegen notwendig, weil die international aktive - meist organisierte - Kriminalität überwiegend verschlüsselt kommunizieren soll. Strafverfolgungsbehörden behaupten damit ihr Unvermögen, Kommunikation im wünschenswerten Umfang zu überwachen. Diese Behauptung kann von der Öffentlichkeit nicht verifiziert werden[5]. Eine weitere Schwachstelle dieser Argumentation ist die fehlende Darstellung oder gar der Nachweis des Zielerreichungsgrads, die Erläuterung der Erfolgsquote oder generell die Wirtschaftlichkeit der durchgeführten Abhörmaßnahmen. Zumindest merkwürdig erscheint die stark divergierende Anzahl der jährlich neu eingeleiteten Abhörmaßnahmen in Deutschland (4.000 Personen und/oder Institutionen) und z.B. der USA (1.500 bei mehrfacher Bevölkerungsgröße)[6].

---

[3] Einige Fälle finden sich in (1) und (7).
[4] Vergl. hierzu (6).
[5] Der allgemein als sicher - und damit nicht knackbar - bezeichnete Data Encryption Standard kann binnen Stunden geknackt werden (12).
[6] Zitiert nach (11). Die Gesamtzahl aller Abhöraktionen der berechtigten Behörden wird allerdings nicht veröffentlicht.

Initiative der USA

Die Strafverfolgungsbehörden und Nachrichtendienste und die deren Interessen vertretenden Behörden fordern daher unter Federführung der USA dreierlei:

1. Grundsätzlich müssen Verschlüsselungsverfahren in Produkten so schwach sein, daß sie (ohne Kenntnis des Schlüssels) von diesen Behörden gebrochen werden können und jegliche Kommunikation mitgelesen werden kann. Dies gilt insbesondere für die internationale Kommunikation. Aus diesem Grunde kontrollieren viele Staaten den Export von Verschlüsselungsprodukten, d.h. es sind nur Produkte mit sog. schwachen Verfahren exportierbar. Bei diesem Vorgehen liegt allerdings ein Nachteil in der Tatsache, daß außer den Sicherheitsbehörden des exportierenden Landes auch andere Länder die derart schwach verschlüsselte Kommunikation entschlüsseln können.

2. Eine Verwendung starker Verfahren durch Nutzer des eigenen Landes (heimische Wirtschaft) soll zulässig sein, wenn die benutzten Schlüssel bei den Behörden hinterlegt werden.

3. Um internationale Kommunikation zu ermöglichen, werden "befreundete" Staaten und deren Private, Unternehmen und Behörden so behandelt, als seien sie Nutzer des eigenen Landes. Dies könnte beispielsweise für die NATO-Mitgliedsstaaten gelten.

Auf dieser Basis hat in den USA der Präsident eine sog. Direktive[7] erlassen.[8]

Dieser dreigliedrige Vorschlag ("ESCROW" und "Clipper") beschert sieben bisher ungelöste Probleme:

1. Voraussetzung für die Wirksamkeit des Verfahrens ist, daß auch das sog. internationale organisierte Verbrechen genau dieses Verfahren anwendet - und nicht etwa ein anderes - und auch die zutreffenden Schlüssel der Hinterlegungsbehörde mitteilt und nicht etwa modifizierte Schlüssel einsetzt[9]; ein Abhören derart verschlüsselter Kommunikation ist dann nicht möglich. Vorausgesetzt wird weiterhin, daß der Nutzer nicht bereits vor Einsatz des (zugelassenen) Verfahrens seine Daten mit einem anderen Verfahren verschlüsselt hat[10]. Überhaupt ist Voraussetzung, daß keine anderen Verfahren als dieses staatlich zugelassene benutzt werden. Eine Reihe von Staaten planen daher einen Genehmigungsvorbehalt für Kryptoprodukte. Eine kühne Forderung angesichts der mehr als 700 verschiede-

---

[7] "Public Encryption Management" vom 16. April 1993.
[8] Viele der einschlägigen Dokumente sind in (11) genannt; weiterhin findet sich dort eine Übersicht insbesondere der relevanten US-amerikanischen Literatur zur Clipper-Diskussion.
[9] Nach Pressemeldungen ist es bereits gelungen, den Chip derart zu manipulieren und zu nutzen.
[10] In (5) wird gezeigt, daß derartige Verfahren nicht oder mindestens schwer nachweisbar sind.

nen Verschlüsselungsgeräte und -programme, die von mehr als 300 Unternehmen aus 33 Ländern der Erde weltweit vertrieben werden.[11]

2. Verschlüsselte Kommunikation mit Drittländern kann nur mit schwachen (auch durch Dritte knackbaren) Verfahren durchgeführt werden. Dieser Verzicht auf den Einsatz jüngster Technologie erscheint vielen unzumutbar, weil er Wettbewerbsnachteile zur Folge haben dürfte (Konkurrenz liest mit!).

3. Der Anwender kann die Qualität der benutzten Verschlüsselungsalgorithmen sowie die des gesamten Verfahrens nicht beurteilen - der Algorithmus ist als Verschlußsache (SECRET, NOFORN) eingestuft und damit unzugänglich. Differenzierte Qualitätsbeurteilungen sind nicht veröffentlicht[12]. Gerade an Bewertungsparametern, Evaluierungen unabhängiger Institutionen und staatlichen Zertifikaten für Verschlüsselungsprodukte sind Anwender in hohem Maße interessiert.[13] Darüberhinaus können zukünftige eingehendere Untersuchungen des Verschlüsselungsalgorithmus doch noch eine (evtl. auch von den Entwicklern nicht beabsichtigte) "Falltür" offenlegen. Dann bliebe nur noch die Hoffnung, daß das Wissen um die Falltür nicht in "unberechtigte" Hände fällt - oder doch zumindest frühzeitig veröffentlicht wird.

4. Der den Algorithmus speichernde Chip soll sich bei Ausleseversuchen selbst zerstören. Dabei stellt sich die Frage, ob der Algorithmus nicht bereits ausgelesen worden ist oder auf anderem Wege in Erfahrung gebracht wurde. Schließlich kennen bereits heute viele Mitarbeiter der Behörden und der entwickelnden und produzierenden Unternehmen den Algorithmus und seine Implementierung. In jedem Fall dürften dem Adressaten dieser Sicherheitsmaßnahmen - dem internationalen organisierten Verbrechen - hinreichend große Geldbeträge zur Finanzierung von Untersuchungen des Chips sowie zum Nachbau zur Verfügung stehen. Ein Nachbau ist um so "sinnvoller" als das Verfahren selbst als sicher bezeichnet wird.. Weiterhin ist das Vertrauen von Privaten und Unternehmen in die Hinterlegungsbehörde(n) begrenzt. An die Verfassungsverträglichkeit müßten besondere Anforderungen gestellt werden[14].

5. Die Hinterlegungsinstanz - auch als trust center bezeichnet - trägt in jedem Fall ein unvergleichlich hohes Risiko, weil hier *alle* Schlüssel der Nation oder Nationen konzentriert sind. Der Angreifer, der diese Schlüsselzentralen klassisch-materiell oder DV-technisch knackt, kann alle privaten und wirtschaftlichen In-

---

[11] Vergl. (6).
[12] Vergl. (2).
[13] Eine öffentliche Zertifizierung derartiger Produkte wurde vom Bundesamt für die Sicherheit in der Informationstechnik - BSI im Einvernehmen mit dem Bundesminister des Innern nicht vorgenommen (3).
[14] Vergl. (9).

formationen dieser Nationen unberechtigt mitlesen. Alle Informationen, die in der Vergangenheit gespeichert und übertragen wurden und in Zukunft verarbeitet werden - jedenfalls mindestens bis zur Entdeckung des erfolgreichen Angriffs. Durch die Errichtung von zwei Hinterlegungsbehörden kann das Sicherheitsrisiko der trust center nur graduell gesenkt werden.[15]

6. Außerdem wird die Möglichkeit der "unendlichen" legalisierten Abhöraktion gesehen, weil ein zurückgegebener Schlüssel gleichwohl weiterhin - und zwar dann unkontrolliert - zum Abhören benutzt werden kann; natürlich kann auch die gesamte Kommunikation der Vergangenheit entschlüsselt werden, sofern sie aufgezeichnet wurde.

7. Der im Chip gespeicherte Serienschlüssel ermöglicht die Identifikation und auch eine Lokalisierung von Sender und Empfänger - auch im Mobilfunk.

Diese Aspekte - und sicherlich noch eine Reihe weiterer - sollten in einer breiten öffentlichen Diskussion mit dem Ziel einer demokratischen Konsensbildung mit ihren technischen Problemen und Möglichkeiten (u.a. Informationssicherheit) und politischen Implikationen - insbesondere die Datenschutz- und Persönlichkeitsrechte sowie Staatsschutz und Innere Sicherheit tangierenden Aspekte - sowie die Anforderungen der Unternehmen dargestellt und gegeneinander abgewogen werden[16].

Literatur:

(1) Bizer, J.: Die Kryptokontroverse. Innere Sicherheit und Sicherungsinfrastrukturen. In: Roßnagel, A. et al. (Hrsg.): Soziale und politische Implikationen einer künftigen Sicherungsinfrastruktur. provet Arbeitspapier 150. Darmstadt 1994

(2) Brickell, E. F.; Denning, D. E.; Kent, S. T.; Maher, D. P.; Tuchmann, W.: SKIPJACK Review Interim Report. The SKIPJACK Algorithm. Washington July 28, 1993

(3) Deutscher Bundestag: Gesetz über die Errichtung des Bundesamtes für die Sicherheit in der Informationstechnik (BSIG) vom 17. Dezember 1990, BGBl. I S. 2834

---

[15] Als Hinterlegungsbehörden in den USA sind das National Institute for Standards and Technology (NIST) des Department of Commerce und die Automated Systems Division (ASD) des Department of Treasury festgelegt.

[16] In (4) wird darauf hingewiesen, daß sich die "klassische Sündenbockfunktion des Staates im Sinne der Polarisierung Staatsmacht bzw. "großer Bruder"/Bürgerrecht" erledigt haben könnte. "An die Stelle der Polarisierung (informationelle) Staatsmacht/Bürgerrecht könnte heute vielleicht eher die Polarisierung staatliche Ordnungsmacht/internationale Mafia treten."

(4) Fiedler, H.: Informationelle Garantien für das Zeitalter der Informationstechnik. In: Tinnefeld, M.-T.; Philipps, L.; Weis, K.: Institutionen und Einzelne im Zeitalter der Informationstechnik. Machtpositionen und Rechte. München 1994

(5) Möller, S.; Pfitzmann, A.; Stierand, I.: Rechnergestützte Steganographie: Wie sie funktioniert und warum folglich jede Reglementierung von Verschlüsselung unsinnig ist. Datenschutz und Datensicherung 6, 318 - 326, 1994

(6) Pohl, H.: Sicherheitsperspektiven: Verschlüsselungsprodukte. Online 11, 50, 1994

(7) Pohl, H.; Hütte, L.: Computer-Spionage: Ist die Katastrophe unvermeidbar? Journal für Wirtschaft und Gesellschaft - bonntendenz 4, III 1989

(8) Raubold, E: Wieviel Information gebührt dem Staat? Gastkommentar: Computerwoche 28, 8, 9. Juli 1993

(9) Roßnagel, A.: Rechtliche Gestaltung informationstechnischer Sicherungsinfrastrukturen. In: Roßnagel, A. et al. (Hrsg.): Soziale und politische Implikationen einer künftigen Sicherungsinfrastruktur. provet Arbeitspapier 150. Darmstadt 1994

(10) Roßnagel, A.; Bizer, J.; Hammer, V.; Kumbruck, C.; Pordesch, U.; Schneider, M. J. (Hrsg.): Soziale und politische Implikationen einer künftigen Sicherungsinfrastruktur. provet Arbeitspapier 150. Darmstadt 1994

(11) Rueppel, R. A.: "Clipper" - Der Kryptokonflikt am Beispiel der amerikanischen ESCROW-Technologie. In: Tinnefeld, M.-T.; Philipps, L.; Weis, K.: Institutionen und Einzelne im Zeitalter der Informationstechnik. Machtpositionen und Rechte. München 1994

(12) Wiener, M.: DES Breaking Machine. Proceedings of the Crypto '93. Berlin 1994

Einige grundlegende Betrachtungen über Geheimhaltung in Datenbanken

Adrian Spalka
Institut für Informatik III, Universität Bonn
Römerstraße 164, 53117 Bonn
Fax: (0228) 550 382, Email: adrian@informatik.uni-bonn.de

Übersicht

Dieser Artikel versucht, den grundlegenden Rahmen und Motivation für die Betrachtung der Geheimhaltung in relationalen und deduktiven Datenbanken zu liefern. Eine konventionelle offene Datenbank wird als ein Abbild eines Weltausschnitts angesehen, an dem der Benutzerkreis interessiert ist. Die Datenbanktheorie nimmt stillschweigend an, daß dieses Abbild ein ausgezeichnetes (logisches) Modell der Datenbank ist. Daher wird hier zum einen nicht zwischen diesem Modell und dem Weltausschnitt unterschieden, und zum anderen kann die Rolle der Benutzer vernachlässigt werden. Das Geheimsein ist aber an sich ein Verhältnis zwischen einem Benutzer und einem Objekt des Weltausschnitts. Kann dieses Objekt in dem Weltausschnitt vor dem Benutzer geheim gehalten werden, so ist es die Aufgabe der Datenbank, es ebenfalls zu tun. Um die Geheimhaltung in Datenbanken zu studieren, werden der Kontext der Datenbank um die Begriffe des Benutzers und des Weltausschnitts explizit erweitert und die Verhältnisse innerhalb dieses erweiterten Kontextes detailliert untersucht. Dieser Artikel liefert nur wenige konkrete Ergebnisse – seine Bedeutung liegt in der umfassenden Aufbereitung der Grundlagen, auf die sich spätere Ergebnisse stützen können.

1 Einleitung

Der größte Vorteil einer computergestützten Datenbank liegt in der Möglichkeit, Daten effizient verwalten zu können. Durch die steigende Benutzerfreundlichkeit werden Datenbanken heute nicht nur im Umgang mit großen, sondern auch mit kleineren Datenmengen eingesetzt. Obwohl die

Effizienz nach wie vor als das wichtigste Qualitätsmerkmal einer Datenbank angesehen wird, gewinnt als Folge dieser Entwicklung der Aspekt der Sicherheit zunehmend an Bedeutung.

Logikbasierte Datenbanken bilden die zur Zeit vermutlich am weitesten verbreitete Art von Datenbanken. Zur dieser Art gehören u.a. relationale Datenbanken, die sich durch ein besonders einfaches Datenmodell, das Relationenmodell, auszeichnen, und deduktive Datenbanken. Die Beschreibung von Datenbanken in der Sprache der Logik hat einen großen Vorteil: Logik gestattet eine einheitliche Formulierung von Daten, Sichten, Integritätsbedingungen und Anfragen.

Die theoretischen Grundlagen konventioneller, offener Datenbanken stehen seit vielen Jahren auf einem festen Fundament. Dies hatte auch entscheidende Auswirkungen auf die praktische Entwicklung dieser Datenbanken gehabt. Im Bereich von Datenbanken mit Geheimhaltungsfähigkeiten sind dagegen viele praktische, vor allem aber grundlegend theoretische Fragen immer noch offen. Es ist geradezu ein Anachronismus, daß man bereits Prototypen solcher Datenbanken entwickelt, ohne eigentlich zu wissen, wie sie funktionieren sollen. Von der Idee her soll eine offene Datenbank um Geheimhaltungsfähigkeiten bereichert werden. Für die Probleme der Prototypen wurden jedoch fast nur Lösungen vorgeschlagen, die entweder die Funktionalität der offenen Datenbank einschränken oder aber ihre fundamentalen Eigenschaften verletzen. Diese Probleme werden nicht befriedigend gelöst werden, ehe auch eine fundierte Theorie für Datenbanken mit Geheimhaltungsfähigkeiten entwickelt wird.

Dieser Aufsatz bemüht sich, eine weitgehend informelle Motivation für eine solche Theorie zu liefern. Der wichtigste Beitrag dieses Aufsatzes liegt in der detaillierten Beschreibung der Verhältnisse eines erweiterten Datenbankkontextes, in den eine Datenbank mit Geheimhaltungsfähigkeiten gesetzt werden muß. Ein Ansatz zur Formalisierung der vorgestellten Ideen ist in [6] und [7] gegeben. Erste Resultate präsentiert [8].

Die Theorie offener Datenbanken kommt ohne den Begriff des Benutzers aus. Den Benutzer dort einzubinden würde die Theorie zwar nicht stören, aber es würde sie auch nicht bereichern. Eine offene Datenbank behandelt alle Benutzer gleich, deshalb geht sie stillschweigend von einem universellen, allwissenden Benutzer aus. Diese Annahme kann bei offenen Datenbanken mit Recht gemacht werden.

Auf dem Wege der Erweiterung um Geheimhaltungsfähigkeiten müssen zuerst das Verhältnis zwischen einem Benutzer und der Datenbank und das Verhältnis der Benutzer zueinander detailliert untersucht werden. Als zweiter Schritt muß ein diesen Verhältnissen angemessener Begriff eines Geheimnisses gefunden werden. Dabei darf man nicht vergessen, daß, wie im richtigen Leben auch, es zum einen mehr und weniger geheime Dinge gibt, und zum anderen jedes beliebige Ding zum Geheimnis deklariert werden kann – ob der Wunsch nach Geheimhaltung tatsächlich erfüllt werden kann, ist ein ganz anderes Problem. Im Gegensatz zu den *beständigen* Datenbankeigenschaften wie z.B. Integrität, Persistenz und Mehrbenutzerbetrieb, muß die Fähigkeit zur Geheimhaltung als ein Versuch interpretiert werden, die Forderung nach einem bestimmten Grad der Geheimhaltung einer Information vor einem Benutzer im erweiterten Datenbankkontext erfüllen zu wollen. Im dritten, und letzten, Schritt müssen daher Kriterien zur Beurteilung der Erfüllbarkeit einer Forderung und Verfahren zur praktischen Umsetzung erfüllbarer Forderungen aufgestellt werden. Die Verfahren müssen dabei insbesondere der Tatsache Rechnung tragen, daß ein Benutzer eine Datenbank als ein wahrheitsgetreues Abbild eines wirklichen Weltausschnitts ansieht. Es wird nämlich oft übersehen, daß ein Geheimnis zumindest teilweise sowohl dann verraten ist, wenn der Benutzer es der Datenbank entlocken kann, wie auch dann, wenn der Benutzer feststellen kann, daß die Wahrheitstreue verletzt ist. Es ist daher unerläßlich, daß ein Verfahren die semantische Widerspruchsfreiheit des erweiterten Datenbankkontextes bewahrt.

Im zweiten Abschnitt dieses Artikels werden eingangs kurz konventionelle offene Datenbanken vorgestellt. Danach wird der Kontext dieser Datenbanken um die Begriffe des Benutzers und des Weltausschnitts erweitert. Abschließend wird die Rolle der Integritätsbedingungen in diesem Kontext beleuchtet. Der dritte Abschnitt erläutert die Bedeutung der drei Säulen der Sicherheit (Verfügbarkeit, Integrität und Geheimhaltung) im erweiterten Datenbankkontext. Um eine präzise Definition von Integrität und Geheimhaltung geben zu können, werden die Anforderungen des Einsatzumfelds einer Datenbank stufenweise verschärft. Abschnitt vier gibt eine präzise Definition einer Geheimhaltungsforderung und beschreibt die Bedingungen ihrer Erfüllbarkeit. Die Eigenschaften der Methoden zu ihrer Einhaltung werden als modellerhaltende Transformationen charakterisiert. Die Betrachtung von Seiteneffekten und externen Sicherheitsvorkehrungen rundet die Untersuchung ab. Die Schlußbetrachtung trägt die Erkenntnisse des Artikels kurz zusammen. Daneben werden alle Komponenten explizit aufgezählt, die für die Geheimhaltung in Datenbanken relevant sind. Ein kurzer Ausblick beendet diesen Abschnitt.

2 Offene Datenbanken

2.1 Aufbau

Aus konzeptioneller Sicht stellt eine konkrete Datenbank ein Modell eines Weltausschnitts dar, an dem der Benutzerkreis interessiert ist. Die syntaktischen Bestandteile einer logikbasierten Datenbank sind in dem Tripel

$$DB = (L, C, I)$$

definiert. L ist die Datenbanksprache, das heißt die Menge der Formeln, die die Datenbank versteht. C, eine Teilmenge von L, enthält statische Integritätsbedingungen. L und C bilden das Datenbankschema; es erfaßt die unveränderlichen Eigenschaften von DB. I, ebenfalls eine Teilmenge von L, enthält die Daten des aktuellen Zustands.

In einer relationalen Datenbank wird L oftmals nicht explizit angegeben, C beschränkt sich zumeist auf Primär- und Fremdschlüsselbedingungen und I enthält ausschließlich Fakten (Tupel) und Projektionsregeln (Sichten).

In den meisten Anwendungen wird stillschweigend die Annahme gemacht, daß die Daten des Zustands das komplette Wissen über den Weltausschnitt enthalten. Als Beispiel für diese – im Englischen als *Closed World Assumption* bezeichnete – Annahme kann die Erfassung eines Flugplans in einer Datenbank dienen. Wenn in dieser Datenbank kein Eintrag über einen Flug von Frankfurt nach London um 23:17 existiert, dann bedeutet dies, daß es diesen Flug in der Tat nicht gibt. Diese sinnvolle Annahme, daß nichts außer dem explizit Festgelegten gelten soll, wird durch die Überführung der Menge I in ihre Vervollständigung[1] $\bar{I}$ formalisiert. Im Folgenden wird angenommen, daß $\bar{I}$ widerspruchsfrei ist und die Semantik der Daten eines Zustands I durch $\bar{I}$ gegeben ist. Die Menge der Daten, die aus $\bar{I}$ gefolgert werden können, wird mit $Th(\bar{I})$ bezeichnet.

---

[1] Siehe [2], S. 60.

Von den Daten des Zustands I wird erwartet, daß sie die Integritätsbedingungen aus C erfüllen. Formal ausgedrückt müssen die Formeln in C aus $\bar{I}$ folgen, das heißt

$$C \subseteq \mathit{Th}(\bar{I})$$

Die Daten in I heißen dann konsistent. Das Verhältnis zwischen den Daten, ihrem Abschluß, den folgerbaren Daten und den Integritätsbedingungen ist in Tafel 1 veranschaulicht.

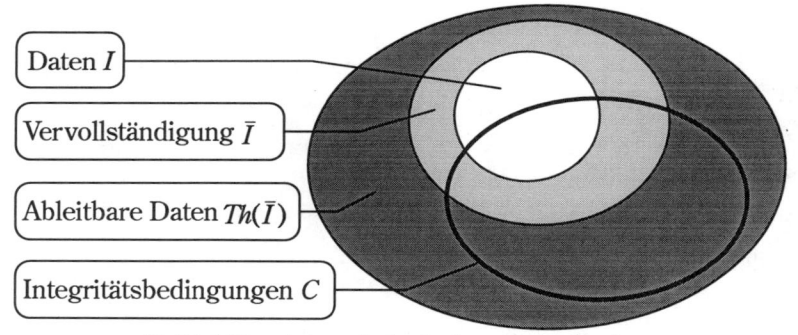

Tafel 1 Konsistenz in logischen Datenbanken

Ein Benutzer der offenen Datenbank DB kann die Inhalte von L, C und die Regeln aus I unmittelbar einsehen. Daneben stellt die Datenbank einen Mechanismus bereit, mit dessen Hilfe gezielte Anfragen des Benutzers über den Inhalt von $\mathit{Th}(\bar{I})$ beantwortet werden. Zuletzt hat der Benutzer die Möglichkeit, den aktuellen Zustand der Datenbank zu verändern. Eine Transaktion ist eine operationale Anweisung, die den Zustand I in eine Menge I' überführt. Falls I' konsistent ist, wird die Transaktion akzeptiert und I' wird zum aktuellen Zustand. Andernfalls wird die Transaktion abgelehnt und der Zustand I bleibt unverändert.

2.2 Semantik der Daten im erweiterten Kontext

Die Semantik der Daten einer offenen Datenbank stützt sich auf die Begriffe der logischen Interpretation und des Modells. Eine Interpretation weist den Symbolen der Datenbanksprache eine Bedeutung zu, und bestimmt, welche Fakten wahr und welche falsch sind. Eine Interpretation heißt Modell einer Formelmenge, falls alle ihre Formeln wahr sind. In diesem Sinne ist ein Modell ein Abbild einer Datenbank, oder genauer, der Daten des aktuellen Zustands.

Ein Zustand besitzt, in Abhängigkeit von der gewählten Interpretation, mehrere Modelle. Jedoch stellt eine konkrete Datenbank aus der Sicht der Benutzer ein wahrheitsgetreues Abbild genau eines Weltausschnitts dar. Für sie ist es daher wichtig zu wissen, welches Modell mit den tatsächlichen Begebenheiten des Weltausschnitts übereinstimmt. In einer offenen Datenbank geht man stillschweigend davon aus, daß die Benutzer sich auf ein ausgezeichnetes Modell geeinigt haben; zugleich wird damit die Bewertung der Wahrheitstreue dieses Modells bezüglich des Weltausschnitts außer Acht gelassen.

Der in Tafel 2 beispielhaft dargestellte erweiterte Datenbankkontext besteht aus:

- der Datenbank
- dem ausgezeichneten Modell
- dem Weltausschnitt
- den Benutzern

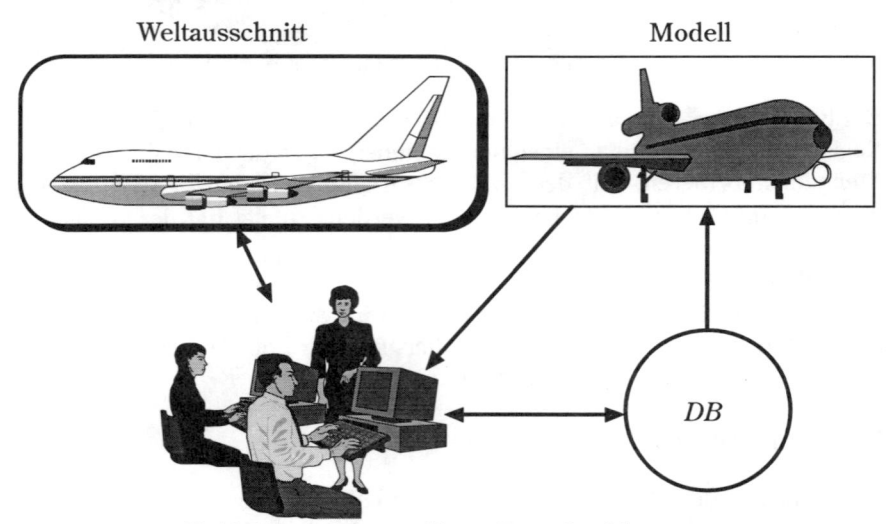

Tafel 2 Erweiterter offener Datenbankkontext

An dieser Stelle muß man die Frage stellen, worauf die Überzeugung eines einzelnen Benutzers von der Wahrheitstreue des Modells basiert. In einer offenen Datenbank kann jeder Benutzer alle Daten einsehen. Ein Benutzer kennt also das ganze Modell. Falls er ebenfalls das komplette Wissen über den Weltausschnitt besitzt, kann er die Bewertung der Wahrheitstreue im direkten Vergleich mit dem Weltausschnitt vornehmen, das heißt, er kann das Modell verifizieren. Der interessante und in der Praxis häufig anzutreffende Fall ist aber, daß ein Benutzer nur über einen Teil des konkreten Wissens über den Weltausschnitt verfügt. Die Wahrheitstreue des entsprechenden Modellteils kann er einfach verifizieren. Bei dem übrigen – für ihn nicht verifizierbaren – Teil des Modells muß sich die Bewertung seiner Wahrheitstreue zwangsweise auf die Bewertung seiner Glaubwürdigkeit reduzieren. Glaubwürdigkeit beruht auf dem Zusammenspiel einer Kontroll- und einer Vertrauenskomponente. Man geht davon aus, daß der Benutzer zwei Arten von Wissen über den Weltausschnitt besitzt: konkretes und allgemeines. Das konkrete Wissen, wie oben beschrieben, dient der Verifikation des Modells. Das Allgemeinwissen – in der Funktion der Kontrollkomponente – wird zur Prüfung der Plausibilität des Modells herangezogen. Das Modell ist plausibel, wenn es nicht im Widerspruch zum Allgemeinwissen steht. Die Glaubwürdigkeit eines plausiblen Modellteils wird durch den Glauben des Benutzers an seine Verifizierbarkeit abgerundet; er hat Vertrauen, daß es im Kreis der Benutzer jemanden gibt, der es tatsächlich verifizieren kann.

Das Beispiel in Tafels 3 zeigt einen Benutzer, der einen Teil des Modells mit seinem konkreten Wissen verifizieren kann, einen weiteren Teil kann er mit Hilfe seines Allgemeinwissens auf Plausibilität prüfen. Die Wahrheitstreue des restlichen Teils, der durch keine Wissensart abgedeckt ist, basiert ausschließlich auf seinem Vertrauen in die anderen Benutzer.

Der Zustand einer Datenbank kann durch Transaktionen der Benutzer verändert werden. Der Inhalt einer Transaktion reflektiert Änderungen im Weltausschnitt. Der Datenbankzustand, der aus einer Transaktion resultiert, soll ein Modell besitzen, welches wieder ein wahrheitsgetreues Abbild des veränderten Weltausschnitts darstellt. Ein Benutzer faßt daher eine Transaktion als eine Manipulation des Modells auf. Die Beurteilung der Wahrheitstreue des Inhalts einer Transaktion verläuft ähnlich zu der des Modells. Im einfachsten Fall kann der Benutzer den Inhalt selbst im vollen Umfang verifizieren, das heißt, er ist durch sein konkretes Wissen abgedeckt. Andernfalls muß er den Inhalt für glaubwürdig halten. Der Inhalt muß zum einen, gemessen am Allgemeinwissen, plausibel sein und zum anderen muß er von einem Benutzer vorgegeben sein, dem er vertraut, daß er ihn verifizieren kann. Zuletzt muß der Benutzer annehmen, daß sich jeder andere Benutzer genauso verhält.

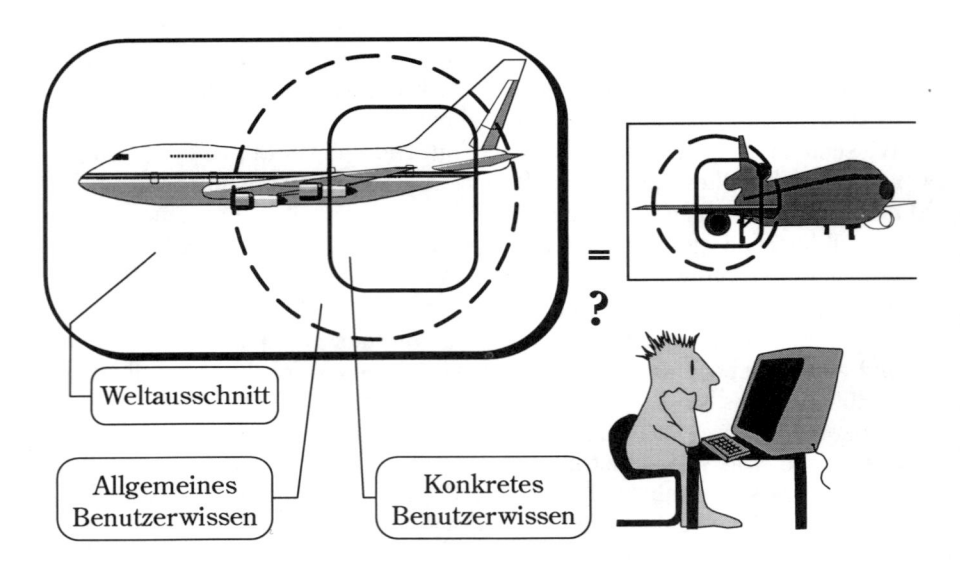

Tafel 3 Bewertung der Wahrheitstreue eines Modells

Zusammenfassend kann damit Folgendes über den erweiterten Kontext einer offenen Datenbank festgehalten werden.

i) Die Datenbank besitzt ein ausgezeichnetes Modell, welches von allen Benutzern als ein angemessenes Abbild des Weltausschnitts angesehen wird. Die Semantik der Datenbank ist daher eindeutig.

ii) Jeder einzelne Benutzer verfügt über konkretes und allgemeines Wissen über den Weltausschnitt.

iii) Jeder Benutzer sieht das Modell der Datenbank als ein wahrheitsgetreues Abbild des Weltausschnitts an.

iv) Der Begriff der Wahrheitstreue des Modells kann für einen Benutzer zwei Bedeutungen haben: Verifikation oder Glaubwürdigkeit.

    a) Verifikation ist die unmittelbare Prüfung der Übereinstimmung des konkreten Wissens mit dem Modell.

    b) Glaubwürdigkeit setzt sich aus der Plausibilität des Modells gegenüber dem Allgemeinwissen und aus seiner angenommenen Verifizierbarkeit, welche auf dem Vertrauen in das Verhalten der anderen Benutzer ruht, zusammen.

2.3 Rolle der Integritätsbedingungen

In einer offenen Datenbank beschreiben Integritätsbedingungen invariante Eigenschaften aller Datenbankzustände. Auf den erweiterten Datenbankkontext ausgedehnt beschreiben Integritätsbedingungen zugleich invariante Eigenschaften der Zustände des Weltausschnitts.

Aus dieser doppelten Bedeutung folgt unmittelbar, daß eine Datenmenge, die auch nur eine Integritätsbedingung verletzt, unmöglich eine wahrheitsgetreue Beschreibung eines Weltzustands darstellen kann. Da jeder Datenbankzustand konsistent sein muß, liegt die Aufgabe der Integritätsbedingungen im Ausschluß unsinniger, unzulässiger und, allgemein, unmöglich wahrheitsgetreuer Zustände.

Eine Datenbank läßt jede Transaktion zu, die zu einem konsistenten Zustand führt. Außer in praktisch irrelevanten, trivialen Fällen, besitzt eine Datenbank viele konsistente Zustände – doch stets kann nur einer davon wahrheitsgetreu sein. Für die Wahrheitstreue eines Zustands bildet seine Konsistenz zwar eine notwendige, keineswegs aber eine hinreichende Bedingung. Kann man zumindest fordern, daß jeder von Integritätsbedingungen zugelassene Zustand wahrheitsgetreu sein kann? D.h., können Integritätsbedingungen in die Lage versetzt werden, eine vollständige Kontrolle der Plausibilität eines Zustands durchzuführen, so daß die Begriffe der Konsistenz und der Plausibilität gleichbedeutend werden? Die Antwort auf diese Frage hängt unmittelbar von der Beschaffenheit des jeweiligen Weltausschnitts ab. Eine praktische Umsetzung können dabei mehrere Umstände behindern; z.B. kann eine invariante Eigenschaft des Weltausschnitts nicht in der Datenbanksprache ausdrückbar sein oder einen dynamischen – und keinen statischen – Charakter haben.

Im Hinblick auf die Erweiterung offener Datenbanken um Geheimhaltungsfähigkeiten ist es wünschenswert, daß eine Datenbank eine möglichst umfassende Kenntnis der invarianten Eigenschaften des Weltausschnitts besitzt. Denn, wie sich später zeigen wird, hängt der Erfolg bei der Einhaltung von Geheimhaltungsforderungen entscheidend von der Wahl eines plausiblen „Ersatzzustands" ab. Die Integritätsbedingungen sollten daher das formalisierbare Allgemeinwissen der Benutzer subsumieren, so daß jeder konsistente Datenbankzustand in den Augen der Benutzer auch glaubwürdig erscheint.

3 Der Begriff der Sicherheit

Im Bereich allgemeiner computergestützter Informationssysteme wird ein System als sicher angesehen, wenn es Forderungen nach Verfügbarkeit, Integrität und Geheimhaltung erfüllt. Diese Forderungen sind nicht an sich fest vorgegeben, sondern werden in Abhängigkeit von dem Einsatzumfeld eines Systems aufgestellt.

3.1 Verfügbarkeit

Verfügbarkeit beschäftigt sich mit der Sicherung der Effizienz eines Systems. Sie kann allgemeine Aussagen zur Ausfallsicherheit enthalten, wie z.B. „System A darf höchstens eine Stunde in einer Woche ausfallen", oder auch einzelne Gefahrenquellen nennen, wie z.B. „Kein Benutzer sollte in der Lage sein, System A zu monopolisieren". Obwohl die Verfügbarkeit auch die Funktionalität eines Systems betrifft, wird sie zumeist durch rein technische Maßnahmen gestützt, die für die vorliegende Arbeit irrelevant sind. [2]

3.2 Integrität

Die Begriffe der Integrität und der Geheimhaltung sind – selbst auf den Bereich der Datenbanken eingeschränkt – nicht so leicht faßbar. Auf dem Wege zu einer Präzisierung ist es sinnvoll, das Umfeld einer Datenbank in eine der drei nachfolgenden Kategorien einzuordnen:

  i) offenes Umfeld

  ii) offenes Umfeld mit Zuständigkeiten

  iii) Umfeld mit Geheimnissen

In einem offenen Umfeld dürfen die rechtmäßigen Benutzer einer Datenbank alle gespeicherten Daten einsehen und ändern; die Benutzer sind gleichberechtigt und damit auch gleichermaßen vertrauenswürdig. Die Integrität des Datenbestands wird mit dessen Wahrheitstreue (auch Korrektheit) gleichgesetzt. Diese kann alleine durch die Benutzer gewährleistet werden. Eine Datenbank kann bestenfalls die Plausibilität ihrer Daten überwachen, praktisch aber lediglich die Einhaltung oder Verletzung der

---

[2] Eine umfassende Beschreibung der Verfügbarkeitsforderungen und Maßnahmen zu ihrer Durchsetzung befindet sich z.B. in [3].

Integritätsbedingungen feststellen, die für die Daten definiert wurden. Auf Grund des einheitlichen Benutzerprofils gibt es keine Daten, die vor einem Benutzer geheim gehalten werden müssen. In einem offenen Umfeld muß eine sichere Datenbank nur den Forderungen nach Verfügbarkeit nachkommen und, natürlich, nur den rechtmäßigen Benutzern Zugang gestatten. Für dieses Umfeld eignen sich bereits konventionelle Datenbanken, die um den Begriff des Benutzers erweitert sind.

In einem Umfeld der zweiten Kategorie darf ein Benutzer alle Daten einsehen, aber, wegen seiner möglicherweise eingeschränkten Zuständigkeit, nur auf einem Teil der Daten einige ausgewählte Änderungen durchführen. Wegen der gleich großen Vertrauenswürdigkeit aller Benutzer gibt es keine Forderungen nach Geheimhaltung. Neu gegenüber der ersten Kategorie ist die Forderung nach der Unverletzlichkeit der Zuständigkeiten, die einen Benutzer an der Überschreitung seiner Kompetenzen hindern soll. Zur Nachbildung der Zuständigkeiten kann eine Datenbank der ersten Kategorie herangezogen und um ein Rechtesystem erweitert werden, mit dem es möglich ist, zum einen Daten und Datenbankoperationen mit Rechten zu belegen und zum anderen Rechte an Benutzer zu vergeben. Für eine sichere Datenbank der zweiten Kategorie erstreckt sich die Forderung nach Integrität damit auch auf die strenge Beachtung der Zuständigkeiten.

Die Zuständigkeit eines Benutzers ist ursprünglich auf dem Weltausschnitt definiert. Das eigentliche Problem in diesem Umfeld bildet die Abbildung der Zuständigkeiten auf die Datenbank. Viele kommerzielle relationale Datenbanken können nur bedingungslose, an Relationen gebundene Rechte ausdrücken; z.B. „Benutzer A darf den Inhalt der Relation R verändern". Praktisch wünschenswert sind Rechtesysteme, mit denen zustandsunabhängige Bedingungen für Transaktionen formuliert werden können; z.B. „Benutzer B darf in die Passagierliste nur Passagiere der Economy-Klasse einfügen". Nach meiner Meinung sollte die Zulassung zustandsabhängiger Bedingungen nur Hand in Hand mit der Aufnahme dynamischer Integritätsbedingungen gehen. Für einen Benutzer wird eine Transaktion als zulässig bezeichnet, wenn sie vom Rechtesystem genehmigt ist.

Im Hinblick auf den nachfolgenden Abschnitt ist es wichtig festzuhalten, daß die Anpassung einer offenen Datenbank des ersten Umfelds an das zweite keine Veränderungen des Modells bewirkt. Die Einführung eines Rechtesystems hat also insbesondere keine Auswirkungen auf die Bewertung der Wahrheitstreue des Modells.

3.3 Geheimhaltung

Gegenüber der zweiten Kategorie zeichnet sich die Gruppe der rechtmäßigen Benutzer eines Umfelds mit Geheimnissen zusätzlich durch eine unterschiedliche Vertrauenswürdigkeit und, passend dazu, die Daten eines Zustands durch eine unterschiedliche Vertraulichkeit aus.

Dieser Artikel beschäftigt sich weder mit der expliziten Zuordnung einer Vertrauenswürdigkeit zu einem Benutzer oder einer Vertraulichkeit zu einer Information, noch mit den Beziehungen zwischen diesen Begriffen. Beides sind Aufgaben der Sicherheitspolitik, die nicht Gegenstand dieses Artikels ist. Hier wird einzig die Grundlage betrachtet, aus der diese Begriffe erwachsen: Geheimhaltungsforderungen. Die Fragen und Probleme, die daran hängen, werden im nachfolgenden Abschnitt ausführlich diskutiert.

4 Geheimhaltung in Datenbanken

Nach einer kurzen Problembeschreibung wird in diesem Abschnitt eine präzise Definition einer Geheimhaltungsforderung gegeben. Danach werden die Faktoren genannt, die zwecks Einhaltung einer Forderung manipuliert werden können. Die Manipulationen werden dabei als Transformationen des ausgezeichneten Modells der Datenbank aufgefaßt. Anschließend wird die Definition der modellerhaltenden Transformation eingeführt, und gezeigt, daß im erweiterten Datenbankkontext nur modellerhaltende Transformationen geeignet sind, Geheimhaltungsforderungen einzuhalten. Abschließend wird ein Vorschlag für den Umgang mit Seiteneffekten vorgestellt und die Rolle externer Sicherheitsvorkehrungen beleuchtet.

4.1 Definition eines Geheimnisses

Im Umfeld der dritten Kategorie gibt es Geheimhaltungsforderungen, die anfangs über dem Weltausschnitt definiert sind. Der allgemeinen Vorstellung entsprechend ist eine solche Forderung von der Gestalt:

> Die Information X muß vor dem Benutzer A geheim gehalten werden.

Einige grundlegende Betrachtungen über Geheimhaltung in Datenbanken 87

Es ist bereits hieraus erkennbar, daß Geheimhaltung keine Bestimmung oder Festlegung ist, wie z.B. „X ist ein Geheimnis". Man muß daher streng zwischen der Forderung und ihrer Einhaltung unterscheiden. Des weiteren muß der Begriff eines Geheimnisses präzise definiert werden. Es gibt Dinge, die weniger geheim sind als andere. Kann es eine eindeutige Definition geben?

Tafel 4 zeigt eine Situation, in der das Objekt X vor dem Benutzer geheim gehalten werden soll. Die erste Frage lautet, in welchem Kontext befindet sich X? Man sieht, daß X ein Element des Weltausschnitts ist. Über diesen Weltausschnitt besitzt der Benutzer konkretes und allgemeines Wissen. Wieviel darf der Benutzer über X erfahren, oder anders formuliert, wieviel Wissen ist mit der Geheimhaltungsforderung verträglich?

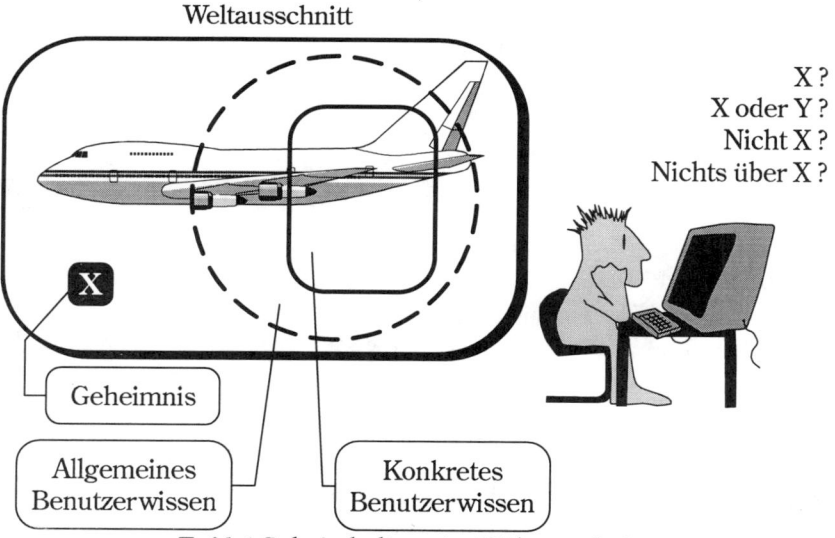

Tafel 4 Geheimhaltung im Weltausschnitt

Sei X die Information:

    Flug LH4004 transportiert Gold.

Darf der Benutzer wissen oder erfahren, daß:

- Flug LH4004 transportiert Gold oder Kartoffeln
- Flug LH4004 transportiert kein Gold

- Flug LH4004 ist ein Flug von Frankfurt nach London
- Es gibt Lufthansa-Flüge von Frankfurt nach London

Keine dieser Informationen ist mit dem ganzen Geheimnis identisch. Die Aufzählung zeigt, daß es mehrere Geheimhaltungsgrade gibt, und je nach der Art des Geheimnisses ist der eine oder andere Grad angemessen. An dieser Stelle muß daher eine Entscheidung getroffen werden, wie geheim das Geheimnis sein soll. Die Geheimhaltungsforderung muß um einen Grad der Geheimhaltung erweitert werden.

Die Definition einer Geheimhaltungsforderung wird folglich von vier Parametern bestimmt:

 i) dem vertraulichen Gegenstand der Geheimhaltung X

 ii) dem nicht vertrauenswürdigen Benutzer A

 iii) dem Weltausschnitt als Rahmen R

 iv) dem Geheimhaltungsgrad G

Die Forderung selbst lautet:

X soll vor A in Bezug auf R auf dem Grad G geheim gehalten werden.

Eine Datenbank DB ist eingangs als ein Tripel $DB = (L,C,I)$ definiert worden. Bei der Übersetzung einer Geheimhaltungsforderung in den erweiterten Datenbankkontext erhalten die vier Parameter folgende Bedeutung:

 i) X ist ein Element der Sprache, L, der Integritätsbedingungen, C, oder des Zustands, I.

 ii) A ist ein rechtmäßiger Benutzer von DB

 iii) R ist der erweiterte Kontext selbst, das heißt:

 a) die Datenbank DB

 b) das ausgezeichnete Modell M

 c) der Weltausschnitt W

 d) die Art der Bewertung der Wahrheitstreue

Für die möglichen Grade gibt es keine eindeutige Übersetzung. Sie hängen nochmals davon ab, welche Beziehungen zwischen X und W herrschen können. Eine ausführliche Darstellung dieses Themas würde den Rahmen dieses Artikels sprengen; zugleich ist sie für den weiteren Verlauf nicht notwendig.[3] Anzumerken sei nur, daß es für Sprachsymbole nur einen, für Fakten drei und für Regeln, je nach der Beschaffenheit einer Regel, zwei bis drei sinnvolle Grade der Geheimhaltung gibt.[4]

4.2 Erfüllung von Geheimhaltungsforderungen

Nicht alle Forderungen sind erfüllbar. Es ist von entscheidender Bedeutung, daß der erweiterte Datenbankkontext als Rahmen für die Betrachtung der Erfüllbarkeit dient. Welche Faktoren des Rahmens dürfen nicht verändert werden? Welche Auswirkungen hat eine Manipulation der übrigen Faktoren?

Im erweiterten Datenbankkontext hat ein Benutzer konkretes und allgemeines Wissen über den Weltausschnitt (siehe Tafel 4). Einen Teil des Ausschnitts kann er verifizieren, von einem weiteren Teil hat er eine mehr oder weniger grobe Vorstellung, und über den restlichen Teil weiß er gar nichts. Zugang zu den weniger und ganz unbekannten Teilen des Weltausschnitts erhält er über die Datenbank, deren ausgezeichnetes Modell er für sein wahrheitsgetreues Abbild hält.

Sei W der Weltausschnitt, DB die Datenbank und M das ausgezeichnete Modell. Eine Geheimhaltungsforderung

X soll vor A in Bezug auf R auf dem Grad G geheim gehalten werden.

erhält daher im erweiterten Datenbankkontext folgende Interpretation.

Finde für A ein Modell M_A, für das Folgendes gilt:

i) M_A gibt über X nur Informationen bis zum Grad G heraus.

ii) A bewertet M_A als wahrheitsgetreu.

iii) Für ein Modell N_A, das aus einer für A wahrheitsgetreuen und zulässigen Transaktion auf M_A hervorgeht, gelten (i) und (ii).

---

[3] Die formalen Einzelheiten sind in [6] und [8] dargestellt.

[4] In den heute verfügbaren kommerziellen Datenbanken können Geheimhaltungsforderungen nicht formuliert werden. Die einzig angebotene Möglichkeit ist der Entzug des Selektionsrechts, das heißt das Unsichtbarmachen von Fakten, Relationen und Sichten.

Der erste Punkt ist allgemein akzeptiert. Seine Aufgabe ist es, das Geheimnis angemessen zu verstecken. Die meisten existierenden Ansätze übersehen Punkt (ii). Eine Manipulation des objektiven Modells M muß modellerhaltend sein, das heißt, daß ihr Resultat, M_A, vom Benutzer subjektiv als wahrheitsgetreu bewertet, also als ein Modell angesehen wird. Falls M_A diese Eigenschaft nicht aufweist, wird sich der Benutzer nicht nur möglicherweise fragen, ob dies auf Geheimnisse zurückzuführen sei, vielmehr kann es ihm niemand verübeln, wenn er sich fragt, warum er eine Datenbank mit offenbar falschem Inhalt überhaupt benutzen solle: Das konkrete Wissen hat er ohnehin und auf den Rest kann er sich anscheinend nicht verlassen.

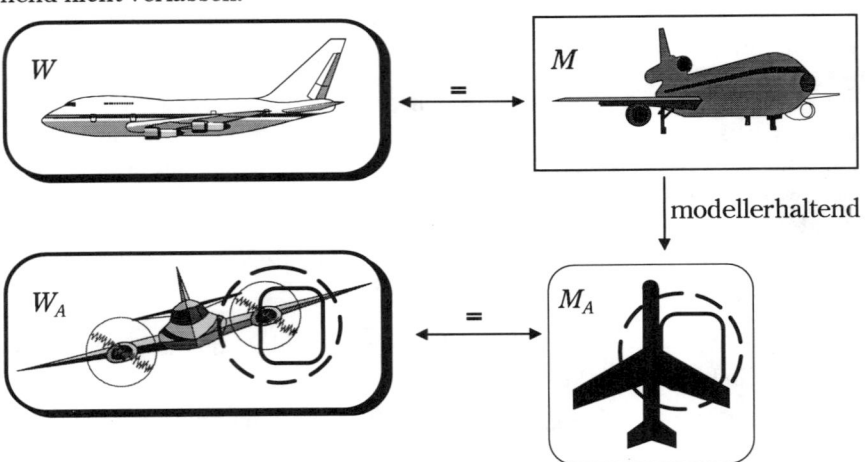

Tafel 5 Modelltransformation

Die ersten beiden Punkte geben eine ausreichende Interpretation von Situationen, in denen der Benutzer nur ein Beobachter ist. Punkt (iii) trägt auch den Transaktionen eines Benutzers Rechnung.

4.3 Einfluß der Geheimhaltung auf die Semantik

Es gibt zwei besonders einfache Fälle von Geheimhaltungsforderungen. Eine Forderung ist offenbar sinnlos, wenn das Geheimnis zum konkreten Wissen des Benutzers gehört. Im erweiterten Datenbankkontext bedeutet dies, daß es keine modellerhaltende Transformation gibt, die das Geheimnis versteckt. Der Grund dafür ist, daß das Geheimnis eine für den Benutzer verifizierbare Information darstellt. Ihre Entfernung aus dem Modell führt daher sofort zum Verlust der Wahrheitstreue. Zum anderen kann eine Forderung problemlos erfüllt werden, wenn sich das Geheimnis außerhalb des konkreten und des allgemeinen Wissens des Benutzers befindet. In diesem Fall basiert die Wahrheitstreue des Geheimnisses alleine auf dem Vertrauen des Benutzers. Ein Modell, in dem es fehlt, besteht in den Augen des Benutzers die Verifikation und die Plausibilitätskontrolle.

Der Sachverhalt ist komplizierter, wenn es eine Beziehung zwischen dem Allgemeinwissen und dem Geheimnis gibt. Wird das Geheimnis aus dem Modell des Benutzers entfernt, so kann es sowohl sein, daß seine Plausibilität erhalten bleibt, oder aber verloren geht. Im ersten Fall bleibt die Wahrheitstreue erhalten. Im zweiten Fall stellt sich die Frage, ob und wie diese wiederhergestellt werden kann. Gelingt dies, dann bleibt das Geheimnis bewahrt. Gelingt es nicht, dann wird ein Teil oder auch das ganze Geheimnis preisgegeben. That's life! In der Literatur wird jedoch oftmals die Ansicht geäußert, daß in Umgebungen mit hohen Sicherheitsanforderungen die Wahrheitstreue zu Gunsten der Geheimhaltung geopfert werden soll. Zum Beispiel erklären [5][5], daß es zwei Strömungen in dieser Frage gibt: die eine befürwortet es, die andere lehnt es ab. Die Autoren selbst, als Anhänger der ersten, vertreten die Meinung, daß im Falle eines Konflikts die Geheimhaltung gegen die Wahrheitstreue eingetauscht werden soll. Doch es ist ein Trugschluß – der aus der Beschränkung des Kontextes auf die Datenbank alleine herrührt – daß dieser Handel gelingen kann. Im erweiterten Kontext kann die Tatsache der verlorenen Wahrheitstreue dem Benutzer genauso viel Informationen über das Geheimnis liefern, wie die Datenbank selbst.

Ein Benutzer bewertet die Wahreitstreue eines Modells an Hand folgender Kriterien:

   i) Verifikation seines konkreten Wissens

   ii) Glaubwürdigkeit:

      a) Plausibilität gegenüber seinem Allgemeinwissen

      b) Vertrauen in die Verifizierbarkeit

Vereinfacht kann daher die Gleichung

---

[5] Siehe Seite 375, letzter Absatz. Es gibt zahlreiche Arbeiten, die einen ähnlichen Standpunkt vertreten, z.B.: [4], [1] und [9].

Wahrheitstreue = Verifikation + Plausibilität + Vertrauen

aufgestellt werden. Eine Transformation ist modellerhaltend, wenn sie nur die vom Benutzer nicht kontrollierbaren Freiheitsgrade dieser Gleichung verändert. Das heißt, sie darf:

i) den für den Benutzer verifizierbaren Anteil des Modells nicht verändern

ii) den für den Benutzer plausiblen Anteil in einen wiederum plausiblen überführen

iii) den auf das Vertrauen des Benutzers gestützten Anteil beliebig modifizieren

Innerhalb des erweiterten Datenbankkontextes ist jede modellerhaltende Transformation anwendbar. Aus praktischer Sicht, das heißt außerhalb dieses Kontextes, ist es des weiteren notwendig, den Ähnlichkeitsgrad zwischen dem originalen und dem transformierten Modell zu bewerten. Jede solche Transformation bewirkt eine Verzerrung des Weltbilds beim Benutzer. Jede Verzerrung zieht Konsequenzen nach sich, denn ein Benutzer arbeitet mit der Datenbank oftmals nicht ihrer selbst willen, sondern in der Absicht, die Daten aus der Datenbank weiter zu verwenden. Um die Verzerrungen generell möglichst gering zu halten, ist es wünschenswert, daß beide Modelle möglichst wenig voneinander abweichen. Dennoch können bereits geringe Verzerrungen mit fatalen Konsequenzen verbunden sein. In diesem Lichte sollte für jede einzelne Geheimhaltungsforderung geprüft werden, ob die Konsequenzen, die sich aus ihrer Einhaltung ergeben, im Vergleich zum Objekt der Geheimhaltung vertretbar sind.

4.4 Umgang mit Seiteneffekten

Einige modellerhaltende Transformationen verursachen Seiteneffekte, die für den Benutzer beobachtbar sind. Falls der Grad der Geheimhaltung so hoch ist, daß er selbst das Wissen um die Existenz des Geheimnisses verbietet, muß dafür Sorge getragen werden, daß man entweder nach Transformationen ohne Seiteneffekte sucht, oder daß die Seiteneffekte vom Benutzer nicht als Hinweis auf die Existenz des Geheimnisses gedeutet werden können. Eine Idee des Umgangs mit Seiteneffekten wird im nachfolgenden Beispiel für eine Klasse von Transformationen präsentiert.

Betrachtet wird folgende Situation:

- Das Objekt der Geheimhaltung, X, ist nicht durch das konkrete Wissen des Benutzers, A, verifizierbar.
- Das Modell M_A, bestehend aus M ohne X, steht im Widerspruch zu A's Allgemeinwissen.
- Die Wahrheitstreue von M_A kann durch das Einfügen einer nichtgeheimen Lüge, X', wiederhergestellt werden.

Das Wesen einer *guten* Lüge X' ist, daß:

- Es jemanden gibt, der sie als Lüge erkennen kann, das heißt, die Datenbank kennt die Verbindung zwischen X und X'.
- Der Benutzer A X' nicht verifizieren kann.
- X' nicht im Widerspruch zu A's Allgemeinwissen steht.
- A X' nur beobachten, jedoch weder löschen noch verändern kann.

Wie erklärt man dem Benutzer das Erscheinen eines nicht modifizierbaren Elements im Modell? Eine Möglichkeit ist es, das dem Benutzer als offen erscheinende Umfeld um Zuständigkeiten zu erweitern, und X' nicht in die Zuständigkeit von A einzuordnen. Dann liefert die Festlegung der Zuständigkeiten die notwendige Erklärung.

Generell muß jede Transformation auf mögliche Seiteneffekte untersucht werden. Allerdings sollte sich die Suche auf solche Seiteneffekte beschränken, die sich im vorgegebenen Rahmen – hier also im erweiterten Datenbankkontext – beschreiben lassen. Z.B. kennt dieser Kontext den Begriff der Transaktion, nicht aber den der Zeitdauer; das Einfügen einer Lüge ist daher ein Seiteneffekt, nicht aber eine möglicherweise dadurch verursachte Verlangsamung der Transaktionen. Sollten diese (im Englischen als *timing channels* bezeichneten) Effekte relevant sein, dann muß ihrer Berücksichtigung eine Erweiterung des Rahmens um den Begriff der Zeitdauer vorangehen.

4.5 Externe Sicherheitsvorkehrungen

Die bisherigen Ausführungen behandelten das Problem der Geheimhaltung unter dem Gesichtspunkt, daß die Datenbank das Geheimnis kennt und es überzeugend zu verbergen versucht. Falls dieser Versuch erfolgreich ist, hat die Datenbank ihre Aufgabe erfüllt.

Für den praktischen Einsatz darf nicht übersehen werden, daß die Geheimhaltungsfähigkeit einer Datenbank sich auf ihren erweiterten Kontext beschränkt. Ein Benutzer kann sich aber auf anderen Wegen als über die Datenbank Zugang zu Geheimnissen verschaffen. Hierzu zählen z.B.:

- Der Benutzer überredet eine andere Person, ihm das Geheimnis zu verraten.
- Dem Benutzer gelingt es, ein Trojanisches Pferd in den Computer einzuschleusen.
- Der Benutzer findet auf einem Schreibtisch ein Blatt Papier mit dem Geheimnis.

Alle diese Wege stellen ernsthafte Bedrohungen dar. Diese auszuschalten, ist jedoch die alleinige Aufgabe externer Sicherheitsvorkehrungen – die Datenbank kann nur in ihrem erweiterten Kontext zu Rechenschaft gezogen werden.

5 Schlußbetrachtung

Die grundlegende Annahme dieses Artikels ist gewesen, daß eine Datenbank ein Modell besitzt, welches ein wahrheitsgetreues Abbild eines Weltausschnitts ist. Die Theorie offener Datenbanken kennt den Begriff des Benutzers nicht; für sie ist es daher auch angemessen, das Modell mit dem Weltausschnitt zu identifizieren.

Die Erweiterung einer Datenbank um Geheimhaltungsfähigkeiten macht es jedoch notwendig, die Datenbank selbst in einen erweiterten Kontext zu setzen, der aus folgenden Komponenten besteht:

- ein Weltausschnitt
- eine Datenbank und ihr ausgezeichnetes Modell
- das gesamte Allgemeinwissen
- die rechtmäßigen Benutzer
- die Bewertungsart der Wahrheitstreue eines Modells
- für jeden nicht voll vertrauenswürdigen Benutzer:
  - das konkrete, zur Verifikation geeignete, Wissen des Benutzers

- ○ das allgemeine, zur Plausibilitätsprüfung geeignete, Wissen des Benutzers
- die Geheimhaltungsforderungen und -grade
- die Zuständigkeiten

Die Verhältnisse und Zusammenhänge zwischen diesen Komponenten sind dabei ausführlich beleuchtet worden. In diesem Kontext kann die Geheimhaltung nur als Forderung gestellt werden. Die Methoden zu ihrer Einhaltung sind als Transformationen des Modells aufgefaßt gewesen. Die Eignung einer Methode wird durch zwei Faktoren bestimmt:

i) Das transformierte Modell gibt dem Benutzer keine Informationen über das Objekt der Geheimhaltung, die den Grad seiner Geheimhaltung übersteigen.

ii) Die Transformation ist modellerhaltend, das heißt, der Benutzer bewertet das transformierte Modell als wahrheitsgetreu.

Die Bewertung der Wahrheitstreue eines Modells hängt von der Verifikation des konkreten Wissens, der Plausibilität gegenüber dem Allgemeinwissen und dem Vertrauen in den nicht seiner Kontrolle unterliegenden Modellteil. Es muß hier unbedingt unterstrichen werden, daß die Wahrheitstreue des Modells eine zentrale und unverzichtbare Eigenschaft eines Modells ist. Insbesondere ist es im erweiterten Datenbankkontext leicht einzusehen, daß eine Methode, die die Geheimhaltung auf Kosten der Wahrheitstreue erreichen will, genauso viel vom Geheimnis preisgibt, wie es die Datenbank tun würde, zusätzlich jedoch untergräbt sie noch das Vertrauen des Benutzers in den *nichtgelogenen* Teil seines Modells.

Der wichtigste nächste Schritt ist die vollständige Präzisierung des vorliegenden Inhalts auf der Stufe einer formalen Logik. Auf dieser Stufe ist dann die (Nicht-) Erfüllbarkeit einer Geheimhaltungsforderung im Rahmen des erweiterten Datenbankkontextes beweisbar.

Literaturverzeichnis

[1] Burns, Rae K. (1990) 'Integrity and Secrecy: Fundamental Conflicts in the Database Environment'. Hg. Bhavani Thuraisingham. *3rd RADC Database Security Workshop 1990.* Bedford, Massachussets: Mitre, 1991. S. 37-40.

[2] Cremers, Armin B., Ulrike Griefahn und Ralf Hinze. (1994) *Deduktive Datenbanken.* Braunschweig: Vieweg.

[3] *CTSEC - The Canadian Trusted Computer Evaluation Criteria.* (1993) Version 3.0e. Canadian System Security Centre.

[4] Meadows, Catherine, und Sushil Jajodia. (1987) 'Integrity Versus Security In Multilevel Secure Databases'. Hg. Carl E. Landwehr. *Database Security.* IFIP WG11.3 Workshop on Database Security 1987. Amsterdam: North-Holland, 1988. S. 89-101.

[5] Pernul, G., A.M. Tjoa und J.T. Hotz-Behofsitz. (1993) 'Datenbankmanagementsysteme mit hohem Sicherheitsanspruch'. Hg. G. Weck und P. Horster. *Verläßliche Informationssysteme.* GI Fachtagung VIS'93. Braunschweig, Wiesbaden: Vieweg. S. 371-393.

[6] Spalka, Adrian. (1994a) 'Formal Semantics of Rights and Confidentiality in Definite Deductive Databases'. *IEEE Computer Security Foundations Workshop VII.* IEEE Computer Society Press. S. 47-58.

[7] Spalka, Adrian. (1994b) 'Formal Semantics of Confidentiality in Multilevel Logic Databases'. *ACM SIGSAC New Security Paradigms Workshop 1994.* IEEE Computer Society Press. S. 64-73.

[8] Spalka, Adrian. (1994c) 'Secure Logic Databases Allowed to Reveal Indefinite Information on Secrets'. *8th IFIP WG 11.3 Working Conference on Database Security 1994.* [Erscheint bei] Amsterdam: North-Holland.

[9] Wiseman, Simon. (1990) 'The Control of Integrity in Databases'. Hg. Sushil Jajodia und Carl E. Landwehr. *Database Security IV.* IFIP WG11.3 Workshop on Database Security 1990. Amsterdam: North-Holland, 1991. S. 191-203.

Datenreduzierende Sichten und ihre Bewertungskriterien bei polyinstantiierten Datenbanken

Lutz Kotter
Universität Hildesheim
D-31113 Hildesheim

Zusammenfassung

In Multi-Level-Datenbanken mit elementweiser Datenklassifikation (element-level-classification) kann das Zulassen polyinstantiierter Elemente dazu führen, daß die Anzahl von Tupeln in der Datenbank, die ein bestimmtes Entity der realen Welt betreffen, auf die Zahl $\frac{(\#\text{Nichtschlüsselattribute})}{\#\text{Zugriffsklassen}}$ anwächst. Eine Möglichkeit, dieses Proliferationsproblem zu entschärfen, bietet der Einsatz datenreduzierender Sichten. In dieser Ausarbeitung werden drei konkrete datenreduzierende Sichten definiert und untersucht. Zu diesem Zweck werden aus wünschenswerten Eigenschaften datenreduzierender Sichten formale Bewertungskriterien abgeleitet und analysiert. Anschließend wird untersucht, welche der betrachteten Sichten die gewählten Kriterien am besten erfüllt. Die Untersuchung zeigt, daß durch eine datenreduzierende Sicht eine Beschränkung der Anzahl der Tupel zu einem Entity auf die Anzahl der Zugriffsklassen möglich ist, falls die zugrundeliegende Menge von Zugriffsklassen linear geordnet ist. Unter restriktiveren Bedingungen kann die Tupelanzahl sogar auf eins beschränkt werden. Die gewonnenen Erkenntnisse lassen sich wahrscheinlich auf viele Alltagsprobleme übertragen, bei denen die Aufgabe besteht, Versionen eines Ganzen zu verwalten, das aus Einzelteilen besteht, die ihrerseits in vielen Versionen vorliegen.

1 Einleitung

Der *Multi-Level-Ansatz* stellt eine Erweiterung des relationalen Datenbankmodells dar, bei dem einerseits den Daten (Objekte, Granule), andererseits den Benutzern und den für sie tätigen Prozessen (Subjekte) *Sicherheitsstufen* zugeordnet werden. Ein Subjekt darf dabei nur solche Daten lesen, deren *Zugriffsklasse* kleiner oder gleich der Berechtigung des Subjektes ist. Im *Sea-View-Modell* [1] bekommt sogar jedes einzelne Datenelement eine eigene Zugriffsklasse 'angeheftet' (*element-level-classification*). Eine typische Sea-View-Beispielinstanz zeigen die Tabellen 1 und 2:

Flug-Nr.	C1	Abflug	C2	Ziel	C3	TC
964	U	10:40	U	Chicago	U	U
75	U	14:00	U	Berlin	S	S
1125	S	17:30	S	San Salvador	S	S

Tabelle 1: Secret-Instanz einer Relation

Flug-Nr.	C1	Abflug	C2	Ziel	C3	TC
964	U	10:40	U	Chicago	U	U
75	U	14:00	U	Null	U	U

Tabelle 2: Unclassified-Instanz obiger Relation

Tabelle 1 zeigt die Beispielinstanz, wie sie von einem Subjekt mit der Freigabe 'Secret' gesehen wird. Die dazugehörige 'Unclassified'-Instanz zeigt Tabelle 2. Offensichtlich ist jedem Attribut ein weiteres Attribut (C1, C2 oder C3) zugeordnet, unter dem die Zugriffsklassen der Datenelemente unter dem erstgenannten Attribut abgespeichert werden. Unter der Spalte 'TC' finden wir die *Tupelklasse*, die sich als kleinste obere Schranke aller Zugriffsklassen in dem betreffenden Tupel ergibt. Jede Relation besitzt einen festgelegten *Primärschlüssel*, welcher aus einer Menge einheitlich klassifizierter Attribute besteht. In obigem Beispiel (und in allen folgenden) sind Schlüsselattribute durch Unterstreichung hervorgehoben. Eine wichtige Rolle spielt das Konzept der *Polyinstantiierung*. Polyinstantiierung bedeutet im Zusammenhang mit Multi-Level-Relationen, daß in einer Relation mehrere Tupel mit gleichem Primärschlüsselwert vorkommen können, die entweder verschiedene Versionen eines Entitys darstellen oder zu verschiedenen Entities der realen Welt gehören und nur mehr oder weniger zufällig unter dem gleichen Namen abgespeichert wurden. Auf diese Weise ist es möglich, beim Einfügen von Daten durch ein Subjekt mit einer bestimmten Berechtigung die Existenz bereits gespeicherter Daten mit einer höheren Zugriffsklasse zu verbergen. Die vorliegende Ausarbeitung beschäftigt sich mit einer sehr lästigen Auswirkung der Polyinstantiierung in Multi-Level-Datenbanken: Die Anzahl der zu einem einzelnen Entity gehörenden Tupel, die ein Benutzer mit hoher Berechtigungsklasse zu sehen bekommt, kann sehr groß werden, so daß ein solcher Benutzer leicht den Überblick verlieren kann, welchen der angezeigten Informationen er Glauben schenken kann und welche nur für Subjekte mit geringerer Berechtigung interessant sind. Beim Sea-View-Modell beispielsweise steigt die mögliche Anzahl von Tupeln zu einem einzelnen Entity exponentiell in Abhängigkeit von der Anzahl der Nichtschlüsselattribute und polynomial in Abhängigkeit von der Anzahl der Zugriffsklassen. In den nachfolgenden Kapiteln werden zunächst dieses

Proliferationsproblem und seine Auswirkungen beschrieben. Das Konzept der *datenreduzierenden Sichten* zur Vermeidung des Proliferationsproblems wird anschließend eingeführt. Es werden dann konkrete datenreduzierende Sichten definiert und anhand geeigneter Kriterien verglichen.

2 Die Polyinstantiierung und das Proliferationsproblem

2.1 Polyinstantiierung

In einer Multi-Level-Relation kann Polyinstantiierung in zwei Erscheinungsformen auftreten. Man unterscheidet zwischen *polyinstantiierten Tupeln* und *polyinstantiierten Elementen*. Ein polyinstantiiertes Tupel liegt vor, wenn mehrere Tupel in einer Relation denselben Primärschlüsselwert, aber unterschiedliche Primärschlüsselklassen aufweisen. In Tabelle 3 findet sich ein polyinstantiiertes Tupel unter dem Primärschlüsselwert '1125'. Bei polyinstantiierten Elementen hingegen sind sowohl der Primärschlüsselwert, als auch die Primärschlüsselklasse unterschiedlicher Tupel gleich. Diese Tupel unterscheiden sich dann nur in den Werten und Zugriffsklassen unter einem oder mehreren Nichtschlüsselattributen. Der Ausdruck 'polyinstantiiertes Element' bezeichnet also eine Menge unterschiedlicher Attributwerte bei Tupeln, die bezüglich Primärschlüssel und Primärschlüsselklasse gleich sind. In Tabelle 3 befindet sich ein polyinstantiiertes Element unter dem Attribut Ziel für Flug-Nr. 75.

Flug-Nr.	C1	Abflug	C2	Ziel	C3	TC	
964	U	10:40	U	Chicago	U	U	
1125	S	17:30	S	San Salvador	S	S	polyinstantiiertes
1125	U	19:25	U	San Francisco	U	U	Tupel
75	U	14:00	U	Berlin	S	S	polyinstantiiertes
75	U	14:00	U	Paris	U	U	Element

Tabelle 3: Polyinstantiiertes Tupel und polyinstantiiertes Element

2.2 Die Semantik der Polyinstantiierung

Die in diesem Kapitel beschriebene Interpretation der Polyinstantiierung (vgl. [3]) soll bei den nachfolgenden Überlegungen zugrunde gelegt werden: Ein Entity der realen Welt läßt sich in einem Multi-Level-Modell durch die Kombination aus Primärschlüssel und Primärschlüsselklasse eindeutig identifizieren. Daraus ergibt sich, daß polyinstantiierte Tupel verschiedene Entities der realen Welt darstellen,

denn alle Vertreter der Menge von Tupeln, die ein polyinstantiiertes Tupel ausmacht, haben verschiedene Schlüsselklassen. Entsprechend repräsentieren polyinstantiierte Elemente dasselbe Entity der realen Welt.
Kurz zusammengefaßt:
• Polyinstantiierte Elemente repräsentieren ein Entity der realen Welt.
• Polyinstantiierte Tupel repräsentieren verschiedene Entities der realen Welt.

2.3 Die Polyinstantiierungs-Integrität

Durch die *Polyinstantiierungs-Integrität* soll die korrekte Verwendung der Polyinstantiierung sichergestellt werden. Sie beinhaltet eine funktionale und eine mehrwertige Abhängigkeit, und wird folgendermaßen definiert (vgl. [3]):

Def. 1 (Polyinstantiierungs-Integrität): Eine Instanz einer Multi-Level-Relation erfüllt die Polyinstantiierungs-Integrität genau dann, wenn die beiden folgenden Abhängigkeiten gelten.

PI 1) Für jedes Nichtschlüsselattribut A_i gibt es eine funktionale Abhängigkeit vom Primärschlüssel K, der Schlüsselklasse C_k und der Zugriffsklasse von A_i, bezeichnet mit C_i: $\quad K\ C_k\ C_i \rightarrow A_i$

PI 2) Für jedes Nichtschlüsselattribut A_i gibt es eine mehrwertige Abhängigkeit vom Primärschlüssel und der Primärschlüsselklasse nach A_i und C_i:
$$K\ C_k \rightarrow\rightarrow C_i\ A_i$$

PI 1 verbietet polyinstantiierte Elemente mit einer einheitlichen Zugriffsklasse. Treten zu einem bestimmten Entity mehrere Werte für ein bestimmtes Nichtschlüsselattribut auf, so müssen diese Werte mit unterschiedlichen Zugriffsklassen versehen sein. Ein Beispiel für eine Instanz einer Multi-Level-Relation, die die Eigenschaft PI 1 nicht erfüllt, zeigt Tabelle 4:

Raumschiff		Auftrag		Ziel		TC
Enterprise	U	Testflug	U	Talos	U	U
Enterprise	U	Erkundung	U	Rigel	S	S

Tabelle 4: Eine unzulässige Instanz (bzgl. der Attributwerte von Auftrag)

Durch PI 2 wird sichergestellt, daß eine Menge von Tupeln zu einem Entity abgeschlossen ist bezüglich der Vertauschung von Nichtschlüsselattributwerten (einschließlich ihrer Zugriffsklassen), so daß zwischen den Nichtschlüsselattributen keine weiteren Abhängigkeiten bestehen. Tabelle 5 zeigt eine Instanz, die PI 2 nicht erfüllt: Es fehlt das Tupel <Enterprise|U, Erkundung|S, Talos|U>.

Raumschiff		Auftrag		Ziel		TC
Enterprise	U	Testflug	U	Talos	U	U
Enterprise	U	Erkundung	S	Rigel	S	S
Enterprise	U	Testflug	U	Rigel	S	S

Tabelle 5: *Eine Instanz, die PI 2 verletzt*

2.4 Das Proliferationsproblem

Es ist offensichtlich, daß in einer Multi-Level-Datenbank ein Benutzer mit hoher Berechtigung mehr Tupel sieht, als einer mit einer geringeren Berechtigung. Jedoch kann durch die Vergabe von Zugriffsklassen auf Elementebene (element-level-classification) und das Zulassen polyinstantiierter Elemente die mögliche Anzahl der Tupel zu einem einzigen Entity auf die Zahl $\frac{(\#\text{Nichtschlüsselattribute})}{\#\text{Zugriffsklassen}}$ anwachsen. Die Tabellen 6 und 7 zeigen ein Beispiel für dieses Proliferationsproblem:

Raumschiff		Auftrag		Ziel		TC
Enterprise	U	Testflug	U	Talos	U	U
Enterprise	U	Erkundung	S	Rigel	S	S
Enterprise	U	Atomtest	TS	Orion	TS	TS

Tabelle 6: *Drei nacheinander einzufügende Tupel*

Raumschiff		Auftrag		Ziel		TC
Enterprise	U	Testflug	U	Talos	U	U
Enterprise	U	Testflug	U	Rigel	S	S
Enterprise	U	Testflug	U	Orion	TS	TS
Enterprise	U	Erkundung	S	Talos	U	S
Enterprise	U	Erkundung	S	Rigel	S	S
Enterprise	U	Erkundung	S	Orion	TS	TS
Enterprise	U	Atomtest	TS	Talos	U	TS
Enterprise	U	Atomtest	TS	Rigel	S	TS
Enterprise	U	Atomtest	TS	Orion	TS	TS

Tabelle 7: *Zustand nach Einfügen der drei Tupel*

Wir gehen aus von einer leeren Relation namens Raz mit den Attributen Raumschiff, Auftrag und Ziel (Schlüsselattribut Raumschiff). Der Verband der Sicherheitsklassen umfasse die Klassen Top Secret, Secret und Unclassified. Werden nun die Tupel in Tabelle 6 nacheinander in die Relation Raz eingefügt, so erzeugt das Datenbanksystem daraus (aufgrund der Bedingung PI 2) die neun in Tabelle 7 gezeigten Tupel. Die Benutzer werden dann entsprechend ihrer Zugriffsklasse ein, vier oder neun Tupel sehen.

3 Ansätze zur Überwindung des Proliferationsproblems

3.1 Bekannte Ansätze

Nachfolgend werden einige in der Vergangenheit gemachte Vorschläge zur Vermeidung des Proliferationsproblems kurz beschrieben:
- In [2] identifizieren Jajodia und Sandhu die mehrwertige Abhängigkeit PI 2 in der Polyinstantiierungs-Integrität als Ursache für das Proliferationsproblem. Auch werden ihrer Ansicht nach durch PI 2 Instanzen verboten, die inhaltlich eigentlich sinnvoll wären. Sie schlagen deshalb vor, diese mehrwertige Abhängigkeit ersatzlos zu streichen und damit PI 1 zur einzigen Bedingung der Polyinstantiierungs-Integrität zu machen.
- In [3] schlagen Lunt und Hsieh vor, die mehrwertige Abhängigkeit in der Polyinstantiierungs-Integrität nicht ersatzlos zu streichen, sondern sie durch eine dynamische mehrwertige Abhängigkeit zu ersetzen, die in Abhängigkeit von der zuletzt durchgeführten Datenbankoperation erzwungen wird, oder nicht.
- In [4] gehen Winslett und Smith von der Technik der 'element-level-classification' ab. Sie erachten es für ausreichend, jeweils eine Zugriffsklasse für alle Schlüsselattribute, und eine für alle Nichtschlüsselattribute zu vergeben.

3.2 Datenreduzierende Sichten

Ein Konzept zur Überwindung des Proliferationsproblems, das ohne Modifikation der Polyinstantiierungs-Integrität und ohne Abstriche bei der Feinheit der Zugriffskontrolle auskommt, soll hier vorgestellt werden: Es wird versucht, das Problem der Vervielfachung von Tupeln nach deren Entstehung in den Griff zu bekommen, und zwar mit Hilfe von datenreduzierenden Sichten. Als datenreduzierende Sichten wollen wir solche Sichten bezeichnen, die aus der (möglicherweise großen) Menge der für ein bestimmtes Subjekt sichtbaren Information diejenigen Tupel bildet und anzeigt, die zur Darstellung der für das Subjekt relevanten Information gerade noch ausreichen. Wie sich eine solche *Datenreduktion* im Prinzip durchführen läßt, zeigt das folgende Beispiel: Für einen Benutzer mit der Berechtigung TS ist von den in Tabelle 7 gezeigten Tupeln eigentlich nur das letzte Tupel von Interesse, da es die gesamte, mit TS klassifizierte Information anzeigt. Kennt der Benutzer von den neun Tupeln aus Tabelle 7 sogar die drei, die in Tabelle 6 abgebildet sind, so ist er auch über den Wissensstand seiner Untergebenen

voll informiert. Die folgenden datenreduzierenden Sichten sollen nachfolgend realisiert werden:
- Die Sicht *View_B*, die lediglich die Vertraulichkeit der Daten sicherstellt und somit keine datenreduzierende Sicht im eigentlichen Sinn ist. Sie wird jedoch für die folgenden Betrachtungen als Grundsicht benötigt, auf die die eigentlichen datenreduzierenden Sichten 'aufsetzen' können.
- Die Sicht *View_R1* zeigt dem Benutzer zu jedem Entity die Informationen, deren Tupelklasse gleich der Zugriffsklasse des Benutzers ist.
- Die Sicht *View_R2* zeigt zu jedem Entity die Informationen mit der höchstmöglichen Zugriffsklasse kleiner oder gleich der Berechtigung des Benutzers.
- Die Erweiterung von View_R1, genannt *View_E1*, die einem Subjekt die eigene View_R1-Sicht und die entsprechenden Sichten der Subjekte mit niedrigerer Zugriffsklasse liefert.

Bei View_R1 und View_R2 steht der Gedanke der Datenreduktion im Vordergrund, da von den in Frage kommenden Informationen stets nur die mit der höchsten Zugriffsklasse angezeigt werden. View_E1 hingegen berücksichtigt die Möglichkeit, daß die Kommunikation zwischen Benutzern auch außerhalb des Informationssystems stattfinden kann. In diesem Fall sollte ein Subjekt auch über die Sichten seiner Untergebenen informiert sein.

4 Realisierung der Sichten View_R1, View_R2 und View_E1

4.1 Grundlagen

Wir betrachten Multi-Level-Relationen der in Kapitel 1 beschriebenen Art mit elementweiser Klassifizierung der Daten, die die Eigenschaft PI 1 der Polyinstantiierungs-Integrität (Def. 1) erfüllen. Für die Sicherheitsklassen soll zumindest eine Verbandsordnung vorausgesetzt werden.

4.2 Formale Hilfsmittel

4.2.1 Schreibweisen

Def. 2 (Schreibweisen): Sei r eine Relation, R das dazugehörige Relationenschema, t ein Tupel aus r und $a \in dom(t)$ ein Attribut. Dann sei

$t[a]$:≡ Datenelement des Tupels t unter dem Attribut a,
Class($t[a]$) :≡ die Zugriffsklasse des Datenelementes $t[a]$,
Key(R) :≡ der Schlüssel des Relationenschemas R,
Nonkey(R) :≡ die Nichtschlüsselattribute des Schemas R,

Key(t)	$:\equiv$ t[Key(R)] $\equiv$ der Schlüsselwert des Tupels t,
Nonkey(t)	$:\equiv$ die Nichtschlüsselwerte des Tupels t,
Keyclass(t)	$:\equiv$ Class(t[Key(R)]) $\equiv$ die Schlüsselklasse des Tupels t,
Eid(t)	$:\equiv$ *Entity-Identifikator*, d. h. das Tupel (Key(t), Keyclass(t)),
Tc(t)	$:\equiv$ Tupelklasse des Tupels t,
AC	$:\equiv$ Verband von Zugriffsklassen.

Anhand von Tabelle 8 läßt sich veranschaulichen, an welcher Stelle in einem Relationenschema die in Def. 2 eingeführten Ausdrücke auftreten. Das dargestellte Tabellengerüst enthält das Schlüsselattribut A1 und die Nichtschlüsselattribute A2 und A3. Es wird angenommen, daß ein Tupel t in der Relation enthalten ist. Anstelle von Attributwerten werden die entsprechenden Ausdrücke aus Def. 2 gezeigt.

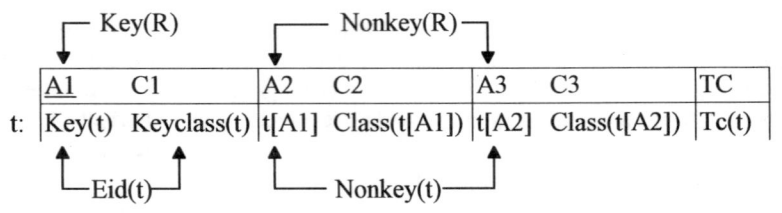

	⸺ Key(R) ⸺	⸺ Nonkey(R) ⸺					
	A1	C1	A2	C2	A3	C3	TC
t:	Key(t)	Keyclass(t)	t[A1]	Class(t[A1])	t[A2]	Class(t[A2])	Tc(t)
	⸺Eid(t)⸺		⸺ Nonkey(t) ⸺				

Tabelle 8: Veranschaulichung der Schreibweisen aus Def. 2

4.2.2 Filter-Funktionen

Die Funktion *'Filter'* (Def. 3) überschreibt in einem gegebenen Tupel solche Datenelemente, deren Zugriffsklassen über einer vorgegebenen Schranke liegen, mit Null-Werten. Die zu den überschriebenen Datenelementen gehörenden Zugriffsklassen werden gleich der Schlüsselklasse gesetzt. Beispiel:
Filter(<Enterprise|U, Erkundung|S, Orion|TS>, S) =
<Enterprise|U, Erkundung|S, Null|U>
Die Funktion *'Filter_Set'* (Def. 4) stellt eine entsprechende Funktion auf Mengen von Tupeln dar.

Def. 3 (Filter-Funktion auf Tupeln): Sei r eine Relation mit Relationenschema R, t $\in$ r ein Tupel aus r und z $\in$ AC eine Zugriffsklasse. Es gelte zusätzlich Keyclass(t) $\leq$ z. Dann sei die Funktion Filter definiert als Filter(t,z):= t' mit Eid(t) = Eid(t') $\wedge$ $\forall$ a $\in$ Nonkey(R):
  [[$\neg$(Class(t[a]) $\leq$ z) $\wedge$ t'[a] = Null $\wedge$ Class(t'[a]) = Keyclass(t')] $\vee$
  [Class(t[a]) $\leq$ z $\wedge$ t'[a] = t[a] $\wedge$ Class(t'[a]) = Class(t[a])]] .

Def. 4 (Filter-Funktion auf Mengen): Sei r eine Relation, und $z \in AC$ eine Zugriffsklasse. Dann sei die Funktion Filter_Set definiert als
Filter_Set(r,z) := { t | $\exists$ t0 $\in$ r: Keyclass(t0) $\leq$ z $\wedge$ t = Filter(t0,z) } .

4.2.3 Die Erweiterungs-Funktion 'Xt'

Die Funktion '*Xt*' erweitert eine Instanz einer Relation so, daß die mehrwertige Abhängigkeit PI 2 erzwungen wird. Die neuen Tupel entstehen aus den bereits vorhandenen durch Vertauschung von Nichtschlüsselattributwerten. Falls man nur Instanzen betrachtet, in denen PI 2 gilt, so kann man auf diese Funktion verzichten bzw. sie durch die Identität ersetzen.
Beispiel: Wir betrachten die Beispielinstanz zur Relation Raz in Tabelle 9. Dann zeigt Tabelle 10 die Erweiterung dieser Instanz.

Raumschiff	Auftrag	Ziel	TC
Enterprise U	Testflug U	Rigel S	S
Enterprise U	Erkundung S	Talos U	S

Tabelle 9: Beispielinstanz zur Relation Raz

Raumschiff	Auftrag	Ziel	TC
Enterprise U	Testflug U	Talos U	U
Enterprise U	Testflug U	Rigel S	S
Enterprise U	Erkundung S	Talos U	S
Enterprise U	Erkundung S	Rigel S	S

Tabelle 10: Xt(Raz) zur Beispielinstanz im Tabelle 9

Def. 5 (Die Funktion 'Xt'): Sei m eine Menge von Tupeln, dann sei die Funktion Xt(m) definiert, wie folgt:
Xt(m):= {t | t Tupel mit dom(t) = dom(m) $\wedge$ $\forall$ a $\in$ Nonkey(t) $\exists$ t' $\in$ m:
  Eid(t) = Eid(t') $\wedge$ t[a] = t'[a] $\wedge$ Class(t[a]) = Class(t'[a]) }

4.2.4 Die Ordnungsrelation 'sub'

Die zweistellige Ordnungsrelationen '*sub*' ermöglicht es, Tupel mit gleichem Entity-Identifikator nach dem Grad ihrer 'Definiertheit' zu ordnen. Ein Tupel soll hierbei als 'weniger definiert' angesehen werden als ein anderes, wenn jeder seiner Attributwerte entweder gleich dem Null-Wert oder gleich dem entsprechenden Attributwert des zweiten Tupels ist. Beispiel: Es gilt
  <Enterprise|U, Erkundung|S, Talos|U> sub <Enterprise|U, Null|U, Talos|U> .

Def. 6: (Ordnungsrelation 'sub')
Sei r eine Relation mit Schema R, t1 ∈ r und t2 ∈ r Tupel aus r. Dann gelte
t1 sub t2   (lies "t1 subsumiert t2" oder "t1 ist mehr definiert als t2") gdw.
Eid(t1) = Eid(t2) ∧ ∀ a ∈ Nonkey(R):
$$[\ t2[a] = Null \wedge Class(t2[a]) = Keyclass(t2) \ ] \vee$$
$$[\ t2[a] = t1[a] \wedge Class(t2[a]) = Class(t1[a]) \ ]$$

4.2.5 Die Ordnungsrelation 'domn'

Die Relation '*domn*' (Def. 7) ermöglicht es, zu unterscheiden, welches von zwei gegebenen Tupeln mit gleichem Entity-Identifikator als das 'geheimere' zu gelten hat. Ein Tupel t1 soll als geheimer angesehen werden als ein Tupel t2, wenn die Werte aller Klassen von Nichtschlüsselattributen in t1 größer oder gleich den entsprechenden Klassen in t2 sind. Beispiel: Es gilt
<Enterprise|U, Erkundung|S, Rigel|S> domn
<Enterprise|U, Erkundung|S, Talos|U>.
Der Ausdruck ' t1 ~~domn~~ t2 ' soll nachfolgend für ' ¬ (t1 domn t2) ' stehen.

Def. 7: (Ordnungsrelation 'domn') Sei r eine Relation zum Schema R, t1 ∈ r und t2 ∈ r Tupel aus r. Dann gelte
t1 domn t2   (lies "t1 dominiert t2" oder "t1 ist geheimer als t2") gdw.
Key(t1) = Key(t2) ∧ Keyclass(t1) = Keyclass(t2) ∧
∀ a ∈ Nonkey(R): Class(t1[a]) ≥ Class(t2[a])

4.2.6 Der Satz über die Existenz eines 'geheimsten' Tupels

Der folgende Satz (Satz 1) besagt, daß in einer durch die Funktion 'Xt' erweiterten Menge von Tupeln zu je zwei Tupeln immer eine obere Schranke bezüglich der 'domn'-Relation enthalten ist, wenn der zugehörige Zugriffsklassenverband linear geordnet ist. In diesem Fall ist gewährleistet, daß sich aus einer Menge von Tupeln mit gleichem Entity-Identifikator stets ein eindeutig bestimmtes geheimstes Tupel finden läßt.

Satz 1: (*Existenz einer oberen Schranke* bzgl. domn)
Sei m eine Menge von Tupeln mit linear geordneten Zugriffsklassen. Dann gilt:
∀ t1, t2 ∈ Xt(m) : (Eid(t1) = Eid(t2) ⇒ ∃ t ∈ Xt(m): t domn t1 ∧ t domn t2)

Beweis:

Sei r eine Relation zum Schema R, m eine Menge von Tupeln mit dom(m)=dom(r), t1 ∈ Xt(m), t2 ∈ Xt(m) und es gelte Eid(t1)=Eid(t2).

⇒ t1 ∈ Xt(m) ∧ t2 ∈ Xt(m) ∧ Eid(t1) = Eid(t2) ∧
(∃ t : t Tupel mit dom(t) = dom(r) ∧ Eid(t1) = Eid(t2) = Eid(t):
(∀ a ∈ Nonkey(t):
(Class(t1[a]) ≥ Class(t2[a]) ∧ t[a] = t1[a] ∧ Class(t[a]) = Class(t1[a])) ∨
(Class(t2[a]) ≥ Class(t1[a]) ∧ t[a] = t2[a] ∧ Class(t[a]) = Class(t2[a]))))
⇒ t1 ∈ Xt(m) ∧ t2 ∈ Xt(m) ∧ Eid(t1) = Eid(t2) ∧
(∃ t : t Tupel mit dom(t) = dom(r) ∧ Eid(t1) = Eid(t2) = Eid(t):
(∀ a ∈ Nonkey(t):
(∃ t' ∈ m: Eid(t) = Eid(t') ∧ t[a] = t'[a] ∧ Class(t[a]) = Class(t'[a])) ∧
(Class(t[a]) ≥ Class(t1[a]) ∧ Class(t[a]) ≥ Class(t2[a]))))
⇒ ∃ t ∈ Xt(m): t domn t1 ∧ t domn t2   ○

4.2.7 Die Sicht View_B

Diese Sicht (Def. 8) dient als *Grund-* oder *Basissicht* für die noch zu definierenden datenreduzierenden Sichten und soll die Einhaltung der Sicherheitsstrategie sicherstellen. Auf welche Weise dies geschieht, zeigt das folgende Beispiel: Aus der Instanz der Relation Raz in Tabelle 11 soll die U-Instanz berechnet werden.

Raumschiff		Auftrag		Ziel		TC
Enterprise	U	Testflug	U	Talos	U	U
Enterprise	U	Testflug	U	Rigel	S	S
Enterprise	U	Erkundung	S	Talos	U	S
Enterprise	U	Erkundung	S	Rigel	S	S
Voyager	U	Erzabbau	U	Mars	U	U
Voyager	TS	Müll einlagern	TS	Venus	TS	TS
Saturn	S	Plan Delta	TS	Saturn	S	TS

Tabelle 11: Ausgangsinstanz der Relation Raz

Zunächst wird die Menge Filter_Set(Raz, U) berechnet. Dazu werden zunächst alle Tupel entfernt, deren Schlüsselklasse größer ist als U. Dann werden alle Nichtschlüsselattributwerte, deren Klasse über U liegt, mit Null-Werten überschrieben. Anschließend werden die Zugriffsklassen dieser Elemente auf den Wert der Schlüsselklasse gesetzt. Tabelle 12 zeigt das so entstandene Zwischenergebnis.

Raumschiff		Auftrag		Ziel		TC	
Enterprise	U	Testflug	U	Talos	U	U	
Enterprise	U	Testflug	U	Null	U	U	
Enterprise	U	Null	U	Talos	U	U	
Enterprise	U	Null	U	Null	U	U	
Voyager	U	Erzabbau	U	Mars	U	U	

Tabelle 12: Filter_Set(Raz, U)

Mit Hilfe der 'sub'-Relation kann man nun zu jedem Tupel die weniger definierten Tupel erkennen und entfernen. Tabelle 13 zeigt die durch diese Aktionen entstandene View_B-Sicht. Als weiteres Beispiel zeigt Tabelle 14 die entsprechende Sicht für die Zugriffsklasse S.

Raumschiff		Auftrag		Ziel		TC	
Enterprise	U	Testflug	U	Talos	U	U	
Voyager	U	Erzabbau	U	Mars	U	U	

Tabelle 13: View_B(Raz, U)

Raumschiff		Auftrag		Ziel		TC	
Enterprise	U	Testflug	U	Talos	U	U	
Enterprise	U	Testflug	U	Rigel	S	S	
Enterprise	U	Erkundung	S	Talos	U	S	
Enterprise	U	Erkundung	S	Rigel	S	S	
Voyager	U	Erzabbau	U	Mars	U	U	
Saturn	S	Null	S	Saturn	S	S	

Tabelle 14: View_B(Raz,S)

Def. 8 (View_B-Sicht): Sei r eine Relation und $z \in AC$ eine Zugriffsklasse. Dann gelte View_B(r,z):= { t $\in$ Filter_Set(r,z) | $\forall$ t' $\in$ Filter_Set(r,z):
(Eid(t') = Eid(t) $\land$ t $\neq$ t') $\Rightarrow$ t' ~~sub~~ t }.

4.3 Definition der datenreduzierenden Sichten

4.3.1 Die Sicht View_R1

Wie bereits in Kapitel 3.2 angedeutet wurde, sollen mit der Sicht View_R1 (Def. 9) nur Entities dargestellt werden, zu denen Information vorliegt, die genau die Zugriffsklasse des anfragenden Subjektes aufweist. Diese Sicht soll hier folgendermaßen erzeugt werden: Zunächst wird die Grundsicht durch die Funktion Xt erweitert, so daß in der Ergebnismenge PI 2 gilt. Daraus werden dann diejenigen Tupel entfernt, deren Tupelklasse nicht gleich der Berechtigung des Subjektes ist. Weiterhin werden alle (bezüglich 'domn') 'weniger geheimen' Tupel entfernt. Tabelle 15 zeigt View_R1(Raz, S) zur Beispielinstanz in Tabelle 11.

Raumschiff		Auftrag		Ziel		TC
Enterprise	U	Erkundung	S	Rigel	S	S
Saturn	S	Null	S	Saturn	S	S

Tabelle 15: View_R1(Raz,S)

Def. 9 (View_R1): Sei r eine Relation, AC der Verband der Zugriffsklassen und z ∈ AC eine Zugriffsklasse. Dann gelte
View_R1(r,z):= { t ∈ Xt(View_B(r,z)) | Tc(t) = z ∧ (∀ t' ∈ Xt(View_B(r,z)):
(Eid(t) = Eid(t') ∧ t ≠ t') ⇒ t' ~~domn~~ t) }.

4.3.2 Die Sicht View_R2

Diese Sicht (Def. 10) liefert dem Benutzer ebenfalls zu jedem dargestellten Entity die Informationen mit dem höchstmöglichen Geheimhaltungsgrad. Im Gegensatz zu View_R1 werden hier jedoch auch solche Entities dargestellt, zu denen ausschließlich Information vorliegt, die niedriger als die Benutzerberechtigung eingestuft ist. Tabelle 16 zeigt die entsprechende S-Sicht für unser Beispiel aus Tabelle 11.

Raumschiff		Auftrag		Ziel		TC
Enterprise	U	Erkundung	S	Rigel	S	S
Voyager	U	Erzabbau	U	Mars	U	U
Saturn	S	Null	S	Saturn	S	S

Tabelle 16: View_R2(Raz, S)

Def. 10 (View_R2): Sei r eine Relation, AC der Verband der Zugriffsklassen und z ∈ AC eine Zugriffsklasse. Dann gelte
View_R2(r,z):= { t ∈Xt(View_B(r,z)) | (∀ t' ∈ Xt(View_B(r,z)):
(Eid(t) = Eid(t') ∧ t ≠ t') ⇒ t' ~~domn~~ t) }.

4.3.3 Die Sicht View_E1

View_E1 (Def. 11) stellt eine Erweiterung von View_R1 dar. Die View_E1-Sicht zeigt dem Benutzer zusätzlich zu seiner eigenen View_R1-Sicht noch die entsprechenden Sichten der Subjekte mit geringerer Berechtigung. Formal beschreiben wir diese Sicht also als Vereinigung aller 'Untergebenen-Sichten'. Die Sicht View_E1(Raz,S) zu unserem Beispiel aus Tabelle 11 zeigt Tabelle 17.

Raumschiff		Auftrag		Ziel		TC	
Enterprise	U	Testflug	U	Talos	U	U	
Enterprise	U	Erkundung	S	Rigel	S	S	
Voyager	U	Erzabbau	U	Mars	U	U	
Saturn	S	Null	S	Saturn	S	S	

Tabelle 17: View_E1(Raz, S)

Def. 11 (View_E1): Sei r eine Relation, AC der Verband der Zugriffsklassen und $z \in AC$ eine Zugriffsklasse. Dann gelte
View_E1(r,z):= $\bigcup_{z' \leq z}$ View_R1(r,z').

Der Vollständigkeit wegen sei an dieser Stelle noch angemerkt, daß sich analog zu View_E1 auch eine Erweiterung von View_R2 konstruieren läßt:
View_E2(r,z):= $\bigcup_{z' \leq z}$ View_R2(r,z').

Man kann jedoch leicht zeigen, daß die beiden Sichten View_E1 und View_E2 identisch sind. Eine weitere Betrachtung der View_E2-Sicht erübrigt sich damit.

5 Untersuchung der eingeführten Sichten

In diesem Abschnitt werden zunächst einige *Kriterien zur Bewertung datenreduzierender Sichten* eingeführt, formalisiert und analysiert. Anschließend werden die Eigenschaften der eingeführten Sichten bezüglich dieser Kriterien gezeigt.

5.1 Kriterien zur Bewertung datenreduzierender Sichten

Eine datenreduzierende Sicht sollte die folgenden Forderungen erfüllen:
F1) (*Korrektheit*): Jedes Tupel der datenreduzierenden Sicht soll aus View_B-Sichten (Grundsichten) von Subjekten mit gleicher oder geringerer Berechtigung abgeleitet sein. Konkret bedeutet dies, daß eine bestimmte Kombination von Entity-Identifikator, Attributwert und Attributklasse, die in der datenreduzierenden Sicht auftritt, auch in einer View_B-Sicht der gleichen oder einer geringeren Zugriffsklasse auftreten muß.
F2) (Sicht ist *erschöpfend*): Ein Entity, das in der Grundsicht eines Subjektes sichtbar ist, muß auch in der entsprechenden datenreduzierenden Sicht mit mindestens einem Tupel vertreten sein.

F3) (*Maximalität*): Die Menge der durch die datenreduzierende Sicht zu einem bestimmten Entity angezeigten Tupel soll ein Tupel enthalten, das mindestens so geheim ist, wie alle in der entsprechenden Grundsicht sichtbaren Tupel zu diesem Entity.
F4) (*Eindeutigkeit*): Zu jedem Entity soll maximal ein Tupel in der Sicht sein.
F5) (*Monotonie*): In der Sicht jeder Zugriffsklasse sind die Untergebenen-Sichten mit enthalten.

Diese Forderungen werden in Definition 12 formal umgesetzt:

Def. 12 (Forderungen an datenreduzierende Sichten): Sei r eine Relation mit Schema R und View_X(r,z) eine datenreduzierende Sicht. Dann seien die Forderungen F1-F5 definiert, wie folgt:
F1) (Korrektheit)
$\forall$ z $\in$ AC $\forall$ t $\in$ View_X(r,z) $\forall$ a $\in$ Nonkey(r) $\exists$ z' $\leq$ z $\exists$ t' $\in$ View_B(r,z'):
(Eid(t) = Eid(t') $\wedge$ t[a] = t'[a] $\wedge$ Class(t[a]) = Class(t'[a]))
F2) (Sicht ist erschöpfend)
$\forall$ z $\in$ AC $\forall$ t $\in$ View_B(r,z) $\exists$ t' $\in$ View_X(r,z): Eid(t) = Eid(t')
F3) (Maximalität)
$\forall$ z $\in$ AC $\forall$ t $\in$ View_B(r,z) $\forall$ t' $\in$ View_X(r,z):
(Eid(t) = Eid(t') $\Rightarrow$ ($\exists$ t" $\in$ View_X(r,z): t" domn t)
F4) (Eindeutigkeit)
$\forall$ z $\in$ AC $\forall$ t, t' $\in$ View_X(r,z): (Eid(t) = Eid(t') $\Rightarrow$ t = t')
F5) (Monotonie)
$\forall$ z1, z2 $\in$ AC: (z1 < z2 $\Rightarrow$ View_X(r,z1) $\subseteq$ View_X(r,z2))

5.2 Das Verhältnis zwischen Eindeutigkeit (F4) und Monotonie (F5)

Es ist von der Anschauung her leicht nachvollziehbar, daß eine (sinnvolle) datenreduzierende Sicht nicht gleichzeitig eindeutig und monoton sein kann. Eine formale Begründung dieses Sachverhaltes erlaubt der folgende Satz:

Satz 2 (Eindeutigkeit vs. Monotonie): Sei r Instanz einer Multi-Level-Relation zum Schema R und View_X eine datenreduzierende Sicht. Seien außerdem die folgenden beiden Aussagen B1 und B2 über r gegeben:

B1:= ($\exists$ z $\in$ AC $\exists$ t $\in$ View_B(r,z): Tc(t) > Keyclass(t))
(Informell: Es gibt ein Tupel mit einem Nichtschlüsselattributwert, dessen Zugriffsklasse echt größer ist, als die Schlüsselklasse.)

B2:= (∃ z2 ∈ AC ∃ z1 < z2 ∃ t1" ∈ View_X(r,z1) ∃ t2" ∈ View_X(r,z2):
    Eid(t1") = Eid(t2") ∧ t1" ≠ t2" ∧ t2" ∉ View_X(r,z1))
(Informell: In einer View_X-Sicht existiert ein Tupel, zu dem in einer höheren View_X-Sicht ein davon verschiedenes Tupel mit demselben Entity-Identifikator zusätzlich auftritt.)

Dann gelten die folgenden drei Aussagen:
(1) (B1 ∧ F2 ∧ F3) ⇒ B2
(2) (B2 ∧ F4) ⇒ (¬ F5)
(3) (B2 ∧ F5) ⇒ (¬ F4)

Beweis:
Zu (1): Sei z ∈ AC eine Zugriffsklasse und r Instanz einer Multi-Level-Relation zum Schema R.
B1 drückt aus, daß es in der Sicht View_B(r,z) ein Tupel t gibt, dessen Attributwerte nicht einheitlich klassifiziert sind. Daraus folgt, daß es in einer Sicht View_B(r,z') zu einer kleineren Zugriffsklasse z' < z ein von t verschiedenes Tupel t' gibt, das zum gleichen Entity gehört (d. h. Eid(t) = Eid(t')).
Ist nun eine datenreduzierende Sicht View_X maximal und erschöpfend, so folgt damit aus dem vorangegangenen, daß es zwei voneinander verschiedene Tupel t1 und t2 mit Eid(t1) = Eid(t2) geben muß, für die t1 ∈ View_X(r,z), t2 ∈ View_X(r,z') und t2 ∉ View_X(r,z) gilt.
Dies entspricht der Bedingung B2.

Zu (2): Aus B2 und F4 folgt
∃ z2 ∈ AC ∃ z1 < z2 ∃ t1" ∈ View_X(r,z1) ∃ t2" ∈ View_X(r,z2):
Eid(t1") = Eid(t2") ∧ t1" ≠ t2" ∧ t2" ∉ View_X(r,z1) ∧ t1" ∉ View_X(r,z2).
Dann ist die View_X-Sicht nicht mehr monoton, da t1 in View_X(r,z1) enthalten ist, nicht aber in View_X(r,z2).

Zu (3): Aus B2 und F5 folgt
∃ z2 ∈ AC ∃ z1<z2 ∃ t1" ∈ View_X(r,z1) ∃ t2" ∈ View_X(r,z2):
Eid(t1") = Eid(t2") ∧ t1" ≠ t2" ∧ t2" ∉ View_X(r,z1) ∧ t1" ∈ View_X(r,z2).
Dann ist die View_X-Sicht nicht mehr eindeutig, da t1" und t2" in View_X(r,z2) enthalten sind. ○

Die Aussagen (2) und (3) aus Satz 3 besagen, daß F4 und F5 einander ausschließen, sofern Instanzen zugelassen sind, in denen die Bedingung B2 gilt. Aussage (1) besagt, daß B2 aus B1, F2 und F3 folgt. Eine Chance, daß F4 und F5 sich nicht gegenseitig ausschließen, besteht also allenfalls, wenn eine der Bedingungen B1, F2 oder F3 nicht erfüllt ist. Würde man jedoch B1 verbieten, so wären nur noch Instanzen erlaubt, in denen alle Datenelemente in einem Tupel die gleiche Zugriffsklasse aufweisen. Ein Verzicht auf die Möglichkeit der 'element-level-classification' beinhaltet jedoch eine erhebliche Einschränkung der semantischen Ausdrucksmöglichkeiten von Multi-Level-Relationen. Nicht maximale oder nicht erschöpfende Sichten machen ebenfalls wenig Sinn. Eine sinnvolle datenreduzierende Sicht kann also nicht gleichzeitig eindeutig und monoton sein.

Eine Möglichkeit, die Forderung F4 abzuschwächen, so daß eine Verträglichkeit mit F5 gegeben ist, ohne daß das Ziel 'Datenreduktion' zu stark aus dem Blickfeld gerät, läßt sich jedoch folgendermaßen realisieren:

F4') *(schwache Eindeutigkeit)*: Zu jedem Entity soll maximal ein Tupel mit einer bestimmten Tupelklasse in der Sicht sein.

Def. 12' (Eine Ergänzung zu Def. 12): Sei r eine Relation mit Schema R und View_X(r,z) eine datenreduzierende Sicht. Dann sei die Forderung F4' definiert, wie folgt:
(F4') (schwache Eindeutigkeit)
$\forall z \in AC \ \forall t, t' \in View\_X(r,z): ((Eid(t) = Eid(t') \land Tc(t) = Tc(t')) \Rightarrow t = t')$

In einer 'schwach eindeutigen' Sicht übersteigt die Anzahl der Tupel zu einem Entity nicht die Anzahl der Zugriffsklassen. Die Anzahl der Tupel wächst also nur noch linear mit der Anzahl der Zugriffsklassen.

5.3 Eigenschaften der eingeführten Sichten

Satz 3: (Eigenschaften der Sichten View_B, View_R1, View_R2 und View_E1)
Die Sichten View_B, View_R1, View_R2 und View_E1 haben die nachfolgend (in 1-4) angegebenen Eigenschaften.
1) Die Sicht View_B erfüllt F1, F2 und F3. Sie erfüllt nicht F4, F4' und F5.
2) Die Sicht View_R1 erfüllt F1. Sie erfüllt F3, F4 und F4' falls der zugrundeliegende Zugriffsklassenverband linear geordnet ist. Sie erfüllt nicht F2 und F5.
3) Die Sicht View_R2 erfüllt F1, F2 und F3. Sie erfüllt F4 und F4', falls der zugrundeliegende Zugriffsklassenverband linear geordnet ist. Sie erfüllt nicht F5.
4) Die Sicht View_E1 erfüllt F1, F2, F3 und F5. Sie erfüllt F4', falls der zugrundeliegende Zugriffsklassenverband linear geordnet ist. Sie erfüllt nicht F4.

Beweis:
Zu 1) (View_B):
F1, F2 und F3: Diese Forderungen sind trivialerweise erfüllt.
¬F4 und ¬F4': Die in Tabelle 14 gezeigt View_B-Sicht erfüllt offensichtlich F4 und F4' nicht.
¬F5: An der in den Tabellen 1 und 2 dargestellten Instanz erkennt man, daß die Monotonieeigenschaft i. a. durch Nullwerte verhindert wird.

Zu 2) (View_R1):
F1: Alle Tupel in einer Sicht View_R1(.,z) stammen aus Xt(View_B(.,z)). In dieser Menge gibt es außer den Tupeln aus View_B(.,z) nur noch solche, die durch Vertauschung von Nichtschlüsselattributwerten zwischen Tupeln zu jeweils einem Entity entstanden sind. Damit sind alle Tupel in View_R1(.,z) korrekt aus den Daten in View_B(.,z) abgeleitet.
¬F2: Tabelle 15 zeigt die Sicht View_R1(Raz,S) auf die in Tabelle 14 abgebildete Grundsicht. In View_R1(Raz,S) existiert kein 'Voyager'-Tupel.
F3: Bei linear geordneten Zugriffsklassen gilt:
View_R1(r,z) = { t ∈ Xt(View_B(r,z)) | Tc(t) = z ∧
($\forall$ t' ∈ Xt(View_B(r,z)): Eid(t) = Eid(t') ⇒ t domn t') } .
Laut Satz 1 gibt es nun zu jeweils 2 Tupeln in Xt(View_B(r,z)) mit gleichem Entity-Identifikator immer eine eindeutige obere Schranke bezüglich 'domn'.
Seien also zwei Tupel t ∈ View_B(r,z) und t' ∈ View_R1(r,z) mit Eid(t') = Eid(t) gegeben.
⇒ ∃ t"∈ Xt(View_B(r,z)): t" domn t ∧ t" domn t' ∧ Tc(t") = Tc(t') = z ∧
($\forall$ t" ∈ Xt(View_B(r,z)): Eid(t") = Eid(t') ⇒ t' domn t")
⇒ ∃ t"∈ View_R1(r,z): t" domn t.
F4 und F4': Betrachten wir zwei Tupel t1, t2 ∈ View_R1(r,z) mit Eid(t1) = Eid(t2). Dann gilt bei linear geordneten Zugriffsklassen:
($\forall$ t' ∈ Xt(View_B(r,z)): Eid(t1)=Eid(t') ⇒ t1 domn t') ∧
($\forall$ t' ∈ Xt(View_B(r,z)): Eid(t2)=Eid(t') ⇒ t2 domn t') .
Daraus folgt dann t1 domn t2 ∧ t2 domn t1 und schließlich t1=t2.
¬F5: Man betrachte die Instanz in Tabelle 13 bzw. 14: Die dazugehörige Sicht View_R1(Raz,U) enthält ein 'Voyager'-Tupel, View_R1(Raz,S) nicht.
Zu 3) (View_R2):
F1, F4 und F4': Hier gelten die gleichen Überlegungen, wie bei View_R1.
F2 und F3: Sei t ∈ View_B(r,z), dann unterscheiden wir nach Fall 1 und Fall 2:
Fall 1: ∃ t1 ∈ Xt(View_B(r,z)): t1 domn t.
Dann gibt es eine 'Kette' von Tupeln $t_1, t_2, ..., t_n, t'$ ∈ Xt(View_B(r,z)) mit
t' domn t_{n-1} ∧ t_{n-1} domn t_{n-2} ∧ ... ∧ t_1 domn t und
$\forall$ t" ∈ Xt(View_B(r,z)): Eid(t")=Eid(t') ⇒ t" ~~domn~~ t'
Damit gilt t' ∈ View_R2(r,z) ∧ t' domn t.

Fall 2: $\forall$ t1 ∈ Xt(View_B(r,z)): t1 ~~domn~~ t
Damit gilt t ∈ View_R2(r,z) ∧ t domn t.
Aus Fall 1 und Fall 2 folgt:
$\forall$ t ∈ View_B(r,z) ∃ t' ∈ View_R2(r,z)): t' domn t.
Somit ist View_R2 sowohl maximal als auch erschöpfend.
¬F5: Nach Satz 2 kann die View_R2-Sicht nicht monoton sein, da sie F2, F3 und F4 erfüllt.

Zu 4) (View_E1):
F1, F2 und F3: Man betrachte die Sicht
View_E2(r,z):= $\bigcup_{z'\leq z}$ View_R2(r,z').
Offensichtlich 'erbt' diese Sicht die Eigenschaften F1, F2 und F3 von View_R2. Es bleibt zu zeigen, daß View_E1 = View_E2 gilt.
' View_E1 ⊆ View_E2 ':
Da ($\forall$ z' ≤ z: View_R1(r,z) ⊆ View_R2(r,z)) gilt, gilt auch
View_E1(r,z) ⊆ View_E2(r,z).
' View_E1 ⊇ View_E2 ':
Sei t ∈ View_E2(r,z) ⇒ ∃ z'≤ z: t ∈ View_R2(r,z') ∧ Tc(t) = z' ⇒
∃ z'≤ z: t ∈ View_R1(r,z') ⇒ t ∈ View_E1(r,z')
¬F4: Tabelle 17 zeigt die Sicht View_E1(Raz,S) zur in Tabelle 14 abgebildeten Grundsicht View_B(Raz,S). Diese ist offensichtlich nicht eindeutig.
F4': Da die View_E1-Sicht die Vereinigung (eindeutiger) View_R1-Sichten über die für das Subjekt zugänglichen Zugriffsklassen ist, kann es nicht mehr Tupel pro Entity, als Zugriffsklassen geben.
F5: Diese Eigenschaft ist aus der Definition von View_E1 unmittelbar ersichtlich. ◯

Eine Übersicht über die in Satz 2 angegebenen Eigenschaften der eingeführten Sichten gibt Tabelle 18.

		View_B	View_R1	View_R2	View_E1
F1	(korrekt)	✓	✓	✓	✓
F2	(erschöpfend)	✓	-	✓	✓
F3	(maximal)	✓	(✓)	✓	✓
F4	(eindeutig)	-	(✓)	(✓)	-
F4'	(schwach eindeutig)	-	(✓)	(✓)	(✓)
F5	(monoton)	-	-	-	✓

Tabelle 18: Überblick über die Eigenschaften der Sichten View_B, View_R1, View_R2 und View_E1 (Bei '(✓)' gilt die Aussage nur bei linear geordnetem Zugriffsklassenverband).

6 Resümee

Die Sicht View_E1 geht meiner Ansicht nach aus dem Vergleich als eindeutiger Sieger hervor. Da sie monoton ist, ist ein Subjekt mit hoher Berechtigung auch stets über die View_E1-Sichten seiner Untergebenen informiert. Dies ist ein großer Vorteil, wenn die Kommunikation zwischen den Anwendern auch außerhalb des Informationssystems stattfindet. Ein Anwender mit einer hohen Berechtigung sollte sich dann beispielsweise im Gespräch mit einem anderen Anwender mit geringerer Berechtigung auf dessen geringeren Informationsstand einstellen können. Aufgrund der Eigenschaft der schwachen Eindeutigkeit kann (bei linear geordneten Zugriffsklassen) die Anzahl der Tupel zu einem Entity die Anzahl der Zugriffsklassen nicht übersteigen, so daß die Auswirkungen des Proliferationsproblems deutlich verringert werden. Zudem kann man verschiedene Tupel zu einem Entity leicht anhand ihrer Tupelklasse unterscheiden. Die Sicht View_R2 ist sogar (streng) eindeutig. Dies wird jedoch mit dem Verlust der Monotonieeigenschaft 'erkauft'. Es konnte gezeigt werden, daß Monotonie und (strenge) Eindeutigkeit sich im allgemeinen gegenseitig praktisch ausschließen. Am schlechtesten schneidet im Vergleich die View_R1-Sicht ab, da sie im Gegensatz zu View_R2 nicht erschöpfend ist. Es kann vorkommen, daß ein Anwender nichts über die Existenz eines bestimmten Entitys weiß, während seine Untergebenen darüber Bescheid wissen. Es muß an dieser Stelle natürlich darauf hingewiesen werden, daß die Frage, wie man eine Sicht beurteilt, selbstverständlich von der Anwendungssituation abhängt. Die hier vorgenommene Beurteilung muß daher als vorläufig betrachtet werden, da die Frage, welche Sicht sich für welchen Zweck eignet, noch gründlicher untersucht werden muß.

7 Ausblick

7.1 Datenreduzierende Sichten und nichtlineare Zugriffsklassenverbände

Durch die Einschränkung auf lineare Verbände von Zugriffsklassen war es möglich sicherzustellen, daß sich zu zwei Tupeln zu einem Entity immer eine eindeutige obere Schranke bilden läßt (vgl. Satz 1). Läßt man unvergleichbare Zugriffsklassen zu, so geht diese Eigenschaft verloren, was zu Schwierigkeiten führt, wie das folgende Beispiel zeigt:
Es sei die Menge AC = { U, S1, S2, TS } mit U < S1 < TS, U < S2 < TS, und S1, S2 unvergleichbar gegeben. Betrachten wir nun die folgende Sicht View_B(Rfz,TS), entstanden aus einem Entity mit zwei polyinstantiierten Elementen:

Raumschiff		Fracht		Ziel		TC
Enterprise	U	Landwirtsch. Geräte	S1	Talos	S1	S1
Enterprise	U	Blechspielzeug	S2	Sirius	S2	S2
Enterprise	U	Blechspielzeug	S2	Talos	S1	TS
Enterprise	U	Landwirtsch. Geräte	S1	Sirius	S2	TS

Tabelle 19: View_B(Rfz,TS)

Offensichtlich sind diese 4 Tupel bezüglich der 'domn'-Relation unvergleichbar, so daß sich kein eindeutiges maximales Tupel finden läßt und somit eine sinnvolle Datenreduktion kaum möglich ist. Da das Ausschließen nichtlinearer Zugriffsklassenverbände eine nicht wünschenswerte Einschränkung darstellt, sollte dieses Problem in Zukunft noch näher untersucht werden.
Denkbare Lösungsansätze wären etwa die folgenden:
- Bei 'kleinen' Abweichungen von der linearen Struktur des Zugriffsklassenverbandes wird eine verschlechterte Datenreduktion in Kauf genommen.
- Operationen, die Situationen wie die obige entstehen lassen können, werden durch Integritätsbedingungen verboten.
- Bei durch unvergleichbare Zugriffsklassen bedingtem Auftreten gleichrangiger Tupel wird eins durch zufällige Auswahl bestimmt, das dann die Funktion der oberen Schranke übernimmt.

7.2 Weitere Anwendungsmöglichkeiten für datenreduzierende Sichten

In vielen Bereichen des Lebens stellt sich die organisatorische Aufgabe, Versionen eines Ganzen zu verwalten, dessen Einzelteile jeweils in mehreren, nach einer linearen Ordnung sortierten Versionen vorliegen. Beispiele dafür sind:
- Verwaltung eines Programmsystems, dessen Unterprogramme fortlaufend geändert werden.
- Verwaltung der Stückliste eines technischen Gerätes, dessen Einzelteile vom Hersteller laufend überarbeitet werden.
- Verwaltung eines Textdokumentes, an dessen Erstellung viele Autoren mitwirken.
- Ermittlung der für einen bestimmten Stichtag gültigen Version eines Gesetzestextes.

Bei diesen Beispielen entsprechen die Einzelteile eines Ganzen, die in mehreren, chronologisch geordneten Versionen auftreten können, den polyinstantiierten Elementen bei Multi-Level-Datenbanken. Damit kann auch in diesen Fällen ein Proliferationsproblem auftreten, so daß der Einsatz datenreduzierender Sichten auch dort sinnvoll erscheint.

7.3 Datenreduzierende Sichten und das relationale Modell

Beim Einsatz datenreduzierender Sichten wäre es aus der Sicht des Anwenders wünschenswert, wenn sich die vertrauten Konzepte aus dem relationalen Modell

(Schlüssel, relationale Operatoren) auf Multi-Level-Relationen und datenreduzierende Sichten übertragen ließen. Daher sollte untersucht werden, in welcher Weise diese relationalen Konzepte dazu angepaßt werden müssen. So könnte beispielsweise versucht werden, neue Definitionen des Join-Operators zu finden, so daß

$$\text{View\_X}((r1 \text{ '}\bowtie\text{' } r2),z) = (\text{View\_X}(r1,z) \text{ "}\bowtie\text{" View\_X}(r2,z)) \text{ gilt.}$$

('$\bowtie$' und "$\bowtie$" stehen hier für modifizierte Join-Operationen.)

Dank

Der Verfasser dankt Hans H. Brüggemann für viele hilfreiche Hinweise bei der Erstellung dieses Papiers.

Literatur

[1] D. Denning, T. F. Lunt, R. Shell, et al., A Multilevel Relational Model., in: Proceedings 1987 IEEE Symposion on Security and Privacy, Oakland CA, April 1987, pp. 220-234

[2] Jajodia, S., Sandhu, R., Polyinstantiation Integrity in Multilevel Relations, in: IEEE Symposium on Research in Security and Privacy 1990, pp. 104-115

[3] T. F. Lunt, D. Hsieh, Update Semantics for a Multilevel Relational Database System, in: Jajodia, S., Landwehr, C. E.: Database Security IV: Status and Prospects, North Holland, 1991, pp. 281-296.

[4] M. Winslett, K. Smith, Entity Modelling in the MLS Relational Model., in: Proceedings 18th VLDB, Vancouver, British Columbia, August 1992, pp. 199-210.

Systemverwaltung und Irrelevanzstrategien für die Sicherheitsstrategie der chinesischen Mauer

Ralph Jacobs
Institut für Informatik, Universität Hildesheim
e-mail: r.jacobs@a-link-h.zer.sub.de

Zusammenfassung

In diesem Papier stelle ich eine Verallgemeinerung der Sicherheitsstrategie der chinesischen Mauer vor, sowie Erweiterungen für die praktische Anwendung. Der Begriff der Konkurrenz wird durch die Definition von Interessenkonflikten zwischen Einzelfirmen allgemeiner gefaßt. Durch eine Einteilung der Benutzer in die Gruppen Berater, Firmenangestellte, Systemadministratoren und Statistiker wird ein Konzept zur Aufgabenverteilung eingeführt, das trotz der starken Einschränkung des Schreibzugriffs sinnvolle praktische Arbeit zuläßt. Änderungsoperationen auf die Mengen von Benutzern und Firmen und auf die Konkurrenzrelation ermöglichen ein dynamisches System. Um die monoton zunehmenden Zugriffsbeschränkungen zurücknehmen zu können, ohne daß dadurch Konkurrenz verletzt wird, werden geeignete Irrelevanzstrategien entwickelt. Diese Bereiche zielen insbesondere auf die praktische Nutzung der Sicherheitsstrategie.

1 Einleitung

Brewer und Nash stellen in [3] erstmals ein formales Modell dieser Strategie vor. Sie wird insbesondere in Unternehmensberatungen angewendet. Ein einzelner Berater muß Zugriff auf alle von einer Firma zur Verfügung gestellten Daten haben, diese aber auch vertraulich behandeln. Das bedeutet insbesondere, daß er kein „Insider-Wissen" über konkurrierende Firmen haben darf oder er gleichzeitig eine konkurrierende Firma betreut. Andererseits darf er beliebige andere Firmen beraten, die nicht zueinander in Konkurrenz stehen, oder auf allgemeine Marktinformationen zugreifen.
Beispielsweise berät die Wall-Consulting Firmen aus zwei Branchen: zum einen Ölkonzerne (China-Öl, Japan-Öl und Ewing-Öl) und zum anderen Banken (Leipziger-Bank und Park-Bank). Der neue Mitarbeiter Schulz der Wall-Consulting wählt die Leipziger-Bank als erstes Betätigungsfeld. Da er bisher

keine andere Firma beraten hat, steht dem nichts entgegen. Danach möchte er seine Beratungen auf eine Ölfirma ausdehnen. Der Zugriff auf Daten der China-Öl ist problemlos, weil diese Firma nicht in Konkurrenz zur Leipziger-Bank liegt. Ein Zugriff auf Ewing-Öl kann danach aber nicht mehr erlaubt werden, da diese Firma in Konkurrenz zur China-Öl liegt.

Zugriffe auf Datenobjekte sind also nicht durch feste Attribute von Benutzern und Granulen (einzelnen Datenobjekten) bestimmt, sondern durch die Daten, auf die ein Benutzer bereits Zugriffsberechtigung erlangt hat. Insbesondere ist damit der erste Zugriff auf einen beliebigen Firmendatensatz möglich.

Brewer und Nash haben diese Strategie anhand eines statischen Systems beschrieben. Unerwähnt blieben damit Änderungen innerhalb der modellierten Mengen, insbesondere der Subjekte und der Firmendatensätze. Außerdem ist die Anzahl der Zugriffsbeschränkungen monoton wachsend, unabhängig davon, ob eine bestimmte Information zu einem gegebenen Zeitpunkt überhaupt noch Konkurrenz verletzen kann. Mit diesen beiden Einschränkungen befaßt sich das vorliegende Papier, um die Strategie für eine praktische Nutzung geeigneter zu machen.

Das Papier ist folgendermaßen strukturiert: Im Abschnitt 2 wird die zugrundegelegte Modellierung definiert. Der Umfang der Modellierung entspricht zunächst den bisherigen Veröffentlichungen. Das verwendete Modell ist durch eine Menge von Systemzuständen und durch Zustandsüberführungen bestimmt. Außerdem wird der Begriff der Sicherheit definiert.

Erweiterungen zur Administration sind in Abschnitt 3 beschrieben. Spezielle Benutzer können damit die strukturellen Bestandteile des Systems manipulieren: Benutzer anlegen oder löschen; Firmen anlegen, löschen oder ändern; Konkurrenzsituation ändern.

Abschnitt 4 befaßt sich mit den Restriktionen der Sicherheitsstrategie. Bestehende Zugriffsbeschränkungen sind unabhängig von Änderungen der Konkurrenzsituation und von den Inhalten der gespeicherten Daten. Durch eine Beurteilung von einzelnen Granulen wird es möglich, bestimmte Beschränkungen wieder aufzuheben, dann nämlich, wenn vorhandene Information z.B. veraltet ist oder ungültig wird.

2 Modell der Sicherheitsstrategie

Zunächst werden verschiedene Klassen von Benutzern (Subjekten) definiert, die entsprechend ihrer Aufgabe unterschiedliche Zugriffsrechte haben. Dann soll die Verwaltung der Zugriffsrechte festgelegt und die Art der Konkurrenz betrachtet werden, aufgrund derer dann eine geeignete Einteilung der Firmen möglich wird.

2.1 Subjekte

Subjekte sollen als die Repräsentanten von handelnden Personen aus der realen Welt verstanden werden. Zur anschaulicheren Darstellung werden Subjekte und Personen als synonym behandelt. Subjekte werden in vier Klassen aufgeteilt. Von primärer Bedeutung sind die *Berater*, für sie gilt ohne Einschränkung die Sicherheitsstrategie der chinesischen Mauer. Ihre wesentliche Aufgabe ist das Lesen von Firmendatensätzen.
Die Pflege der Firmendatensätze wird von *Firmenangestellten* durchgeführt. Ihre Schreib- und Leserechte sind auf genau einen Firmendatensatz beschränkt. Sie unterliegen damit zwar grundsätzlich der Sicherheitsstrategie, durch die festgelegten Zugriffsrechte fehlt ihnen jedoch jede Freiheit für eine erste Zugriffsanforderung.
Änderungen der Mengen von Subjekten und Firmendatensätzen, der Konkurrenzmodellierung und der Struktur der Zugriffskontrollmatrizen dürfen nur von *Systemadministratoren* durchgeführt werden, sie haben dagegen keinen Zugriff auf Firmendaten.
Statistiker haben freien Lesezugriff auf alle Daten, dürfen aber nur in einen Datensatz mit allgemeiner Marktinformation schreiben (nach [2]). Da Statistiker keinen Kontakt zu Kunden haben, können sie die Konkurrenz nicht verletzen, vorausgesetzt, die erstellten Statistiken lassen keine Rückschlüsse auf einzelne Firmen zu.

$T := [tu, \infty[\in Z$ mit $tu < 0$ ist eine Menge von Zeitpunkten t.
SUBJEKTE: Menge aller möglichen Subjekte.
$SB_t \in$ SUBJEKTE: Menge der Berater sb zum Zeitpunkt t.
$SM_t \in$ SUBJEKTE: Menge der Systemadministratoren sm zum Zeitpunkt t.
$SS_t \in$ SUBJEKTE: Menge der Statistiker ss zum Zeitpunkt t.
$SF_t \in$ SUBJEKTE: Menge der Firmenangestellten sf zum Zeitpunkt t.
$S_t := SB_t \cup SM_t \cup SS_t \cup SF_t$ ist die Menge aller Subjekte s zum Zeitpunkt t.

2.2 Zugriffskontrolle

Da für den Begriff der Konkurrenz nur die Firmen als Ganzes von Bedeutung sind, ist der Zugriff auf alle Granule derselben Firma gleichberechtigt. Die aktuellen Zugriffsrechte werden in *Zugriffskontrollmatrizen* verwaltet und weisen jedem Paar Subjekt - Firmendatensatz die Information zu, ob ein bestimmter Zugriff erlaubt oder verboten ist, oder ob bisher noch keine Entscheidung getroffen wurde. Für jede *Operation* o ∈ O (lesen oder schreiben) wird eine gesonderte Matrix geführt.

FIRMEN bezeichnet die Menge aller möglichen Firmendatensätze.

F_t ∈ FIRMEN ist die Menge von Firmendatensätzen f zum Zeitpunkt t, fm bezeichnet den (konkurrenzlosen) Datensatz mit allgemeiner Marktinformation.

KENNUNG := {nicht entschieden, erlaubt, verboten} ist die Menge der möglichen Zugriffsrechte mit nicht entschieden < erlaubt < verboten.

$M_t(o): S_t \times F_t \to$ KENNUNG, mit o ∈ O, s ∈ S_t und f ∈ F_t, sind die *Zugriffskontrollmatrizen*. Die Matrixelemente werden folgendermaßen interpretiert:

nicht entschieden: noch keine Entscheidung über den Zugriff o von s auf g
erlaubt: der Zugriff "s greift mittels Operation o auf f zu" ist erlaubt
verboten: der Zugriff "s greift mittels Operation o auf f zu" ist verboten

2.3 Konkurrenz

Brewer und Nash definieren in [3] Konkurrenz anhand der Branchenzugehörigkeit einer Firma. Damit liegen z.B. alle Ölkonzerne paarweise zueinander in Konkurrenz. Lin ermöglicht in seinem Modell aus [8] allgemeinere Konkurrenzrelationen. In einem Beispiel betrachtet er den Einzugsbereich von Ladengeschäften gleicher Branche, wobei aber nur die Läden mit sich überschneidenden Einzugsbereichen in Konkurrenz liegen.

Mein Modell basiert ebenfalls auf Einzugsgebieten und ist also auch gültig für nicht-transitive Interessenkonfliktrelationen. Jeder Firmendatensatz befindet sich damit nach [8] in einer *Interessenkonfliktnachbarschaft* (IKN). Für jeden Firmendatensatz sind dort einzeln alle konkurrierenden Unternehmen als seine „Nachbarschaft" aufgelistet.

Die erwähnte allgemeine Marktinformation ist als eigenständige Nachbarschaft modelliert, die nur eine einzige „Firma" enthält. Auf diese Information kann jederzeit zugegriffen werden, sie steht in keinerlei Konkurrenz zu firmenspezifischen Daten.

Interessenkonfliktrelation:
IKR_t := { (f, f') ∈ $F_t \times F_t$ | die zu f und f' gehörenden Firmen liegen zum Zeitpunkt t in Konkurrenz } für alle t ∈ T. Für alle (f, f') ∈ IKR_t gilt f ≠ fm und f' ≠ fm. IKR_t ist symmetrisch, irreflexiv und nicht notwendig transitiv.

Interessenkonfliktnachbarschaft:
$IKN_t(f)$:= { f' | (f, f') ∈ IKR_t } ∪ {f} für alle f ∈ F_t, t ∈ T

Alle Daten einer Firma sind in einem Firmendatensatz f vereinigt. Jeder dieser Firmendatensätze wird einer *Interessenkonfliktnachbarschaft* IKN zugeordnet.

Beispiel

Im Beispiel berät die Wall-Consulting die Firmen Leipziger-Bank, Park-Bank, Ewing-Öl, China-Öl und Japan-Öl. Die beiden Banken liegen zueinander in Konkurrenz und jeweils Ewing-Öl und China-Öl sowie Ewing-Öl und Japan-Öl. Mitarbeiter der Wall-Consulting ist Schulz. Weitere Subjekte werden zunächst noch nicht betrachtet. Zum Zeitpunkt Null wurde noch keinem Berater Lese- bzw. Schreibberechtigung erteilt.

Firmendatensätze:

F_0 = {fm, Leipziger-Bank, Park-Bank, Ewing-Öl, China-Öl, Japan-Öl}

Interessenkonfliktrelation:

IKR_0 = { (Leipziger-Bank, Park-Bank), (Park-Bank, Leipziger-Bank),
(Ewing-Öl, China-Öl), (China-Öl, Ewing-Öl),
(Ewing-Öl, Japan-Öl), (Japan-Öl, Ewing-Öl)}

Interessenkonfliktnachbarschaften:

IKN_0(fm) = {fm}
IKN_0(Leipziger-Bank) = {Park-Bank, Leipziger-Bank}
IKN_0(Park-Bank) = {Leipziger-Bank, Park-Bank}
IKN_0(Ewing-Öl) = {China-Öl, Japan-Öl, Ewing-Öl}
IKN_0(China-Öl) = {Ewing-Öl, China-Öl}
IKN_0(Japan-Öl) = {Ewing-Öl, Japan-Öl}

Subjekte:
SB_0 = {Schulz}

Zugriffskontrollmatrizen:
M_0(lesen)(Schulz, f) = nicht entschieden für alle $f \in F_0$
M_0(schreiben)(Schulz, f) = nicht entschieden für alle $f \in F_0$

2.4 Systemzustände

Die Sicherheit eines Modells soll über einen sicheren Ausgangszustand und darauffolgende sichere Zustandsüberführungen definiert werden. Diese Definitionen bilden die *Strategie*: Sie legt die berechtigten Zugriffe fest. Ein *Systemzustand* ist durch das Tupel (F_t, S_t, M_t, IKR_t) gegeben.

Ein Zustand heißt *sicher* genau dann, wenn für alle s ∈ $S_t \setminus SS_t$ und für alle f ∈ F_t folgende Axiome erfüllt sind:

Axiom A1 M_t(lesen)(s, f) = erlaubt ⇒
 ∀ f' ∈ IK_t(f): M_t(lesen)(s, f') = verboten

Axiom A2 M_t(schreiben)(s, f) = erlaubt ⇒
 M_t(lesen)(s, f) = erlaubt ∧
 ∀ f' ∈ $F_t \setminus \{fm, f\}$: M_t(lesen)(s, f') ≠ erlaubt

Für eine praktikable Anwendung des Modells wird zwischen dem *Urzustand* und einem *Anfangszustand* unterschieden. Der Urzustand bezeichnet einen sicheren Minimalzustand zu einem Zeitpunkt tu ≤ 0, in dem die Menge der Firmendatensätze leer und als einziges Subjekt ein Systemadministrator definiert ist. Ein Anfangszustand ist ein Zustand, der aus dem Urzustand durch i. allg. wiederholtes Anwenden von Regeln erzeugt werden kann. Er sei der Ausgangszustand zum Zeitpunkt t = 0 für ein reales System, in dem bereits verschiedene Subjekte, Firmendatensätze usw. enthalten sein können. Dieser Zustand kann durch die Programmierung, den Datenbankentwurf oder durch vom Systemadministrator ausgelöste Zustandsübergänge erzeugt worden sein. Angeregt durch die Notation aus [7] sind die Zustandsüberführungen als Bearbeitungen von Regeln modelliert, die wiederum durch Anforderungen angestoßen werden. Anforderungen werden entweder abgelehnt oder führen zu einem Zustandsübergang. In jedem Fall wird der Zeitindex des Systems erhöht, damit die Möglichkeit besteht, auch abgelehnte Anforderungen zu protokollieren. Ein solcher Übergang ist durch die Anwendung einer Regel bestimmt. Der Ablauf einer Regel ist unteilbar, sie wird ganz oder gar nicht wirksam (Transaktion). Die Regeln selbst sind operational definiert, d.h. sie bestimmen die einzelnen Schritte des Zustandsübergangs und sind selbst wiederum als ein möglicher Schritt innerhalb einer Regel anwendbar. Sie bilden den *Mechanismus* der Zugriffskontrolle: Sie legen die Ausführung der Strategie fest.
Eine Zustandsüberführung heißt *sicher* genau dann, wenn die überführende Regel folgende Axiome erfüllt:

Axiom A3 Angewendet auf einen sicheren Zustand erzeugt die Regel wieder einen sicheren Zustand

Axiom A4 Die Regel verkleinert keine einzelnen Werte der Zugriffskontrollmatrix

Axiom A4 der Definition erlaubt ausschließlich die Autorisierung in der Richtung nicht entschieden → erlaubt → verboten.
Einmal entschiedene Zugriffe können nicht wieder auf nicht entschieden zurückgesetzt werden, um effektivere Entscheidungen bei Zugriffsanforderungen zuzulassen: Für bestehende Zugriffe ist dann keine nochmalige Überprüfung der Voraussetzungen nötig.

In diesem Papier sind die Regeln selbst aufgrund ihres Umfangs nicht aufgeführt.

Nach der erteilten Erlaubnis für einen lesenden Zugriff wird angenommen, daß der Benutzer Inhalte von Granulen des entsprechenden Firmendatensatzes kennt (Insider-Wissen), unabhängig von einem tatsächlichen Zugriff. Weiterhin wird für eine Schreiberlaubnis eine bestehende Leseerlaubnis vorausgesetzt, so daß „blindes Schreiben" ausgeschlossen ist.

Anforderungen von Zugriffen auf Firmendatensätze:
leseanforderung: $S_t \times F_t \to$ {zugelassen, abgelehnt}:
Subjekt $s \in S_t$ fordert lesenden Zugriff auf Firmendatensatz $f \in F_t$ an.
schreibanforderung: $S_t \times F_t \to$ {zugelassen, abgelehnt}:
Subjekt $s \in S_t$ fordert schreibenden Zugriff auf Firmendatensatz $f \in F_t$ an.

Beispiel

Schulz fordert Leseberechtigung auf den Datensatz der Leipziger-Bank:
Anforderung: leseanforderung (Schulz, Leipziger-Bank)

Der erste lesende Zugriff kann zu keiner Konkurrenzsituation führen, er wird grundsätzlich zugelassen. Damit aber keine Information von der Leipziger-Bank zu anderen Firmen fließen kann, auch nicht über den Umweg der allgemeinen Marktinformation, wird das Schreiben in andere Datensätze als den der Leipziger-Bank verboten.

M_1(lesen)(Schulz, fm) = nicht entschieden
M_1(lesen)(Schulz, Leipziger-Bank) = erlaubt
M_1(lesen)(Schulz, Park-Bank) = verboten
M_1(lesen)(Schulz, Ewing-Öl) = nicht entschieden
M_1(lesen)(Schulz, China-Öl) = nicht entschieden
M_1(lesen)(Schulz, Japan-Öl) = nicht entschieden

M_1(schreiben)(Schulz, fm) = verboten
M_1(schreiben)(Schulz, Leipziger-Bank) = nicht entschieden
M_1(schreiben)(Schulz, Park-Bank) = verboten
M_1(schreiben)(Schulz, Ewing-Öl) = verboten
M_1(schreiben)(Schulz, China-Öl) = verboten
M_1(schreiben)(Schulz, Japan-Öl) = verboten

3 Systemverwaltung

Die Systemverwaltung umfaßt Änderungen der Mengen von Subjekten und Firmendatensätzen, der IKN und der Struktur der Zugriffskontrollmatrix. Alle diese Änderungen werden von *Systemadministratoren* durchgeführt. Systemadministratoren können keine Operationen auf Firmendaten ausführen.

3.1 Subjekte

Zufügen oder Entfernen von Subjekten führt zu keinen Problemen. Beim Löschen von Subjekten werden die entsprechenden Zeilen der Zugriffskontrollmatrizen entfernt. Beim Zufügen werden neue erzeugt, wobei die verschiedenen Klassen von Subjekten unterschiedliche Anfangszugriffsrechte erhalten: Die Berater erhalten anfangs völlige Freiheit für die Wahl des ersten Zugriffs. Alle Matrixelemente werden mit nicht entschieden initialisiert. Firmenangestellte erhalten Schreib- und Leserecht ausschließlich für „ihren eigenen" Firmendatensatz. Alle anderen Matrixelemente werden mit verboten vorbesetzt, so daß keine neuen Zugriffe mehr erlaubt werden können. Statistiker erhalten auf diese Weise das Leserecht für alle Firmendatensätze und das Schreibrecht für den Datensatz mit allgemeiner Marktinformation. Das Schreiben in andere Firmendatensätze wird ihnen grundsätzlich verboten.

Die Menge der Systemadministratoren wird ebenfalls von den Systemadministratoren bearbeitet. Eingangs werden alle Zugriffe auf Firmendatensätze verboten. Beim Entfernen ist zu beachten, daß ein Administrator sich selbst nicht löschen kann. Damit ist gewährleistet, daß zu jedem Zeitpunkt mindestens ein Systemadministrator existiert und das System damit verwaltbar bleibt.

Anforderungen von Operationen auf die Menge der Subjekte:
Berater anlegen: $SM_t \times SUBJEKTE \rightarrow \{zugelassen, abgelehnt\}$:
Systemadministrator $sm \in SM_t$ legt neues Subjekt Berater an.
Firmenangestellten anlegen: $SM_t \times SUBJEKTE \times F_t \rightarrow \{zugelassen, abgelehnt\}$:
Systemadministrator $sm \in SM_t$ legt neues Subjekt Firmenangestellter für den Firmendatensatz $f \in F_t$ an.
Statistiker anlegen: $SM_t \times SUBJEKTE \rightarrow \{zugelassen, abgelehnt\}$:
Systemadministrator $sm \in SM_t$ legt neues Subjekt Statistiker an und erlaubt ihm lesenden Zugriff für alle $f \in F_t$.
Systemadministrator anlegen: $SM_t \times SUBJEKTE \rightarrow \{zugelassen, abgelehnt\}$:
Systemadministrator $sm \in SM_t$ legt neues Subjekt Systemadministrator an.

Subjekt löschen: $SM_t \times S_t \to \{\text{zugelassen, abgelehnt}\}$:
Systemadministrator $sm \in SM_t$ löscht Subjekt $s \in S_t$.

Beispiel

Als Systemadministrator hat sich der Boss vorsehen lassen. Im Beispiel werden weiterhin keine Statistiker betrachtet, weil sie für die eigentliche Sicherheitsstrategie ohne Bedeutung sind. Allerdings sind jetzt die Firmenangestellten erwähnt, da sie für die folgenden Anforderungen notwendig sind.

S_1 = {Boss, Schulz, Leipziger-Angestellter, Park-Angestellter, Ewing-Angestellter, China-Angestellter, Japan-Angestellter}

M_1(lesen)(Boss, f) = verboten für alle $f \in F_1$
M_1(schreiben)(Boss, f) = verboten für alle $f \in F_1$

Den einzelnen Firmenangestellten ist der Lese- und Schreibzugriff auf genau einen Firmendatensatz erlaubt, alle anderen Zugriffe sind verboten.

3.2 Firmendatensätze

Aufgrund von Änderungen in der realen Welt muß zuweilen die Modellierung angepaßt werden. Neue Firmen werden in den Kundenkreis aufgenommen oder andere werden in Zukunft nicht mehr betreut. Neuerungen der Branchenstruktur haben Auswirkungen auf die Konkurrenzrelation. Möglicherweise wird eine Firma geteilt und als zwei verschiedene und i. allg. konkurrierende Unternehmen weiterhin betreut. Oder zwei Firmen derselben oder unterschiedlicher Branche fusionieren, womit die gesamte Konkurrenzsituation tendenziell schärfer wird.

Firmen anlegen und löschen
Für neu angelegte Firmendatensätze müssen die anfänglichen Zugriffsrechte definiert werden und zwar unterschiedlich entsprechend den Subjekten aus den verschiedenen Klassen (s.o.). Für Berater muß auf eventuelle Zugriffserlaubnisse für konkurrierende Firmen geachtet werden.
Wird ein Firmendatensatz gelöscht, so treten für Systemadministratoren, Firmenangestellte und Statistiker keine Folgen auf. In der Klasse der Berater könnten jedoch Konflikte entfallen. Denn ist für einen Berater der Lesezugriff auf die zu löschende Firma erlaubt, so wird nach dem Löschen in der zugehörigen IKN keine statische Konkurrenzsituation mehr verletzt. Trotzdem ist der Berater natürlich noch im Besitz von Wissen über die gelöschte Firma (gemäß

der Annahme, daß einem Subjekt nach einer erteilten Leseberechtigung Insider-Wissen bekannt ist).
Damit mit diesem Wissen keine Konkurrenz verletzt werden kann, wird der Firmendatensatz tatsächlich nur dann gelöscht, wenn für keinen Berater Zugriff auf ihn erlaubt ist. Sonst wird der Datensatz lediglich *deaktiviert*: Die zugehörigen Firmenangestellten werden gelöscht und der Schreibzugriff für alle Berater verboten, damit der Datensatz nicht mehr aktualisiert werden kann. Außerdem werden die Lesezugriffe für die Statistiker verboten, damit keine Information von Nicht-Kundenfirmen bzw. nicht existierenden Firmen in die allgemeine Marktinformation gelangt. Alle Leserechte für die Berater bleiben bestehen, womit das existierende Wissen modelliert wird.
Auf Dauer gesehen kann durch diese Vorgehensweise der Zugriff auf eine wachsende Anzahl von IKN blockiert werden. Für die praktische Anwendung sind also geeignete Irrelevanzstrategien notwendig.

Firmen teilen
Der Vorgang der Aufteilung eines Unternehmens in zwei getrennte Firmen verläuft derart, daß zunächst zwei neue Firmendatensätze angelegt werden und dann der Datensatz des Ursprungsunternehmens gelöscht wird. Die Mengen der zugehörigen Berater und Firmenangestellten werden auf die beiden neuen Firmen aufgeteilt. Die Aufteilung von Angestellten bzw. Beratern muß nicht vollständig sein. Nicht verteilte Firmenangestellte werden beim Löschen der alten Firma ebenfalls gelöscht, nicht verteilte Berater werden so behandelt wie beim "Löschen von Firmen" beschrieben. Die Statistiker erhalten einfach Leseerlaubnis für die neuen Firmen.
Angenommen wird, daß die Konkurrenzsituation nach der Aufteilung gleichbleibt oder tendenziell weniger scharf ist, da die entstehenden Teilfirmen zu eher weniger anderen Unternehmen in Konkurrenz liegen als die Ursprungsfirma. Die IKN der neuen Firmen sind also jeweils Teilmenge der Nachbarschaft der alten Firma.

Firmen fusionieren
Grundlegend wird angenommen, daß sich nur Unternehmen gleicher IKN zusammenschließen. Mit dieser Annahme wird verhindert, daß durch den Zusammenschluß neue Konflikte entstehen, denn die IKN verändern sich nicht. Falls vor der Fusion beide Firmen unterschiedliche IKN haben, müssen sie durch die unten beschriebene Anforderung Konkurrenz verschärfen angeglichen werden.
Der Vorgang selbst verläuft vergleichbar mit dem der Teilung von Firmen. Zuerst wird ein neuer Firmendatensatz erzeugt. Die Firmenangestellten und die Berater der beiden Firmen werden jeweils zusammengelegt und die Ursprungs-Firmendatensätze gelöscht. Gemäß der Annahme, daß beide Einzel-

firmen gleiche IKN haben, hatte ein Berater des fusionierten Unternehmens nur auf genau eine dieser Einzelfirmen und auf keine Firma aus ihrer Nachbarschaft Zugriff. Damit ist also kein Konflikt entstanden.

Anforderungen von Operationen auf die Menge der Firmendatensätze
Firmendatensatz anlegen: $SM_t \times FIRMEN \times \wp(F_t) \to$ {zugelassen, abgelehnt}:
Systemadministrator $sm \in SM_t$ legt neuen Firmendatensatz $fneu \in FIRMEN$ an. Die Konkurrenten von fneu sind in der Menge $FK \subset F_t$ aufgezählt.
Firmendatensatz löschen: $SM_t \times F_t \to$ {zugelassen, aufgeschoben}:
Systemadministrator $sm \in SM_t$ löscht den Firmendatensatz $f \in F_t$. Für Berater und Statistiker können sich Einschränkungen der Zugriffsrechte ergeben, wenn das Löschen aufgeschoben wird.
Firmendatensatz teilen: $SM_t \times F_t \times FIRMEN \times FIRMEN \times \wp(F_t) \times \wp(F_t) \times \wp(SF_t) \times \wp(SF_t) \times \wp(SB_t) \times \wp(SB_t) \to$ {zugelassen, abgelehnt}:
Systemadministrator $sm \in SM_t$ teilt den Firmendatensatz $f \in F_t$ auf in die zwei neuen Datensätze fneu1, fneu2 $\in$ FIRMEN. Diese liegen in Konkurrenz zu den Firmendatensätzen aus FK1 bzw. FK2 $\in F_t$. Dabei werden die Angestellten bzw. Berater in die Mengen sf1, sf2 $\subset$ SFt bzw. sb1, sb2 $\subset$ SBt aufgeteilt.
Firmendatensätze fusionieren: $SM_t \times F_t \times F_t \times FIRMEN \times \wp(SB_t) \to$ {zugelassen, abgelehnt}:
Systemadministrator $sm \in SM_t$ schließt die beiden Firmendatensätze f1, f2 $\in F_t$ zum neuen Firmendatensatz $fneu \in FIRMEN$ zusammen. Die neuen Berater sind in SB1 $\subset$ SBt aufgezählt.

Beispiel

Der Boss löscht den Firmendatensatz der Leipziger-Bank:
Anforderung: Firmendatensatz löschen (Boss, Leipziger-Bank)

Mitarbeiter Schulz hat Lesezugriff auf den Datensatz der Leipziger-Bank, d.h. er besitzt nach Annahme Insider-Wissen über dieses Unternehmen. Damit ihm weiter jeder Zugriff auf die Konkurrenz verwehrt bleibt, werden der Firmendatensatz selber und die zugehörigen Zugriffsrechte nicht gelöscht. Leipziger-Angestellter wird dagegen gelöscht, um den Firmendatensatz zu deaktivieren.

3.3 Konkurrenz

Veränderungen innerhalb eines Unternehmens können dazu führen, daß sich die Konkurrenzsituation in der Branche und damit seine IKN ändert.

Durch Verkleinerung der Produktpalette oder Aufgabe ganzer Firmenzweige (z.B. auch Teilung der Firma in eine weiterhin betreute und eine systemfremde Firma) wird die Konkurrenz entschärft, die IKN kleiner. Daraufhin könnten i. allg. für einzelne Berater noch bestehende Zugriffsverbote entfallen. Aus dem gleichen Grund wie beim Löschen von Firmendatensätzen werden die Zugriffsrechte der Berater jedoch nicht geändert. Denn ein Berater, der Zugriff auf das veränderte Unternehmen hat, kennt auch noch die bisherige „große" Variante des Unternehmens. Diese alten Daten (die aber nicht mehr im System vorhanden sind) können sehr wohl noch Konkurrenz verletzen. Durch weiterbestehende Verbote wird das vorhandene Wissen der Berater modelliert.

Durch Erweiterung der Produkt- oder Angebotspalette oder Fusion mit einem systemfremden Unternehmen wird die Konkurrenzsituation schärfer, d.h. die IKN größer. Durch diese Vergrößerung der IKN entstehen i. allg. Verletzungen der Strategie der chinesischen Mauer. Hat beispielsweise ein Berater lesenden Zugriff auf das veränderte Unternehmen und auf eine andere Firma aus der neuen, erweiterten IKN dieses Unternehmens, so hat nach der Änderung ein Berater lesenden Zugriff auf zwei Firmen in derselben Nachbarschaft.

Um dieses Problem zu lösen, muß der Zugriff des Beraters auf mindestens eines der beiden Unternehmen verboten werden. Strenggenommen müßte der Zugriff auf alle beide Firmen verboten werden, da dem Berater bereits bekanntes Wissen in den verbliebenen Firmendatensatz fließen kann. Andererseits hat sich die Konkurrenzänderung über längere Zeit entwickelt, so daß der Konflikt in der realen Welt schon bestand, aber erst nach der Modellierung Auswirkungen auf das Modell hat. Vor allem im Hinblick auf die praktische Anwendung sollte es daher ausreichend sein, den Zugriff auf nur einen Firmendatensatz zu verbieten.

Ausgeschlossen werden soll der (unrealistische) Fall, daß die IKN vollständig verändert wird (Wechsel aller Produkte oder aller Dienstleistungen). Alle Änderungsanforderungen beziehen sich auf genau ein Firmenpaar. Die Modellierung von Umstrukturierungen ganzer Branchen erfolgt dann sukzessive über alle beteiligten Unternehmen.

Anforderungen von Operationen auf die Interessenkonfliktrelation

Konkurrenz verringern: $SM_t \times F_t \times F_t \rightarrow \{zugelassen\}$:
Systemadministrator $sm \in SM_t$ entfernt den Firmendatensatz $fk \in F_t$ aus der Konkurrenz zu der Firma $f \in F_t$ (mit $fk \in IKN_t(f)$).

Konkurrenz verschärfen: $SM_t \times F_t \times F_t \times F_t \rightarrow \{zugelassen, abgelehnt\}$:
Systemadministrator $sm \in SM_t$ setzt den Firmendatensatz $f \in F_t$ außerdem in Konkurrenz zu der Firma $fk \in F_t$ (mit $fk \notin IKN_t(f)$). Falls ein Berater nach der Verschärfung Zugriff auf zwei konkurrierende Unternehmen hat, so wird der Zugriff auf Firmendatensatz $fv \in \{f, fk\}$ verboten.

Beispiel

China-Öl tritt in Konkurrenz zu Japan-Öl:
Anforderung: Konkurrenz verschärfen (Boss, China-Öl, Japan-Öl)
Nachdem China-Öl ihren Einzugsbereich auf den ganzen ostasiatischen Raum ausgeweitet hat, ist ein Interessenkonflikt mit Japan-Öl entstanden:
IKR_3 = { (Leipziger-Bank, Park-Bank), (Park-Bank, Leipziger-Bank),
(Ewing-Öl, China-Öl), (China-Öl, Ewing-Öl),
(Ewing-Öl, Japan-Öl), (Japan-Öl, Ewing-Öl),
(China-Öl, Japan-Öl), (Japan-Öl, China-Öl) }

4 Irrelevanzstrategien

Die Sicherheitsstrategie der chinesischen Mauer sieht nur Einschränkungen von Zugriffen vor. Auch wenn durch Teilen von Unternehmen oder durch Veränderungen der Branchenstruktur die Konkurrenzsituation entschärft werden kann, bleiben einmal verbotene Zugriffe weiter ausgeschlossen. Dabei kann durchaus die Situation eintreten, daß innerhalb einer IKN die Lesezugriffe auf alle Firmendatensätze verboten sind.

Zweckmäßig ist daher die Möglichkeit für ein Aufheben von Zugriffsverboten, solange es nicht gegen die grundlegende Sicherheitsstrategie verstößt. Angepaßt auf die Irrelevanzstrategien bedeutet das, daß keine relevante Information zwischen konkurrierenden Firmendatensätzen fließen darf. Dazu muß definiert werden, wann vorhandene Information *irrelevant* wird. Außerdem kann davon ausgegangen werden, daß ein Berater Informationen aus Firmendatensätzen nach einem gewissen Zeitraum tatsächlich wieder *vergessen* hat.

Weiterhin können einzelne Informationen aus einem Firmendatensatz, die vom Berater niemals gelesen wurden, auch nicht zu einer Verletzung von Konkurrenz führen. Im Rahmen der Irrelevanzstrategien gilt also nicht mehr die bisherige Annahme, daß eine Leseerlaubnis auf einen Firmendatensatz die Kenntnis von Insider-Wissen bedeutet. Dazu werden nun einzelne *Granule* (Datenobjekte eines Firmendatensatzes) und Zugriffe auf sie betrachtet.

Für die Irrelevanzstrategien sind nur die Zugriffe der Berater ausschlaggebend. Alle anderen Subjekte haben unveränderliche Zugriffsrechte, so daß solche Strategien für sie nicht notwendig sind. Die Zugriffserlaubnisse beziehen sich weiter auf ganze Firmendatensätze, allerdings werden zusätzlich Operationen auf Granule eingeführt.

Irrelevanz und Vergessen sollen nun gesondert behandelt werden. Zur Irrelevanz werden Attribute von Granulen und Beziehungen zwischen Subjekten und

Granulen betrachtet. Das Vergessen soll nur die Betrachtung von Beratern erfordern.

4.1 Irrelevanz

Granule sollen dann als irrelevant gelten, wenn trotz Kenntnis des Granulinhalts keine Konkurrenz verletzt werden kann. Dieser Fall kann eintreten, wenn das Granul nicht mehr mit der realen Welt korrespondiert oder wenn der Inhalt des Granuls bereits öffentlich bekannt ist und damit die Kenntnis kein Insider-Wissen bedeutet.

Um den Bezug zur realen Welt modellieren zu können, sollen zunächst drei i. allg. verschiedene Versionen eines Granuls zu einem gegebenen Zeitpunkt betrachtet werden. Die erste Version ist der aktuelle Zustand des vom Granul wiedergegebenen Bestandteils der realen Welt (Version 1). Die zweite Version ist die tatsächlich im System existierende (Version 2). Diese unterscheidet sich möglicherweise von dem Granulinhalt, den ein Berater zu einem vorangegangenen Zeitpunkt gelesen hat (Version 3), da unter Umständen inzwischen ein Schreibzugriff von einem anderen Subjekt auf dieses Granul stattgefunden hat. Die Granulversion 1 ist im Modell zwangsläufig nicht formal darstellbar. Stattdessen können nur Aussagen über ein erwartetes „Verfalldatum" gespeicherter Granule gemacht werden, d.h. ein Zeitpunkt, zu dem sich der Wert des Granuls in der Welt voraussichtlich ändert.

Betrachtet wird im folgenden die Irrelevanz der einem Berater bekannten Granulversion 3, da nur diese Konkurrenz verletzen kann. Die Irrelevanz eines Granuls ist damit nicht nur vom Granul selbst abhängig, sondern auch von den Schreibzugriffen aller anderen Subjekte.

Wenn sich Granulversion 3 von der Version 1 unterscheidet, gilt das gelesene Granul als *veraltet*: Das Granul entspricht nicht mehr der realen Welt. Dabei ist es zunächst unerheblich, ob diese Änderung der Welt schon im Modell erfaßt ist (in Version 2). Um eine solche erwartete Änderung modellieren zu können, wird jedem Granul ein *Verfalldatum* zugeordnet. Aus diesem absoluten Wert kann gegebenenfalls eine relative *Aktualitätsdauer* abgeleitet werden. Wenn nach dem letzten Zugriff eines Beraters auf ein Granul ein oder mehrere Schreibzugriffe von anderen Subjekten stattgefunden haben, ist das gelesene Granul *ungültig* (Versionen 2 und 3 sind unterschiedlich). Dabei muß angenommen werden, daß ein fremder Schreibzugriff eine echte Änderung des Granuls herbeiführt. Die Anzahl der nachgefolgten Schreibzugriffe kann als *Grad der Ungültigkeit* verstanden werden („der Abstand des Granuls von der Wirklichkeit").

Der Grad der Ungültigkeit kann zusätzlich zur Definition der Irrelevanz herangezogen werden. Wenn schon vor dem erwarteten Verfalldatum eines gelesenen Granuls weitere Schreibzugriffe gemacht wurden, kann u.U. geschlossen werden, daß die Änderungen nur von geringer Art waren. Deshalb kann für das Eintreten der Ungültigkeit eine Mindestanzahl von Änderungsoperationen vorausgesetzt werden.
Anstelle des leicht zu handhabenden Grads der Ungültigkeit könnte z.B. auch direkt eine Mindestabweichung vom Ursprungswert gefordert sein. Allerdings müßte dann außerdem für jeden Berater eine Kopie des gelesenen Granuls angelegt werden und für jeden Datentyp eines Granuls eine geeignete Differenzoperation definiert sein. Wegen der hohen Komplexität wird dieser Ansatz hier nicht weiter verfolgt.
Ein Granul kann mit dem booleschen Etikett *öffentlich* versehen werden. Das Granul hat dann inhaltlich den gleichen Status wie Granule aus dem Datensatz mit allgemeiner Marktinformation. Ein Fluß von Information aus diesem Granul in einen anderen Firmendatensatz würde keine Verletzung von Konkurrenz bedeuten, so daß es für die Betrachtung der Interessenkonflikte unerheblich ist. Damit gilt ein Granul genau dann als irrelevant für die Sicherheitsstrategie, wenn es veraltet oder ungültig oder aber öffentlich bekannt ist. In den ersten beiden Fällen ist die Wirklichkeit mutmaßlich bzw. mit Sicherheit verändert, im letzten Fall ist die Kenntnis des Granulinhaltes für die Konkurrenzsituation nicht von Belang.
Formal wird für die Ungültigkeit, getrennt für jeden Berater, die Anzahl der Schreibzugriffe durch irgendein anderes Subjekt gezählt, die nach dem letzten Zugriff des Beraters stattgefunden haben. Für die Definition von „veraltet" wird jedes Granul mit seinem Verfalldatum etikettiert. Schreibt oder liest ein Berater ein Granul, so wird, wieder getrennt für jeden Berater, das Verfalldatum der nun bekannten Granulversion 3 in einer Matrix gespeichert.

4.2 Vergessen

Vergessen ist im wesentlichen eine Funktion der Zeit. Das Vergessen folgt dabei einem exponentiellen Verlauf, d.h. das „Schwächerwerden" einer Information verringert sich im Laufe der Zeit (*Vergessenskurve*).
Im Rahmen der Sicherheitsstrategie der chinesischen Mauer erfordert ein Vergessen im rein psychologischen Sinne die einschränkende Annahme, daß sich ein Berater gelesene Granulinhalte ausschließlich im Gedächtnis merkt. Für eine praktikable Arbeit, besonders im computerisierten Umfeld, ist das Anlegen von Aufzeichnungen oder Kopien (außerhalb des Systems) spätestens beim

Verarbeiten der gelesenen Informationen notwendig. Ein Modell müßte also nicht nur Lern- und Vergeßeffekte beachten, sondern insbesondere die Lebensdauern von Aufzeichnungen abschätzen.

Die unterschiedliche Rate des Vergessens für unterschiedliches Wissen (z.B. Faktenwissen oder strukturelles Wissen) erfordert zusätzlich die Einbeziehung von Granulen in Form von Aggregationen aller bisher von einem Berater gelesenen Granule. Das (kurzlebige) Wissen um den Inhalt der Kaffeekasse einer Abteilung beispielsweise wird ein Berater relativ schnell vergessen. Das Wissen um den Inhalt der Kaffeekassen von vielen Abteilungen ermöglicht jedoch Rückschlüsse auf die Firmenstruktur. Grundlage für die Modellierung müßten umfangreiche Informationen über eine Vielzahl von Granulaggregationen sein.

Das erste Erfordernis macht das Modell selbst beliebig komplex, das zweite macht die Datenstruktur beliebig umfangreich. Um trotzdem ein brauchbares Modell zu erhalten, soll für das Vergessen ein relativ einfaches zeitliches Verhalten vorgestellt werden, das insbesondere unabhängig von Granulen ist.

Jedes Vergessen setzt nach einem beliebigen Zugriff auf das Granul ein (*Erlernen*). Ein gelesenes oder geschriebenes Granul gilt als gelernt und damit als vollständig bekannt. Effekte, die durch wiederholtes Lernen oder durch Lernen vieler Granule (strukturelles Wissen) auftreten, werden ignoriert.

Wenn die Vergessenskurve unabhängig von Granulen bzw. Aggregationen von Granulen betrachtet wird und außerdem individuelle Unterschiede zwischen Subjekten vernachlässigt werden, liegt zwischen dem Erlernen eines Granulinhaltes und dessen Vergessen ein konstantes Zeitintervall. Nach dem Ende dieses Zeitintervalls soll das Granul als vergessen gelten.

Eine geeignete Größe für dieses Intervall kann möglicherweise aus der Gesetzgebung zum Datenschutz und zum Wettbewerbsschutz abgeleitet werden. Grundlage für dort festgelegte Intervalle müssen auch Überlegungen zum Vergessen oder zur Irrelevanz von Daten sein. Durch Heranziehung z.B. des Handelsgesetzbuches [6] und des Fair Credit Reporting Acts [5] erscheinen Vergeßzeiträume zwischen zwei und sieben Jahren brauchbar. Sie stellen einen Kompromiß zwischen geschäftlichen und praktischen Interessen dar. Die konkrete Wahl des Vergessensintervalls muß dann für jede Anwendung gesondert getroffen werden.

4.3 Modellierung

Für die Angabe von Aktualitätsdauern oder Zugriffszeitpunkten sind die bisher definierten Zeitpunkte $t \in T$ ungeeignet, da deren Erhöhung nur mit Anforderungen im System verbunden und damit relativ ist. Nötig ist eine absolute Da-

tumsbezeichnung, die einen Zeitverlauf außerhalb des eigentlichen Systems modelliert. Dazu wird zusätzlich noch eine Menge D eingeführt, deren Elemente einzelne Daten bezeichnen. Der zeitliche Abstand kann anwendungsabhängig gewählt werden, für brauchbare Protokollierungen sollte der Abstand jedoch nicht länger als ein Tag sein, besser wären stündliche Intervalle.
Der Systemadministrator fordert die Freigabe von Zugriffen für einen bestimmten Berater explizit an, die Entscheidungsbefugnis liegt aber beim System. Die Freigabe wird zugelassen oder abgelehnt, weitere Informationen sollten nicht gegeben werden, um jegliche Rückschlüsse auszuschließen. Erfährt ein Berater nach einer solchen Freigabe von Zugriffen von der Irrelevanz des bekannten Firmendatensatzes, so weiß er nicht, ob die von ihm gelesenen Granule tatsächlich ungültig sind, oder ob ihm einfach unterstellt wird, er hätte die Granulinhalte vergessen. Damit muß er das ihm verbleibende Wissen als wertlos einstufen.
Für die Zugriffe auf einzelne Granule werden neue Regeln definiert. Diese schlagen sich auch auf die Operationen auf Firmendatensätze nieder. Wird ein Firmendatensatz nach einer Löschanforderung lediglich deaktiviert, so bleiben zunächst alle Granule erhalten. Damit werden Informationen für die Irrelevanzstrategien gesichert. Beim tatsächlichen Löschen des Datensatzes können die zugehörigen Granule endgültig gelöscht werden. Bei Teilung oder Fusion von Unternehmen werden die Granule entsprechend kopiert.
Alle Informationen, die die Beziehungen von Beratern und Granulen betreffen, werden in drei *Vergeßkontrollmatrizen* erfaßt. Für die Ungültigkeit werden die Schreibzugriffe durch andere Subjekte gezählt. Um veraltete Granule definieren zu können, wird das jeweilige Verfalldatum der Version 3 gespeichert. Für das Vergessen wird das Datum des letzten Zugriffs erfaßt. Da Informationen nur für die Granule interessant sind, auf deren Firmendatensätze Berater eine Zugriffserlaubnis haben, werden auch nur diese in der Matrix beachtet (Lesbare_Granule$_t \subset G_t$, s.u.).
Es werden folgende neue Schreibweisen verwendet:
unbekannt := -1 und dient zur Initialisierung der Vergeßkontrollmatrizen („Berater sb hat Granul g nicht gelesen").
D := N ist eine Menge von Datumsbezeichnungen d.
BOOL := {falsch, wahr}
GRANULE bezeichnet die Menge aller möglichen Granule.
$G_t \subset$ GRANULE ist die Menge der Granule g zum Zeitpunkt t.
heute $\in$ D bezeichne das jeweils aktuelle Datum (im Sinne einer absoluten Zeitangabe).
Ungültigkeitsgrad $\in \mathbf{N}$ bezeichnet den geforderten Grad der Ungültigkeit, den ein Granul erreichen muß, bevor es als irrelevant gilt.

Vergessensintervall ∈ **N** bezeichnet die Länge des auf einen Zugriff eines Beraters auf ein Granul folgende Zeitintervall, nach dem das Granul als vergessen gilt.
firma$_t$: $G_t \rightarrow F_t$ etikettiert jedes Granul mit genau einem Firmendatensatz.
öffentlich$_t$: $G_t \rightarrow$ BOOL etikettiert ein Granul als öffentlich bekannt bzw. unbekannt.
verfalldatum$_t$: $G_t \rightarrow$ D etikettiert jedes Granul mit genau einem Verfalldatum.

Die Daten sind nun wie folgt organisiert: Auf unterster Ebene liegen die einzelnen Granule. Jedes dieser Granule ist genau einer Firma zugeordnet vermöge der Funktion firma. Alle Granule einer Firma werden zu einem Firmendatensatz f vereinigt. Jeder dieser Firmendatensätze wird einer IKN zugeordnet.

Ein *Systemzustand* ist durch das Tupel (F_t, G_t, firma$_t$, S_t, M_t, IKR$_t$, N_t) gegeben.

Sei Lesbare_Granule$_t$:= {g ∈ G_t | ∀s ∈ SB$_t$, ∀f ∈ F_t mit M_t(lesen)(s, f) = erlaubt: firma$_t$(g) = f}.
Dann sind N_t(p) die *Vergeßkontrollmatrizen*: mit p ∈ {veraltet, vergessen, ungültig} mit folgenden Bedeutungen:
N_t(ungültig): SB$_t$×Lesbare_Granule$_t$ → **N** ∪ {unbekannt}
bezeichnet die Anzahl Schreibzugriffe von anderen Subjekten als sb nach dem letzten Lesen des Granuls g von Berater sb.
N_t(veraltet): SB$_t$×Lesbare_Granule$_t$ → D ∪ {unbekannt}
bezeichnet das Verfalldatum des Granuls g nach dem letzten Zugriff durch den Berater sb.
N_t(vergessen): SB$_t$×Lesbare_Granule$_t$ → D ∪ {unbekannt}
bezeichnet das Datum des letzten Lesens des Granuls g von Berater sb.

Irrelevanz und Vergessen:
Ein Granul g ∈ G_t ist für einen Berater sb ∈ SB$_t$ *irrelevant*, genau dann wenn gilt
      M_t(lesen)(sb, firma$_t$(g)) ≠ erlaubt   (Zugriff nicht erlaubt)
oder N_t(veraltet)(sb, g) = unbekannt   (Granul nicht bekannt)
oder N_t(veraltet)(sb, g) < heute   (Granul veraltet)
oder N_t(ungültig)(sb, g) > Ungültigkeitsgrad (Granul ungültig)
oder öffentlich$_t$(g) = wahr   (Granul öffentlich bekannt).
Ein Firmendatensatz f ∈ F_t ist für einen Berater sb ∈ SB$_t$ genau dann irrelevant, wenn alle Granule g ∈ G_t mit f = firma$_t$(g) für sb irrelevant sind.

Ein Granul $g \in G_t$ gilt für einen Berater $sb \in SB_t$ als *vergessen*, genau dann wenn gilt:

M_t(lesen)(sb, firma$_t$(g)) $\neq$ erlaubt (Zugriff nicht erlaubt)
oder N_t(vergessen)(sb, g) = unbekannt (Granul nicht bekannt)
oder heute - N_t(vergessen)(sb, g) > Vergessensintervall
  (Vergessensintervall überschritten).

Ein Firmendatensatz $f \in F_t$ gilt für einen Berater $sb \in SB_t$ genau dann als vergessen, wenn alle Granule $g \in G_t$ mit $f = $ firma$_t$(g) für Berater sb als vergessen gelten.

Nun muß noch die Definition für sichere Zustandsübergänge angepaßt werden, da Irrelevanzstrategien der beschriebenen Art nach bisheriger Definition unsichere Übergänge darstellen.

Ein Zustandsübergang heißt *sicher* genau dann, wenn die überführende Regel **Axiom A4b** einzelne Werte der Zugriffskontrollmatrix nicht verkleinert, mit der Ausnahme des Falles, daß alle Firmendatensätze aus den IKN der zu verändernden Datensätze für die jeweiligen Berater irrelevant sind.
Axiom A5 Die Regel läßt Zugriffe auf höchstens die Granule zu, für deren zugeordnete Firmendatensätze außerdem der jeweilige Zugriff durch die angegebenen Subjekte erlaubt ist
Das Axiom A3 bleibt unverändert.

Anforderungen von Operationen auf einzelne Granule:
lesen: $S_t \times G_t \rightarrow G_t \cup \{$abgelehnt$\}$:
Subjekt $s \in S_t$ liest Granul $g \in G_t$
schreiben: $S_t \times G_t \times D \times BOOL \rightarrow \{$zugelassen, abgelehnt$\}$:
Subjekt $s \in S_t$ schreibt Granul $g \in G_t$ mit der neuen Aktualitätsdauer $\Delta d \in D$ und dem entsprechenden Etikett ö $\in$ BOOL für öffentlich bekannt.
anlegen: $S_t \times GRANULE \times F_t \times D \times BOOL \rightarrow \{$zugelassen, abgelehnt$\}$:
Subjekt $s \in S_t$ erzeugt Granul gneu $\in$ GRANULE mit der Aktualitätsdauer $\Delta d \in D$ im Firmendatensatz $f \in F_t$ und dem entsprechenden Etikett ö $\in$ BOOL für öffentlich bekannt.
löschen: $S_t \times G_t \rightarrow \{$zugelassen, abgelehnt$\}$:
Subjekt $s \in S_t$ löscht Granul $g \in G_t$

Anforderung der Irrelevanzprüfung bzw. des Vergessens:
vergessen: $SM_t \times SB \times F_t \rightarrow \{$zugelassen, abgelehnt$\}$:
Systemadministrator sm $\in SM_t$ fordert eine Überprüfung des Firmendatensatzes $f \in F_t$ an, ob der Berater $sb \in SB_t$ noch relevantes Wissen über f besitzt. Ist das nicht der Fall, und hat sb Leseerlaubnis für f, so werden bezüglich sb alle Zugriffe auf Firmendatensätze in der IKN von f auf nicht entschieden geändert. Die Anforderung wird nur dann abgelehnt, wenn sb weiterhin rele-

vantes Wissen über f besitzt. Die Antwort zugelassen bedeutet, daß der Berater sb kein relevantes Wissen über f besitzt, was insbesondere solche Firmendatensätze betrifft, für die keine Leseerlaubnis besteht.

Beispiel

Die Vergeßkontrollmatrizen sind mit dem Wert unbekannt initialisiert. Die Systemkonstanten seien wie folgt definiert (Die Elemente aus D bezeichnen Tagesdaten):
Ungültigkeitsgrad := 0 (jeder fremde Schreibzugriff führt zur Ungültigkeit)
Vergessensintervall := 1826 (entspricht fünf Jahren)
Die nächste Anforderung sei zum Datum heute := 100

China-Angestellter legt das Granul „geschäftsführer" an:
Anforderung: anlegen (China-Angestellter, geschäftsführer, China-Öl, 365, wahr)
Damit wird für jede Vergeßkontrollmatrix eine weitere Spalte angelegt, die für jeden Berater mit unbekannt initialisiert wird. Die Informationen über den Geschäftsführer sind öffentlich bekannt, erwartet wird, daß er mindestens ein Jahr im Amt bleibt.
In weiteren Schritten legt derselbe Angestellte auf die gleiche Weise noch die Granule „planung" (1826 Tage oder fünf Jahre Aktualitätsdauer) und „kaffeekasse" (fünf Tage Aktualitätsdauer) an. Beide Granule sind nicht öffentlich.
verfalldatum$_6$(geschäftsführer) = 465,   öffentlich$_6$(geschäftsführer) = wahr;
verfalldatum$_6$(planung) = 1926,   öffentlich$_6$(planung) = falsch;
verfalldatum$_6$(kaffeekasse) = 105,   öffentlich$_6$(kaffeekasse) = falsch;

Interessant ist nun das Wissen von Beratern. Mitarbeiter Schulz liest (heute sei weiterhin gleich 100) in den folgenden Schritten alle drei Granule.
Beim Lesen werden die Werte für das Verfall- und das Lesedatum in die Vergeßkontrollmatrizen (veraltet und vergessen) übernommen. Die Matrix für die Ungültigkeit wird jeweils mit Null initialisiert, d.h. daß nach dem letzten Zugriff noch keine fremden Schreibzugriffe stattgefunden haben.
Im Zustand z_9 sehen die Vergeßkontrollmatrizen dann folgendermaßen aus:
N_9(ungültig)(Schulz, geschäftsführer) = 0   (fremde Schreibzugriffe)
N_9(ungültig)(Schulz, planung) = 0
N_9(ungültig)(Schulz, kaffeekasse) = 0
N_9(veraltet)(Schulz, geschäftsführer) = 465   (Verfalldatum)
N_9(veraltet)(Schulz, planung) = 1926
N_9(veraltet)(Schulz, kaffeekasse) = 105

N_9(vergessen)(Schulz, geschäftsführer) = 100   (Lesedatum)
N_9(vergessen)(Schulz, planung) = 100
N_9(vergessen)(Schulz, kaffeekasse) = 100

China-Angestellter verändert zum Datum heute = 200 das Granul „planung":
Anforderung: schreiben (Park-Angestellter, planung, 1826, falsch)

Zu einem sehr viel späteren Zeitpunkt, angenommen heute = 2000, können die von Schulz gelesenen Granule bezüglich der Irrelevanz und des Vergessens folgendermaßen beurteilt werden:

Irrelevanz:
N_{11}(veraltet)(Schulz, kaffeekasse) = 105 < heute = 2000 (Granul veraltet)
N_{11}(ungültig)(Schulz, planung) = 1 > Ungültigkeitsgrad = 0
 (Granul ungültig)
öffentlich$_{11}$(geschäftsführer) = wahr (Granul öffentlich bekannt)

Vergessen:
heute - N_{11}(vergessen)(Schulz, g) = 1900 > Vergessensintervall = 1826
(Vergessensintervall überschritten für alle drei g ∈ {geschäftsführer, planung, kaffeekasse})

Der Boss fordert das Vergessen für Schulz und die China-Öl an:
Anforderung: vergessen (Boss, Müller, Park-Bank-Nachf.)

Da keine relevante Information von der China-Öl zu ihren Konkurrentinnen (Ewing-Öl und Japan-Öl) fließen kann, können alle Zugriffsbeschränkungen dieser IKN zurückgenommen werden.

5 Zusammenfassung

Das Papier beschreibt ein verallgemeinertes und erweitertes Modell für die Sicherheitsstrategie der chinesischen Mauer. Beliebige Konkurrenz kann modelliert werden, die Beschränkung auf Interessenkonfliktklassen in [3] fällt weg. Durch Operationen auf die Struktur des Systems (Menge der Subjekte, Menge der Firmen, Konkurrenzrelation) wird das Modell dynamisch und kann in der praktischen Anwendung auch solche Sonderfälle wie Teilung oder Fusion von Firmen bearbeiten.

Irrelevanzstrategien vermeiden monoton zunehmende Zugriffsbeschränkungen. Granule, die nicht mehr den modellierten Bestandteilen der realen Welt entsprechen, werden für Interessenkonflikte nicht mehr als relevant betrachtet. Außerdem wurde ein einfaches Vergessen für Subjekte vorgesehen.

Durch die Einführung der vier Klassen von Benutzern (Berater, Firmenangestellte, Systemadministratoren und Statistiker) wird die starke Einschränkung des Schreibzugriffs relativiert, die das ursprüngliche Modell beinhaltet. Nebenbei werden ansatzweise die Forderungen von Clark und Wilson nach „separation of duty" und den „well-formed transactions" erfüllt [4]. Erstere wird durch die Festlegung der unterschiedlichen Aufgaben der vier Klassen erfüllt, die zweite durch das Zusammenspiel der Subjektklassen, der Anforderungen (die bestimmte Subjektklassen voraussetzen) und den Objekten der Operationen (Strukturobjekte für die Systemadministratoren, Datenobjekte für die anderen Klassen).

Die Zugriffskontrolle der Sicherheitsstrategie der chinesischen Mauer ist definitionsgemäß fest vorgegeben (mandatory access control). Durch die Irrelevanzstrategien hält jedoch eine gewisse Eigentümersteuerung Einzug (discretionary access control). Die Eigentümer der Daten, nämlich die Firmen selbst, legen die Aktualitätsdauern der einzelnen Granule fest. Damit können sie zwar nicht bestimmte Personen vom Zugriff ausschließen, aber in Grenzen bestimmen, wie lange ein Berater an die Firma gebunden bleibt.

Literatur

[1] Charles D. Bailey, Forgetting and the Learning Curve: A Laboratory Study, in: Management Science, Vol. 35, No. 3 1989, S. 340-352
[2] David F. C. Brewer, The Corporate Implications of Commercial Security Policies, in: Proceedings of Corporate Computer Security 1989, London 1989, S. 1-27
[3] David F. C. Brewer, Michael J. Nash, The Chinese Wall Security Policy, in: Proceedings of the 1989 IEEE Computer Society Symposium on Security and Privacy, Oakland 1989, S. 206-214
[4] David D. Clark, David R. Wilson, A Comparison of Commercial and Military Computer Security Policies, in: IEEE Symposium on Security and Privacy April 1987, Oakland 1987, S.184-194
[5] Fair Credit Reporting Act vom 26.10.1970, Public Law 91-508
[6] Handelsgesetzbuch vom 10.5.1897 (RGBl. S. 219, BGBl. III 4100-1), zuletzt geändert durch das Rechtspflege-Vereinfachungsgesetz vom 17.12.1990 (BGBl. I S. 2847)
[7] Volker Kessler, On the Chinese Wall Model, in: Y. Deswarte, G. Eizenberg, J. J. Quisquater (Hg.), Computer Security ESORICS '92, Berlin Heidelberg New York etc. 1992, S. 41-54
[8] T. Y. Lin, Chinese Wall Security Policy - An Aggressive Model, in: Proceedings of the 5th Aerospace Computer Security Conference, Tuscon 1989, S. 282-289

Zugriffskontrolle in Konferenzsystemen

Gabriela Gahse

IBM Deutschland Informationssysteme GmbH
Europäisches Zentrum für Netzwerkforschung
Vangerowstr. 18, D-69115 Heidelberg
e-mail: gahse@vnet.ibm.com

Zusammenfassung

Interaktive Anwendungen, wie Textverarbeitungssysteme oder Graphikanwendungen, können im Rahmen computer-unterstützter kooperativer Arbeit (CSCW) mehreren Benutzern gleichzeitig zugänglich gemacht werden. Bei jeder Kooperation gibt ein Partner eigenes Wissen an andere Partner ab, um einem gemeinsamen Kooperationsziel ein Stück näherzukommen. Werden traditionelle Anwendungen, die für einzelne Benutzer ausgelegt sind, in eine Arbeitsplatz-Konferenz eingebracht, so entstehen Sicherheitsrisiken. Personen, die nicht notwendigerweise auf dem lokalen Rechner Zugriffsrechte besitzen, können unter der Identität des Anwendungsinitiators Zugriff auf lokale Daten erhalten. Das lokale Sicherheitsmodell wird außer Kraft gesetzt, da es nicht zwischen den Aktionen des Initiators und denen anderer Konferenzteilnehmer unterscheiden kann.
In diesem Beitrag werden Kriterien aufgestellt, die ein Zugriffskontrollverfahren in Konferenzen integrierter Anwendungen erfüllen muß. Es werden Schnittstellen identifiziert, an denen eine Zugriffskontrolle ansetzen kann. Verschiedene Lösungsvorschläge werden diskutiert und unter Nutzung der aufgestellten Kriterien bewertet. Eine erste Lösung wird vorgestellt, die in heute verbreiteten Unix[1]-Betriebssystemen eingesetzt werden kann. Bei der hier vorgestellten Lösung werden temporäre Kooperationsidentitäten dazu genutzt, den Zugriffsbereich von Anwendungen geeignet einzuschränken.

Schlagworte: *CSCW-Anwendungen, Konferenzsysteme, Application Sharing, Sicherheit, Zugriffskontrolle*

1 Einleitung

Der Erfolg von Kooperationen ist stets an enge Zusammenarbeit zwischen den beteiligten Partnern geknüpft. Dazu ist die Unterstützung des schnellen Informationsaustausches und gemeinsamer Sitzungen notwendig. Gleichzeitig etabliert sich der Markt moderner Netzwerktechnologien. Mit der Verfügbarkeit offener Netz-

---

[1]Unix ist ein eingetragenes Warenzeichen von Novell, Inc.

werksoftware ist auch das Interesse an Produkten zur Durchführung *computerunterstützter kooperativer Arbeit (CSCW)* gestiegen. CSCW-Anwendungen ermöglichen neue Wege der Teamarbeit und sind ein wichtiges Hilfsmittel, die Synergie von Gruppen zu optimieren. So geht der Trend immer weiter weg von traditionellen, individuellen Computerwerkzeugen, hin zu einer gruppenorientierten Softwarewelt [16]. Einen Überblick typischer Eigenschaften von CSCW-Systemen liefern [6, 13].

Arbeitsplatz-Konferenzen, auf die sich dieser Beitrag konzentriert, stellen eine wichtige Gruppe der CSCW-Anwendungen dar. So können Personen, die an einer Konferenz von ihrem Arbeitsplatz aus teilnehmen, die räumliche Distanz zu ihren Kooperationspartnern überwinden, um gemeinsam Dokumente zu besprechen, ggf. Änderungen vorzunehmen oder neue Dokumente zu erstellen. Nicht nur Mehrbenutzer-Editoren, sondern auch traditionelle Anwendungen, die für einzelne Benutzer und nicht speziell für ein Konferenzsystem entwickelt wurden, können in eine Konferenz integriert werden. So kann ein normaler Texteditor von mehreren Benutzern verwendet werden. Gerade bei diesen Anwendungen ist aber ein Zugriff auf schützenswerte Daten durch beliebige Teilnehmer möglich.

Die zunehmende Verbreitung von CSCW-Anwendungen, bedingt durch die Verfügbarkeit hoher Bandbreiten in Rechnernetzen, macht die Notwendigkeit von integrierten Sicherheitskonzepten deutlich. Wie bei den meisten Softwaresystemen standen auch beim Design von Konferenzsystemen Funktionalitätsaspekte im Vordergrund. So ist auch hier eine nachträgliche Integration von Sicherheitskonzepten notwendig.

In der Literatur finden sich einige Beiträge, die sich mit dem Thema Sicherheit in CSCW-Systemen befassen. In [10] werden CSCW-Anwendungen in drei verschiedene Ebenen der Informationssicherheit eingeteilt: Sicherheit der Daten, der Kommunikation und der Inhaltsvermittlung, wobei sich letztere Ebene auf Interpretationsprozesse in sozialen Gruppen bezieht. Dabei steht vor allem das kooperative Arbeiten im Vordergrund. Kooperation ist nach [15] sowohl durch gemeinsame Arbeit als auch durch individuelle Konflikte geprägt. Dieser Konflikt wird auch in [9] aufgegriffen und in einem Gleichgewichtsmodell beschrieben.

Zugriffskontrolle in Arbeitsplatz-Konferenzsystemen wurde in der Literatur bisher nur wenig untersucht. Wir unterscheiden folgende drei Stufen:

- *Zugriff auf eine Konferenz:* Nicht allen potentiellen Benutzern wird der Zugang zu einer Konferenz gewährt. Auch Informationen über eine Konferenz, insbesondere ihre Existenz, darf nicht in jedem Fall öffentlich zugänglich sein.

- *Zugriff innerhalb einer Konferenz:* Hier steht ein Strategiemodell im Mittelpunkt, welches rollenbasiert Konferenzteilnehmern Zugriff auf bestimmte Funktionalitäten und Informationen erteilt.

- *Zugriff auf Informationen der Konferenzteilnehmer:* Teilnehmer bringen private Informationen und Anwendungen in eine Konferenz ein, um miteinander kooperieren zu können. Hier ist es notwendig, den anderen Teilnehmern kontrolliert Zugriff auf eigene Daten zu ermöglichen.

Auf die letzte Stufe konzentriert sich dieser Beitrag. Benutzer sollen die Möglichkeiten erhalten, kontrolliert Informationen in eine Konferenz einbringen zu können. Die Aspekte werden anhand des Unix-Betriebssystems [19] und des X-Window-Systems[2] [18] untersucht. In Abschnitt 2 werden zunächst Varianten der Integration von Anwendungen in eine Konferenz dargestellt. Hierbei stehen traditionelle Anwendungen im Vordergrund, die bei ihrer Entwicklung für einzelne Benutzer ausgelegt sind. Einen Architekturüberblick typischer Konferenzsysteme verschafft Abschnitt 2.2. Zugriffsprobleme, die beim Verteilen einer Anwendung entstehen, werden in Abschnitt 3 diskutiert. In Abschnitt 4 werden Anforderungen definiert, die bei der Entwicklung eines Verfahrens zur Zugriffskontrolle berücksichtigt werden müssen. Schnittstellen, an denen eine Zugriffskontrolle ansetzen kann, werden in Abschnitt 4.2 identifiziert und verschiedene Lösungsvorschläge diskutiert. In Abschnitt 5 schließlich wird ein neues Verfahren vorgestellt, welches einen kontrollierten Zugriff auf Anwendungen ermöglicht. Abschnitt 6 faßt die Konzepte zusammen und gibt einen Ausblick.

2 Arbeitsplatz-Konferenzsysteme

Um eine Vorstellung über den Ablauf einer Arbeitsplatz-Konferenz zu geben, soll hier zunächst ein typisches Szenario vorgestellt werden.

Abb 1: Szenario einer Arbeitsplatz-Konferenz

Eine Konstrukteurin und ein Designer arbeiten räumlich entfernt voneinander am Entwurf eines neues Produkts. Dazu etablieren sie häufig eine Konferenz, um die neuesten Entwürfe unter Nutzung einer CAD-Anwendung miteinander zu besprechen. Die Konstrukteurin eröffnet eine Konferenz und lädt den Designer ein. Dieser akzeptiert die Einladung und tritt damit in die Konfe-

---
[2]Das X-Window-System ist ein eingetragenes Warenzeichen von MIT.

renz ein. Die Partner sehen sich nun gegenseitig und können natürlichsprachlich miteinander kommunizieren. Um nun über ein bestimmtes Problem detaillierter diskutieren zu können, ist es notwendig, eine CAD-Anwendung in die Konferenz zu integrieren. Diese CAD-Anwendung ist lediglich auf dem System der Konstrukteurin lauffähig. Sie bringt sie in die Konferenz ein, wodurch nun beide Teilnehmer die Anwendung bedienen können. Einbringen einer Anwendung in eine Konferenz bedeutet, daß die Ausgaben der Anwendung an beide verteilt werden, sodaß sie genau wissen, was ihr Gegenüber gerade sieht (sogenannte em WYSIWIS-Eigenschaft,What you see is what I see).

2.1 Application Sharing

Für das gemeinsame Arbeiten mit einer Anwendung, auch *Application Sharing* genannt, existieren verschiedene Realisierungsmöglichkeiten:

- Sind Anwendungen speziell für den Einsatz in Konferenzsystemen entwickelt, so werden sie als kooperative Anwendungen oder *Conference Aware*-Anwendungen bezeichnet.

- Traditionelle Anwendungen, die ursprünglich außerhalb von Konferenzsystemen von einzelnen Benutzern verwendet wurden, sind sich der sie umgebenden Kooperation nicht bewußt. Sie werden daher auch *Conference Unaware*-Anwendungen genannt.

Conference Aware-Anwendungen bieten durch ihre Kenntnis der sie umgebenden Kooperation die Möglichkeit, ihre Benutzer beim gemeinsamen Arbeiten zu unterstützen. Beispiele für solche Systeme sind in [12, 4, 11, 14] zu finden. So kann synchronisiert werden, welche Benutzer gerade zu einem Zeitpunkt mit der Anwendung arbeiten können. Token-Mechanismen übernehmen hierzu die Kontrolle. Prinzipiell ist es sogar möglich, daß mehrere Benutzer gleichzeitig Zugriff auf eine Anwendung erhalten. Neben einer Zugriffskontrolle auf die Anwendung, kann eine granulare, flexible Zugriffskontrolle für anwendungsinterne Objekte realisiert werden [17]. In einem Textverarbeitungssystem kann beispielsweise Benutzern Zugriff auf einzelne Textparagraphen oder Textzeilen erteilt werden. Weiterhin ist eine differenzierte benutzer- bzw. rollenspezifische Zugriffskontrolle möglich. Möchte ein externer Teilnehmer in einem Mehrbenutzer-Editor eine private Datei öffnen, so kann ihm dieser Zugriff verwehrt werden.

Bei den traditionellen *Einbenutzer-Anwendungen* ist es nicht möglich, eine solche granulare Zugriffskontrolle anzubieten. Auch kann lediglich ein einzelner Benutzer zu einem Zeitpunkt mit der Anwendung arbeiten. Die Synchronisation der

Teilnehmer, die Zugriffskontrolle auf die Anwendung und die Verteilung der anwendungsspezifischen Nachrichten muß ein Konferenzsystem zur Verfügung stellen. Die Integration traditioneller Anwendungen hat den nicht zu unterschätzenden Vorteil, daß Benutzer weiterhin diejenigen Anwendungen verwenden können, an die sie sich gewöhnt haben.
Viele existierende Konferenzsysteme verfolgen daher einen Ansatz, der eine Integration von Anwendungen unterstützt. Dadurch kann vermieden werden, neue Conference Aware-Anwendungen für Aufgabenfelder entwickeln zu müssen, für welche schon Lösungen existieren. Im folgenden soll daher primär auf Unaware-Anwendungen eingegangen werden, die schlicht als Anwendungen bezeichnet werden.

2.2 Komponenten eines Konferenzsystems

Heutige Konferenzsysteme, wie sie zum Beispiel in [3, 12, 5] entwickelt wurden, lassen sich typischerweise in folgende Komponenten einteilen.

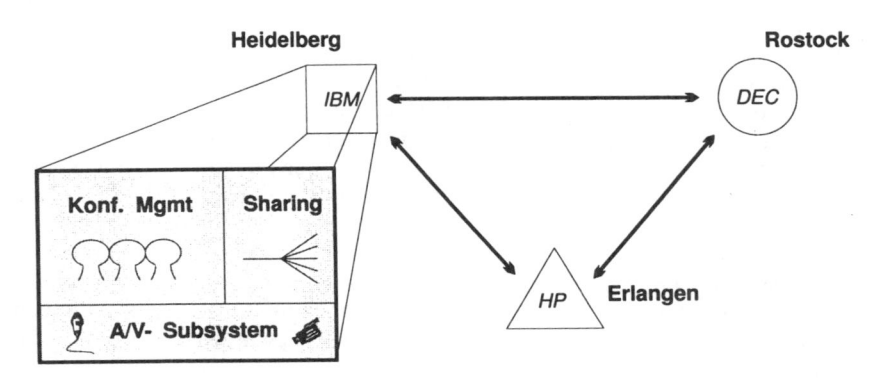

Abb 2: Typische Struktur eines Konferenzsystems

Eine *Conference Management*-Komponente dient der Durchführung und Steuerung von Konferenzen. Zu ihren Aufgaben gehört die Verwaltung der Konferenzteilnehmer, die Koordination und Kontrolle ihrer Aktivitäten und schließlich die Verwaltung gemeinsam genutzter Anwendungen.
Das *Global Conference Directory* ist ein, meist zentral realisiertes, Verzeichnis, in dem statische Informationen, wie z.B. die Aufenthaltsorte von Benutzern oder häufig stattfindende Konferenzen registriert sind.
Application Sharing-Komponenten sind für die Verteilung einer zentralen Anwendung eines Benutzers an alle Teilnehmer verantwortlich. Anwendungsausgaben, insbesondere Ereignisse bzgl. Erzeugung und Modifikation von Graphikobjekten,

werden an alle Teilnehmer weitergeleitet. Eingaben der Teilnehmer werden wiederum als einzelner Eingabestrom der Anwendung zur Verfügung gestellt.
Das *Audio/Video-Subsystem* unterstützt die natürlich-sprachliche Kommunikation der Teilnehmer untereinander mit Bild und Sprache. Sie können sich sehen und gleichzeitig miteinander sprechen.

Abb. 2 zeigt die typische Struktur eines Arbeitsplatz-Konferenzsystems. Das Verteilen einer Anwendung an alle Teilnehmer und die Unterstützung mit Bild und Sprache sind lokale Aufgaben. Die Application Sharing-Komponente und das Audio/Video-Subsystem sind daher dezentral einem jeden Konferenzteilnehmer zugeteilt. Das Conference Directory und die Conference Management-Komponente können dagegen dezentral wie zentral realisiert sein.

3 Sicherheitsproblematik des Application Sharings

Bei jeder Kooperation gibt ein Partner ein Stück eigenen Wissens an andere Partner ab, um einem gemeinsamen Kooperationsziel ein Stück näherzukommen. Durch Application Sharing wird Personen, die nicht notwendigerweise auf dem lokalen Rechner Zugriffsrechte besitzen, Zugriff gewährt. Das *lokale Sicherheitsmodell* wird außer Kraft gesetzt, da es nicht zwischen den Aktionen des Initiators und denen anderer Konferenzteilnehmer unterscheiden kann. So ist es z.B. möglich, daß andere Konferenzteilnehmer über die gemeinsame Anwendung auf das private Mail-Verzeichnis des Initiators zugreifen können. Der Initiator der Anwendung gibt unter Umständen mehr Wissen preis als er möchte und als ihm das lokale Sicherheitsmodell erlauben würde.

Die Integration von Zugriffskontrollverfahren hängt sehr stark vom zugrundeliegenden Sharing-Modell ab. Im Fall von verteilten Aware-Anwendungen, die von vornherein im Hinblick auf mehrere Benutzer entwickelt wurden, gestaltet sich die Realisierung weitaus einfacher als für traditionelle Anwendungen. So kann eine granulare, flexible Zugriffskontrolle sowohl beim Zugriff auf die Anwendung als auch beim Zugriff bestimmter Funktionalitäten innerhalb der Anwendung durchgeführt werden.
Einbenutzer-Anwendungen werden dagegen in der normalen Umgebung eines Benutzer gestartet und laufen weiterhin in dessen Sicherheitsumgebung, zentral auf dessen Rechner, ab. Für das Application Sharing wird nun das Fensterprotokoll zwischen der Anwendung und der Benutzeroberfläche aufgebrochen, um weiteren Benutzern die Arbeit zu gestatten. Dies soll am Beispiel des häufig verwendeten X-Window-Systems erläutert werden.

Die *X-Architektur* [18] basiert auf dem Client/Server-Modell, bei dem die Anwendung als X-Client und der Bildschirm als X-Server agiert. Kommunikation findet über das X-Protokoll statt. Mehrere X-Clients können einem bestimmten X-Server zugeordnet sein, der verschiedene X-Resourcen verwaltet. In Abhängigkeit von der Anwendungsfunktionalität und den Eingaben des Benutzers erzeugt der X-Server graphische Ausgaben, wie z.b. das Öffnen eines Fensters, das Zeichnen eines Kreises oder Löschen von Zeilen.

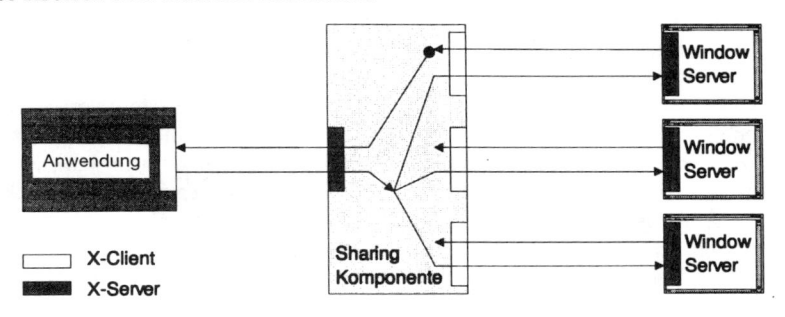

Abb 3: Sharing von X-Anwendungen

Wie in Abb. 3 zu sehen ist, wird beim Application Sharing dem X-Client ein Pseudo-X-Server, nämlich die Sharing-Komponente, vorgeschoben. Die Sharing-Komponente verteilt als Multiplikator die ausgehenden Ströme auf mehrere X-Server. Umgekehrt verhält sich die Sharing-Komponente als Eingabe-Selektor für die verschiedenen X-Server und leitet die Informationen eines ausgewählten X-Servers an die Anwendung weiter. Eine Übersicht der Funktionsweise des Application Sharings findet sich in [1, 2].

Beim Design des X-Protokolls sind Schutzmechanismen nicht ausreichend berücksichtigt worden [8]. Der X-Server verwaltet eine Liste von Rechnern, von denen eine X-Verbindung akzeptiert wird (xhost). Weiterhin kann ein X-Server von X-Clients verlangen, sich ihm gegenüber zu authentisieren (MIT Magic Cookie [18]). Ist eine Verbindung zwischen Client und Server einmal etabliert, so werden keine weiteren Schutzmechanismen zur Verfügung gestellt. So ist es vom X-Window-System nicht vorgesehen, die Kommunikation zwischen X-Client und X-Server zu verschlüsseln. Ein X-Client besitzt nicht die Möglichkeit, einen X-Server zu authentisieren. Es kann lediglich hinter einer bestimmten Verbindung ein dazugehöriger X-Server vermutet werden. Dies kann von der Sharing-Komponente dazu verwendet werden, die Synchronisation der Teilnehmer und damit das Sperren eines bestimmten Eingabe-Stroms durchzuführen. Authentisierung des aufrufenden Servers schafft aber erst die Voraussetzung, die einzelnen Benutzer zu identifizieren und damit eine differenzierte Zugriffskontrolle zu realisieren.

Eine Erweiterung des Industrie-Standards X ist daher sinnvoll. Dies ist insbesondere deshalb wichtig, da durch Application Sharing in Arbeitsplatz-Konferenzen X-Ströme nicht nur im LAN-Bereich, sondern auch in offenen Netzen ausgetauscht werden. So ist es für Außenstehende möglich, einen Teil der Kooperation zu beobachten. Auch eine Modifikation der X-Nachrichten ist denkbar.

Prinzipiell können nur diejenigen Anwendungen in eine Konferenz integriert werden, welche das X-Window-System verwenden. Beispiele dafür sind die weit verbreiteten Rechenwerkzeuge, die bei einer Integration als weniger kritisch anzusehen sind, da mit ihrer Hilfe nicht auf persönliche Daten zugegriffen werden kann. Komplexere Anwendungen, wie Textverarbeitungssysteme oder Graphikanwendungen, bieten dagegen die Möglichkeit, im lokalen System verschiedene Dateien zu öffnen bzw. zu schreiben. Dabei sind nicht nur die Daten des Initiators einer Anwendung, sondern auch Daten Dritter, welche dem Initiator Zugriff gewähren, betroffen. Die Integration neuer Terminalfenster (XTerm) verschafft direkten Zugang zum Betriebssystem. Anwender können hier alles das tun, was der Besitzer des Fensters, d.h. die dazugehörige Identität, auf dem lokalen System befähigt ist. So können alle privaten Daten gesichtet werden, Änderungen vorgenommen und Informationen gelöscht werden.
Die Anwendung kann hier keine Zugriffskontrolle durchführen, da sie dafür nicht ausgelegt ist. Diese Kontrolle muß das Konferenzsystem übernehmen, welches auch das gemeinsame Nutzen einer Anwendung gestattet.

4 Integration von Zugriffskontrollmechanismen

Dieser Abschnitt wendet sich der Entwicklung von Zugriffskontroll-Mechanismen zu, die eine sichere Integration traditioneller Anwendungen in eine Konferenz ermöglichen sollen. Es werden zunächst Ziele aufgestellt, die bei der Realisierung der Zugriffskontrolle berücksichtigt werden müssen. Weiterhin werden verschiedene Schnittstellen identifiziert, an denen eine Lösung angesetzt werden kann. Verschiedene Möglichkeiten einer Zugriffskontrolle werden diskutiert und schließlich ein konkretes Verfahren vorgestellt.

4.1 Anforderungen an Zugriffskontroll-Mechanismen

Zunächst soll untersucht werden, unter welchen Voraussetzungen und mit welchen Zielen die Zugriffskontrolle idealerweise durchgeführt werden soll. Zugriffskontrolle für Application Sharing in CSCW-Umgebungen muß bei der Realisierung vor allem folgende Anforderungen beachten:

- *Explizite Vergabe von Rechten:*
  Informationen, die in eine Konferenz einbracht werden können, müssen explizit durch die Besitzer der Informationen für ihre Benutzung freigeben werden. Daten Dritter, zu denen Zugriff besteht, dürfen, soweit es die

Sicherheitsmechanismen des Betriebssystems erlauben, nicht weitergereicht werden. Ein vollständiger Schutz ist hierbei in heutigen Systemen allerdings nicht möglich.

Externen Benutzern sollen Rechte nicht entzogen, sondern – ausgehend von minimalen Rechten – explizit vergeben werden.

- *Anwendungen müssen wie Daten explizit freigegeben werden:*
  Anwendungen sollen wie andere Daten behandelt werden. Verantwortliche Benutzer und Systemadministratoren müssen festlegen, welche Anwendungen für Application Sharing in Frage kommen.

- *Nicht-Beeinflussung unbeteiligter Benutzer:*
  Lokale Benutzer, die evtl. an der Kooperation unbeteiligt sind, sollen von zu treffenden Zugriffskontrollmaßnahmen durch die integrierte Anwendung unbeeinflußt bleiben.

- *Nachvollziehbarkeit der Zugriffsbereiche:*
  Zugriffsbereiche für Konferenzteilnehmer müssen klar bestimmbar und nachvollziehbar abgelegt werden. Auch Dritte sollen die Möglichkeit haben, zu erfragen, welche Daten, zu denen sie Zugriff haben, auch extern in Konferenzen verfügbar sind.

- *Definition von Zugriffsrechten in Abhängigkeit der Kooperation:*
  Zugriffsrechte sollen in Abhängigkeit der beteiligten Teilnehmer und der genutzten Anwendung definiert werden können.

- *Verwendung heute im praktischen Einsatz befindlicher Systeme:*
  Die Bereitschaft in sichere Systeme zu investieren, steigt mit ihren geringeren Kosten. Das Verfahren, welches die Zugriffskontrolle ermöglicht, soll sich nach häufig verwendeten Systemen richten und nicht Spezialsysteme erfordern. Nur so kann Praktikabilität erreicht werden.

Dies sind Forderungen an ein Verfahren der Zugriffskontrolle. Im folgenden Abschnitt werden verschiedene Lösungsansätze mit Hilfe dieser Kriterien bewertet.

4.2 Lösungsansätze

Es gibt verschiedene Schnittstellen in einem Konferenzsystem, welche dazu geeignet sind, den Zugriff externer Anwender auf lokale Daten zu kontrollieren. Im folgenden werden verschiedene Lösungsansätze diskutiert, welche die Benutzung mit heutigen, im praktischen Einsatz befindlichen Betriebssystemen (z.B. Unix) und Window-System (z.B. X) weiterhin ermöglichen. Dabei wird davon ausgegangen, daß die Benutzer, bzw. ihre X-Server, beispielsweise durch die Application Sharing-Komponente authentisiert werden können.

Abb. 4 zeigt verschiedene Schnittstellen, an denen eine Zugriffskontrolle ansetzen kann. Im unteren Bereich sind dabei gleichzeitig Lösungsmöglichkeiten dargestellt.

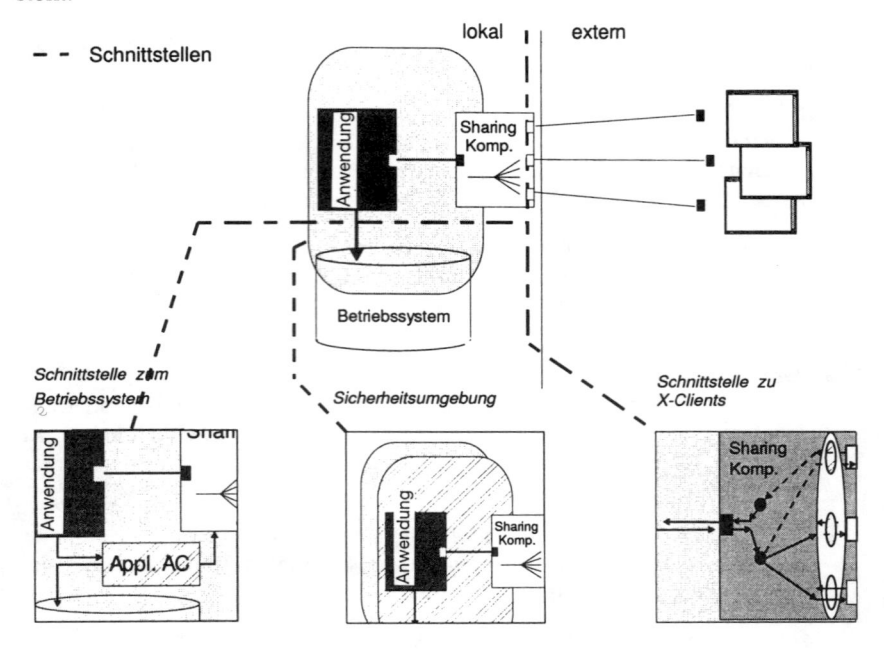

Abb 4: Mögliche Lösungsansätze

4.3 Zugriffskontrolle an der Schnittstelle der X-Clients

Eine Möglichkeit, ein Verfahren zur Zugriffskontrolle zu realisieren, ist bei den Eingaben einer Anwendung anzusetzen. Sie können benutzerspezifisch differenziert werden. Dies kann an der Schnittstelle zu den verschiedenen X-Clients erfolgen. An den Nachrichten des X-Servers läßt sich leider nur sehr schwer die Semantik der X-Ereignisse für die Anwendung erkennen. Um beispielsweise eine Datei zu öffnen, stehen verschiedene Möglichkeiten zur Verfügung. So kann ein X-Server die Ereignisse `SelectNotify(<dateiname>)` und `ButtonPress(<button_id>)` dem X-Client übergeben. Lediglich die Anwendung kann aber dem Bezeichner `button_id` die Bedeutung, eine Datei zu öffnen, zuordnen. Auch die Sequenz der X-Ereignisse ist dabei entscheidend. Ohne genaue Kenntnis der Anwendung ist es daher unmöglich, eine Interpretation der X-Ströme vorzunehmen. Dies kann lediglich von einer Aware-Anwendung erfüllt werden.

Soll Zugriffskontrolle an der Schnittstelle zu den X-Clients angesetzt werden, so kann lediglich einzelnen Benutzern bestimmte X-Ereignisse verwehrt werden. Eine Zugriffskontrolle auf der Ebene des Zugriffs auf Dateien ist nicht möglich. Dieses *benutzerbasierte Filtern* von X-Nachrichten entspricht einem Versuch, eine spezifische Unaware-Anwendung in eine gewisse Aware-Schale zu betten. Dies setzt aber zum einen die genaue Kenntnis der Anwendung voraus. Zum anderen ist es ein zu hoher Aufwand, für jede Anwendung die Zugriffskontrolle entsprechend anzupassen. Da anwendungsunabhängig *kein generisches Verfahren* für eine solche Einbettung entwickelt werden kann, ist eine Zugriffskontrolle vor die eigentliche Anwendung, nämlich in die Application Sharing-Komponente zu integrieren, nicht praktikabel.

4.4 Zugriffskontrolle an der Schnittstelle zum Betriebssystem

Eine Zugriffskontrolle kann auch an der Schnittstelle der Anwendungen zum Betriebssystem ansetzen. Die Idee dieses Lösungsvorschlags ist es, die Architektur um eine zusätzliche Komponente, wie sie in Abb. 4 links unten zu sehen ist, zu erweitern. Die Anwendung greift nun nicht direkt auf das Dateisystem zu, sondern auf eine vorgeschobene Komponente *Application Access Control*, welche eine rollenbasierte Zugriffskontrolle unter Nutzung eigener Access Control-Listen vornimmt. Da diese Komponente mit Hilfe der Betriebssystemaufrufe der Anwendung den tatsächlichen Auftraggeber nicht kennen kann, informiert sie sich bei der Application Sharing-Komponente. Dazu muß die Application Sharing-Komponente allerdings wiederum die Voraussetzung liefern, die verschiedenen X-Server zu identifizieren und die Information der Application Access Control-Komponente zur Verfügung zu stellen.

Sind diese Voraussetzungen erfüllt, so kann eine fein gesteuerte Zugriffskontrolle durchgeführt werden. Denkbar ist, daß Zugriffsstrategien für Konferenzteilnehmer definiert werden. So können alle Partner lediglich lesend auf Informationen zugreifen, zu denen der Initiator der Anwendung Zugriffsrechte besitzt. Dieser kann seine ursprünglichen Rechte weiterhin halten. Auch kann es möglich sein, einzelnen Personen individuelle Rechte zuzuweisen.
Die Schwierigkeit dieses Lösungsvorschlags besteht allerdings darin, die Schnittstelle zum Betriebssystem zu *identifizieren* und ein geeignetes Zusammenspiel mit den ursprünglichen Zugriffskontrollverfahren zu entwickeln.

4.5 Dynamische Umsetzung der Sicherheitsumgebung

Eine andere Möglichkeit, ein Verfahren zur Zugriffskontrolle anzusetzen, ist, die Sicherheitsumgebung zu ändern. Eine Anwendung läuft im Normalfall in der Sicherheitsumgebung ihres Initiators und besitzt dessen Zugriffsrechte auf Dateien im lokalen System. In Abhängigkeit des Benutzers, der gerade die Anwendung verwendet, soll nun dynamisch auf eine andere Sicherheitsumgebung umgeschaltet werden. Dies ermöglicht eine differenzierte Zugriffskontrolle. Das Betriebssystem muß eine solche dynamische Umsetzung allerdings unterstützen. Die heute überwiegend im Einsatz befindlichen Betriebssysteme bieten jedoch *nicht* die Möglichkeit, die Sicherheitsumgebung dynamisch zu wechseln. Auch dieser Ansatz muß daher verworfen werden. Eine Realisierung ist dann möglich, wenn z.B. Capability-basierte Systeme, wie z.B. Hydra [7], zum Einsatz kommen.

Ein Konzept, welches den Zugriff auf die Anwendung ermöglicht, ohne den Benutzern unterschiedliche Zugriffsrechte zu gewähren, ist, die Anwendung in einer Sicherheitsumgebung mit geringeren Befugnissen laufen zu lassen. Dies soll im folgenden Abschnitt ausführlich diskutiert werden.

5 Zugriffskontrolle durch temporäre Identitäten

In diesem Abschnitt soll eine konkrete Lösung für das Problem der Zugriffskontrolle beim Application Sharing vorgestellt werden, die versucht, den oben genannten Zielen gerecht zu werden. Das Verfahren ähnelt dem Lösungsansatz, die Sicherheitsumgebung dynamisch umzuschalten, wie er im vorigen Abschnitt diskutiert wurde. Hier stellt allerdings das lokale Konferenzsystem einem Benutzer, der eine traditionelle Anwendung in eine Konferenz einbringen möchte, eine *neue Benutzeridentität* für die Lebenszeit der Anwendung *temporär* zur Verfügung, die anstelle der ursprünglichen eingesetzt wird. In dessen Umgebung wird die Anwendung gestartet und kann, in der Konferenz verteilt, von allen Konferenzteilnehmern genutzt werden.
Werden implizit durch die Anwendung weitere Anwendungen gestartet, so laufen auch diese in der restriktiven Sicherheitsumgebung ab. Im Unterschied zum vorigen dynamischen Ansatz kann hier keine Umschaltung der Sicherheitsumgebung stattfinden. Die beteiligten Benutzer haben demnach alle *dieselben Rechte* bei der Nutzung der gemeinsamen Anwendung.
Die neue Identität wird so mit Zugriffsrechten ausgestattet, daß keiner der Konferenzteilnehmer bei der Nutzung der Anwendung unberechtigt auf Daten des lokalen Systems zugreifen kann. Diese minimalen Zugriffsrechte können z.B. durch einen Systemadministrator initial gesetzt werden. Aber auch der Initiator der Anwendung und andere lokale Benutzer, die eventuell nicht an der Konferenz teilnehmen, erhalten die Möglichkeit, der temporären Identität Zugriffsrechte auf ihre eigenen Daten zu erteilen.

Zur einfachen Beschreibung der Zugriffsrechte können sogenannte *Kooperationsumgebungen* lokal definiert werden, welche durch das Konferenzsystem in die reale Sicherheitsumgebung der temporären Identität überführt werden. Im folgenden werden Kooperationsumgebungen genauer betrachtet, die sowohl kurzfristige als auch häufig stattfindende Konferenzen unterstützen können. Es wird darauf eingegangen, wie und wann neue temporäre Identitäten generiert werden und welche Aufgaben das Konferenzsystem für die Integration von Anwendungen übernehmen muß.

5.1 Definition von Kooperationsumgebungen

Kooperationsumgebungen sollen helfen, die Vergabe von Rechten auf lokale Informationen einfach zu beschreiben. Unter *Kooperation* wird hierbei immer der Zusammenhang einer Anwendung, den beteiligten Benutzern und einem gemeinsamen Ziel verstanden. Die Anwendung und das *Kooperationsziel* sind relevant, da in unterschiedlichen Konferenzen zwar dieselben Anwendungen eingebracht werden können, ihre Sicherheitsansprüche aber divergieren können. Wird beispielsweise ein Editor gestartet, so muß der Zugriff auf Objekte restriktiver sein als bei einer Postscript Previewer-Anwendung, bei der lediglich Postscript-Dateien betrachtet werden können.

Auch die *potentiellen Teilnehmer* in einer Kooperation sind bei der Angabe einer Kooperationsumgebung wichtig. So muß eine Sicherheitsumgebung enger gefaßt werden, falls Benutzer mit eingeschränkten Rechten an der Kooperation partizipieren.

Viele Konferenzen werden auf dieselbe Weise und mit denselben Anwendungen etabliert. Hier ist es wünschenswert, jederzeit auf dieselbe Sicherheitsumgebung aufsetzen zu können. Es werden *Kooperationsumgebungen* definiert, welche die Bewegungsfreiheit einer Anwendung in einer Konferenz beschreiben können. Eine Kooperationsumgebung umfaßt:

Members: Potentielle Benutzer, welche an der Kooperation teilnehmen dürfen, gehören der Member-Liste an. Dies können sowohl lokale als auch externe, im Conference Directory registrierte Benutzer sein.

Administrators: Administratoren sind lokale Benutzer, welche die Struktur der Kooperationsumgebung mitbestimmen können. Sie dürfen eine Kooperationsumgebung verändern und sind i.a. in der Member-Liste aufgeführt.

Object Access List (OAL): Benutzer, die als Administratoren aufgeführt sind, können eine Liste von Objekten angeben, auf welcher die in der Member-Liste vertretenen Benutzer über eine temporäre Identität mit definierten Rechten zugreifen dürfen. Unter einem *Objekt* werden hierbei allgemein Dateien, Verzeichnisse oder Anwendungen des lokalen Systems verstanden.

Diese Object Access Listen können auch anwendungsspezifische Konfigurationsdateien enthalten. Weiterhin sind all diejenigen Dateien aufgezählt, auf welche die Anwendung im Auftrag eines Benutzers innerhalb der Kooperation zugreifen darf.

Log-File: Änderungen der Administratoren an der Kooperationsumgebung werden in einem Log-File protokolliert.

Häufig können Konferenzen nicht schon auf bestehende, bereits definierte Kooperationsumgebungen aufsetzen. Wird eine Kooperationsumgebung erstmalig etabliert, so stellt das Konferenzsystem hierfür eine neue Kooperationsumgebung mit geringen Rechten zur Verfügung. Diese kann den aktuellen Wünschen entsprechend dynamisch, während der Kooperation, von den Administratoren angepaßt werden. Der Initiator einer Anwendung agiert dabei gleichzeitig als Administrator einer Kooperationsumgebung und kann eigene Informationen der Kooperationsidentität zur Verfügung stellen. Um das Konzept der Kooperationsumgebungen zu verdeutlichen, wird nochmals auf das einfache Beispiel aus dem Konstruktionsbereich zurückgegriffen.

Die Konstrukteurin und der Designer bedienen sich häufig einer Konferenz, um die neuesten Entwürfe eines Produkts unter Nutzung einer CAD-Anwendung miteinander besprechen zu können. Die Konstrukteurin bringt dazu die Anwendung in die Konferenz ein. Sie möchte allerdings dem Designer nur den Zugriff auf Daten des gemeinsamen Projektes ermöglichen. Dazu definiert sie eine Kooperationsumgebung `bike` (siehe Abb. 5).

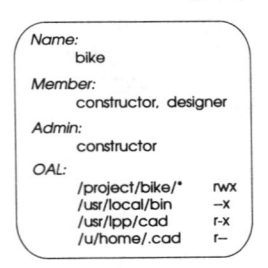

```
Name:
    bike
Member:
    constructor, designer
Admin:
    constructor
OAL:
    /project/bike/*      rwx
    /usr/local/bin       --x
    /usr/lpp/cad         r-x
    /u/home/.cad         r--
```

Abb 5: Beispiel einer Kooperationsumgebung

Kooperationsumgebungen sind lokale Informationen, die lediglich dazu verwendet werden, einer Anwendung, die in eine Konferenz eingebracht werden soll, eine Sicherheitsumgebung zur Verfügung zu stellen. Sie dürfen allerdings nicht nach außen veröffentlicht werden, da die Information, welche Kooperationen mit welchen Partner stattfinden, schützenswert sein können. Kooperationsumgebungen sollen daher in einem Bereich des Dateisystems abgelegt werden, zu dem nicht-privilegierte Benutzer keinen Zugriff haben.

Jedes lokale System besitzt eine Komponente *Identity Manager*, welche für die Verwaltung von temporären Identitäten verantwortlich ist. Zu ihren Aufgaben zählt:

- das Bereitstellen von Hilfsmitteln zur Generierung von Kooperationsumgebungen und deren Verwaltung,

- die Generierung von temporären Identitäten und die Verwaltung der Beziehung zwischen temporärer Identität und Initiator einer Anwendung innerhalb einer Konferenz,

- die Umsetzung der Kooperationsumgebung auf die Zugriffskontrollverfahren des lokalen Betriebssystems,

- und schließlich das Zurücksetzen zum ursprünglichen Zustand nach Terminieren unnötiger temporärer Identitäten.

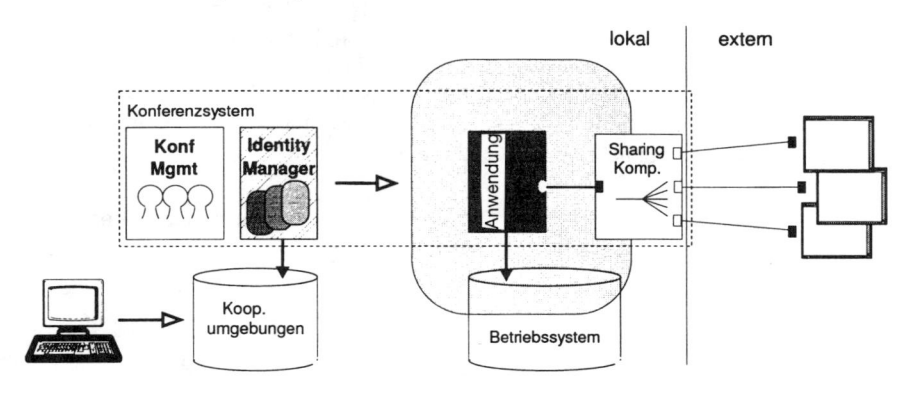

Abb 6: Generierung temporärer Identitäten

Abb. 6 zeigt die Einbettung des Identity Managers in die Architektur des Konferenzsystems. Der Identity Manager hat Zugriff auf eine Datenbasis, in der Kooperationsumgebungen sicher abgelegt sind. Wird eine temporäre Identität benötigt, so setzt er eine bestimmte Kooperationsumgebung in die entsprechende Sicherheitsumgebung um und ordnet diese einem Account zu. Benutzer des lokalen Systems haben die Möglichkeit, Kooperationsumgebungen zu beschreiben.

5.2 Hierarchie von Kooperationsumgebungen

Viele der definierten Kooperationsumgebungen unterscheiden sich nur in geringem Maße voneinander. So treffen häufig dieselben Personen in einer Konferenz zusammen, verwenden aber beispielsweise verschiedene Anwendungen. Auch die Kooperationsinhalte und damit die Notwendigkeit, eigene Informationen zu veröffentlichen, können sich leicht verschieben. Daher liegt es nahe, die Kooperationsumgebungen in einem gewissen Rahmen hierarchisch zu ordnen, um ihre Definition zu erleichtern.

In einige Bereiche des lokalen Dateisystems kann ein temporärer Account jederzeit zugreifen. Dazu gehören beispielsweise das eigene Home-Verzeichnis und einige weitere unkritische Abschnitte. Für diese wenig sicherheitsrelevante Umgebung stellt das System eine vordefinierte Kooperationsumgebung ROOT_COOP_ENV zur Verfügung, die alles das beinhaltet, was eine temporäre Identität zwingend benötigt und unbeachtet nutzen kann. Bezüglich der Teilnehmer an einer solchen Kooperation sind keine Restriktionen gebunden, die Member-Liste hat hier keinerlei Bedeutung.

Alle weiteren Kooperationsumgebungen lassen sich von dieser Wurzel ROOT_COOP_ENV aus ableiten, was zu einer Hierarchie von Kooperationsumgebungen führt. Verzweigungen in der Hierarchie kommen durch verschiedene Projekte, Anwendungen, Partner und unterschiedliche Ziele zustande. Eine mögliche Hierarchie von Kooperationsumgebungen ist in Abb. 7 gegeben. Die Bildung einer neuen Kooperationsumgebung ist allerdings erst dann sinnvoll, wenn die definierte Umgebung häufige Verwendung findet.

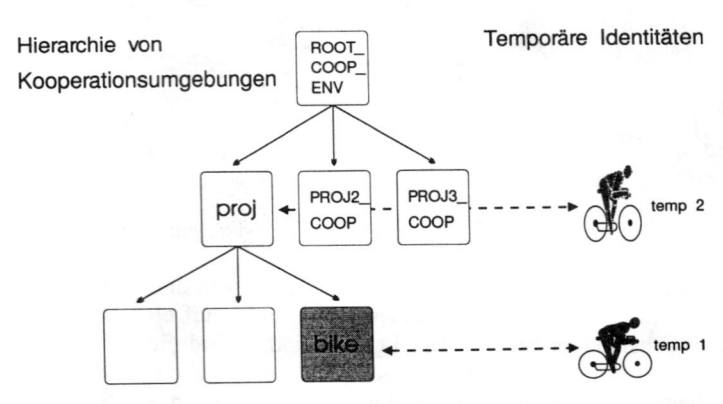

Abb 7: Hierarchie von Kooperationsumgebungen

Beim Starten einer Anwendung liefert der Initiator dem Konferenzsystem das gewünschte Kooperationsziel `coop_goal` und die tatsächliche Teilnehmerliste `user_list` mit:

StartApplication (application, coop_goal, user_list, ...)

Das Kooperationsziel, welches i.a. eine Kooperationsumgebung darstellt, wirkt damit wie eine Rolle, welche die Anwendung in der Konferenz einnimmt. Über diese Rolle sind ihre Zugriffsrechte und damit ihre Sicherheitsstufe definiert. Hierzu nochmals ein Beispiel.

> Die Konstrukteurin startet die CAD-Anwendung und ordnet ihr das gewünschte Kooperationsziel bike zu:
>
> StartApplication(cad,bike,{constructor,designer}..)
>
> Der Identity Manager generiert daraufhin einen neuen temporären Account temp und ermöglicht ihm in Abhängigkeit des lokalen Betriebssystems den Zugriff auf die in bike definierten Objekte. Die CAD-Anwendung wird nun gestartet und an beide Teilnehmer verteilt.

5.3 Bestimmung der aktuellen Kooperationsumgebung

Aus der Kooperationsumgebung wird nun der eigentliche temporäre Account beim Starten einer Anwendung gebildet. Dazu muß zunächst in Abhängigkeit des Kooperationsziels, der Anwendung und der teilnehmenden Benutzer die aktuelle Kooperationsumgebung, die für die Anwendung gelten soll, durch das Konferenzsystem bestimmt werden.

Die Member-Liste stellt eine Menge von Benutzern dar, welche an Kooperationen in dieser Sicherheitsumgebung teilnehmen können. Sind nun beim Starten einer Anwendung in der Liste der tatsächlichen Teilnehmer Personen aufgeführt, die nicht in der Member-Liste der Kooperationsumgebung enthalten sind, so muß eine neue Kooperationsumgebung bestimmt werden, die sozusagen die *Minimalrechte aller beteiligten Benutzer* darstellt. Sie kann ermittelt werden, in dem der Hierarchiebaum der Kooperationsumgebungen weiter zur Wurzel hin durchsucht wird, mit dem Ziel, eine gemeinsame Umgebung für alle Beteiligten und damit sozusagen eine Rolle für die Anwendung mit geringerer Sicherheitsstufe zu finden. Die Kooperationsumgebung ROOT_COOP_ENV stellt dabei die kleinste mögliche Umgebung dar und ist zugleich gemeinsame Umgebung aller lokaler wie auch externer Benutzer.

Genauso wird mit der genannten Anwendung vorgegangen. Ist es in der definierten Kooperationsumgebung nicht möglich, die bei StartApplication bestimmte Anwendung auszuführen, so muß eine Kooperationsumgebung gefunden werden, die diese Bedingung erfüllt. Die Anwendung wird somit als ein Element der Kooperation angesehen. Der Identity Manager hat die Aufgabe, für alle Elemente einer Kooperation eine Umgebung zu finden, die den einzelnen Sicherheitsansprüchen genügt.

In unserem Beispiel nehmen wir nun an, daß ein zusätzlicher Spezialist teilnimmt, der Auskunft über bestimmte Rahmenformen geben soll. Der Benutzer `specialist` ist nun allerdings nicht als potentieller Teilnehmer in der Kooperationsumgebung `bike` eingetragen und kann in dieser Umgebung nicht an der CAD-Anwendung teilnehmen. Der Identity Manager überprüft die Member-Liste von `bike`, findet dort nicht alle Konferenzteilnehmer. Daher sucht er in der Hierarchie der Kooperationsumgebungen, wie sie aus Abb. 7 zu sehen ist, weiter und findet dort `proj`, in der alle drei Benutzer eingetragen sind. Er generiert daher eine Identität `temp` in einer Sicherheitsumgebung, die `proj` entspricht und die der CAD-Anwendung geringere Zugriffsmöglichkeiten einräumt.

Nachträgliches Eintreten und *vorzeitiges Verlassen* einer Konferenz führt zu einer neuen Situation. Wird ein weiterer Benutzer in eine Konferenz aufgenommen, kann dieser nicht in jedem Fall mit allen bereits etablierten Anwendung arbeiten. Ist er nicht als Member in der dazugehörigen Kooperationsumgebung registriert, so müßte die Anwendung in einer geringeren Sicherheitsumgebung, d.h. in einer Kooperationsumgebung, die in der Hierarchie näher an der Wurzel liegt, laufen. Da Sicherheitsumgebungen nicht dynamisch geändert werden können, muß der Benutzer von diesen Kooperationen ausgeschlossen bleiben.
Genauso kann beim Verlassen eines Teilnehmers mit geringerer Sicherheitsstufe nicht in eine höhere umgesetzt werden. Die verbleibenden Teilnehmer der Anwendung bleiben in der ursprünglichen Sicherheitsumgebung. Gegebenfalls muß die Anwendung neu gestartet werden, um einen Wechsel zu ermöglichen.

5.4 Realisierung der Kooperationsumgebung

Um temporäre Identitäten realisieren zu können, ist die Umsetzung der definierten Kooperationsumgebungen auf Verfahren der Zugriffskontrolle des lokalen Betriebssystems notwendig. Die bisherige Vorgehensweise abstrahiert davon weitgehenst. Gehen wir im folgenden vom Betriebssystem Unix [19] aus, so ist dabei zu berücksichtigen, daß nicht Subjekten –wie Benutzeridentitäten, Prozessen oder Gruppen von ihnen – Zugriffsrechte auf Objekte zugeteilt werden (Capability-Ansatz). Hier wird den Objekten – Dateien, Verzeichnisse oder Anwendungen und Geräte – eine Berechtigungsliste mitgegeben, die aus den Zugriffsrechten des Besitzers und einer Besitzergruppe besteht. Das Objekt kann damit implizit die Zugriffsrechte überprüfen (Access Control Listen).
Unix gestattet es dabei nicht, einem Objekt gleichzeitig mehrere Subjekte oder Gruppen zuzuteilen. Die Steuerung einer gemeinsamen Nutzung von Objekten ist damit erschwert.

Um die Benutzer des lokalen Systems nicht zu beeinflussen, ist es daher notwendig, Objekte als *Kopie* der temporären Identität zur Verfügung zu stellen. Die Kopien können in einem speziellen Verzeichnis oder mit bestimmter Kennzeichnung abgelegt werden. Sie werden so mit Zugriffsrechten für die temporäre Identität ausgestattet, wie es in der dazugehörigen Kooperationsumgebung definiert ist. Konsistenzprobleme, die zwischen Kopie und Original während der Kooperation entstehen können, müssen beim Terminieren des temporären Accounts gelöst werden.

Das Anlegen von Kopien für die Realisierung einer Kooperationsumgebung kann sehr aufwendig sein. Daher muß nach weiteren Lösungen gesucht werden. Einige Betriebssysteme stellen weitergehende Zugriffsmöglichkeiten zur Verfügung. So existieren im Unix-System AIX[3] *erweiterte Access Control Listen*, mit deren Hilfe eine sehr feine Zugriffskontrolle vorgenommen werden kann. Für dieses System kann ein Identity Manager einem temporären Account die in der Kooperationsumgebung definierten Rechte direkt zuweisen.
Eine Realisierung temporärer Accounts ist in Unix prinzipiell möglich. Systeme mit erweiterten Access Control Listen, wie auch Systeme, die Zugriffskontrolle mit Capabilities realisieren, erleichtern jedoch die Umsetzung der Kooperationsumgebungen erheblich.

6 Fazit

In diesem Beitrag wurde ein neuer Ansatz zur Lösung der Zugriffskontrolle beim Application Sharing in Arbeitsplatz-Konferenzsystemen vorgestellt. Die grundsätzliche Problematik besteht darin, daß im Rahmen von Application Sharing externen Benutzern der Zugriff auf das lokale Dateisystem ermöglicht wird. Das Einbringen von Anwendungen in eine Konferenz beinhaltet damit ein erhebliches Sicherheitsrisiko.

Ein Verfahren, welches Zugriffskontrolle auf das lokale System gewährleisten soll, muß verschiedene Anforderungen erfüllen. Dazu zählt neben der expliziten Vergabe von Rechten an die Konferenzteilnehmer vor allem die Nicht-Beeinflussung lokaler Benutzer. Benutzer sollen nachvollziehen können, welche ihrer Daten extern verfügbar sind. Weiterhin soll das Verfahren praktikabel sein und in heute verbreiteten Systemen eingesetzt werden können. Dazu muß es die Möglichkeit geben, die Zugriffskontrolle, generisch, d.h. unabhängig von der Anwendung, durchzuführen, sodaß nicht für jede einzelne Anwendung ein eigenes Verfahren entwickelt werden muß.

---
[3] AIX ist ein eingetragenes Warenzeichen der IBM Corporation.

Dieser Beitrag konzentriert sich auf Unix-basierte Systeme, die ihre Anwendungen mit Hilfe des X-Window-Systems auf dem Bildschirm darstellen. Schnittstellen, an denen eine Zugriffskontrolle in einem Konferenzsystem ansetzen kann, wurden identifiziert. Ergebnis dieser Analyse ist, daß die einfachste Lösung darin besteht, die Anwendung in einer eigenen Sicherheitsumgebung und unter der Identität des Initiators ablaufen zu lassen.

Dazu wird vom Konferenzsystem eine temporäre Benutzeridentität mit definierten Zugriffsrechten zur Verfügung gestellt. Die Rechte, die diese Identität auf dem lokalen System besitzt, können über Kooperationsumgebungen definiert werden. Einer temporären Identität und damit implizit einer Anwendung wird eine bestimmte Kooperationsumgebung zugeteilt. So kann rollenbasiert auf eine schon definierte Sicherheitsumgebung zurückgegriffen werden.

Lokale Kooperationsumgebungen sind hierarchisch geordnet. Diese Vorgehensweise vereinfacht ihre Definition und das Auffinden einer geeigneten Umgebung. Nehmen an einer Konferenz Benutzer einer geringeren Zugriffsrechten teil, so wird eine Kooperationsumgebung mit restriktiveren Rechten eingestellt.

Das in diesem Beitrag vorgestellte Verfahren zur Zugriffskontrolle läßt sich anwendungsunabhängig realisieren, d.h. es können beliebige Anwendungen unter Verwendung der Zugriffskontrollmaßnahmen in eine Konferenz integriert werden. Die Konferenzteilnehmer besitzen dabei alle dieselben Rechte.

Das Verfahren ist insoweit generisch, daß lediglich die Abbildung der Kooperationsumgebungen auf die Zugriffskontrollverfahren des zugrundeliegenden Betriebssystems zugeschnitten werden. In Unix müssen dabei Kopien von Dateien angelegt werden, da nicht die Möglichkeit besteht, verschiedenen Benutzergruppen Rechte auf ein Objekt zu erteilen. Mit Hilfe erweiterter Access Control Listen, wie sie z.B. in AIX zur Verfügung stehen, können einzelnen Benutzern und Benutzergruppen Rechte zugewiesen werden. Die meisten heute im Einsatz befindlichen Betriebssysteme sind allerdings nicht flexibel genug, um eine solche Realisierung zu ermöglichen.

Der Einsatz Capability-basierter Systeme, die einzelnen Identitäten Zugriffsrechte auf Objekte zuweisen, kann die Realisierung von Kooperationsumgebungen stark vereinfachen. Hiermit wird auch eine benutzerspezifische Zugriffskontrolle ermöglicht. Das vorgestellte Anwendungsumfeld macht deutlich, daß heutige Betriebssystemarchitekturen, wie Unix, für die Sicherheitsanforderungen verteilter, offener Systeme eher ungeeignet sind.

Dank:

Für die hilfreichen Diskussionen und Anregungen danke ich Stefan Kätker, Michael Waidner, Andreas Pfitzmann, Birgit Baum-Waidner, Martin Zimmermann und den Gutachtern.

Literatur

[1] Abdel-Wahab H.M., Feit M.A., XTV: A Framework for Sharing X-Window Clients in Remote Synchronous Collaboration, Proc. IEEE Conference on Communications Software: Communication for Distributed Applications and Systems, Chaple Hill, 1991, 159-167.

[2] Ahuja S.R., Ensor J.R., Lucco S.E., A Comparison of Application Sharing Mechanisms in Real-Time Desktop Conferencing Systems, Conf. on Office Information Systems, ACM, Cambridge, 1990, 238-248.

[3] Altenhofen M., Dittrich J., Hammerschmidt R., Käppner T., Kruschel C., Kückes A., Steinig T., The BERKOM Multimedia Collaboration Service, Proc. 1st ACM International Conference on Multimedia, New York, USA, 1993, 457-463.

[4] Crowley T., Milazzo P., Baker E., Forsdick H., Tomlinson R., MMConf: An Infrastructure for Building Shared Multimedia Applications, Proc. 3rd Conf. on Computer-Supported Cooperative Work, ACM, NewYork, 1990, 329-342.

[5] Dermler G., Froitzheim K., JVTOS – A Reference Model for a New Multimedia Service, IFIP '92, 1992, D3-14.

[6] Ellis C.A., Gibbs S.J., Rein G.L., Groupware – Some Issues and Experiences, Communications of the ACM 34, 1991, 39-58.

[7] Cohen E., Jefferson D., Protection in the Hydra Operating System, Proc. 5th Symposium on Operating Systems Principles, Austin, Texas, 1975, 141-160.

[8] Epstein J. Mc.Hugh, J., Pascale R., et al., Evolution of a Trusted B3 Window System Prototype, Proc. Symposium on Security and Privacy, IEEE, Piscataway, USA, 1992, 226-239.

[9] Grimm R., Steinacker A., Das Kooperations- und das Gleichgewichtsmodell – Theorie und Praxis, Verläßliche Informationssysteme, VIS '93; DuD Fachbeiträge 16, Vieweg, Wiesbaden, 1993, 85-106.

[10] Holbein R., Zur Sicherheit bei Computer-Supported Cooperative Work (CSCW), Datenschutz und Datensicherheit, Nr. 2, 1994, 92-99.

[11] Knister M.J., Prakash A., DistEdit: A Distributed Toolkit for Supporting Multiple Group Editors, Proc. Conference on Computer-Supported Cooperative Work, Los Angeles, 1990, 343-355.

[12] IBM Lakes Collaborative Working, Architecture Overview and Programmer's Guide, IBM, Hursley, 1994.

[13] Lantz K.A., An Experiment in Integrated Multimedia Conferencing, Proc. Conference on Computer-Supported Cooperative Work, MMC, Austin, 1986, 343-355.

[14] Lee J.J., XSketch: a multi-user sketching tool for X11, Conf. on Office Information Systems, ACM, Cambridge, 1990, 169-172.

[15] Malone T., Crowston K., What is Coordination Theory and How Can It Help Design Cooperative Work Systems?, Proc. Conference on Computer-Supported Cooperative Work, Los Angeles, 1990, 357-369.

[16] Navarro L., Prinz W., Rodden T., CSCW requires open systems, Computer Communications, Bd. 16, Nr. 4, 1993, 288-297.

[17] Shen H., Dewan P., Access Control for collaborative environments, Proc. Conference on Computer-Supported Cooperative Work 92, Publ by ACM, 1992, 51-58.

[18] The X Protocol Reference Manual for X Version 11, Volume Zero, O'Reilly & Associates, 1990.

[19] A.S. Tanenbaum: Modern Operating Systems, Prentice-Hall, Englewood Cliffs, 1992.

Guarded Authentic Local Area Network
- GALAN -

Dirk Fox, Torsten Henn, Klaus Reichel*, Christoph Ruland

Institut für Nachrichtenübermittlung
Universität Siegen, 57068 Siegen
e-mail: fox@nue.et-inf.uni-siegen.de

Zusammenfassung

In lokalen Netzwerken stellen sich insbesondere wegen des *broadcast*-Charakters der existierenden LAN-Übertragungstechniken Fragen der Sicherheit der übertragenen Daten mit besonderer Dringlichkeit. Bei der Entwicklung von LAN-Protokollen und -Betriebssystemen beschränkten sich Sicherheitsvorkehrungen bisher jedoch meist auf Zugriffs- und Zugangskontrollmechanismen.

Das Sicherheitssystem GALAN ergänzt existierende heterogene lokale Netze um einen transparenten *link*-Schutz. Es ermöglicht die Kommunikation über geschützte und ungeschützte Verbindungen in einem Netzwerk sowie die Kopplung von geschützten und ungeschützten Teilnetzen über eine Sicherheits-Brücke. GALAN umfaßt die Sicherheitsdienste Vertraulichkeit, Datenintegrität, Zugangskontrolle und Authentisierung des Datenursprungs durch eine symmetrische *online*-Verschlüsselung aller Schicht-2-Nutzdaten (MAC-SDU). Die Sicherheitsbrücken vereinbaren für den Schutz von *backbone*-Kopplungen authentische *session keys*. In Verbindung mit einem authentischen Boot-Prozeß ermöglicht GALAN eine chipkartenbasierte Benutzerauthentisierung.

Für heterogene PC-LANs wurde ein GALAN-Prototyp, bestehend aus einen Endsystem-Dämonen und einer Sicherheitsbrücke implementiert. Das SDE-Protokoll im Endsystem setzt auf dem Protokollmultiplexer UPPS auf. Es schützt u.a. die verbreiteten LAN-Netzwerkprotokolle IPX, SPX, TCP/IP, UDP und DECNET in unterschiedlichen *client-server* und *peer-to-peer*-Betriebssystemen (wie Novell NetWare, Personal NetWare, LAN Manager, LAN Server, Banyan Vines, Windows for Workgroups und Windows NT) und für verschiedene Anwendungen (wie FTP, Telnet, WWW, E-Mail) unabhängig von Netztopologie und Übertragungsmedium (Token Ring, FDDI, Ethernet).

---

*Seit Jan. 1995 ISC Informatik Service & Consulting GmbH, Troisdorf

1 Einleitung

Isolierte Einzelplatzsysteme (PCs), die jeden Nutzer mit derselben Rechenleistung ausstatten, die er sich in Großrechnerumgebungen mit vielen Kollegen teilen mußte, werden zunehmend zu *lokalen Netzwerken* (LANs) zusammengeschlossen. Diese verbinden die Vorteile von Großrechneranlagen mit denen isolierter Einzelplatzsysteme: kontrollierbarer Zugriff auf gemeinsame Datenbestände, die Möglichkeit zentraler Wartung und Installation von Software bei gleichzeitig hoher Verfügbarkeit und großer Leistungsfähigkeit.

Neben die lokalen und zentralen Ressourcen treten in einer solchen informationstechnischen Umgebung die zu übertragenden Daten als wichtiges Schutzobjekt. Da die Übertragungstechniken in lokalen Netzwerken (Ethernet, Token Ring, FDDI) *broadcast*-Eigenschaft besitzen, durchlaufen sämtliche zu übertragenden Daten viele Kabelabschnitte des Netzwerkes. Außerdem werden im Unterschied zu einer Terminal-Verbindung nicht ausgewählte Ein-/Ausgabedaten, sondern Programme und Daten in Form kompletter Dateien übertragen. Ein Abhören des gesamten Datenverkehrs ist an fast jeder Stelle des Netzes möglich. Die Leistungsfähigkeit der Arbeitsstationen, die Verfügbarkeit von Netzwerk-Analysatoren, oft vorhandene freie Netzwerk-Anschlußdosen und die Möglichkeit, moderne Netzwerkadapter in der Betriebsart *promiscuous* (Empfang aller Datenpakete, unabhängig von der Empfängeradresse) zu betreiben, erleichtern einem Angreifer die Arbeit.

Daher ist neben einem Zugriffsschutz für zentrale Netzwerkressourcen, der in Netzwerkbetriebssystemen durch eine meist schwache und lediglich einseitige Benutzerauthentisierung (Login) verwirklicht wird, ein Schutz der Daten während der Übertragung erforderlich.

Bei der Entwicklung und Normung der LAN-Technologien und Protokolle in den achziger Jahren wurde Fragen der Datensicherheit zunächst eine untergeordnete Bedeutung beigemessen. Protokollimplementierungen für die unteren vier Schichten des ISO-OSI-Modells umfassen daher, von wenigen Speziallösungen abgesehen, bis heute keine Sicherheitsmechanismen. Erst Anfang der neunziger Jahre wurden Normenentwürfe vorgelegt, die eine Einbindung von Sicherheitsdiensten in Kommunikationsprotokolle vorsehen. Die Implementierung dieser Sicherheitsprotokolle und deren Integration in existierende Netzwerke gestaltet sich jedoch wegen der Heterogenität bestehender Netzwerke (viele Protokolle, zahlreiche Hersteller) schwierig.

Das Projekt *Guarded Authentic Local Area Network* (GALAN) verfolgt das Ziel, bestehende LANs in transparenter Form mit den Sicherheitsdiensten Vertraulichkeit, Datenintegrität, einer Authentisierung der Kommunikationspartner und des Datenursprungs sowie einem Zugangsschutz zu versehen.

2 Das Sicherheitssystem GALAN

Die Entwicklung eines in bestehende lokale Netze integrierbaren Sicherheitssystems für LANs muß einer Reihe von Randbedingungen genügen. Dazu zählen die Unterstützung existierender Übertragungsmedien, Kommunikationsprotokolle und Netzwerkbetriebssysteme sowie ein möglichst hoher Durchsatz und eine weitgehend transparente Realisierung. Diese Randbedingungen führten zu den folgenden Entwurfskriterien für das Sicherheitssystem GALAN:

- Einsetzbarkeit in Netzen unterschiedlicher Topologie, d.h. weitgehende Unabhängigkeit vom verwendeten Übertragungsmedium.
- Verwendbarkeit in heterogenen Kommunikationsumgebungen mit unterschiedlichen Netzwerk- und Transportprotokollen.
- Herstellerunabhängigkeit, d.h. Verwendung einer standardisierten oder möglichst verbreiteten Kommunikationsschnittstelle (API).
- Unabhängigkeit von Netzwerkbetriebssystem und (Kommunikations-) Anwendung.
- Möglichkeit zur weitgehend transparenten Integration in existierende Netzwerke.

Die Wahl einer geeigneten Protokollschicht zur Integration der genannten Sicherheitsdienste muß sich an diesen (praktischen) Randbedingungen orientieren. Nach ISO 7498-2 kommen grundsätzlich drei Schichten in Frage: die Transportschicht (4), die Netzwerkschicht (3) und die Sicherungsschicht (2) [ISO_89, MuRi_92, Rula_93].[1]

2.1 GALAN-Konzeption

Mit der Implementation eines Schicht-3- bzw. Schicht-4-Sicherheitsprotokolls wie beispielsweise das im Projekt *secure data network system* (SDNS) entwickelte SP3 bzw. SP4, inzwischen als *network* bzw. *transport layer security protocol* genormt (NLSP/TLSP, ISO 10736/11577), läßt sich ein Ende-zu-Ende-Schutz mit den Sicherheitsdiensten Vertraulichkeit, Authentisierung der Partnerinstanz und des Datenursprungs, Datenintegrität und Zugangskontrolle realisieren [NeHe_89, ISO_89, ISO1_94, ISO2_94].

Bei einer solchen Lösung sind die Schicht-3-Nutzdaten auch in Brücken und Routern geschützt. Entscheidender Nachteil: Sämtliche vom Endsystem genutzten Schicht-3- bzw. Schicht-4-Protokollimplementierungen müssen um einen *security sublayer* ergänzt werden. Angesichts der Heterogenität existierender LANs und der Herstellervielzahl ist dies jedoch ein nicht praktikables Vorhaben. Zudem ist ein Ende-zu-Ende-Schutz auf die Protokollelemente der Trans-

---

[1] Streng genommen zählen auch die Anwendungsschicht (7) und (eingeschränkt) die Bitübertragungsschicht (1) dazu. Allerdings genügen beide nicht den Randbedingungen.

portschicht begrenzt; dadurch bleiben Anwendungen, die kein Netzwerk- oder Transportprotokoll verwenden, ebenso wie Protokollinformationen darunterliegender Schichten ungeschützt.

Aus diesen Gründen fiel die Entscheidung zugunsten eines Schutzes auf link-Ebene, wie in IEEE 802.10, *standard for interoperable LAN/MAN security*, empfohlen (SILS; [IEEE_93]). Das *secure data exchange sublayer* (SDE) wird dabei zwischen *medium access control sublayer* (MAC) und *logical link control* Teilschicht (LLC) in der Sicherungsschicht (2) angesiedelt.

Abweichend von den Vorschlägen der ISO 7498-2 (*security architecture*, [ISO_89]) sieht SILS neben Vertraulichkeit die Sicherheitsdienste Datenintegrität, Zugangskontrolle und Authentisierung des Datenursprungs vor. Das GALAN-SDE-Protokoll verzichtet jedoch auf die in SILS für die Erbringung dieser zusätzlichen Dienste vorgesehene (optionale) Ergänzung der *secure protocol data unit* (SPDU) um einen *integrity check value* (ICV) und einen *clear header*. Der Schutz beschränkt sich auf die Sicherheitsdienste Vertraulichkeit und Zugangskontrolle durch eine längeninvariante Verschlüsselung der *service data unit* (MAC-SDU, Bild 2-1). Die Sicherheitsdienste Datenintegrität und Authentisierung des Datenursprungs werden durch Verschlüsselung der Adressen, Folgenummern und Redundanzprüfwerte darüberliegender Protokolle indirekt erbracht.

	protected MAC-SDU	
MAC header	encrypted LLC-PDU	MAC-CRC

Bild 2-1: Verschlüsselung der MAC-SDU

Eine Überschreitung der maximalen Rahmenlänge kann so nicht auftreten; die SDE-Protokollschicht muß daher keine Mechanismen zur Fragmentierung und Reassemblierung vorsehen. Die Unterscheidung von geschützter und ungeschützter Übertragung trifft das SDE-Protokoll anhand der MAC-Adresse und interner Schlüsseltabellen.

Ein in Schicht 2 angesiedeltes SDE-Protokoll macht eine SDE-Protokollimplementierung in Routern zwischen zwei geschützt kommunizierenden GALAN-Endsystemen erforderlich. Häufig ist eine solche Erweiterung des Routers ohne weiteres nicht möglich; in den meisten Fällen sind spezielle Anpassungen notwendig.

Eine Alternative stellen transparente Sicherheitsbrücken dar, die vor und hinter dem Gateway für eine Ent- und ggf. erneute Verschlüsselung der MAC-SDUs sorgen. Die Integration einer solchen Sicherheitsbrücke in das Sicherheitssystem bietet einen weiteren großen Vorteil: Sie kann eine Wächter-Funktion für das dahinterliegende lokale Netz übernehmen. So lassen sich nicht nur Teilnetze mit und ohne *security associations* durch eine solche *guard bridge* trennen, sondern auch eine geschützte *backbone*-Kopplung von Teilnetzen realisieren (Bild 2-2).

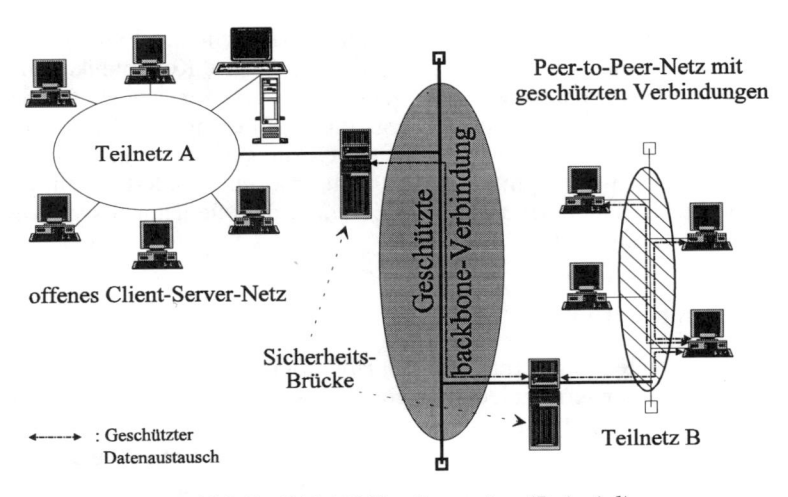

Bild 2-2: GALAN-Konfiguration (Beispiel)

Innerhalb eines Teilnetzes können wiederum geschützte und ungeschützte Verbindungen parallel betrieben werden. Die Sicherheitsbrücken können zusätzlich *firewall*-Funktionen für höhere Protokolle übernehmen [BaHS_93]; eine gegenseitige Authentisierung der Brücken sorgt dabei für einen wirkungsvollen Zugangsschutz.

2.2 GALAN-Sicherheitsdienste

Das GALAN-Sicherheitssystem realisiert einen *logical link*-Schutz nach SILS (IEEE 802.10). Es umfaßt die Sicherheitsdienste Vertraulichkeit, Zugangskontrolle und, in Verbindung mit höheren Protokollen, Datenintegrität und Authentisierung des Datenursprungs [ISO_89, IEEE_93].

2.2.1 Vertraulichkeit

Die Geheimhaltung der Nutzdaten bei der Übertragung ist ein wesentlicher Sicherheitsdienst des GALAN-Sicherheitssystems. Abhängig von der MAC-

Zieladresse werden alle Nutzdaten des MAC *sublayers* (LLC-PDU) mit einem symmetrischen Kryptoverfahren längeninvariant verschlüsselt. Dabei kommen wechselnde *session keys* zum Einsatz (siehe Abschnitt 2.3).[2]

2.2.2 Zugangskontrolle

Eine Zugangskontrolle erfolgt in verschiedener Hinsicht. Im Endsystem wird dieser Sicherheitsdienst implizit erbracht: Eine gesicherte Kommunikation setzt die Kenntnis eines symmetrischen *master* bzw. *session keys* voraus (siehe Abschnitt 2.3). Die Sicherheitsbrücke sorgt durch Filterung des Datenverkehrs dafür, daß nur Pakete mit zugelassenen MAC-Adressen die Brücke passieren. Ein Datenaustausch zwischen zwei Sicherheitsbrücken erfordert zudem die erfolgreiche Etablierung einer *security association*, d.h. die authentische Vereinbarung eines *session keys*.

2.2.3 Datenintegrität

Da die transparente Realisierung des *security sublayers* die Länge der Datenpakete unverändert läßt, erfolgt lediglich ein indirekter Integritätsschutz: durch die Verschlüsselung der Folgenummern bzw. Zeitstempel und Redundanzprüfwerte höherer Protokolle. Der Schutz ist damit allerdings – im Unterschied zu der in SILS vorgeschlagenen Anfügung eines *integrity check value* (ICV) – auf den Teil der verschlüsselten MAC-SDU beschränkt, der in die Berechnung des Prüfwertes eingeht.

2.2.4 Authentisierung des Datenursprungs

Auch dieser Sicherheitsdienst wird durch die Verschlüsselung der MAC-SDU indirekt erbracht, da der SDU kein *clear header* vorangestellt wird. Höhere LAN-Protokolle (IP, IPX) enthalten eindeutige Adressen, durch deren Verschlüsselung eine Authentisierung des Datenursprungs erfolgt.

2.3 GALAN-Schlüsselmanagement

Für die Erbringung der in Abschnitt 2.2 skizzierten Sicherheitsdienste sind geheime symmetrische Schlüssel erforderlich. Diese können Benutzer und Administratoren natürlich über einen separaten geheimen Kanal vereinbaren; ein solches Vorgehen ist jedoch meist aufwendig und erschwert einen regelmäßigen Schlüsselwechsel. GALAN sieht daher ein Schlüsselmanagement vor, das die

---

[2] Dieser Schlüssel für den sicheren Datenaustausch wird als *session key* bezeichnet, obwohl auf der Sicherungsschicht keine *sessions* im eigentlichen Sinne existieren.

Vereinbarung von *session keys* (Schlüssel mit begrenzter Gültigkeit) ermöglicht. Das Schlüsselmanagement zerfällt in zwei Einheiten: die Vergabe der *session keys* für die Kommunikation zwischen SDE-Dämonen in Endsystemen und den Schlüsselaustausch zwischen je zwei Sicherheitsbrücken.

2.3.1 Endsystem-Schlüssel

Da die Kommunikation zwischen zwei LAN-Endsystemen auf der Ebene des SDE-Protokolls verbindungslos erfolgt und keine *sessions*, d.h. Anfang und Ende einer Kommunikationsbeziehung bekannt sind, kann das authentische Schlüsselaustauschprotokoll mit der Partnerinstanz nicht beim Verbindungsaufbau durchgeführt werden. Aus diesem Grund sieht GALAN einen *online* verfügbaren Schlüsselserver vor, der (symmetrische) *session keys* für die gesicherte Kommunikation zwischen zwei Endsystemen generiert.

Bei der Installation des SDE-Dämonen in einem Endsystem meldet dieser sich beim Schlüsselserver an und führt ein Protokoll zur gegenseitigen Authentisierung durch. Dabei wird mit dem Schlüsselserver ein gemeinsamer symmetrischer *server key* vereinbart. Dieser Schlüssel behält seine Gültigkeit bis der SDE-Dämon sich explizit abmeldet oder (z.B. nach einem Systemabsturz) erneut authentisiert.

Will das Endsystem nun Daten gesichert an eine Partnerstation übertragen, fordert der SDE-Dämon einen symmetrischen *session key* beim Schlüsselserver an und trägt diesen in eine interne Tabelle ein. Empfängt der SDE-Dämon Daten von einem Endsystem, mit dem eine gesicherte Kommuniktion erfolgen soll, für das aber noch kein *session key* in seiner internen Tabelle eingetragen ist, läßt er sich den zugehörigen Schlüssel vom Schlüsselserver übermitteln.

Die Schlüssel zur Sicherung einer Kommunikationsbeziehung (Aufbau einer *security association*) zwischen zwei Endsystemen über dazwischenliegende Sicherheitsbrücken erfolgt für den Abschnitt vom Endsystem zur nächsten GALAN-Sicherheitsbrücke ähnlich: Die Brücke erhält den Schlüssel vom Schlüsselserver, wenn beide sich zuvor gegenseitig authentisiert haben und im Schlüsselserver das entfernte Endsystem als über diese Brücke erreichbar konfiguriert wurde.

In *peer-to-peer*-Umgebungen muß jeder SDE-Dämon neben dem *server key* alle *session keys* von geschützten Kommunikationsbeziehungen (*security associations*) mit einem Endsystem halten. Die auf diese Weise vereinbarten *session keys* verlieren ihre Gültigkeit nach Ablauf einer voreingestellten Frist; anschließend sind neue *session keys* beim Schlüsselserver anzufordern.

In *client-server*-Umgebungen kann das Schlüsselmanagement erheblich vereinfacht werden, indem der Schlüsselserver auf dem Netzwerkserver installiert wird: Die vereinbarten *server keys* entsprechen dann gerade den *session keys* und genügen für den Schutz aller Kommunikationsbeziehungen, da auch der Datenaustausch zwischen den Clients über den Server abgewickelt wird.[3] Die SDE-Dämonen der Clients müssen lediglich den *server key* in ihrer Schlüsseltabelle halten. Eine Schlüsselvereinbarung findet mit jeder Anmeldung eines SDE-Dämonen beim Schlüsselserver und der anschließenden gegenseitigen Authentisierung statt.

2.3.2 Sicherheitsbrücken-Schlüssel

Zu Beginn jeder Kommunikationsbeziehung zwischen zwei GALAN-Sicherheitsbrücken wird eine *security association* etabliert. Dazu vereinbaren die Brücken authentisch einen gemeinsamen symmetrischen *session key*. Mit diesem werden alle über diese *backbone*-Verbindung zu übermittelnden Pakete verschlüsselt. Die Gültigkeit des im Rahmen dieses Protokolls ausgehandelten *session keys* kann zeitlich begrenzt werden; nach Ablauf der Gültigkeit wird ein neuer *session key* vereinbart.

Die authentische Schlüsselvereinbarung erfolgt mit einem zertifikatsbasierten asymmetrischen Schlüsselaustauschprotokoll, um eine vorausgehende Absprache symmetrischer *master keys* zu vermeiden.

2.4 Vertrauenswürdige Komponenten

Alle Komponenten des GALAN-Sicherheitssystems, die geheime Schlüssel oder andere sicherheitsrelevante Daten generieren oder aufbewahren, müssen vertrauenswürdig sein. Das gilt in besonderem Maße für die GALAN-Sicherheitsbrücken, die neben der Verschlüsselung auch Paketfilterungsfunktionen umfassen, und den Schlüsselserver, der alle symmetrischen *server keys* und sämtliche aktuellen *session keys* kennt. Diese Rechner sind gesondert (physisch und organisatorisch) zu schützen; die dort gehaltenen *session* und *master keys* sollten auch keinem Administrator zugänglich sein.

Auch das Endsystem muß vertrauenswürdig sein: Ein trojanisches Pferd kann sämtliche Sicherheitsmechanismen unterlaufen, indem es aktuelle *server* und *session keys* einem Angreifer zusendet. Will man einen aufwendigen (organisatorischen und physischen) Schutz der Arbeitsstationen umgehen, muß ein authentisches Booten lokal oder von einem physisch gesicherten Boot-Server erfolgen [OsSa_93, FoBö_94].

Durch eine Authentisierung des Benutzers gegenüber dem SDE-Dämonen (Paßwort, Chipkarte) kann die Authentisierung gegenüber dem Schlüsselserver

---

[3] Dies setzt einen vertrauenswürdigen Netzwerkserver voraus.

auch benutzer- statt stationsbezogen erfolgen, wenn beispielsweise die Kommunikation bestimmter Benutzer über Teilnetzgrenzen hinaus durch die GALAN-Sicherheitsbrücke verhindert werden soll.

3 GALAN-Prototyp

Für PC-Netzwerke wurde ein GALAN-Prototyp entwickelt, bestehend aus einem SDE-Dämonen unter dem Betriebssystem DOS/Windows und einer Sicherheitsbrücke. Der Prototyp ermöglicht eine geschützte Kommunikation zwischen Arbeitsstationen, Servern und Sicherheitsbrücken unabhängig von Netzwerkbetriebssystem und Kommunikationsanwendung in Ethernet-, Token Ring- und FDDI-LANs. Der SDE-Dämon arbeitet mit festen, vorkonfigurierten Schlüsseln; eine Erweiterung um ein *online*-Schlüsselmanagement ist vorgesehen.

3.1 GALAN SDE-Dämon

Für Arbeitsstationen mit dem Betriebssystem DOS/Windows wurde ein SDE-Dämon implementiert, der auf einem verbreiteten Protokollmultiplexer aufsetzt und so die Nutzdaten aller auf diesem aufsetzenden Netzwerkprotokolle zugleich schützt. Neben geschützten sind auch Kommunikationsbeziehungen im Klartext zulässig. Sie werden anhand der MAC-Empfänger- bzw. -Senderadresse unterschieden und sind bei der Installation des SDE-Dämonen als Klartext-Beziehung zu konfigurieren.

3.1.1 Protokollmultiplexer

Die Unabhängigkeit sowohl von höheren Netzwerkprotokollen als auch von dem mediumspezifischen MAC-Rahmenformat kann durch die Verwendung eines verbreiteten und möglichst umfassenden Protokollmultiplexers, auch Multiprotokollstack genannt, erreicht werden. In PC-Netzen sind drei Multiprotokollstacks verbreitet (Bild 3-1, [Fish_90]):

- **NDIS** (*Network Driver Interface Specification*): Diese Spezifikation von Microsoft und 3Com, die inzwischen in einer erweiterten Version (ANDIS) auch von IBM (OS/2) unterstützt wird, stellt eine sehr umfangreiche Funktionsschnittstelle oberhalb des MAC *sublayers* für Kommunikationsanwendungen dar [Mi3C_90]. Es existieren unterschiedliche, zueinander inkompatible Versionsfamilien (NDIS 2.x und 3.x).

Die Schnittstelle liegt nicht sauber oberhalb einer Protokollschicht: Viele Funktionen sind mediumspezifisch, dadurch machte die Einführung neuer LAN-Übertragungstechniken (wie FDDI) eine Erweiterung der Spezifikation erforderlich [Stra_93]. NDIS-Treiber haben verglichen mit anderen Protokollmultiplexern einen hohen Speicherbedarf bei geringerem Datendurchsatz. NDIS-Treiber haben eine große Marktdurchdringung, da Microsoft-Betriebssysteme unmittelbar auf diesen aufsetzen.

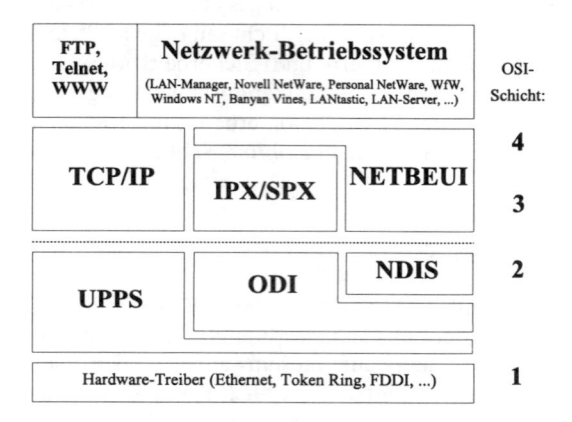

FTP, Telnet, WWW	Netzwerk-Betriebssystem (LAN-Manager, Novell NetWare, Personal NetWare, WfW, Windows NT, Banyan Vines, LANtastic, LAN-Server, ...)			OSI-Schicht:
	TCP/IP	IPX/SPX	NETBEUI	4
				3
	UPPS	ODI	NDIS	2
	Hardware-Treiber (Ethernet, Token Ring, FDDI, ...)			1

Bild 3-1: Einordnung und der wichtigsten (PC-) Protokollmultiplexer

- **ODI** (*Open Data-Link Interface*): Dieser Protokollmultiplexer ist eine Entwicklung der Firmen Novell und Apple Computer von 1989. Sie abstrahiert vollständig von den Eigenschaften des Übertragungsmediums und stellt über die LSL-Schnittstelle (*Link Support Layer*) oberhalb des MAC *sublayers* darüberliegenden Protokollen Sende-, Empfangs- und Diagnosefunktionen zur Verfügung [Nove_91].

  Die Schnittstelle ist sehr klar strukturiert; ODI-Treiber existieren für alle verbreiteten LAN-Adapterkarten. Von Novell sind ODI-Aufsätze verfügbar, die eine NDIS-Schnittstelle emulieren. Auf diese Weise können NDIS-basierte Protokollimplementierungen (wie beispielsweise NetBEUI) mit einem ODI-Multiplexer eingesetzt werden.

- **UPPS** (*Universal Portable Protocol Stack*) wurde von der Firma Schneider & Koch ursprünglich für die eigenentwickelten Netzwerkkarten konzipiert. Ähnlich ODI ist UPPS ein Multiprotokolltreiber, der vom darunterliegenden Medium (FDDI, Token Ring, Ethernet) vollständig abstrahiert und Kommunikationsfunktionen oberhalb der MAC-Teilschicht anbietet.

Es existieren auf UPPS aufsetzende Implementierungen der wichtigsten Protokolle sowie Emulatoren für ODI und NDIS. Der Multiprotokollstack unterstützt verschiedene Betriebsmodi wie z.b. die Nutzung desselben MAC-Rahmenformats durch mehrere Protokolle höherer Schichten (*chain mode*) und das Abfangen von Paketen vor deren Verteilung durch den Protokollmultiplexer (*hook mode*). Für Protokollimplementierungen existiert eine gut dokumentierte API [ScKo_93]. UPPS-Treiber zeichnen sich durch ein durchdachtes Pufferkonzept und sehr hohe Durchsatzraten aus.

Der GALAN-Prototyp verwendet UPPS, da diese Schnittstelle sich wegen der genannten Betriebsmodi besonders für die Implementierung des SDE-Dämonen eignet [Reic_94]. Die Schnittstellenemulatoren für ODI und NDIS erlauben zugleich den Schutz aller auf diesen Protokollmultiplexern aufsetzenden Protokolle. Von der Firma SysKonnect Inc. sind mit SK-Passport inzwischen auch UPPS-Treiber für viele Netzwerkadapter anderer Hersteller verfügbar.

3.1.2 Verschlüsselung

Als Verschlüsselungsverfahren finden zwei symmetrische Blockchiffren Verwendung: der 1977 in den USA standardisierte DES (*Data Encryption Standard*) und der noch junge, von der ETH Zürich in Zusammenarbeit mit der Schweizer Firma Ascom Tech entwickelte IDEA (*International Data Encryption Algorithm*) [LaMa_90, NBS_77].

Die Blockchiffre wird in der Betriebsart *Cipher Block Chaining* (CBC) eingesetzt [ISO_91]. Da CBC grundsätzlich einen Chiffretext erzeugt, dessen Länge ein ganzzahliges Vielfaches der Blocklänge der Chiffre ist (hier: 64 Bit bzw. 8 Byte), können Datenpakete so nicht längeninvariant verschlüsselt werden. Daher wurde das Padding des letzten Datenblocks durch eine Sonderbehandlung nach einem von Davies und Price vorgeschlagenen Verfahren ersetzt [DaPr_89, FuRi_94]. Der letzte Teilblock wird dabei mit den ersten Bits des zweifach verschlüsselten vorletzten Blocks XOR-verknüpft. Die Entschlüsselung erfolgt analog (Bild 3-2).

Der Initialisierungsvektor (IV) ist Teil des Schlüssels und wird mit diesem vereinbart und gewechselt.[4] Die Unterscheidung von zu schützenden und offenen Kommunikationsbeziehungen erfolgt anhand der MAC-Adresse der Partner-Instanz entsprechend den bei der Installation des SDE-Dämonen vorgenommenen Einstellungen (Konfigurationsdatei).

---

4   Die Verwendung des zuletzt ent- bzw. verschlüsselten Blocks als IV für die Verschlüsselung des nächsten Pakets würde eine garantierte Paketreihenfolge erfordern.

$c_0 = E(k, m_0 \text{ XOR IV})$ $m_0 = \text{IV XOR } D(k, c_0)$
...   ...
$c_i = E(k, m_i \text{ XOR } c_{i-1})$ $m_i = c_{i-1} \text{ XOR } D(k, c_i)$
...   ...
$c_n = m_n \text{ XOR } j{:}E(k, c_{n-1})$ $m_n = c_n \text{ XOR } j{:}E(k, c_{n-1})$

Bild 3-2: CBC-Mode und Behandlung des letzten Blocks.
*(Dabei bedeuten: **E**: encryption; **D**: decryption; m_i/c_i: i-ter Klar-/Schlüsseltextblock; **k**: session key; **IV**: Initialisierungsvektor; **j:x**: j-Anfang von x.)*

Eine besondere Behandlung erfordern *broadcast-* und *multicast-*Pakete. In der MAC-Empfängeradresse von *multicast-*Paketen ist das höchstwertige Bit gesetzt und weist die Adresse so als Gruppenadresse aus. Diese Adressen sind festgelegten Protokollen zugeordnet, die mehrere Empfänger haben. Eine typische *multicast-*Anwendung ist z.B. ein Netzwerkmanagementprotokoll. *Broadcast-*Pakete sind spezielle *multicast-*Pakete, die von allen Endsystemen eines Netzes empfangen und ausgewertet werden sollen. Sie haben die eindeutige Empfängeradresse `0xFF.FF.FF.FF.FF.FF`.

Eine verschlüsselte Übertragung von *broadcast-*Paketen erfordert die Konfiguration aller Stationen des Netzes mit einem gemeinsamen symmetrischen Schlüssel. Der Schutz von *multicast-*Paketen setzt die Verteilung des jeweiligen *multicast-*Schlüssels an alle Empfänger voraus.

Die in einem SDE-Dämonen zu verwaltende Schlüsseltabelle ist klein: In *client-server-*Netzen mit n Clients ist für eine geschützte Kommunikation lediglich je ein gemeinsamer Schlüssel für Server und Arbeitsstation erforderlich, da auch der Datenaustausch mit anderen Arbeitsstationen über den Server abgewickelt wird. Der Server muß maximal n Schlüssel halten. In *peer-to-peer-*Umgebungen wird je Arbeitsstationenpaar ein gemeinsamer Schlüssel benötigt; es müssen also bis zu `n-1` Schlüssel von einem SDE-Dämonen verwaltet werden.

Die authentische Installation des SDE-Dämonen (Schutz vor trojanischen Pferden) wird in *client-server-*Netzen (bisher nur unter Novell NetWare) durch einen authentischen *remote boot-*Prozeß sichergestellt [FoBö_94].

3.2 GALAN-Sicherheitsbrücke

Die Sicherheitsbrücke wurde als eine mit zwei Netzwerkadaptern ausgestattete Arbeitsstation realisiert. Sie besitzt volle Bridge-Funktionalität, d.h. kann Teilnetze mit unterschiedlichen Übertragungsmedien, MAC-Rahmenformaten und Topologien koppeln. Die Brücke umfaßt die Funktion zweier GALAN-Dämonen, die ihr eine adreßabhängige geschützte Kommunikation mit Endsystemen und anderen GALAN-Sicherheitsbrücken erlaubt.

Die Netzwerkadapter werden im *promiscuous mode* betrieben, damit sie sämtliche Pakete unabhängig von der MAC-Empfängeradresse empfangen und auswerten können. Anhand interner, vorkonfigurierter Tabellen entscheiden sie in Abhängigkeit von der MAC-Sender- bzw. Empfängeradresse, ob ein Paket von einem Teilnetz in das andere zu übertragen und ggf. zuvor zu ver- oder entschlüsseln ist (Bild 3-3).

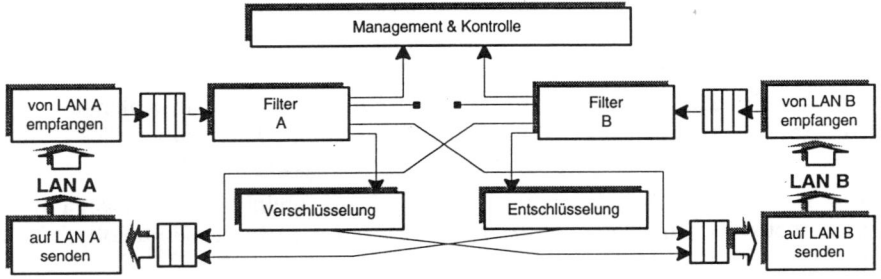

Bild 3-3: Arbeitsweise der GALAN-Sicherheitsbrücke (gesichertes backbone *Netz B; nach [RMSSF_93])*

Die Sicherheitsbrücke muß vollständig transparent realisiert werden, d.h. darf außer der Ver- bzw. Entschlüsselung von MAC-SDUs keine Veränderungen an den Paketen vornehmen, da anderenfalls eine korrekte Weiterleitung der Pakete nicht möglich wäre [Henn_94].

Damit auch die MAC-Absenderadresse im *header* des MAC-Paketes, die vom LAN-Adapter automatisch dort eingesetzt wird, erhalten bleibt, muß die korrekte Absenderadresse als (logische) Adapteradresse der Brücke eingestellt werden. Diese Adreßumstellung bewirkt allerdings Performanceeinbußen. Spürbar sind diese besonders in Token-Ring-Netzen, da dadurch jeweils eine Ab- und erneute Anmeldung im Ringmanagement erforderlich wird.[5] Um die Auswirkungen auf die Übertragungsgeschwindigkeit bei der Übertragung großer Datenmengen (*bursts*) zu begrenzen, wird vor der Adreßumstellung geprüft, ob bereits die erforderliche Adresse eingestellt ist.

Um mehrere Sicherheitsbrücken in einem Netz betreiben zu können, enthalten die Schlüsseltabellen neben der Zuordnung MAC-Adresse/Schlüssel auch Angaben darüber, in welchem Teilnetz sich ein Endsystem befindet (Adreßlisten) und von welchen Absendern bzw. an welche Empfänger Pakete weitergeleitet

---

5 Durch Nutzung des von IBM verwendeten *source routings* ließe sich dieses Problem umgehen. Dies ist jedoch eine proprietäre Lösung und verstößt gegen die IEEE-Empfehlung 802.5 [Kauf_94].

werden dürfen (Adreßfilterung). Die Adreßlisten können automatisch gelernt oder manuell vor- bzw. umkonfiguriert werden [Henn_94].

Die GALAN-Sicherheitsbrücke arbeitet mit zwei Ringpuffern, in die die von einem Adapter empfangenen Pakete nach Filterung und Ver- bzw. Entschlüsselung zur Weiterleitung über den jeweils anderen Adapter eingetragen werden. Ein Überlaufen der Ringpuffer führt zum Verlust von Datenpaketen und damit zu Performanceeinbrüchen. Die für einen reibungslosen Betrieb der Sicherheitsbrücke erforderliche Puffergröße wird bei der Installation konfiguriert. Sie hängt von mehreren Randbedingungen ab: der Geschwindigkeit des Datenbusses, der Netzwerkkarten, des Übertragungsmediums, dem Datenaufkommen, dem verwendeten Verschlüsselungsverfahren und dessen Realisierung.

Um den Durchsatz der Sicherheitsbrücke zu steigern, wurde in Anlehnung an [RMSSF_93] eine schnelle Adreßsuche durch Hashen implementiert. Als Hashwert dient dabei das letzte Byte der MAC-Adresse [Henn_94].

Die gegenseitige Authentisierung und Schlüsselvereinbarung zwischen den Sicherheitsbrücken erfolgt auf der Basis des *station to station*-Protokolls (STS, [DiOW_92]). Als digitales Signatursystem wird der standardisierte DSA (*Digital Signature Algorithm*) verwendet [Fox_93, NIST_94]). Die vereinbarten *session keys* verlieren ihre Gültigkeit nach einem voreingestellten Zeitraum. Das STS-Protokoll setzt auf dem SPX/IPX-Protokollstack auf.

3.3 Leistungsbetrachtungen

Der Speicherbedarf des GALAN-Dämonen liegt (ohne Verschlüsselungsmodul) bei etwa 17 KByte (speicherresident); hinzu kommen 4-9 KByte für die Verschlüsselungsoperationen. In der internen Adreß- und Schlüsseltabelle sind (inklusive Initialisierungsvektor) 22 Byte je Partnerinstanz abzulegen.

Der Durchsatz in einem GALAN-gesicherten Netzwerk hängt neben der allgemeinen Netzlast von dem verwendeten Kryptoverfahren (DES, IDEA; Hardware/Software) und vor allem von den Eigenschaften der eingesetzten PC-Hardware ab: Prozessorleistung, Geschwindigkeit des Datenbusses, verwendetes Übertragungsmedium, Wahl des LAN-Adapters der Sicherheitsbrücke (Busmaster, I/O, *memory mapped*). Diese Randbedingungen machen Messungen der Verweildauer von Daten in der GALAN-Sicherheitsbrücke wenig aussagekräftig. Bei sehr hoher Last kommt es in der Sicherheitsbrücke zu Paketverlusten (30-80%), insbesondere, wenn die Ringpuffer zu klein gewählt werden.

Die Bestimmung des Datendurchsatzes in einem Endsystem mit installiertem GALAN-Dämonen bei großer Last (*bursts*) gibt hingegen einen Anhaltspunkt für die (maximalen) Performanceeinbußen. Als Plattform wählten wir einen PC mit ISA-Bus und einem mit 66 MHz getakteten 80486 DX/2 Mikroprozessor; gesendet wurden IPX-Pakete (Ethernet: 1000 Byte, Token Ring: 4500 Byte).

	Token Ring [MBit/s]	Ethernet [MBit/s]
Klartext	14,6 MBit/s	9,0 MBit/s
IDEA (Software)	3,7 MBit/s	3,5 MBit/s
DES (Hardware)	3,7 MBit/s	3,4 MBit/s

Tabelle 3-4: Durchsatzraten des GALAN-Dämonen [Reic_94]

Die Meßergebnisse in Tabelle 3-4 liefern für IDEA und DES ähnliche Resultate, die bei IDEA auf die hohe Prozessorbelastung des Verschlüsselungsalgorithmus, bei DES auf die CPU-intensive Ansteuerung der Hardware (I/O) und die Beschränkungen des Datenbusses (ISA) zurückzuführen sind. Der Durchsatz hängt daher allein von der Prozessorleistung und der Belastung durch die Netzwerkkarte ab, nicht aber von der Geschwindigkeit des Übertragungsmediums (Ethernet: 10 MBit/s, Token Ring: 16 MBit/s). Vergleichsmessungen auf Rechnern mit langsameren CPUs bestätigten dies.

Im praktischen Betrieb werden bessere Resultate erzielt: Das Starten einer Anwendung vom Server über eine Sicherheitsbrücke verlangsamt sich um den Faktor 1,2-1,8.

4 Ausblick und Bewertung

Das Sicherheitssystem GALAN ermöglicht einen flexiblen Schutz der Kommunikation in heterogenen LANs auf *link*-Ebene. Durch die Verwendung des Multiprotokollstacks UPPS können unterschiedliche Netzwerkprotokolle zugleich geschützt werden. Der SDE-Dämon arbeitet dabei unabhängig von dem verwendeten Übertragungsmedium (Bild 4-1). Die vom ATM-Forum angekündigte Spezifikation der LAN-Emulationen wird voraussichtlich auch einen Betrieb des GALAN-Sicherheitssystems in ATM-basierten LANs erlauben [GaUn_94].

Der GALAN-Prototyp des SDE-Dämonen arbeitet mit festen, vorkonfigurierten Schlüsseln. Eine Version, die wechselnde *session keys* und den *online* verfügbaren Schlüsselserver nutzt, ist derzeit in Arbeit. Das Schlüsselaustauschprotokoll zwischen Endsystemen und Schlüsselserver erfolgt symmetrisch, angelehnt an das SECUVISOR-Protokoll [BöFo_93]. Die Authentisierung der Benutzer verwendet eine Paßworteingabe und Chipkarten.

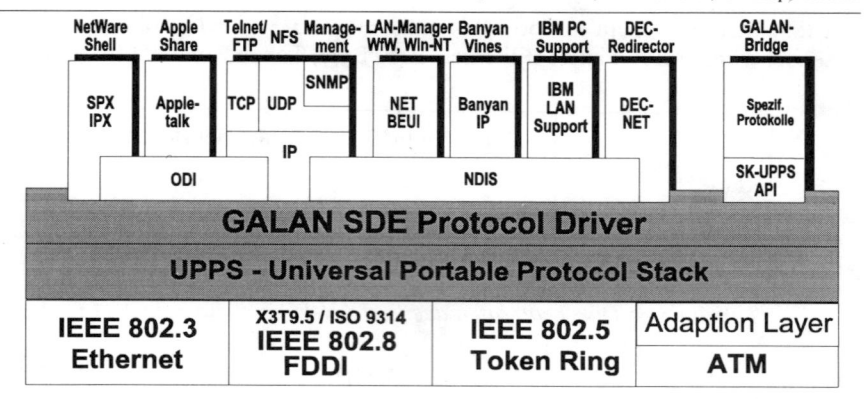

NetWare Shell	Apple Share	Telnet/ FTP	NFS	Manage-ment	LAN-Manager WfW, Win-NT	Banyan Vines	IBM PC Support	DEC-Redirector	GALAN-Bridge
SPX IPX	Apple-talk	TCP	UDP	SNMP	NET BEUI	Banyan IP	IBM LAN Support	DEC-NET	Spezif. Protokolle
			IP						
		ODI			NDIS				SK-UPPS API

GALAN SDE Protocol Driver

UPPS - Universal Portable Protocol Stack

IEEE 802.3 Ethernet	X3T9.5 / ISO 9314 IEEE 802.8 FDDI	IEEE 802.5 Token Ring	Adaption Layer ATM

Bild 4-1: Sicherung heterogener Protokolle durch den GALAN-Dämonen.

Portierungen des GALAN-Clients auf andere PC-Betriebssysteme (Linux, OS/2, Windows 95/NT) werden die Beschränkung auf DOS-basierte Endsysteme aufheben. Eine Steigerung des Datendurchsatzes des GALAN-Dämonen und der Sicherheitsbrücke kann durch die folgenden Maßnahmen erreicht werden:

- Eine Implementierung des GALAN-Dämonen für spezielle Server-Betriebssysteme (z.B. Novell) würde die Sicherheitsbrücke zur Ver- und Entschlüsselung der Daten hinter bzw. vor dem Server überflüssig machen.
- Durch den Einsatz einer aktiven Verschlüsselungskarte (Busmaster) mit eigenem Prozessor, RAM und schnellem Systembus (MCA, EISA, PCI) ließe sich die Prozessorbelastung erheblich senken.
- Die Verwendung von Netzwerkadaptern mit einem Krypto-Chip *on board* würde den Bustransfer der Daten zu und von der Verschlüsselungskarte einsparen.

Dank

Klaus Reichel realisierte den GALAN-Dämonen des Prototyps für DOS/Windows [Reic_94]; Torsten Henn implementierte die GALAN-Sicherheitsbrücke [Henn_94]. Der Firma CEInfosys (Bodenheim) danken wir für die Leihstellung von DES-Hardware (WisoCrypt-Board). Unser Dank gilt auch den Gutachtern für die genaue Durchsicht des Beitrags und ihre hilfreiche Kritik.

Literatur

BaHS_93 Bauspieß, Fritz; Horster, Patrick; Stempel, Steffen: *Netzwerksicherheit durch selektiven Pakettransport*. In: Weck, G.; Horster, P. (Hrsg.): Verläßliche Informationssysteme, Proceedings der GI-Fachtagung VIS '93, DuD-Fachbeiträge 16, Vieweg, Braunschweig 1993, S. 395-415.

BöFo_93 Böttger, Manfred; Fox, Dirk: *SECUVISOR - ein technisches Schutzkonzept für Netzwerke*. In: Löw, H.-P.; Partosch, G. (Hrsg.): Verteilte Systeme - Organisation und Betrieb '93. Proceedings des 10. Fachgesprächs über Rechenzentren, Deutscher Universitäts-Verlag, Wiesbaden 1993, S. 248-262.

DaPr_89 Davies, Donald W.; Price, Wyn L.: *Security for Computer Networks*. 2. Auflage, John Wiley & Sons Ltd., Chichester 1989.

DiOW_92 Diffie, Whitfield; Oorschot, Paul C. van; Wiener, Michael J.: *Authentication and Authenticated Key Exchange*. Designs, Codes & Cryptography, Nr. 2, 1992, S. 107-125.

Fish_90 Fisher, Sharon: *Neue Treiber braucht das LAN: NDIS und ODLI*. c't magazin für computertechnik, Heft 11, 1991, S.350-353.

FoBö_94 Fox, Dirk; Böttger, Manfred: *SecuBoot - Authentisches Remote Boot für Client-Server-Netzwerke*. In: Bauknecht, K., Teufel, S. (Hrsg.): Sicherheit in Informationssystemen. Proceedings der Fachtagung SIS '94, vdf-Verlag, Zürich 1994, S. 161-173.

Fox_93 Fox, Dirk: *Der 'Digital Signature Standard': Aufwand, Implementierung und Sicherheit*. In: Weck, G.; Horster, P. (Hrsg.): Verläßliche Informationssysteme, Proceedings der GI-Fachtagung VIS '93, Vieweg, Braunschweig 1993, S. 333-352.

FuRi_94 Fumy, Walter; Rieß, Hans Peter: *Kryptographie*. Schriftenreihe Sicherheit in der Informationstechnik, Band 6. Oldenbourg Verlag, München, 2. Auflage 1994.

GaUn_94 Gamm, Christoph von; Ungerer, Bert: *Bausteine der Zukunft - ATM wird LAN und WAN vereinen*. c't magazin für computertechnik, 10/1994, S. 138-142.

Henn_94 Henn, Torsten: *Konzeption und Realisierung einer Security Bridge für heterogene LANs*. Diplomarbeit, Institut für Nachrichtenübermittlung, Universität Siegen, 12/1994.

IEEE_93 IEEE Std 802.10-1992: *Standards for Local and Metropolitan Area Networks: Interoperable LAN/MAN Security (SILS)*. Secure Data Exchange (SDE), 1993.

ISO_89 International Organisation for Standardization (ISO): *Open Systems Interconnection - Basic Reference Model - Part 2: Security Architecture*. International Standard ISO 7498-2 (E), Genf 1989.

ISO_91 International Organisation for Standardization (ISO): *Modes of Operations for an N-bit Block Cipher Algorithm*. International Standard ISO/IEC 10116, Genf 1991.

ISO1_94 International Organisation for Standardization (ISO): *Transport Layer Security Protocol*. International Standard ISO/IEC 10736, Genf 1994.

ISO2_94 International Organisation for Standardization (ISO): *Network Layer Security Protocol*. International Standard ISO/IEC 11577, Genf 1994.

Kauf_94 Kauffels, Franz-Joachim: *Lokale Netze*. 6. Auflage, Markt&Technik Verlag, München 1994.

LaMa_90	Lai, Xuejia; Massey, James L.: *A Proposal for a New Block Encryption Standard*. In: Damgård, I.B. (Hrsg.): Proceedings of Eurocrypt '90, LNCS 473, Springer, Berlin 1991, S. 389-404.
Mi3C_90	Microsoft, 3Com Corporation: *Network Driver Interface Specification (NDIS)*. Version 2.0.1, Mai 1990.
MuRi_92	Mund, Sibylle; Rieß, Hans Peter: *Kryptographische Protokolle für Sicherheit in Netzen*. Datenschutz und Datensicherung (DuD), 2/92, S. 72-80.
NBS_77	National Bureau of Standards (NBS): *Data Encryption Standard (DES)*. Federal Information Processing Standards Publication (FIPS-PUB) 46-1, US Department of Commerce, 1/1977.
NeHe_89	Nelson, Ruth; Heimann, John: *SDNS Architecture and End-to-End Encryption*. In: Brassard, G. (Hrsg.): Proceedings of Crypto '89. LNCS 435, Springer, Berlin 1990. S. 356-366.
NIST_94	National Institute of Standards and Technology (NIST): *Digital Signature Standard (DSS)*. Federal Information Processing Standards Publication 186 (FIPS-PUB), 19. Mai 1994.
Nove_91	Novell Inc.: *ODI Developers Guide for Network Protocols*, 1991.
OsSa_93	Osterlehner, Stefan; Sauerbrey, Jörg: *Authentisches Booten und Software-Integritätstest auf PC-Architekturen*. In: Weck, G.; Horster, P. (Hrsg.): Verläßliche Informationssysteme, Proceedings der GI-Fachtagung VIS '93, DuD-Fachbeiträge 16, Vieweg, Braunschweig 1993, S. 321-331.
Reic_94	Reichel, Klaus: *Entwicklung eines Sicherheitstreibers für LANs*. Diplomarbeit am Institut für Nachrichtenübermittlung, Universität Siegen, 9/1994.
RMSSF_93	Recacha, F.; Melús, J. L.; Simón, X.; Soriano, M.; Forné, J.: *Secure Data Transmission in Extended Ethernet Environments*. IEEE Journal on selected Areas in Communications, Vol. 11, No. 5, June 1993, S. 794-803.
Rula_93	Ruland, Christoph: *Informationssicherheit in Datennetzen*. DàtaCom-Verlag, Bergheim 1993.
ScKo_93	Schneider & Koch & Co. Datensysteme GmbH: *Universal Portable Protocol Stack (UPPS), Data Link Interface*. Version 2.8, Referenzhandbuch für Programmierer, September 1993.
Stra_93	Straßmann, Thomas: *Microsoft NDIS: Ein standardisierter Zugang zum Netz*. c't magazin für computertechnik, Heft 12, 1993, S. 260-264.

Methoden zum Schutz von Verkehrsdaten in Funknetzen

Jürgen Thees, Hannes Federrath

TU Dresden, Institut Theoretische Informatik, 01062 Dresden

Zusammenfassung

Die Verwendung elektromagnetischer Wellen für die Übertragung von Daten im freien Raum birgt Probleme bezüglich des Datenschutzes. Daher sucht das vorliegende Papier unter dem Aspekt des technischen Datenschutzes nach Möglichkeiten, die Peilung von aktiven Sendeeinrichtungen, hier spezieller Mobilfunksender, zu verhindern. Das angestrebte Ziel ist, die Nichtortbarkeit einer Mobilstation und damit den Schutz des Aufenthaltsortes eines Teilnehmers zu gewährleisten. Die Lösung verwendet ein Modell, bei dem unter Ausnutzung eines Geheimnisses die unbeobachtbare Kommunikation zwischen Sender und Empfänger möglich ist. Die gefundenen Erkenntnisse werden auf eine bestehende Konzeption zum Schutz von Verkehrsdaten angewendet.

1 Einführung

Elektromagnetische Wellen tragen neben den Nutzdaten Richtungsinformationen in sich und können somit von jedermann zur Ortsbestimmung einer Sendestation eingesetzt werden. Bereits einfachste Peiltechniken ermöglichen einen Zugriff zu solchen Ortsinformationen und damit auch die Erstellung von Bewegungsprofilen. Die Kenntnis dieses Problems führte zu einem verstärkten Nachdenken darüber, wie die bestehende Situation entschärft werden kann. Grundlage der Untersuchungen bildeten dabei erste Gedanken in [2]. Darin werden prinzipielle Vorschläge zum Schutz der Verkehrsdaten unter den speziellen Bedingungen von Funknetzen gemacht. Das dort verwendete Angreifermodell geht von der Annahme aus, daß eine sendende Mobilfunkstation in jedem Falle peilbar ist. Mit der vorliegenden Arbeit wird untersucht, ob es Möglichkeiten gibt, diese Annahme abzuschwächen, d.h. Verfahren zu finden, welche die Gewinnung von Richtungsinformationen aus elektromagnetischen Wellen stark erschweren oder unmöglich machen.

1.1 Peilung und Ortung

Die an einem Ort vorgenommene Bestimmung der vorherrschenden Ausbreitungsrichtung elektromagnetischer Wellen nennt man *Peilung*. Grundlage hierfür ist die Eigenschaft elektromagnetischer Wellen, sich von ihrer Quelle aus geradlinig auszubreiten. Daraus kann man die Parameter Ausbreitungsrichtung und Laufzeit einer Wellenfront ermitteln. Die Peilung einer einzelnen Peilstelle liefert dabei eine Standlinie, auf der sich der gesuchte Ort befindet. Die so ermittelten Standlinien können dann zur *Ortung* genutzt werden: Der Schnittpunkt dieser Standlinien ist der gesuchte Standort. Diese kurzen Erläuterungen zeigen, daß zu jeder elektromagnetischen Welle eine Bestimmung der Ausbreitungsrichtung und des Quellortes auf einfache Art und Weise möglich ist.

1.2 Ansätze zur Verhinderung von Peilung

Um die Peilung elektromagnetischer Wellen zu erschweren, bietet es sich an, Störungen bei deren Ausbreitung zu nutzen. In der Praxis treten solche Störungen durch Inhomogenitäten und Diskontinuitäten im Ausbreitungsmedium auf, und widersprechen damit dem Modell der geradlinigen Wellenausbreitung.

Neben diesen Ausbreitungsproblemen ergeben sich jedoch auch Störungen der zu peilenden Wellen durch andere Wellen im gleichen Frequenzbereich. Die Mehrwellenproblematik ist technisch nur sehr schwer aufzulösen. Kann eine derartige Auflösung nicht erfolgen, so besteht auch keine Möglichkeit, die Ausbreitungsrichtung der am Signalgemisch beteiligten Wellen zu ermitteln.

Ein Problem bei der Verarbeitung elektromagnetischer Wellen stellt das *Rauschen* dar. Beim Rauschen handelt es sich um eine kontinuierliche Spannung, die in nicht vorhersagbarer Weise schwankt und das Ergebnis innerer und äußerer statistischer Störungen ist. Das Rauschen trägt eine gewisse Energie in sich, die ein zu verarbeitendes Signal verfälscht. Wesentliche Anteile des Rauschens, vor allem das thermische Rauschen, sind mit gleicher Leistungsdichte über das gesamte Frequenzspektrum verteilt.

Trotz dieser Probleme ist eine Peilung und damit auch eine Ortung von Funksendern möglich. Es ist jedoch zu beachten, daß die Bestimmung einer Standlinie einen bestimmten Zeitaufwand erfordert, der nicht beliebig verringert werden kann. Des weiteren muß die Welle als solche erkennbar sein, d. h., ihr Signal/Rausch-Verhältnis muß einen bestimmten Wert überschreiten. Die Kenntnis dieser Bedingungen führt zur Anwendung eines Verfahrens, das im folgenden vorgestellt wird.

2 Das Direct-sequence-spread-spectrum-Verfahren

Bandspreizverfahren basieren auf dem Grundsatz der Nachrichtentheorie, daß es bei der Übertragung eines digitalen Zeichens nicht darauf ankommt, welche Form es besitzt, sondern nur auf seinen Energieinhalt, d.h. die Fläche, die sein Spektrum besitzt. Wie sich die Signalenergie dabei auf die Frequenzachse verteilt ist unerheblich. Wird also durch ein geeignetes Modulationsverfahren die Signalleistungsdichte nun so breit verteilt, daß sie wesentlich kleiner als die Rauschleistungsdichte ist, so ist dennoch eine Informationsübertragung möglich. Die benötigte Bandbreite kann unter Zuhilfenahme der Shannonschen Formel für die Kanalkapazität $C = B \log_2 \left(1 + \frac{S}{N}\right)$ berechnet werden[1]. Für betragsmäßig kleine Werte[2] von $x := \frac{S}{N}$ gilt die Beziehung $\log_2(1 + x) \approx \frac{x}{\ln 2}$. Da dies aber die interessanten Werte für $\frac{S}{N}$ in einem Bandspreizsystem sind, kann die Formel auf einfache Art nach B umgestellt und für ein gegebenes Signal/Rausch-Verhältnis sowie eine geforderte Kanalkapazität die erforderliche Bandbreite $B \approx \ln 2 \cdot C \cdot \frac{N}{S}$ ermittelt werden. Die spektrale Spreizung wird durch Multiplikation eines auf konventionelle Weise modulierten, relativ schmalbandigen Signals mit einer breitbandigen Spreizfunktion erreicht, die von

---
[1] Mit der Kanalkapazität C, der Bandbreite B, der Signalenergie S und der Rauschenergie N.
[2] Nur für $x \leq 0, 1$ kann der Logarithmus so einfach aufgelöst werden.

den zu sendenden Daten unabhängig ist. Als Spreizfunktion dient meist eine Pseudozufallszahlenfolge sehr langer Periode, die eine schnell abklingende Autokorrelationsfunktion besitzt und rauschähnliches Verhalten zeigt. Aufgrund ihrer Eigenschaften wird sie Pseudorausch- (*pseudonoise* PN-) Code genannt. Im Rhythmus dieses Digitalsignals wird entweder die Phase (*phase shift keying* PSK) oder die Frequenz des Nachrichtensignals umgetastet. Die Rückgewinnung der Information kann in beiden Fällen nur dann erfolgen, wenn die bei der Modulation verwendete Codesequenz bekannt ist.

Als konkretes Verfahren scheint die direkte Spreizung (*direct sequence spread spectrum* DS) am Besten geeignet. Dabei wird die Energie der Sendung durch Multiplikation mit der digitalen Zufallszahlenfolge kontinuierlich über das zur Verfügung stehende Spektrum verteilt: Die zu übertragenden Daten werden zunächst auf einen Träger in herkömmlicher Weise aufmoduliert. Das entstehende, relativ schmalbandige Signal wird dann in einem zweiten Modulationsschritt mit einem breitbandigen binären PN-Code, der rauschähnliches Verhalten zeigt, moduliert. Die Erzeugung des PN-Codes geschieht unter Zuhilfenahme eines PN-Generators aus dem PN-Key, welcher das Geheimnis von Sender und legitimem Empfänger darstellt. Es entsteht ein Signal geringer Leistungsdichte, das von einer Antenne abgestrahlt werden kann und ähnliche Merkmale wie „weißes Rauschen" aufweist.

Auf der Empfängerseite wird der PN-Code nachgebildet. Durch erneute Multiplikation des empfangenen Signals mit diesem Code wird die Spreizung wieder zurückgenommen und der modulierte Träger liegt in seiner ursprünglichen Form vor. Aus ihm können nun die Daten zurückgewonnen werden (Bilder 1 und 2). Bei diesem Vorgang werden alle

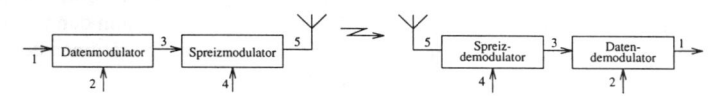

Abbildung 1: Modulation eines Trägers mit den zu übertragenden Daten

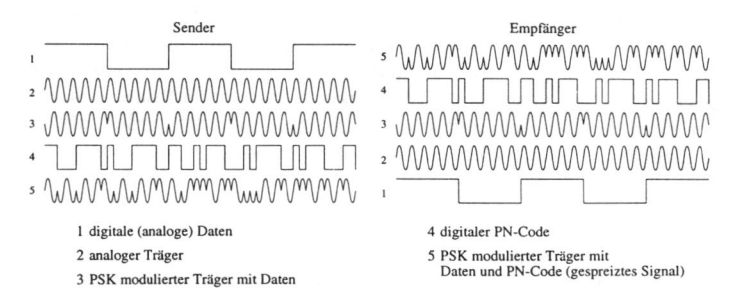

1 digitale (analoge) Daten
2 analoger Träger
3 PSK modulierter Träger mit Daten
4 digitaler PN-Code
5 PSK modulierter Träger mit Daten und PN-Code (gespreiztes Signal)

Abbildung 2: Signalformen bei der Trägermodulation mit den zu übertragenden Daten

unerwünschten Signale spektral gespreizt und können danach mit entsprechenden Filtern eliminiert werden. Aus diesem Entspreizvorgang ergibt sich ein Systemgewinn, der dem Verhältnis von Bandbreite des gespreizten Signals zu Signalbandbreite $B/\Delta B$ entspricht. Dies ist auch der Grund, warum DS-Signale nur ein so geringes Signal/Rausch-Verhältnis haben müssen. Die Übertragungsqualität eines DS-Signals wird also wesentlich vom Verhältnis Bandbreite des Datensignals zu Bandbreite des Pseudorauschsignals bestimmt, dem sogenannten Spreizfaktor. Dieser liegt im Normalfall in der Größenordnung von einigen hundert und bestimmt zugleich den Grad der Absenkung (bzw. Anhebung auf der Senderseite) des Signals. Das gesendete DS-Signal besitzt eine große Unempfindlichkeit gegen Störungen. Mehrere Nutzer können so auf dem gleichen Frequenzband arbeiten, wenn sie orthogonale Codes benutzen. Das bedeutet, daß die PN-Codes nur geringe Kreuzkorrelationen aufweisen dürfen, um die gegenseitige Beeinflussung so klein wie möglich zu halten. Wird der PN-Code zusätzlich nach kryptographischen Gesichtspunkten gebildet, so bewirkt das zugleich eine Verschlüsselung der Sendung. Die grundsätzlichen Prinzipien der Spread-spectrum-Kommunikation sind z.B. in [1] und [6] zu finden.

2.1 Erkennung von DS-Signalen

Bei bekanntem PN-Code können DS-Signale sehr gut zur Peilung und Ortsbestimmung eingesetzt werden ([1] S. 306ff). Sie sind relativ unempfindlich gegen Störungen, aber die Synchronisation der PN-Codereferenz mit dem empfangenen Signal muß sehr genau erfolgen. Daraus ergibt sich die Möglichkeit, das Signal an zwei Antennen zu empfangen, deren genauer Abstand bekannt ist. Wird an beiden Empfängern die PN-Codesequenz durch *Korrelation* synchronisiert, so ist ein zeitlicher Versatz zwischen den beiden Empfängern ermittelbar, der ein Maß für die relative Entfernung der Antennen zum Sender darstellt. Durch diese Laufzeitpeilung (*time of arrival direction finding* TOA-DF) erhält man eine Standlinie, auf der sich der Sender befindet. Das kann hilfreich sein, wenn der Standort eines Nutzers ermittelt werden muß, z.B. in einem Notfall. Dieser kann dann einen Notfallcode zum gespreizten Senden benutzen, der den entsprechenden Stationen bekannt ist, und mit dessen Hilfe sie eine Ortung vornehmen können.

Wenn die Signale im Vergleich zum thermischen oder Umgebungsrauschen eine geringere spektrale Dichte haben und wenn sich diese in Abhängigkeit von der Frequenz nur sehr langsam ändert (was bei Verwendung von PN-Codes maximaler Länge der Fall ist), sind DS-Signale bei unbekanntem PN-Code mit konventionellen Mitteln wie Spektrumanalysatoren nicht zu entdecken (LPI-Signale: *low probability of intercept*). Lediglich mit einem *Radiometer*, d.h. durch Integration des vorhandenen Rauschens in einem Spektrum über einen längeren Zeitraum, könnte ein Signal entdeckt werden. Mit Radiometer erkannte Signale sind jedoch nicht peilbar. Nähere Informationen finden sich in [6].

2.2 Schlußfolgerungen

Die direkte Spreizung erfüllt die Forderungen nach Nichtortbarkeit eines Senders. Unter den bisher bekannten und untersuchten Methoden gibt es kein Verfahren, mit dem DS-Signale ohne Kenntnis des PN-Codes peilbar wären, und deshalb auch keine Möglichkeit, die Ortung des Senders vorzunehmen.

Ausgenutzt werden also Probleme, die sich bei der Trennung von Signalgemischen ergeben. Schon bei Energiedichten weit über dem Rauschpegel ist eine Trennung von Signalgemischen nicht immer möglich. Beispielsweise können zwei Signale, die aus der gleichen Richtung kommen und auf der gleichen Frequenz liegen, nicht mehr getrennt werden. Dies gilt sowohl für einen potentiellen Angreifer als auch den legitimen Empfänger. Bei der direkten Spreizung kommt für den Angreifer aufgrund des niedrigen Signalpegels zusätzlich das Rauschen als Störquelle hinzu, der legitime Empfänger dagegen hat mittels des PN-Codes die Möglichkeit, das Signalgemisch zu trennen.

Für einen Angreifer kommt außerdem das Problem hinzu, jedem Signal eine Sendestation und dieser wiederum einen Benutzer zuzuordnen. Diese Aufgabe wird im allgemeinen durch Analyse der Inhaltsdaten oder Verkettung von Informationen vorgenommen. Werden die Möglichkeiten eines potentiellen Angreifers in dieser Richtung eingeschränkt, so trägt das in einem Mehrsignalumfeld wesentlich zur Verringerung der Ortungswahrscheinlichkeit eines Nutzers bei.

An dieser Stelle muß erwähnt werden, daß bereits heute im Mobilfunk Bandspreizverfahren angewendet werden. Dort kommen allerdings meist sog. Frequenzsprungverfahren (*frequency hopping spread spectrum systems* FH) in Verbindung mit Codemultiplex- (*code division multiplex access* CDMA) oder Zeitmultiplex-Verfahren (*time division multiplex access* TDMA) zum Einsatz. In [5] wird gezeigt, daß das Frequenzsprungverfahren in der hier vorgesehenen Anwendung zur Verhinderung von Ortung nur sehr schlecht geeignet ist, da die Peilbarkeitswahrscheinlichkeit eines Signals noch relativ hoch ist.

3 Konsequenzen und Auswirkungen

Während bisher, d. h. in [2], davon ausgegangen wurde, daß eine Mobilstation (*mobile station* MS) immer peilbar ist, wenn sie sendet, kann diese Annahme jetzt abgeschwächt werden. Bei Verwendung der direkten Spreizung ist eine Mobilstation nur noch dann peilbar, wenn der Angreifer über den zur Spreizung verwendeten PN-Code verfügt. Das ursprünglich angestrebte Ziel ist allerdings noch nicht vollständig erreicht. Zwar kann ohne Kenntnis des PN-Codes nach den bisherigen Untersuchungen niemand die Mobilstation peilen, der autorisierte Empfänger muß allerdings zum Empfang der Sendung im Besitz des PN-Codes sein und hat so auch die Möglichkeit, die Position des Senders zu ermitteln. Von der elektrotechnischen Seite bestehen hier keine Möglichkeiten mehr, die Peilung auch für einen im Besitz des PN-Codes befindlichen Kommunikationspartner zu verhindern. An dieser Stelle muß mittels sicherheitstechnischer Verfahren und Protokolle eine Lösung gefunden werden.

Das veränderte Angreifermodell bringt natürlich die Notwendigkeit mit sich, die gemachten Aussagen zum Schutz der Verkehrsdaten noch einmal zu überprüfen und wo sich durch die neue Situation Änderungen ergeben, diese darzulegen. Grundlage bei allen bisherigen Betrachtungen war der Artikel [2], in dem prinzipielle Vorschläge zum Datenschutz in Funknetzen gemacht werden. Das Verfahren und die dazu gemachten Aussagen können auch beim geänderten Angreifermodell vollständig weiterbenutzt werden. Vereinfachungen ergeben sich jedoch bei der Verschlüsselung zwischen mobiler und ortsfester Teilnehmerstation. Auf der Funkstrecke wird sie im wesentlichen schon durch die Anwendung der direkten Spreizung realisiert (Schutz der Inhaltsdaten durch Verwendung des PN-Codes). Wenn das Empfangsspektrum, wie in Kapitel 3.1 vorgeschlagen, bis zur ortsfesten Teilnehmerstation des „Adressaten" verteilt wird, sind dann keine zusätzlichen Schutzmaßnahmen mehr notwendig.

Weiterhin können ab jetzt alle Angreifer außerhalb des Kommunikationsnetzes von den Betrachtungen bezüglich Peilung ausgenommen werden. Ihnen wird wegen der Unkenntnis des PN-Codes eine Ortsbestimmung des Senders durch Peilung der von ihm ausgestrahlten elektromagnetischen Wellen unmöglich gemacht. Sie als einzig mögliche Angreifer anzusehen ist aber wahrscheinlich eine zu schwache Forderung, denn alle Angriffe, die bisher über das Netz oder vom Netz ausgehend möglich waren, sind dies auch jetzt noch.

Die wichtigste Veränderung aufgrund des neuen Angreifermodells ist damit die Möglichkeit, die Betrachtungen zur Peilung auf das Kommunikationsnetz einzuschränken. Um den vollständigen Schutz des Standortes eines Senders zu gewährleisten, müssen Mittel gefunden werden, die eine Peilung durch das Netz unmöglich machen. Aus sicherheitstechnischer Sicht scheint die Suche nach Verhinderung der Peilung für das Kommunikationsnetz allerdings weniger erfolgversprechend, als die Forderung, nur mit vertrauenswürdigen Partnern zu kommunizieren, die eine gewonnene Ortsinformation nicht oder nur in einem vom Sender gewünschten Sinne weitergeben. Das hört sich zunächst nach einer starken Einschränkung der Kommunikationsmöglichkeiten an. Für die Realisierung sollen hier zwei Möglichkeiten vorgestellt werden:

3.1 Entspreizung des Signals an einer vertrauenswürdigen Stelle

Entspreizung des DS-Signals an einer vertrauenswürdigen Stelle bedeutet, daß das im Empfangsturm der Basisstation (*base transceiver station* BTS) empfangene Signalgemisch aus bandgespreizten Signalen, Rauschen und Störsignalen unverändert, also in gespreizter Form mit der vollen Bandbreite, zu einer entfernten Station gelangt. Dort ist der zur Spreizung verwendete PN-Code bekannt, und so ist nur diese Station in der Lage, das gewünschte Signal zu entspreizen. Diese für den Sender vertrauenswürdige Station kann z.B. seine ortsfeste Teilnehmerstation mit Festnetzanbindung sein (Bild 3). Der gewünschte Frequenzbereich wird dazu vom Empfangsturm des Funknetzes aus über das Festnetz an diese Station weitergeleitet. Dabei ergeben sich einige Probleme, die im folgenden näher beleuchtet werden sollen.

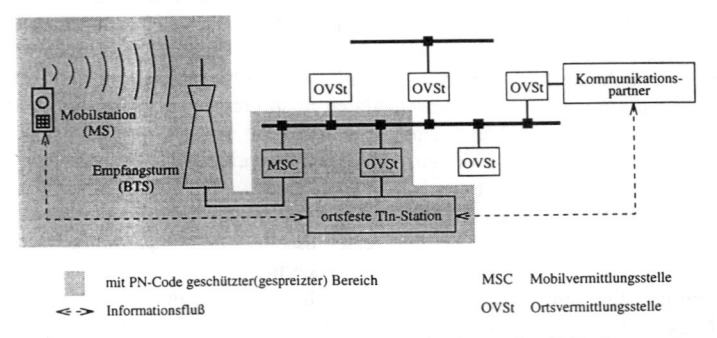

Abbildung 3: Verlagerung der Detektionsfunktion in die ortsfeste Teilnehmerstation

3.1.1 Bandbreite

Das erste und offensichtlichste ist der Bandbreitebedarf im Festnetz, der notwendig ist, um die elektromagnetische Information in unveränderter Form an die jeweiligen ortsfesten Teilnehmerstationen zu verteilen. Die notwendige Bandbreite errechnet sich aus der Bandbreite des zu übertragenden Signals multipliziert mit dem Spreizfaktor. Der Spreizfaktor ist von verschiedenen Faktoren wie der Sendeleistung, dem Signal/Rausch-Verhältnis nach der Spreizung und der damit in Zusammenhang stehenden Erkennungswahrscheinlichkeit des Signals abhängig. Für ihn können deshalb ohne Kenntnis oder Festlegung dieser Unbekannten keine konkreten Werte angegeben werden. Sie ergeben sich aber beim konkreten Entwurf eines Systems neben den vorgegebenen Begrenzungen und geforderten Parametern durch eine Optimierung zwischen der mit zunehmenden Sicherheitsanforderungen steigenden Bandbreite (größerer Spreizfaktor) und den daraus resultierenden Kosten für die Übertragung im ortsfesten Netz.

In [3] werden für den Spreizfaktor Werte zwischen 20dB (100) und 30dB (1000) angegeben. Für einen GSM-Kanal von 22,8 kBit/s beispielsweise würde sich im gespreizten Zustand somit eine zu übertragende Bandbreite im Festnetz von 2,28 MBit/s bis 22,8 MBit/s ergeben. Das klingt zunächst sehr viel. Man beachte jedoch, daß diese Bandbreite nicht etwa von einem Teilnehmer exklusiv benutzt wird. Vielmehr kann diese Bandbreite wieder bis zu 100 bzw. 1000 GSM-Kanäle zu je 22,8 kBit/s enthalten, orthogonale PN-Codes vorausgesetzt. Voraussetzung ist aber die breitbandige Verkabelung im (festen) Teilnehmeranschlußbereich. Dies stellt aber bei den derzeit absehbaren Entwicklungen auf dem Netzmarkt, wo die Vermittlung von hochauflösenden Fernsehprogrammen geplant ist, sicher kein unlösbares Problem dar.

Für die Übertragung des benötigten Frequenzbereiches an die jeweilige ortsfeste Teilnehmerstation gibt es zwei verschiedene Möglichkeiten. Sie kann, wie dies bei derzeitigen Fernsehprogrammen geschieht, an alle ortsfesten Teilnehmerstationen *verteilt* werden. Dazu müssen alle relevanten Frequenzbereiche der einzelnen Empfangstürme zusammengeführt werden, um sie dann gemeinsam und gleichzeitig zu allen ortsfesten Teilnehmerstationen zu verteilen. Das Ergebnis wären sehr hohe Bandbreiteanforderungen an das Festnetz im Teilnehmeranschlußbereich, hervorgerufen durch die Vielzahl der Empfangstürme und die so parallel zu verteilende Bandbreite.

Eine zweite, aus Sicht der Netzbelastung im Teilnehmeranschlußbereich günstigere Variante, ist die *Vermittlung* der benötigten Frequenzbereiche. Diese werden von der ortsfesten Teilnehmerstation aus beim jeweiligen Empfangsturm angefordert, und dann auf dem gleichen Wege wie bei der Telefonie über Vermittlungsstellen zu den ortsfesten Teilnehmerstationen geliefert. Wenn die Vermittlung der Frequenzbereiche darüberhinaus so erfolgt, daß diese nur einmal über eine Fernstrecke übertragen werden, auch wenn sie in der gleichen Zielvermittlungsstelle öfter benötigt werden, so führt das zusätzlich zu einer Verminderung des Bandbreitebedarfs auf den Fernstrecken.

3.1.2 Auswahl des richtigen Empfangsturms

Bei einer Entspreizung an dezentraler Stelle besteht neben der eigentlichen Übertragung des ungespreizten Signals noch das Problem, daß die Quelle bestimmt werden muß, von der das Signal stammen soll. Diese Information ist mit dem Aufenthaltsgebiet des Senders identisch und darf nur der ortsfesten Teilnehmerstation bekannt sein, um dem Kommunikationsnetz keine Möglichkeit zu geben, an derartige Informationen zu gelangen. Die Verwaltung des Aufenthaltsorts durch die ortsfeste Teilnehmerstation bedeutet aber auch, daß diese die Koordination bei Änderung des Senderstandortes übernehmen muß. Das beinhaltet unter anderem die Nachführung des Empfangsturms, von dem das ungespreizte Signal empfangen werden soll. Hilfreich kann hier die in Kapitel 2.1 vorgestellte Möglichkeit zur Ortung einer Mobilstation durch die ortsfeste Teilnehmerstation sein.

3.1.3 Verschleiern des Aufenthaltsortes

Die dezentral verwalteten Aufenthaltsinformationen zwingen die ortsfesten Stationen, die ungespreizten Signale des Empfangsturms anzufordern, in dessen Erfassungsgebiet der Sender liegt. Die Analyse dieser Anforderungen eröffnet jedoch eine weitere, wenn auch gröbere Möglichkeit für das Kommunikationsnetz, den Standort des Senders zu bestimmen. Abhilfe könnte hier die *intelligent koordinierte Bestellung der Signale* von mehreren Empfangstürmen schaffen, so daß das Kommunikationsnetz durch Beobachtung der Bestellungen keinen wesentlichen Informationszuwachs erreicht. Der *Grenzfall* wäre die Variante der *Verteilung* der Frequenzbereiche aller Empfangstürme, welche in dieser Beziehung sehr vorteilhaft erscheint. Bei diesen Überlegungen ist allerdings die Erhöhung der notwendigen Übertragungskapazität zur ortsfesten Teilnehmerstation zu beachten, da natürlich alle Signale gleichzeitig dort hingelangen müssen.

Werden die Frequenzbereiche *vermittelt*, um Bandbreite im Festnetz zu sparen, besteht aber auch die Möglichkeit, die anfallenden Verkehrsdaten (in diesem Falle insbesondere wer welchen Frequenzbereich anfordert) durch MIXe zu schützen. Der zusätzliche Aufwand besteht dann nur im Einrichten der MIXe und dem Ausrüsten der ortsfesten Teilnehmerstationen mit einer entsprechenden asymmetrischen Verschlüsselungskapazität. Die zeitliche Beobachtbarkeit der Kommunikation eines Teilnehmers könnte in diesem Fall durch Senden bedeutungsloser Nachrichten, wenn keine bedeutungsvollen zu übertragen sind, sog. *dummy-traffic*, gelöst werden. Ein Senden bedeutungsloser Nachrichten auf der Funkstrecke verbietet sich allerdings einerseits aufgrund des dort herrschenden Mangels an Übertragungskapazität, andererseits ist die Akkukapazität einer Mobilstation zu begrenzt, um ständig zu senden. Es spricht jedoch nichts dagegen, wenn die ortsfeste Teilnehmerstation einen Frequenzbereich bestellt, auch wenn die Mobilstation gar nicht sendet. Das zeitliche Kommunikationsprofil des Teilnehmers kann so verborgen werden. Aus Sicht der Netzbelastung trägt diese Maßnahme nur zu einem Ansteigen der mittleren Anzahl zu vermittelnder Kommunikationswünsche bei und ist so akzeptabler als Verteilung.

3.2 Informationstechnische Kapselung der BTS

Die direkte Spreizung des Signals zur Verhinderung der Peilung ist nur auf dem Funkweg notwendig. Die Entspreizung des Signals kann also prinzipiell schon in der BTS vorgenommen werden. Dazu muß der PN-Code dort bekannt sein. Durch die Kenntnis des PN-Codes hat die BTS aber die Möglichkeit zur Peilung. Die Grundidee der *informationstechnischen Kapselung* besteht nun darin, die BTS aus sicherheitstechnischer Sicht vertrauenswürdig zu konstruieren. Das bedeutet, die BTS haben zwar die Möglichkeit zur Peilung, geben diese Information aber nicht weiter bzw. ermitteln sie gar nicht erst (Bild 4). Das Einbringen eines trojanischen Pferdes in eine solche BTS könnte diese

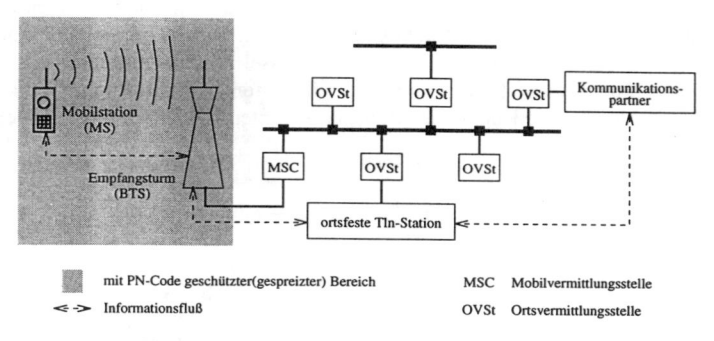

Abbildung 4: Informationstechnische Kapselung der BTS

Maßnahme gefährden. Der Vorteil von BTS gegenüber Vermittlungsrechnern ist aber ihre geringere Komplexität und die starke Hardwareabhängigkeit der Peilung. Die Untersuchung der BTS auf derartige Sicherheitslücken und die Erkennung von Manipulationen sollte deshalb einfacher möglich sein. Um den BTS den Status eines vertrauenswürdigen Partners zuerkennen zu können, muß deren informationstechnische Kapselung bezüglich der Ortsinformationen natürlich nachgewiesen sein.

3.3 Verbindungsaufnahme

Der Verbindungsaufbau ist bei der direkten Spreizung zum Schutz vor Peilung stark erschwert, da kein Signal von einer Mobilstation aus ungespreizt gesendet werden darf, vor Beginn der Sendung aber der zu benutzende PN-Code ausgetauscht werden muß. Bei dezentraler Verwaltung der Aufenthaltsinformationen kommt für die ortsfeste Teilnehmerstation die Aufgabe hinzu, den Aufenthaltsort der Mobilstation bei deren Neueinbuchung zu ermitteln. Diese Probleme sollen im folgenden behandelt werden.

3.3.1 Austausch der Schlüssel zur Erzeugung des PN-Codes

Entscheidend dabei ist, wer aufgrund eines Kommunikationswunsches die Initiative ergreift. Alle Maßnahmen zum *Verbindungsaufbau vom Festnetz* (bzw. der ortsfesten Station)[3] *zur mobilen Station* sind dabei relativ unproblematisch. Für sie brauchen keine Maßnahmen zum Schutz vor Peilung angewendet zu werden (die Standorte der Sendetürme sind sowieso bekannt), so daß nur eine einfache Verschlüsselung zwischen Festnetz und mobiler Teilnehmerstation notwendig wird. Der Schutz des Aufenthaltsortes der

---

[3] Im folgenden ist unter Festnetz je nach dem Zielort der gespreizten Signale entweder ein Empfangsturm des Funknetzes oder die ortsfeste Teilnehmerstation zu verstehen.

Mobilstation kann dabei durch Verteilung mit entsprechender Filterung unerwünschter Verbindungswünsche erfolgen ([2]).
Kritischer ist die Situation, wenn die Kontaktaufnahme *von einer mobilen Station aus* mit dem Festnetz erfolgen soll. In jedem Fall muß die mobile Station, bevor sie senden kann, im Besitz eines Schlüssels (PN-Key) sein.
Das einfachste und eleganteste Verfahren scheint hier das sogenannte *Leuchtturmprinzip* [4] zu sein. Die eine Kommunikation wünschenden Partner vereinbaren dabei eine Blockchiffre und einen nur ihnen bekannten Schlüssel K_i. Ein zentraler, von allen zu empfangender Funksender[4] (Leuchtturm), verteilt laufend Zufallszahlen ZZ (siehe Bild 5). Diese verschlüsseln die Kommunikationspartner unter Zuhilfenahme der Blockchiffre

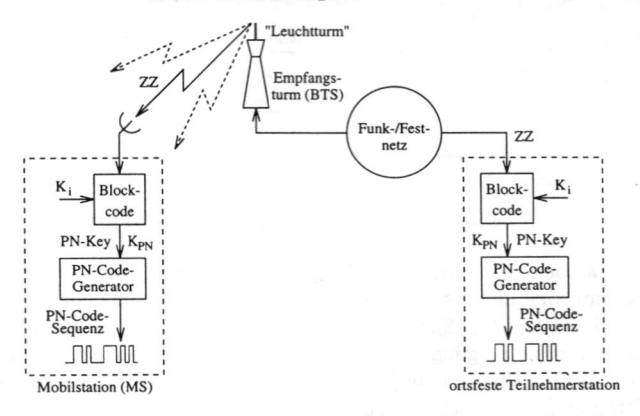

Abbildung 5: Verwendung eines Leuchtturmes zur Verteilung von Schlüsseln

mit dem vereinbarten Schlüssel K_i und erhalten beide so den PN-Key K_{PN}, mit dem die Kommunikation zwischen ihnen geschützt werden soll. Mit einem entsprechenden PN-Code-Generator kann daraus der PN-Code erzeugt werden. Eine abgewandelte Variante des Verfahrens besteht darin, die Zufallszahlen nicht zu verteilen, sondern Uhrzeit und Datum, beruhend auf einer genauen Zeitbasis, als solche zu verwenden.
Der mobilen Station steht somit zu jedem Zeitpunkt ein Schlüssel zur Verfügung, mit dem sie gespreizt senden kann und der auch dem Festnetz bekannt ist. Wann welcher Schlüssel verwendet wird und wie lange er gültig sein soll, ist dann eine Vereinbarungsfrage oder Definitionsfrage und kann in Abhängigkeit anderer Faktoren (Synchronisationszeiten usw.) angepaßt werden.

3.3.2 Ermitteln des Aufenthaltsortes der mobilen Station

Bei Verwaltung der Aufenthaltsinformationen einer Mobilstation in der zugehörigen ortsfesten Teilnehmerstation muß diese auch die Koordination des Informationsflusses von und zur Mobilstation übernehmen. Das beinhaltet sowohl die Weiterleitung von Verbindungswünschen in das momentane Aufenthaltsgebiet der Mobilstation als auch die

---
[4] In einem Mobilfunknetz kann diese Aufgabe durch einen speziellen Signalisierungskanal übernommen werden.

Bestellung des Frequenzbereiches beim jeweiligen Empfangsturm, um die Kommunikation von der Mobilstation zur ortsfesten Teilnehmerstation zu sichern. Solange die beiden Stationen in Kontakt stehen, kann eine ständige Aktualisierung des Aufenthaltsortes der Mobilstation vorgenommen werden. Reißt dieser Kontakt aus irgendeinem Grund ab, z.B. vollständiges Abschalten der Mobilstation, und bewegt sich die Mobilstation aus ihrem Aufenthaltsgebiet heraus, so erhält die ortsfeste Teilnehmerstation keine Informationen mehr über diese Veränderung. Sie erkennt allerdings, daß die Mobilstation nicht mehr auf ihre Rufe reagiert, kann also diesen Zustand gesondert behandeln.

Eine Möglichkeit, den aktuellen Standort zu ermitteln, wäre die Einrichtung eines Sonderkanals, der im gesamten Festnetz, d.h. an alle ortsfesten Teilnehmerstationen, verteilt wird. Auf ihm könnten alle Mobilstationen, die im Moment keine Verbindung zu ihren ortsfesten Teilnehmerstationen mehr haben, eine kurze Nachricht mit dem derzeitigen Aufenthaltsort an diese schicken. Die ortsfeste Teilnehmerstation kann daraufhin die Ortsinformationen auf den neuesten Stand bringen und ihre Aktivitäten auf dieses neue Gebiet richten. Die Sendung auf dem Sonderkanal muß natürlich in gespreizter Form erfolgen! Der Kanal kann aber im Zeitmultiplex von mehreren Stationen genutzt werden, so daß die Netzbelastung durch die Verteilung an alle ortsfesten Teilnehmerstationen gering gehalten wird.

4 Zusammenfassung und Bewertung

In den vorangegangenen Abschnitten wurde ein prinzipielles Modell entwickelt, bei dem unter Ausnutzung eines Geheimnisses das „Verbergen" elektromagnetischer Wellen und damit die unbeobachtbare Kommunikation zwischen Sender und Empfänger realisierbar scheint. Die vorliegende Arbeit suchte in erster Linie nach einer Möglichkeit zur Verhinderung der Ortung von sendenden Mobilstationen. Dabei ging es um das Finden und Untersuchen prinzipieller Verfahren und weniger vordergründig um die direkte Umsetzbarkeit in bestehenden Netzen. Das gefundene Verfahren der direkten Spreizung bietet neben der geforderten Nichtortbarkeit der Mobilstationen als einen weiteren Schritt zur Vervollkommnung des Schutzes der Verkehrsdaten auch andere Vorteile. Die gute Selbstortungsmöglichkeit im Notfall (siehe Kap. 2.1) beispielsweise ist ein wesentlicher Punkt auf dem Weg zum dezentralen Erreichbarkeitsmanagement. Weiterhin macht die vorgeschlagene dezentrale Verwaltung der Erreichbarkeitsinformationen deren Speicherung im *home location register/ visitor location register* überflüssig, womit diese Datenbanken als Unsicherheitsfaktor beim Schutz von Verkehrsdaten wegfallen. Die Organisation des Erreichbarkeitsmanagements und der Ablaufsteuerung übernimmt dann die ortsfeste Teilnehmerstation in Zusammenarbeit mit der zugehörigen mobilen Station. All diese Möglichkeiten lassen sich jedoch, wie bereits erwähnt, nicht ohne Probleme in derzeit existierende Netzkonzepte integrieren. Zunächst ist aufgrund der Bandbreitenanforderungen beim Einsatz der direkten Spreizung auf der Funkstrecke ein vollständiger Umbau der Multiplexgestaltung der Kanäle erforderlich. Die Anzahl gleichzeitig arbeitender Nutzer bei synchronen Betrieb ist nach [3] allerdings bei den unterschiedlichen Multiplexverfahren gleich groß, so daß ein vorgegebener Frequenzbereich mit der gleichen Effektivität ausgenutzt wird.

Bei einer Verlagerung der Detektionsfunktion an eine vertrauenswürdige Stelle kommt es zusätzlich zu Kapazitätsengpässen im Festnetzbereich. Im momentanen Ausbauzustand des Netzes ist diese Methode deshalb *nicht* realisierbar. Die Ursache hierfür ist aber weniger das Vorhandensein natürlicher Begrenzungen als mehr die Kosten, die ein entsprechender Ausbau des Festnetzes mit der derzeitigen Technologie verursachen würde. Notwendig wäre nämlich nicht nur eine hohe Kapazität zwischen den Vermittlungsstellen, sondern auch eine Breitbandverkabelung im Teilnehmeranschlußbereich.

Die Einführung einer ortsfesten Teilnehmerstation als koordinierendes System scheint in diesen Zusammenhang weniger problematisch, da innerhalb der natürlichen Erneuerungsperiode von Telefonen ein Umstieg auf ein integriertes System Telefon/ortsfeste Teilnehmerstation/Erreichbarkeitsmanager ohne weiteres möglich sein sollte.

Die Integration der vorgestellten Möglichkeiten zur Realisierung der technischen Datenschutzforderungen wird also wahrscheinlich eine Kostenfrage sein. Der hohe Aufwand für den Schutz der Verkehrsdaten im Vergleich zum Schutz der Inhaltsdaten sollte aber nicht zu dem Schluß führen, daß man sich einen Schutz der Verkehrsdaten nicht leisten kann. Bei der derzeitigen Entwicklung gerade auf dem Netzsektor ist es von entscheidender Bedeutung, schon sehr frühzeitig im Entwurfsstadium solche, zur Zeit nicht realisierbar erscheinende Ideen und Vorschläge in zukünftige Konzeptionen einzubringen. Es könnte sonst passieren, daß die Forderung nach entsprechenden Maßnahmen die technische Entwicklung überholt. Das derzeit noch vorhandene, und bei solchen Überlegungen meist hinderliche Mißverhältnis von Schutzbedarf und Schutzbedürfnis muß durch eine Sensibilisierung der Nutzer für Fragen des Datenschutzes ausgeglichen werden.

Wir danken Prof. Dr. Andreas Pfitzmann und Dr. Herbert Klimant für die Anregungen, die sie uns bei der Bearbeitung der Problematik gaben. Weiter danken wir der Gottlieb Daimler- und Karl Benz- Stiftung Ladenburg für die freundliche Unterstützung.

Literatur

[1] Dixon, R. C.: *Spread Spectrum Systems*. John Wiley & Sons, New York 1984
[2] Pfitzmann, A.: *Technischer Datenschutz in öffentlichen Funknetzen*. Datenschutz und Datensicherung (1993) № 8 pp.451-463
[3] Pickholtz, R. L.; Schilling, D. L.; Milstein, L. B.: *Theory of Spread-Spectrum Communications - A Tutorial*. IEEE Transactions on Communications (1982) volume 30 № 5 pp.855-878
[4] Rabin, M. O.: *Transaction Protection by Beacons*. Technical Report TR-29-81, November 1981, veröffentlicht in: Journal of Computer and System Sciences (1983) № 27 pp.256-267
[5] Thees, J.: *Konkretisierung der Methoden zum Schutz von Verkehrsdaten in Funknetzen*. Diplomarbeit, TU Dresden, Inst. Theoretische Informatik, 1994
[6] Torrieri, D. J.: *Principles of Secure Communication Systems (Second Edition)*. Artech House, Boston-London 1992

Verschlüsselung personenbezogener und Abgleich anonymisierter Daten durch Kontrollnummern

W. Thoben, H.-J. Appelrath

Oldenburger Forschungs- und Entwicklungsinstitut
für Informatik-Werkzeuge und -Systeme (OFFIS)
Westerstr. 10-12, D-26121 Oldenburg
e-mail: [thoben, appelrath]@informatik.uni-oldenburg.de

Zusammenfassung

Diese Arbeit stellt Ausschnitte von Konzept und Realisierung des sich im Aufbau befindlichen Niedersächsischen Krebsregisters vor, dessen Ziel es ist, Meldungen von Krebspatienten zu einem bevölkerungsbezogenen Krebsregister zu verdichten und somit der epidemiologischen Forschung zur Verfügung zu stellen. Um datenschutzrechtlichen Aspekten in einem solchen System gerecht zu werden, findet zunächst eine Anonymisierung der Meldungen statt. Da ein Patient häufig mehrfach über Jahre hinweg von oft unterschiedlichen Meldestellen (Ärzte, Pathologen, Kliniken, Gesundheitsämter etc.) an ein Krebsregister gemeldet wird, muß jeweils ein Abgleich mit dem bereits vorhandenen anonymisierten Datenbestand durchgeführt werden. Hierzu wird das Konzept der Kontrollnummern (Einwegverschlüsselte Kombinationen aus Teilen personenidentifizierender Variablen) eingeführt. Empirische Untersuchungen auf Basis verschiedener Datenquellen dienen dazu, Kontrollnummern bzw. Kombinationen von Kontrollnummern zu definieren, die eine möglichst fehlerfreie Zusammenführung der Datensätze gewährleisten, so daß auch fehlerhafte Meldungen (z.B. mit falschen oder unvollständigen Angaben) korrekt zugeordnet werden.

1 Das Niedersächsische Krebsregister

1.1 Epidemiologische Krebsregister

Ziel eines epidemiologischen Krebsregisters ist die kontinuierliche Beschreibung des Krebsgeschehens, die Erzeugung von Hypothesen über mögliche Ursachen, die Unterstützung gezielter Studien und die Bereitstellung von Basisdaten für die Versorgungsforschung. Die Grundlage dafür bildet eine möglichst vollständige und valide Sammlung gemeldeter Krebsfälle, wobei jeder Krebsfall nur einmal in der Datenbasis geführt werden darf, auch wenn er von verschiedenen Stellen (Ärzten, Kliniken, Nachsorgeleitstellen etc.) mehrfach gemeldet wird [7]. Ein Krebsfall - konkreter seine Meldung - besteht aus

- personenidentifizierenden Daten (Name, Vorname, Geburtsdatum etc.),
- epidemiologischen Daten (Diagnosezeitpunkt, Tumorcodierung etc.).

Für die routinemäßige Verarbeitung der Meldungen in einem Krebsregister werden lediglich die epidemiologischen Daten benötigt; um jedoch eine Folgeforschung in Form von Studien (z.B. Fall-Kontroll-Studien) durch die Befragung der Betroffenen zu ermöglichen, dürfen die personenidentifizierenden Daten nicht gelöscht werden.

In der Bundesrepublik werden derzeit drei Krebsregistermodelle unterschieden, die auf unterschiedliche Art und Weise die Aspekte des Datenschutzes berücksichtigen [18]:

- *Einwilligungsmodell*: Der Patient muß gegenüber dem meldenden Arzt für die Meldung an das Krebsregister einwilligen (z.B. Hamburger Krebsregister).
- *Melderechtsmodell*: Jeder Arzt darf an das Krebsregister melden, ohne daß der Patient über die Meldung unterrichtet werden muß (z.B. Krebsregister Saarland).
- *Verschlüsselungsmodell*: Jeder Arzt darf an das Krebsregister melden, wobei die personenidentifizierenden Angaben lediglich anonymisiert verarbeitet werden dürfen. Bei dieser Form der Krebsregistrierung kann weiter differenziert werden:
  - *Zentrale Verschlüsselung*: Die Meldungen werden an das Krebsregister übermittelt und dort zentral verschlüsselt (Bundeskrebsregistergesetz, geplantes Niedersächsisches Krebsregister, Krebsregister Rheinland-Pfalz).
  - *Dezentrale Verschlüsselung*: Die Verschlüsselung wird vom Melder (z.B. Arzt) direkt vorgenommen und die Meldung bereits anonymisiert an das Krebsregister übermittelt (Krebsregister Baden-Württemberg).

Sowohl beim Einwilligungsmodell als auch beim Melderechtsmodell werden die Angaben zum Krebsfall in Klartextform von der meldenden Stelle an das Krebsregister weitergereicht, und der Personenbezug einer Meldung bleibt auch im Krebsregister erhalten. Speziell beim Melderechtsmodell, welches international die anerkannte Registrierung von Krebsmeldungen darstellt, werden die ärztliche Schweigepflicht und der Datenschutz am stärksten belastet.

In den Arbeiten [5] und [14] werden Ansätze für eine "anonyme Kommunikation" in Rechnernetzen vorgestellt, wobei in einem Krebsregister die Empfängeranonymität aus Sicht des Patienten als primäres Ziel zu gewährleisten wäre. Die Ansätze sind dann auf ein Krebsregister übertragbar, wenn alle Patienten mit eigenen Rechnern (persönliche "Scheckkartencomputer" [5]) ausgestattet wären und die zur Identifikation benötigten digitalen Pseudonyme erzeugen und ausschließlich verwalten könnten, was in absehbarer Zeit jedoch nicht umsetzbar sein wird. Da ein Patient häufig über unterschiedliche Wege an ein Krebsregister gemeldet wird, muß weiterhin gewährleistet sein, daß er jeweils dasselbe Pseudonym verwendet, damit im Krebsregister jeder Fall nur einmal erfaßt wird. Dies ist bei vielen Meldewegen nicht umsetzbar, wie z.B. beim Totenschein vom Gesundheitsamt, bei dem ein möglicherweise vorhandenes Pseudonym nicht verfügbar wäre. Um Abgleiche mit externen Stellen (z.B. Meldeamt zur Erkennung des Vitalstatus bzw. der Wanderungsbewegungen) zu realisieren, müßten dort ebenfalls die eindeutigen Pseudonyme hinterlegt sein. Des weiteren muß ein Krebsregister, um Folgeforschung unterstützen zu können, in der Lage sein, den Patienten bzgl. seiner Einwilligung befragen zu können, so daß eine vollständige Empfängeranonymität aus Sicht eines Krebsregisters nicht durchführbar ist.

1.2 Das verwendete Verschlüsselungsmodell

In der Pilotphase zum Niedersächsischen Krebsregister wird im Rahmen des Projekts CARLOS (Cancer Registry Lower-Saxony) das von Prof. Michaelis ([11], [17]) vorgeschlagene und im Bundeskrebsregistergesetz [9] festgelegte Modell der Krebsregistrierung untersucht. Dieses Modell basiert auf zwei unabhängigen, auch institutionell getrennten Stellen (siehe Abb. 1):

- Die *Vertrauensstelle* sammelt patientenbezogene Krebsdaten von Ärzten, Nachsorgeleitstellen, klinischen Registern, Pathologen usw. und verschlüsselt die personenidentifizierenden Datenfelder vor Übertragung an
- die *Registerstelle*, die die anonymisierten Patientendaten und epidemiologisch relevante Daten speichert, zu einem bevölkerungsbezogenen Krebsregister verdichtet und somit der epidemiologischen Forschung zur Verfügung stellt.

Nach dem Bundeskrebsregistergesetz [9] wird dem meldenden Arzt ein Melderecht eingeräumt, wobei der Patient über die Meldung und sein

Widerspruchsrecht zu unterrichten ist. Sind für den Patienten durch die Aufklärung jedoch "gesundheitliche Nachteile" zu befürchten, so kann diese Aufklärung unterbleiben, die Meldung an das Krebsregister jedoch erfolgen. Vor der Übertragung der erfaßten Meldungen von der Vertrauensstelle an die Registerstelle sind diese mittels eines Chiffrierverfahrens zu anonymisieren.

Krebsregister

Arzt/Klinisches Register/
Nachsorgeleitstelle/
Pathologe/Gesundheitsamt/
...

Vertrauensstelle

Anonymisierte Meldung
- Schlüsseltexte
- Kontrollnummern
- Epidemiologische Daten

Chiffrierung
Kontrollnummern-Generierung

Meldung
- Personenidentifizierende Daten
- Epidemiologische Daten

Rückfragen bei Unklarheiten

Nicht vorhanden => Neueintrag
Vorhanden => Aktualisierung
Unklar => Nachfrage

Anonymisierte Meldung
- Schlüsseltexte
- Epidemiologische Daten
- Kontrollnummern

Abgleich

Register-Datenbank
- Anonymisierte Meldung 1
- Anonymisierte Meldung 2
- ...
- Anonymisierte Meldung n

Registerstelle

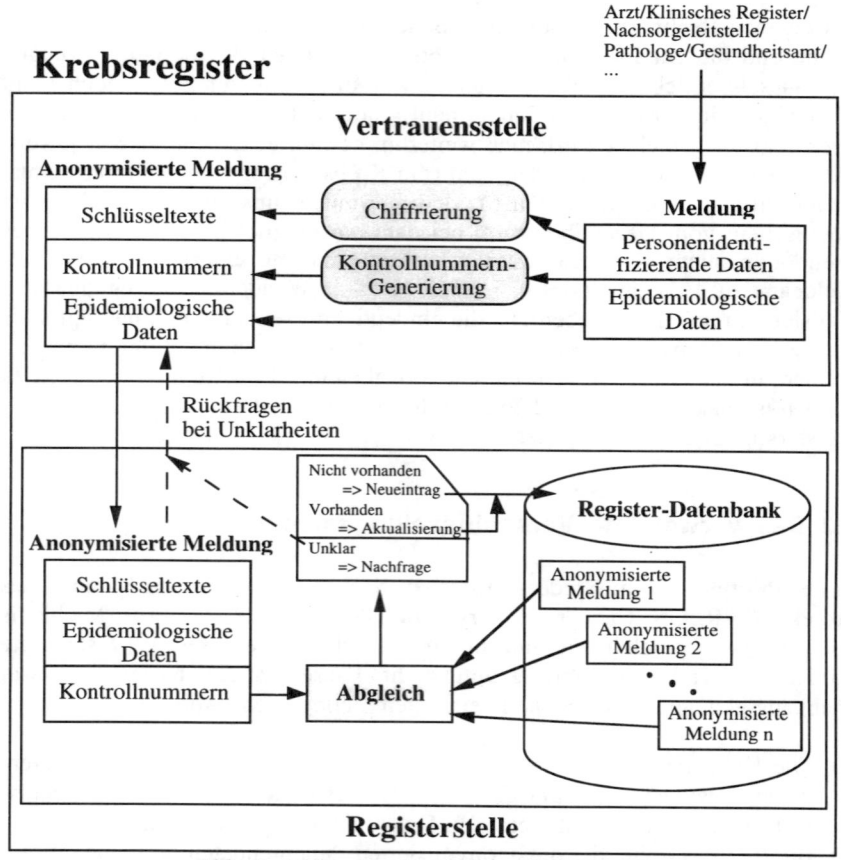

Abb. 1: Meldeweg im "Michaelis-Modell"

Eine Dechiffrierung dieser Fälle zum Durchführen von Studien ist nur nach Erfüllung bestimmter, wohldefinierter Auflagen, die von einer noch festzulegenden Stelle (z.B. Datenschutzbeauftragter, Ethikkommission) kontrolliert werden, in der Vertrauensstelle möglich.

Da Daten eines Krebspatienten i.a. mehrfach an ein Krebsregister gemeldet werden und um eine Steigerung der Quantität und Qualität der Registerdatensätze durch eine Integration weiterer externer Datensätze - wie z.B. Angaben aus Totenscheinen oder Pathologenmeldungen - zu erreichen, ist ein Abgleich der anonymisierten Datensätze in der Registerstelle durchzuführen. Hierzu werden sogenannte Kontrollnummern als Abgleichinstrument verwendet (siehe Abschnitt 3), jedoch in Zweifelsfällen (Abgleich liefert das Ergebnis "Unklar") können durch Nachfragen in der Vertrauensstelle diese Unklarheiten beseitigt werden. Dazu werden die Meldungen für einen festgelegten Zeitraum - im Bundeskrebsregistergesetz [9] sind in § 4, Abs. 1 dafür 3 Monate vorgesehen - in der Vertrauensstelle aufbewahrt, jedoch dort spätestens nach dieser Zeitspanne oder nach Abschluß der Bearbeitung in der Registerstelle gelöscht und somit nicht dauerhaft in Klartextform gespeichert.

In der zweijährigen Pilotphase 1993/ 94 wird in der Weser-Ems-Region unter der Leitung des Niedersächsischen Sozialministeriums und unter maßgeblicher Mitwirkung des Instituts OFFIS sowie Beteiligung der Kassenärztlichen Vereinigung Niedersachsen die Funktionsfähigkeit dieses zentralen Verschlüsselungsmodells geprüft, d.h. die Frage beantwortet, ob der Meldeweg des "Michaelis-Modell" und ein Abgleich anonymisierter Meldungen mit akzeptablen Fehlerraten durchführbar sind ([2], [3], [4]).

Das Projekt CARLOS gliedert sich in vier Teilprojekte, von denen im folgenden nur das Teilprojekt II "Chiffrierung/ Dechiffrierung" (siehe Abschnitt 2) und das Teilprojekt III "Abgleich anonymisierter Meldungen" (siehe Abschnitt 3) betrachet werden sollen, da sie sich mit der Umsetzung des "Michaelis-Modells" beschäftigen. In Teilprojekt I wird die Integration weiterer krebsregistrierender Einrichtungen (Klinische Krebsregister, Nachsorgeleitstellen, Pathologen etc.) in das epidemiologische Krebsregister behandelt und in Teilprojekt IV die eigentliche epidemiologische Forschung eines Krebsregisters durch die Entwicklung geeigneter Softwarewerkzeuge vor allem zu Clusteranalyse, Visualisierung, Raumbezug und Datenbankaktivierung vorbereitet [1].

2 Chiffrierung/ Dechiffrierung

2.1 Grundsätzliche Möglichkeiten

In der Kryptographie wird zwischen symmetrischen und asymmetrischen Chiffrierverfahren unterschieden, je nachdem, ob für die Ver- und Entschlüsselung derselbe Schlüssel (symmetrische Verfahren) oder ein Schlüsselpaar (asymmetrische Verfahren) verwendet wird ([6], [16]).

Die Hauptaufgabe der Vertrauensstelle ist neben der Erfassung von Neumeldungen auch die Chiffrierung der personenidentifizierenden Daten. Der Einsatz eines symmetrischen Chiffrierverfahrens würde eine Organisation zur Folge haben, in der der Geheimnisträger (Schlüssel des symmetrischen Verschlüsselungsverfahrens) im Dauerbetrieb permanent für die Verschlüsselung der personenidentifizierenden Daten verwendet und dementsprechend auch besonders gesichert werden muß. Da die Dechiffrierung einzelner Patientendaten nur in speziell genehmigten und kontrollierten Fällen durchgeführt wird, stellt sie für die Vertrauensstelle keine besondere Einschränkung dar.

Die Arbeitsweise der Vertrauensstelle bei Verwendung eines asymmetrischen Chiffrierverfahrens wäre durch die Aufteilung der Schlüssel auf öffentliche Schlüssel zur Chiffrierung und Geheimnisträger (geheimer Schlüssel) zur Dechiffrierung charakterisiert und würde somit die technischen und organisatorischen Möglichkeiten zu der im Bundeskrebsregistergesetz vorgesehenen Aufgabenteilung schaffen. Die Vertrauensstelle ist in der Lage, die Chiffrierung neuer Meldungen unabhängig vom Geheimnisträger durchzuführen. Dieser kann außerhalb der Vertrauensstelle aufbewahrt und für die speziell zu genehmigenden Fälle der Dechiffrierung durch besondere Sicherheitsmaßnahmen geschützt werden.

Diese zweite Variante gewährleistet eine Gewaltenteilung zwischen der Vertrauens-, der Registerstelle und der Stelle, die den Geheimnisträger verwahrt, und wird daher bei der Einrichtung des Niedersächsischen Krebsregisters favorisiert.

2.2 Anonymisierung in CARLOS

Da für ein "funktionierendes" epidemiologisches Krebsregister eine Erfassungsrate von mindestens 90 % angestrebt wird, ist für Niedersachsen bei einer Bevölkerung von 7,3 Mio. Einwohnern und einer erwarteten Krebsneuerkrankungsrate von 4,5 Fällen/ 1.000 Einwohner mit ca. 33.000 Neuerkrankungen/ Jahr zu rechnen. Das Problem höherer Laufzeiten, das die asymmetrischen gegenüber symmetrischen Verfahren aufweisen, ist daher bei derart großen Datenmengen zu berücksichtigen. Eine Chiffrier-/ Dechiffriervariante, die sowohl eine verteilte Schlüsselverwaltung als auch eine hohe

Verarbeitungsgeschwindigkeit gewährleistet, ist die "hybride Chiffrierung/ Dechiffrierung" [20].

```
                    Klartext X

    ┌──────────────────────────────────────────────┐
    │          ┌── Zufälliger Sitzungsschlüssel RSK │
    │     ↓  ↓                                      │
    │   Symmetrische Chiffrierung:                  │
    │                                               │
    │        S = f (X, RSK)                         │
    │   S                                           │
    │              ↓                                │
    │        Asymmetrische Chiffrierung:            │
    │                     PK                        │
    │           SRSK = RSK   mod n                  │
    │                                               │
    │                    SRSK                       │
    │         ↓           ↓                         │
    │      Schlüsseltext (S, SRSK)                  │
    └──────────────────────────────────────────────┘
                    ↓
              Schlüsseltext (S, SRSK)
```

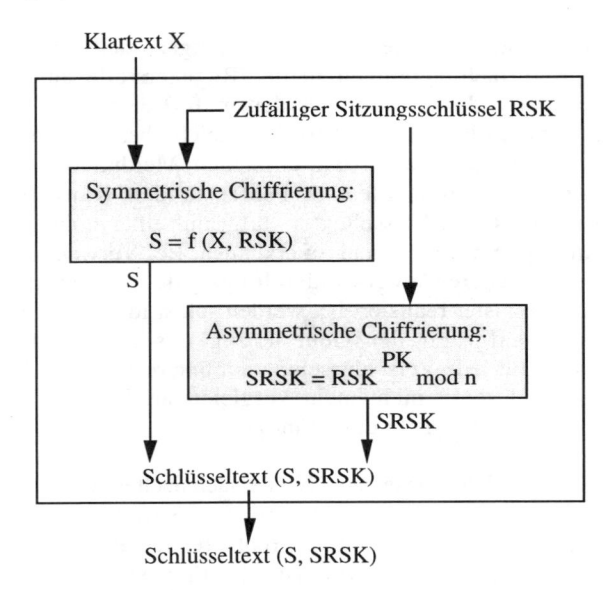

Abb. 2: Hybrides Verschlüsselungssystem

Dabei werden die personenidentifizierenden Patientendaten (siehe Abb. 2) unter Verwendung eines zufällig erzeugten, temporären Sitzungsschlüssels (Random Session Key) zunächst symmetrisch chiffriert. Der Sitzungsschlüssel RSK wird anschließend durch das asymmetrische RSA-Verfahren [15] mit dem öffentlichen Schlüssel PK (Public Key) verschlüsselt und die Konkatenation des symmetrisch verschlüsselten Klartextes S und des asymmetrisch verschlüsselten Sitzungsschlüssels SRSK als Ergebnis durch das System geliefert. Der temporäre Sitzungsschlüssel wird anschließend gelöscht.

Die symmetrische Chiffrierung innerhalb der hybriden Verschlüsselung wird durch den IDEA-Algorithmus (International Data Encryption Algorithm [10]) mit einer Schlüssellänge von 128-Bit realisiert, wobei der temporäre Sitzungsschlüssel für den IDEA-Algorithmus über das Cypher Feedback-Verfahren [6] generiert wird. Die Reidentifizierung einer Meldung bestimmt zunächst durch die asymmetrische Dechiffrierung mittels des Geheimnisträgers (Secret Key) den temporären Sitzungsschlüssel (RSK), der dann wiederum für die symmetrische Dechiffrierung der personenidentifizierenden Daten genutzt wird.

3 Abgleich anonymisierter Meldungen

Die Verwendung eines zentralen Verschlüsselungsmodells erfordert, daß der Abgleich der Mehrfachmeldungen in der Registerstelle auf Basis bereits anonymisierter Daten durchgeführt werden muß. Bei einem "naiven" RSA-Verfahren besteht die Möglichkeit, diesen Abgleich über die Schlüsseltexte der personenidentifizierenden Daten der einzelnen Meldungen zu realisieren. Hierbei sind jedoch bereits kleinste Fehler in den Klartexten nach der Anonymisierung in den Schlüsseltexten aufgrund einer hohen Streuung des Verschlüsselungssystems nicht mehr zu erkennen. Bei Verwendung eines indeterministischen, "sicheren" Verschlüsselungssystems, wie es im Niedersächsischen Krebsregister realisiert ist, werden selbst identische Meldungen zu einem Patienten aufgrund der Generierung des zufälligen temporären Sitzungsschlüssels für jede Verschlüsselung auf unterschiedliche Schlüsseltexte abgebildet und sind somit nicht mehr vergleichbar. Ein Abgleich über die Schlüsseltexte ist hier also nicht durchführbar.

Der im Rahmen der Pilotphase zum Niedersächsischen Krebsregister untersuchte Ansatz für den Abgleich von Datensätzen (Record Linkage) basiert auf der Verwendung von Kontrollnummern (entsprechen Personenpseudonymen [14]). Kontrollnummern sind deterministische Einwegverschlüsselungen von Zeichenkombinationen aus den personenbezogenen Datenfeldern (z.B. Name, Vorname, Geburtsdatum etc.) einer Meldung. Diese werden in der Vertrauensstelle parallel zur Verschlüsselung der personenidentifizierenden Daten einer Meldung erzeugt (siehe Abb. 1) und zusammen mit dem Schlüsseltext und den epidemiologischen Daten an die Registerstelle übertragen. Eine Einwegverschlüsselung (deterministische Abbildung, deren Inverse "praktisch" nicht bestimmt werden kann) wird genutzt, da die Kontrollnummern nicht wieder reidentifiziert werden müssen. Entscheidend ist die Tatsache, daß die Kontrollnummern selbst nicht auf die Identität des einzelnen Patienten schließen lassen dürfen. Um Probeverschlüsselungen zu verhindern, müssen die Kontrollnummern genügend Entropie enthalten.

Die beiden zentralen Forderungen, die Kontrollnummern für den Abgleich von Datensätzen zu erfüllen haben, sind

- *Fehlertoleranz*: Datensätze, die zu einer Person gehören, müssen bis zu einem gewissen Grad trotz unterschiedlicher personenidentifizierender Daten genau dieser Person zugeordnet werden, und

- *Trennschärfe*: Datensätze, die unterschiedlichen Personen zuzuordnen sind, müssen selbst bei nur geringen Abweichungen ihrer personenidentifizierenden Daten auch unterschiedlichen Personen zugeordnet werden [8].

Diese Eigenschaften gewährleisten die Robustheit des Abgleichsystems, d.h. Meldungen werden auch bei Fehlern in den Klartexten korrekt zugeordnet. Solche Fehler entstehen primär bei der Erfassung bzw. Weitergabe der Daten oder durch unvollständige oder nicht korrekte Angaben. Typische Ursachen hierfür sind Tippfehler, phonetische Mißverständnisse bzw. Mehrdeutigkeiten, differierende Angaben und fehlende Angaben [7].

Bei der Generierung der Kontrollnummern und dem Abgleich der Datensätze sind als Fehlerarten zu unterscheiden:

- *Homonyme*: Meldungen zu personenendifferenten Krebsfällen werden derselben Person zugeordnet, d.h. eine Kontrollnummer(variable) wird bei unterschiedlichen Personen mit dem gleichen Wert belegt.
- *Synonyme*: Verschiedene, aber auf dieselbe Person bezogene Meldungen zu einem Krebsfall werden auf unterschiedliche Personen abgebildet, d.h. eine Kontrollnummer(variable) wird trotz Gleichheit der Person mit unterschiedlichen Werten belegt.

Die Fehler entstehen zum einen aufgrund der zuvor dargestellten Ursachen, aber zum anderen auch durch die Konzeption der Kontrollnummern, da sie als Extrakt der personenbezogenen Daten durch die Reduktion der Information selbst Homonyme erzeugen können. Dabei muß berücksichtigt werden, daß es einen "Trade off" zwischen den beiden Raten gibt, d.h. mit sinkender Synonymrate aufgrund höherer Fehlertoleranz steigt die Homonymrate aufgrund der sinkenden Trennschärfe bzw. umgekehrt.

Für ein Abgleichsystem gilt es nun, Attribute oder Teile von ihnen für die Kontrollnummerngenerierung zu finden, die möglichst wenig Synonyme und Homonyme erzeugen. Für solche Anwendungsszenarien wurden bereits Ähnlichkeitsmaße in Form von Metriken definiert bzw. die Entwicklung geeigneter Heuristiken forciert ([8], [13]).

In Untersuchungen[1] für den Prototypen des Abgleichsystems werden zunächst isolierte Kontrollnummern verwendet, wobei neben ganzen Attributen auch

---

[1] Auf eine vollständige Darstellung der Untersuchungsergebnisse soll an dieser Stelle verzichtet und stattdessen auf [3] und [19] verwiesen werden, wobei die in [3] dargestellten Untersuchungen und Ergebnisse im Vergleich zu [19] aufgrund algorithmischer Erweiterungen aktualisiert und wegen weiterer Kontrollen teilweise korrigiert wurden.

Attributsegmente und verschiedene Zeichenmanipulationsfunktionen (z.B. Phonetischer Code, Länge der Zeichenkette) als Kontrollnummernbestandteile betrachtet werden, die in [8] und [12] als geeignete Vorselektionskriterien definiert sind.

Es ist festzustellen, daß die Synonymraten (größtenteils > 10%) isolierter Kontrollnummern deutlich höher als die Homonymraten (durchgängig < 1,5%) sind. Ein Grund dafür liegt darin, daß diese Raten durch den Vergleich zweier unterschiedlicher Datenquellen und somit uneinheitlicher Datenerfassungsrichtlinien ermittelt werden. Außerdem ist der "Trade off" von Synonym- und Homonymraten in den Ergebnissen nachweisbar. Die Untersuchungen der isolierten Kontrollnummern zeigen auch, daß der Ansatz insbesondere im Bereich der Trennschärfe (geringe Homonymraten) erfolgversprechend ist, jedoch einzelne Kontrollnummern isoliert keinen sicheren Abgleich, d.h. mit minimalen Homonym- und Synonymfehlern, gewährleisten.

Daher werden im zweiten Schritt Kombinationen von Kontrollnummern untersucht, wobei zwischen konjunktiven und disjunktiven Verknüpfungen zu unterscheiden ist. Da die Homonymraten der isolierten Kontrollnummern bereits gering und die Synonymraten sehr hoch waren, werden zunächst Disjunktionen betrachtet. Die dabei ermittelten Synonym- und Homonymraten (< 5% und <1%) liefern deutlich bessere Ergebnisse als die Abgleiche isolierter Kontrollnummern.

Die Falschzuordnungen im Datenbestand des epidemiologischen Krebsregisters haben Auswirkungen sowohl auf die Auswertungen im Krebsregister (Teilprojekt IV "Epidemiologische Forschung und aktive Register-DB"), als auch auf mögliche Folgeforschungen. So führen Homonymfehler zur Unterschätzung bzw. Synonymfehler zur Überschätzung der Neuerkrankungsrate, so daß z.B. bei der Durchführung einer Fall-Kontroll-Studie durch Homonymfehler im Krebsregister nicht alle betroffenen Patienten erreicht werden. Weitere mögliche Auswirkungen werden in [7] diskutiert.

4 Bewertung und Ausblick

In einem Krebsregister mit hoher Erfassungsrate sind sehr große Datenmengen zu verarbeiten, so daß die Verarbeitungsgeschwindigkeit der einzelnen Meldungen eine wichtige Rolle spielt. Die Laufzeitmessungen (SUN SparcStation 10) sowohl für die Chiffrierung/ Dechiffrierung (2,5-4 sec. inkl. aller Datenbankzugriffe) als auch für die Kontrollnummerngenerierung (1 sec./ Meldung exkl. Einwegverschlüsselung) und für die Durchführung der

Abgleiche haben gezeigt, daß der dafür benötigte Zeitaufwand gering ist und die normale Dokumentationsarbeit nicht belastet. Die Dechiffrierung der Schlüsseltexte, z.B. um Personen für eine Studie zu ermitteln, stellt dagegen insofern einen größeren administrativen Aufwand dar, als hierfür eine Genehmigung vom Datenschutz, von einer Ethikkommission und evtl. weiteren Stellen notwendig ist und zusätzlich der Geheimnisträger unter angemessenen Sicherheitsmaßnahmen der Dechiffrierung zur Verfügung gestellt werden muß.

Die Ergebnisse der bisherigen empirischen Untersuchungen zeigen, daß ein Abgleich anonymisierter Krebsmeldungen mittels einzelner oder besser noch kombinierter Kontrollnummern realisierbar ist. Dabei ist eine Fehlerrate zu tolerieren, die jedoch in Anwendungen wie in einem epidemiologischen Krebsregister, das sehr hohe Fallzahlen verwendet, keine entscheidende Beeinträchtigung darstellt. Gravierender ist das Problem, eine Melderate von über 90 % (diese Raten werden von einem aussagekräftigen epidemiologischen Krebsregister erwartet) zu erreichen. Des weiteren muß bei den Fehlerraten noch differenziert werden, daß sich Homonymfehler nicht mehr beheben lassen, während Synonyme bei einer evtl. Dechiffrierung ggfls. erkannt und nachträglich eliminiert werden können. Untersuchungen an weiteren Datenquellen müssen die bisher ermittelten Ergebnisse validieren bzw. weiter verbessern.

Voraussichtlich werden die vorgestellten Verschlüsselungsverfahren und die diskutierten Kontrollnummern als Abgleichinstrument vom Landesbeauftragten für den Datenschutz sowie vom Bundesamt für Sicherheit in der Informationstechnik akzeptiert werden.

Die Weiterentwicklung des Abgleichsystems wird über die bisher verwendeten Disjunktionen zur Senkung der Synonymraten aufgrund höherer Fehlertoleranz dann auch auf die Bildung von Konjunktionen zur Gewährleistung der Trennschärfe des Systems in einem Regelwerk zielen (siehe Abb. 3). Hierzu sind geeignete Heuristiken zu entwickeln, so daß als Ergebnis ein Regelwerk entstehen wird, daß möglichst minimale Homonym- und Synonymraten gewährleistet. Bisher ist aus den in Abschnitt 3 erläuterten Gründen der erste Schritt übersprungen und gleich mit der ODER-Verknüpfung begonnen worden.

Die hier vorgestellten Techniken liefern des weiteren einen nicht zu unterschätzenden Beitrag zur Qualitätsverbesserung, d.h. einer besseren Krebsdokumentation. In einem funktionierenden epidemiologischen Krebsregister ist mit steigender Zahl oft dezentral erfaßter Meldungen dem Aspekt der Qualitätssicherung der Dokumentation eine immer stärkere Bedeutung beizumessen. Der Einsatz eines "automatisierten" Abgleiches schafft hier Möglichkeiten, weitere Verbesserungen durch permanente Erfassungskontrollen zu erzielen.

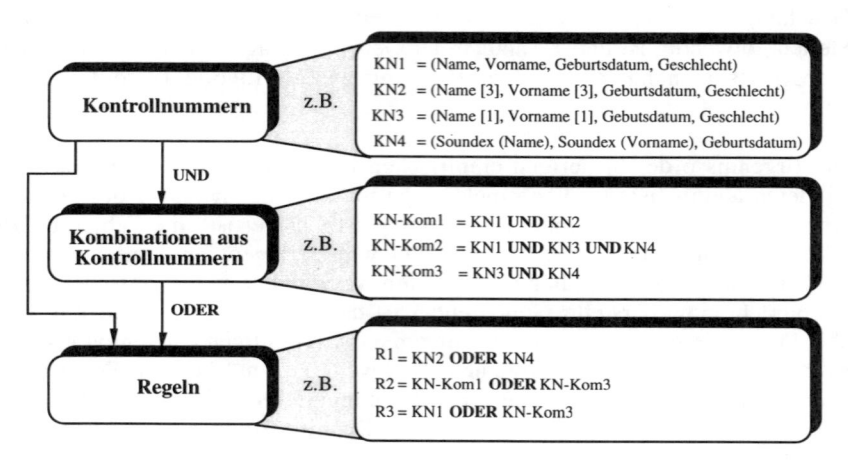

```
Kontrollnummern       z.B.    KN1 = (Name, Vorname, Geburtsdatum, Geschlecht)
                              KN2 = (Name [3], Vorname [3], Geburtsdatum, Geschlecht)
                              KN3 = (Name [1], Vorname [1], Gebutsdatum, Geschlecht)
                              KN4 = (Soundex (Name), Soundex (Vorname), Geburtsdatum)

              UND

Kombinationen aus     z.B.    KN-Kom1 = KN1 UND KN2
Kontrollnummern               KN-Kom2 = KN1 UND KN3 UND KN4
                              KN-Kom3 = KN3 UND KN4

              ODER

Regeln                z.B.    R1 = KN2 ODER KN4
                              R2 = KN-Kom1 ODER KN-Kom3
                              R3 = KN1 ODER KN-Kom3
```

Abb. 3: Aufbau eines Regelwerkes

Unabhängig vom Anwendungsbezug "Niedersächsisches Krebsregister" entsteht im Projekt CARLOS ein Werkzeug zum Abgleich anonymisierter Datenquellen, das an beliebige Datenschemata angepaßt werden kann und die flexible Spezifikation von Kontrollnummern und Kombinationen von Kontrollnummern unterstützt. Weiterhin wird das Werkzeug eine automatische Generierung der Kontrollnummern und den Abgleich der Datenquellen ermöglichen. Die aus den Abgleichen gewonnenen Erkenntnisse werden in einer Wissensbasis dauerhaft gespeichert und dienen weiteren Applikationsentwicklungen mit vergleichbaren Anforderungen als Ausgangswissen.

Danksagung

Wir danken insbesondere Vera Kamp und Frank Wietek als für das Teilprojekt IV verantwortliche Mitarbeiter sowie unseren wissenschaftlichen Hilfskräften für ihr Engagement im Rahmen der Pilotphase zum Aufbau des Niedersächsischen Krebsregisters. Des weiteren möchten wir uns bei den Gutachtern und bei Prof. Dr. A. Pfitzmann für die konstruktiven Hinweise und Anregungen bedanken.

Literatur

[1] Appelrath, H.-J., Behrends, H., Jasper, H., Ortleb, H., Die Entwicklung aktiver Datenbanken am Beispiel der Krebsforschung, Proc. Datenbanken für Büro, Technik und Wissenschaft 93, Springer-Verlag, Berlin, 1993, 74-93.

[2] Appelrath, H.-J., Thoben, W., Rettig, J., Sauer, S., CARLOS (Cancer Registry Lower-Saxony): Tätigkeitsbericht für den Zeitraum 1.4.-1.11.1993, Interner Bericht, Oldenburg, 1993.

[3] Appelrath, H.-J., Thoben, W., Kamp, V., Wietek, F., CARLOS (Cancer Registry Lower-Saxony): Tätigkeitsbericht für den Zeitraum 1.1.-31.12.1994, Interner Bericht, Oldenburg, 1994.

[4] Brand, H., Reichling, I., Appelrath, H.-J., Illiger, H.-J., Unger, I., Windus, G., CARLOS (Cancer Registry Lower-Saxony) - Pilotstudie für ein bevölkerungsbezogenes Krebsregister in Niedersachsen. in: Pöppl, S.J., Lipinsky, H.-G., Mansky, T. (Hrsg.), Medizinische Informatik - Ein integrierender Teil arztunterstützender Technologien, MMV Medizin Verlag, München, 1993, 404-406.

[5] Chaum, D., Sicherheit ohne Identifizierung - Scheckkartencomputer, die den Großen Bruder der Vergangenheit angehören lassen, in: Informatik-Spektrum 10/5, 1987, 262-277.

[6] Fumy, W., Rieß, H.P., Kryptographie - Entwurf und Analyse symmetrischer Krptosysteme, Oldenbourg-Verlag, München, 1988.

[7] Gruner, G., Hartmann, S., Meisner, C., Pietsch-Breitfeld, B., Selbmann, H.K., Forschungsvorhaben "Epidemiologisches Krebsregister", Bericht Nr. 6/1989, Institut für Medizinische Informationsverarbeitung, Universität Tübingen, 1989.

[8] Juon, C., Fehler- und flektionstolerante Ähnlichkeitsalgorithmen für natürlichsprachige Wörter, Diplomarbeit, Institut für Informatik, ETH Zürich, 1985.

[9] Entwurf der Bundesregierung für ein Gesetz zur Krebsregistrierung (Krebsregistergesetz KRG), Drucksachen 12/6478, 12/7726, 12/8287, Bonn, 1994.

[10] Lai, X., Massey, J., Murphy, S., Markov chiphers and differential cryptoanalysis, Proc. Eurocrypt 91, LNCS 547, Springer-Verlag, Berlin, 1991.

[11] Michaelis, J., Krtschil, A., Aufbau des bevölkerungsbezogenen Krebsregisters für Rheinland-Pfalz, in: Ärzteblatt Rheinland-Pfalz, 45, 1992, 434-438.

[12] Mresse, M., Information Retrieval - eine Einführung, Leitfäden der angewandten Informatik, Teubner, Stuttgart, 1984.

[13] Newcombe, H.B., Handbook of Record Linkage - Methods for health and statistical studies, administration, and business, Oxford University Press, Oxford, 1985.

[14] Pfitzmann, B., Waidner, M., Pfitzmann, A., Rechtssicherheit trotz Anonymität in offenen digitalen Systemen, in: DuD 14/5-6, 1990, 243-253, 305-315.

[15] Rivest, R.L., Shamir, A., Adleman, L., A Method for Obtaining Digital Signatures and Public-Key Cryptosystems, in: Communications of the ACM, Vol. 21, No. 2, 1978, 120-126.

[16] Salomaa, A., Public-Key Cryptography, Springer-Verlag, Berlin, 1990.

[17] Schmidtmann, I., Pommerening, K., Michaelis, J., Pilotstudie zum Aufbau eines bevölkerungsbezogenen Krebsregisters in Rheinland-Pfalz, in: Pöppl, S.J., Lipinsky, H.-G., Mansky, T. (Hrsg.), Medizinische Informatik - Ein integrierender Teil arztunterstützender Technologien, MMV Medizin Verlag, München, 1993, 399-403.

[18] Schrage, R., Zur Krebsregisterfrage - modifiziertes Melderechtsmodell zur Verbesserung des Datenschutzes, in: Öffentliches Gesundheitswesen, 53, Georg Thieme Verlag, Stuttgart, 1991, 746-752.

[19] Thoben, W., Appelrath, H.-J., Sauer, S., Record linkage of anonymous data by control numbers, Proc. GfKl-Jahrestagung, Oldenburg, 1994.

[20] Zimmermann, P., A proposed standard format for RSA cryptosystems. in: Advances in Computer System Security, Volume 3, Artech House, 1988, 344-358.

Das Meta-ElGamal Signaturverfahren und seine Anwendungen

Patrick Horster · Markus Michels · Holger Petersen

Theoretische Informatik und Informationssicherheit,
Technische Universität Chemnitz-Zwickau,
Straße der Nationen 62, D-09111 Chemnitz
E-mail: {pho,mmi,hpe}@informatik.tu-chemnitz.de

Zusammenfassung

Ausgehend vom ElGamal Signaturverfahren werden das Meta-ElGamal Signaturverfahren und einige Anwendungen vorgestellt. Diese sind im einzelnen Meta-Authentifikationsschemata, selbstzertifizierende öffentliche Schlüssel und Meta-Schlüsselaustauschprotokolle. Einige der dabei abgeleiteten Varianten sind effizienter als die bisher bekannten Protokolle.

1. Einleitung

Um Geschäftsvorgänge rechtlich verbindlich abwickeln zu können, bedarf es eines digitalen Funktionsäquivalents zur Handunterschrift. Die Kryptographie liefert mit dem Konzept der digitalen Unterschrift hierzu ein geeignetes Hilfsmittel. Daher sind digitale Unterschriften ein bedeutender kryptographischer Basismechanismus zur Realisierung sicherer Systeme der Informationstechnik.

Durch eine digitale Unterschrift wird gewährleistet, daß die gesendete Nachricht m nachweisbar von einem Benutzer A stammt. In der Regel wird hierzu ein (kryptographischer) Hashwert $h(m)$ gebildet und anschließend unter Verwendung eines lediglich dem Benutzer A bekannten geheimen Parameters unterschrieben. Mittels systemweit bekannter authentischer öffentlicher Parameter ist jeder autorisierte Benutzer in der

Lage zu verifizieren, ob die Unterschrift zur Nachricht m gehört und somit vom Benutzer A stammt. Die Begriffe Signatur und (digitale) Unterschrift werden im folgenden synonym verwendet.

Durch eine Authentifikation und den authentischen Schlüsselaustausch kann die authentische und vertrauliche Kommunikation mit einem Kommunikationspartner gewährleistet werden. Mittels der systemweit bekannten öffentlichen Parameter ist jeder Benutzer dabei in der Lage, die authentischen Schlüssel zu berechnen, und die Authentifizierung eines Partners durchzuführen.

Bei den weiteren Ausführungen bezeichnet p eine Primzahl, $GF(p)$ einen endlichen Körper mit p Elementen, α eine Primitivwurzel modulo p, $\mathbf{P}$ die Menge der Primzahlen, $\mathbf{Z}_n$ den Restklassenring modulo n und $\mathbf{Z}_n^*$ die multiplikative Einheitengruppe modulo n, die dadurch gekennzeichnet ist, daß es zu jedem $a \in \mathbf{Z}_n^*$ genau ein $a^{-1} \in \mathbf{Z}_n^*$ mit $aa^{-1} \equiv 1 \pmod{n}$ gibt. Um zu kennzeichnen, daß eine Zahl k zufällig aus einer Menge M ausgewählt wird, schreiben wir $k \in \text{RAND}(M)$. Mit $r := a \pmod{n}$ bezeichnen wir den kleinsten nicht negativen ganzzahligen Rest r, der sich bei Division von a durch n ergibt.

Um die Authentizität der verwendeten öffentlichen Parameter zu gewährleisten, ist die Existenz einer vertrauenswürdigen Partei (Trusted Third Party), die wir hier als Zertifizierungsinstanz Z bezeichnen, von zentraler Bedeutung. Von dieser Zertifizierungsinstanz werden insbesondere die öffentlichen Schlüssel der Systembenutzer als Zertifikate in ein Verzeichnis eingetragen. Die eingetragenen Zertifikate sind fälschungssicher, können von den beteiligten Benutzern verifiziert werden und bilden eine Sicherheitsgrundlage des jeweiligen Gesamtsystems.

In Kapitel 2 wird das ElGamal Signaturverfahren kurz vorgestellt und in Kapitel 3 die Erweiterungen zum Meta-ElGamal Signaturverfahren (MEG) beschrieben [17]. Kapitel 4 zeigt, wie alle bisher bekannten ElGamal ähnlichen Signaturverfahren auf der Basis des diskreten Logarithmusproblems in dieses Meta-Schema eingebettet werden können. In Kapitel 5 werden effiziente Varianten für den Digital Signature Algorithm (DSA), wie er 1991 vom National Institute of Standardization and Technology (NIST) vorgeschlagen wurde, aus dem MEG Schema abgeleitet. Kapitel 6 beschribt die Konstruktion selbstzertifizierender Schlüssel aus dem MEG. Diese lassen sich z.B. für Authentifikationsverfahren und den authentischen Schlüsselaustausch einsetzen, wie exemplarisch gezeigt wird. In Kapitel 7 werden empfängerspezifische Signaturverfahren vorgestellt.

2. Das Basisverfahren von ElGamal

Für eine ElGamal-Unterschrift [8] wählt die Zertifizierungsinstanz eine große Primzahl p sowie eine Primitivwurzel $\alpha \in \mathbf{Z}_p$, die sie beide veröffentlicht. Die Unterzeichnerin *Alice* bestimmt eine zufällige Zahl $x_A \in \mathbf{Z}_{p-1}$ und berechnet $y_A := \alpha^{x_A} \pmod{p}$. Sie veröffentlicht y_A als ihren öffentlichen Schlüssel und behält den geheimen Schlüssel x_A für sich. Diese Schlüssel bleiben für alle Nachrichten unverändert. Um eine Nachricht $m \in \mathbf{Z}_{p-1}$ zu unterzeichnen, wählt Alice eine Zufallszahl $k \in \mathbf{Z}_{p-1}^*$. Sie berechnet $r := \alpha^k \pmod{p}$ und löst die Kongruenz

$$m \equiv x_A r + ks \pmod{p-1} \tag{1}$$

nach dem Parameter s auf. Das Tripel (m, r, s) bildet die signierte Nachricht. Es kann durch Verifikation der Kongruenz

$$\alpha^m \equiv y_A^r r^s \pmod{p}. \tag{2}$$

überprüft werden.

3. Das Meta-ElGamal Signaturverfahren

Anstelle der Unterschriftsbildung durch die Gleichung (1) kann man auch die allgemeine Gleichung

$$A \equiv x_A B + kC \pmod{q} \tag{3}$$

verwenden, wobei $q \in \mathbf{P}$ und $q|(p-1)$. Man wählt A, B, C als geeignete (zuvor festgelegte) Funktionen

$$e(m,r,s), \ f(m,r,s), \ g(m,r,s)$$

mit $e, f, g : \mathbf{Z}_q^3 \to \mathbf{Z}_q$. Der Parameter s sollte dabei entweder nur als Argument in einer der drei Funktionen auftreten oder die Funktionen müssen geeignet gewählt werden, so daß sich die Signaturgleichung lösen läßt. Außerdem müssen alle drei Parameter m, r, s mindestens einmal als Argument vorkommen, um die Sicherheit des Verfahrens zu gewährleisten. Falls zwei oder alle drei Funktionen genau die gleichen Argumente verwenden, so müssen sie als unterschiedliche Funktionen gewählt werden, um Substitutionsattacken zu verhindern. Um das Auftreten der unsicheren $rs-$ und $ms-$Varianten zu verhindern [17], bei denen die Parameter

r und s bzw. m und s nur genau in einer der drei Funktionen e, f, g auftreten, dürfen diese Parameter nur dann zusammen auftreten, wenn mindestens einer der beiden Parameter noch in mindestens einer der anderen Funktionen vorkommt. Desweiteren darf kein Koeffizient gleich Null gewählt werden. Die Funktionen, die den Parameter s als Argument haben, sollten effizient invertierbar sein, um effiziente Varianten zu erhalten. Außerdem ist es ein Vorteil, eine der drei Funktionen konstant gleich Eins zu wählen, da hierdurch bei der Verifikation nur zwei Exponentiationen benötigt werden. Die Unterschriftsverifikation wird durch die Gleichung

$$\alpha^A \equiv y_A^B r^C \pmod{p} \qquad (4)$$

vorgenommen. Da es insgesamt 304 verschiedene Varianten gibt, werden wir im folgenden nur noch einige effiziente Sonderfälle betrachten. Hierbei wird es sich um folgende Fälle handeln: A, B, C wird als Permutation einer der folgenden fünf Typen gewählt:

EG I: (m, r, s), EG II: $(f(m, r), s, 1)$, EG III: $(f(m, r), g(m, s), 1)$,
EG IV: $(f(m, r), g(r, s), 1)$, EG V: $(f(m, s), g(r, s), 1)$.

Die Funktionen $f, g : \mathbf{Z}_q^2 \to \mathbf{Z}_q$ müssen in mindestens einem ihrer beiden Argumente invertierbar sein, um die Lösbarkeit der allgemeinen Signaturgleichung (3) für den Parameter s zu gewährleisten.

Für jeden Typ existieren sechs verschiedene Permutationen, die mit $No.$ 1 – 6 folgendermaßen durchnummeriert sind:

$1: (a, b, c) \quad 2: (a, c, b) \quad 3: (c, b, a)$
$4: (c, a, b) \quad 5: (b, c, a) \quad 6: (b, a, c)$.

Zum Beispiel ist $(a, b, c) = (m, r, s)$ in Typ EG I und $(a, b, c) = (f(m, r), s, 1)$ in Typ EG II. Allgemein kann man auch

$$(+A, +B, +C), (+A, +B, -C), (+A, -B, +C), (+A, -B, -C)$$

anstelle von (A, B, C) in der Signaturgleichung verwenden. Die verschiedenen Vorzeichenkombinationen werden mit $\sigma(1), \sigma(2), \sigma(3)$ und $\sigma(4)$ referenziert. Weiterhin kann man die Berechnung des Signaturparameters r verallgemeinern, indem man $r' := \alpha^k \pmod{p}$ wählt und $r := d(r', m)$ mit einer geeigneten Funktion d berechnet.

Daneben kann der Operationsmode variiert werden, durch den die Gruppenordnungen und die Länge der Parameter festgelegt werden:

XL: ElGamal-Mode mit $|p| = |q| = 512$,

L: Schnorr-Mode [32] mit $|p| = 512, |q| = 160$,

M: DSA-Mode [28] mit $|p| = 512, |q| = 160$, r modulo q reduziert und

S: (small) Mode [25, 32], mit $|p| = 512$, $|q| = 160$ und einer q_1 Bit Zahl $h(r)$ ($50 \leq |q_1| \leq 160$) die durch eine beliebige Hashfuntion h reduziert wird.

Verknüpft man die vorgestellten Verallgemeinerungen, so erhält man das Meta-ElGamal Signaturverfahren, das geschrieben werden kann als

$$MEG = (Mode.Type.No.\sigma, d, e, f, g).$$

Die Parameter können dabei aus folgenden Bereichen gewählt werden:

- $Mode \in \{\text{XL, L, M, S}\}$ beschreibt den Operationsmodus,

- $Type \in \{\text{EG I, EG II, EG III, EG IV, EG V}\}$ beschreibt den Typ der verwendeten Permutation,

- $No \in \{1, 2, 3, 4, 5, 6\}$ beschreibt die verwendete Permutation,

- $\sigma \in \{\sigma(1), \sigma(2), \sigma(3), \sigma(4)\}$ legt die Vorzeichen fest,

- $d : \mathbf{Z}_p{}^2 \to \mathbf{Z}_p$ beschreibt die Berechnung des Parameters r,

- $e, f, g : \mathbf{Z}_q{}^3 \to \mathbf{Z}_q$ invertierbar im Argument s.

Die Signaturgleichungen und die Verifikationsgleichungen für alle Varianten der ersten drei Typen werden in der Tabelle 1 illustriert. Vereinfacht kann das Meta-ElGamal Verfahren auch als $MEG = (Mode, d, e, f, g)$ dargestellt werden, wobei man jedoch wichtige Strukturinformationen für die Sicherheitsanalyse verliert.

Ein konkretes Signaturschema

Um ein konkretes Signaturschema zu realisieren, müssen die öffentlichen Parameter und der Operationsmodus spezifiziert werden. Hierzu muß zunächst die Größe des Moduls p als Sicherheitsparameter festgelegt werden. Mit Hilfe dessen läßt sich das Signaturschema durch folgende Parameter beschreiben:

$$(MEG, |p|; p, q, q_1, \alpha, h).$$

Die öffentlichen, authentischen Parameter sind dabei im einzelnen:

No.	A	B	C	Signatur	Verifikation
EG I.1	m	r	s	$m \equiv x_A r + ks$	$\alpha^m \equiv y_A^r r^s$
EG I.2	m	s	r	$m \equiv x_A s + kr$	$\alpha^m \equiv y_A^s r^r$
EG I.3	s	r	m	$s \equiv x_A r + km$	$\alpha^s \equiv y_A^r r^m$
EG I.4	s	m	r	$s \equiv x_A m + kr$	$\alpha^s \equiv y_A^m r^r$
EG I.5	r	s	m	$r \equiv x_A s + km$	$\alpha^r \equiv y_A^s r^m$
EG I.6	r	m	s	$r \equiv x_A m + ks$	$\alpha^r \equiv y_A^m r^s$
EG II.1	1	$f(m,r)$	s	$1 \equiv x_A f(m,r) + ks$	$\alpha \equiv y_A^{f(r,m)} r^s$
EG II.2	1	s	$f(m,r)$	$1 \equiv x_A s + k f(m,r)$	$\alpha \equiv y_A^s r^{f(m,r)}$
EG II.3	s	$f(m,r)$	1	$s \equiv x_A f(m,r) + k$	$\alpha^s \equiv y_A^{f(m,r)} r$
EG II.4	s	1	$f(m,r)$	$s \equiv x_A + k f(m,r)$	$\alpha^s \equiv y_A r^{f(m,r)}$
EG II.5	$f(m,r)$	s	1	$f(m,r) \equiv x_A s + k$	$\alpha^{f(m,r)} \equiv y_A^s r$
EG II.6	$f(m,r)$	1	s	$f(m,r) \equiv x_A + ks$	$\alpha^{f(m,r)} \equiv y_A r^s$
EG III.1	1	$f(m,r)$	$g(m,s)$	$1 \equiv x_A f(m,r) + k g(m,s)$	$\alpha \equiv y_A^{f(m,r)} r^{g(m,s)}$
EG III.2	1	$g(m,s)$	$f(m,r)$	$1 \equiv x_A g(m,s) + k f(m,r)$	$\alpha \equiv y_A^{g(m,s)} r^{f(m,r)}$
EG III.3	$g(m,s)$	$f(m,r)$	1	$g(m,s) \equiv x_A f(m,r) + k$	$\alpha^{g(m,s)} \equiv y_A^{f(m,r)} r$
EG III.4	$g(m,s)$	1	$f(m,r)$	$g(m,s) \equiv x_A + k f(m,r)$	$\alpha^{g(m,s)} \equiv y_A r^{f(m,r)}$
EG III.5	$f(m,r)$	$g(m,s)$	1	$f(m,r) \equiv x_A g(m,s) + k$	$\alpha^{f(m,r)} \equiv y_A^{g(m,s)} r$
EG III.6	$f(m,r)$	1	$g(m,s)$	$f(m,r) \equiv x_A + k g(m,s)$	$\alpha^{f(m,r)} \equiv y_A r^{g(m,s)}$

Tabelle 1: Einige Varianten des Meta-ElGamal Signaturverfahrens

- zwei große Primzahlen $p, q \in \mathbf{P}$ mit $q|(p-1)$,
- im *Mode* S eine Zahl q_1 mit $2^{50} \leq q_1 \leq 2^{160}$ und eine Funktion $h : \mathbf{Z}_q \to \mathbf{Z}_{q_1}$,
- ein erzeugendes Element $\alpha \in \mathbf{Z}_p$ einer zyklischen Untergruppe der Ordnung q.

Signaturbildung:
Alice unterschreibt die Nachricht m, indem sie eine Zufallszahl $k \in \mathbf{Z}_q$ wählt, $r := d(\alpha^k, m) \pmod{p}$ berechnet und die Gleichung

$$A \equiv x_A B + kC \pmod{q}. \tag{5}$$

nach dem Signaturparameter s auflöst. Dieser Parameter kann geschrieben werden als

$$s := S_{MEG}(x_A, q, m, k, r).$$

Dann überträgt sie die unterschriebene Nachricht $(m; r, s)$ an den Verifizierer *Bob*.

Signaturverifikation:

In *Mode* L, M und S überprüft *Bob* die Gültigkeit der Signatur, indem er die folgende Kongruenz überprüft:

$$r \equiv d\left(h\left(\alpha^{AC^{-1}} y_A^{-BC^{-1}} \pmod{p}\right), m\right). \tag{6}$$

Im *Mode* XL kann es passieren, daß das multiplikative Inverse von $C \pmod{p-1}$ nicht existiert. Daher sollte die Verifikation hier wie in Gleichung (4) vorgenommen werden, sofern $r = d(r', m) = r'$ gilt.

4. Einbettung bekannter Signaturverfahren

In der folgenden Auflistung zeigen wir, wie man alle bisher vorgestellten ElGamal ähnlichen Signaturverfahren für einem Nachrichtenblock in das Meta-ElGamal Signaturverfahren einbetten kann. Die Beschreibung in unserer Notation befindet sich in der rechten unteren Ecke jedes Verfahrens. Sie wird wenn möglich in der ausführlichen Schreibweise angegeben. Die Funktionen H, H_i sind öffentliche Hashfunktionen.

1. **ElGamal Signatur:** [8, 9]

    Unterschrift: $r := \alpha^k \pmod{p}$, $s := (m - xr)k^{-1} \pmod{p-1}$

    Verifikation: $\alpha^m \equiv y^r r^s \pmod{p}$ (XL.EG I.1.$\sigma(1), r, m, r, s$)

2. **ElGamal Signatur – Variante 1:** [8]

    Unterschrift: $r := \alpha^k \pmod{p}$, $s := (1 - xrm)k^{-1} \pmod{p-1}$

    Verifikation: $\alpha \equiv y^{rm} r^s \pmod{p}$ (XL.EG II.1.$\sigma(1), r, 1, r \cdot m, s$)

3. **Agnew, Mullin, Vanstone Signatur:** [1]

    Unterschrift: $r := \alpha^k \pmod{p}$, $s := (m - kr)x^{-1} \pmod{p-1}$

    Verifikation: $\alpha^m \equiv y^s r^r \pmod{p}$ (XL.EG I.2.$\sigma(1), r, m, s, r$)

4. **Kurze Schnorr Signatur:** [32]

    Unterschrift: $r := H(\alpha^k \pmod{p}, m)$, $s := k - xr \pmod{q}$

    Verifikation: $r \equiv H(\alpha^s y^r \pmod{p}, m)$ (M,$H(r', m), s, -r, 1$)

5. **Lange Schnorr Signatur:** [33]

Unterschrift: $r := \alpha^k \pmod{p}$, $s := k - xH(m,r) \pmod{q}$
Verifikation: $r \equiv \alpha^s y^{H(m,r)} \pmod{p}$
$$(\text{M.EG II.3.}\sigma(3), r, s, -H(m,r), 1)$$

6. **Verallgemeinerte Schnorr Signatur:** [33]

Unterschrift: $r := \alpha^k \pmod{p}$, $sH_2(m,r) + H_5(m,r) :=$
$xH_4(m,r) + k(sH_1(m,r) + H_3(m,r)) \pmod{q}$
Verifikation: $r \equiv \alpha^{\frac{-sH_2(r,m)+H_5(r,m)}{-sH_1(r,m)+H_3(r,m)}} y^{\frac{H_4(r,m)}{sH_1(r,m)+H_3(r,m)}} \pmod{p}$
$$(\text{L},r, sH_2(m,r) + H_5(m,r), H_4(m,r), sH_1(m,r) + H_3(m,r))$$

7. **Bevorzugte Schnorr Signatur:** [33]

Unterschrift: $r := \alpha^k \pmod{p}$, $s := xH_4(r,m) + kH_3(r,m) - H_5(r,m) \pmod{q}$
Verifikation: $r \equiv \alpha^{\frac{-s+H_5(r,m)}{H_3(r,m)}} y^{\frac{H_4(r,m)}{H_3(r,m)}} \pmod{p}$
$$(\text{L},r, s + H_5(m,r), H_4(m,r), H_3(m,r))$$

8. **Sehr einfache lange Schnorr Signatur:** [33]

Unterschrift: $r := \alpha^k \pmod{p}$, $s := -xH(m,r)k^{-1} \pmod{q}$
Verifikation: $r \equiv y^{H(r,m)s^{-1}} \pmod{p}$ $\qquad$ $(\text{L},r, 0, H(m,r), s)$

9. **Sehr einfache kurze Schnorr Signatur:** [33]

Unterschrift: $r := H(\alpha^k \pmod{p}, m)$, $s := -xrk^{-1} \pmod{q}$
Verifikation: $r \equiv H(y^{rs^{-1}} \pmod{p}, m)$ $\qquad$ $(\text{M}, H(r',m), 0, r, s)$

10. **DSA Signatur:** [28]

Unterschrift: $(r := \alpha^k \pmod{p}) \pmod{q}$,
$s := (H(m) - kr)x^{-1} \pmod{q}$
Verifikation: $r \equiv (\alpha^{H(m)s^{-1}} y^{rs^{-1}} \pmod{p}) \pmod{q}$
$$(\text{M.EG I.1.}\sigma(1), r, H(m), s, r)$$

11. **Brickell und McCurley Signatur:** [3]

Unterschrift: $r := H(\alpha^k \pmod{p}, m)$, $s := xr + k \pmod{p-1}$
Verifikation: $r \equiv H(\alpha^s y^r \pmod{p}, m)$ $\qquad$ $(\text{XL}, H(r',m), s, r, 1)$

12. **Yen und Laih Signatur:** [35]

   Unterschrift: $r := \alpha^k \pmod{p}$, $s := x + kmr \pmod{q}$
   Verifikation: $\alpha^s \equiv yr^{mr} \pmod{p}$ \quad (L.EG II.4.$\sigma(1), r, s, 1, m \cdot r$)

13. **Knobloch Signatur:** [25]

   Unterschrift: $r := h(\alpha^k \pmod{p})$, $s := (m - kr)x^{-1} \pmod{q}$
   Verifikation: $r \equiv h(\alpha^{ms^{-1}} y^{rs^{-1}} \pmod{p})$ \quad (S.EG I.1.$\sigma(1), r, m, s, r$)

14. **Harn Signatur I:** [12]

   Unterschrift: $r := \alpha^k \pmod{p}$, $s := x(m + r) + k$
   Verifikation: $\alpha^s \equiv y^{m+r} r$ \quad (XL.EG II.3.$\sigma(2), r, s, m + r, 1$)

15. **Nyberg und Rueppel: ElGamal* Signatur:** [30]

   Unterschrift: $r := \alpha^k \pmod{p}$, $s := (m - xr)k^{-1} \pmod{q}$
   Verifikation: $\alpha^m \equiv y^r r^s \pmod{p}$ \quad (L.EG I.1.$\sigma(1), r, m, r, s$)

16. **Nyberg und Rueppel: p-NEW Signatur:** [30]

   Unterschrift: $r := \alpha^k \pmod{p}$, $s := k - rmx \pmod{q}$
   Verifikation: $r \equiv \alpha^s y^{rm} \pmod{p}$ \quad (L.EG II.3.$\sigma(3), r, s, -m \cdot r, 1$)

17. **Nyberg und Rueppel: q-NEW Signatur:** [30]

   Unterschrift: $r := (\alpha^k \pmod{p}) \pmod{q}$, $s := k - rmx \pmod{q}$
   Verifikation: $r \equiv (\alpha^s y^{rm} \pmod{p}) \pmod{q}$
   \hfill (M.EG II.3.$\sigma(3), r, s, -m \cdot r, 1$)

18. **Nyberg und Rueppel: reduced MR(p)-ElGamal*:** [30]

   Unterschrift: $r := (m\alpha^{-k} \pmod{p}) \pmod{q}$,
   $s := k^{-1}(1 + rx) \pmod{q}$
   Verifikation: $r \equiv (m\alpha^{-s^{-1}} y^{-s^{-1}r} \pmod{p}) \pmod{q}$
   \hfill (M,$m \cdot r', 1, -r, s$)

19. **Nyberg und Rueppel: reduced MR(p)-NEW Signatur:** [30]

Unterschrift: $r := (m\alpha^{-k} \pmod{p}) \pmod{q}$, $s := k - rx \pmod{q}$
Verifikation: $r \equiv (m\alpha^{-s}y^{-r} \pmod{p}) \pmod{q}$
$$(\text{M}, m \cdot (r')^{-1}, s, -r, 1)$$

20. **Harn Signatur II:** [13]

Unterschrift: $r := \alpha^k \pmod{p}$, $s^3 := (xr - m)k^{-1}$
Verifikation: $\alpha^m \equiv y^r r^{s^3}$ (XL,r, m, r, s^3)

Des weiteren wurden einige weitere Varianten von den Autoren in [22, 23, 24] vorgeschlagen, die ebenfalls alle eingebettet werden können.

Unsicherheit einiger der obigen Schemata

Die sehr einfache kurze und die sehr einfache lange Schnorr Signatur (Nr. 8 und Nr. 9) können universell gefälscht werden, da der Koeffizient A identisch Null gewählt wurde, was nicht erlaubt ist.

5. Effiziente Varianten des „Digital Signature Algorithm" (DSA)

Beim "Digital Signature Algorithm" [28] müssen zwei Inverse modulo q berechnet werden. Dieses sind k^{-1} und s^{-1}. Um diese Invertierungen zu vermeiden, müssen die Parameter s und k isoliert in der Signaturgleichung stehen.

- Die einzigen Gleichungen, bei denen der Parameter s isoliert steht, sind $x.3$ und $x.4$ für $x \in \{\text{EG I, EG II}\}$. Somit gibt es insgesamt vier DSA-Varianten mit effizienter Signaturberechnung. Zusammen mit der Wahl der Vorzeichen σ und den Operationsmodi M und S erhält man insgesamt 48 DSA-Varianten mit effizienter Signaturerzeugung, wobei die Wahl der Funktion f noch nicht näher spezifiziert wurde.

- Sucht man nach den Varianten mit effizienter Verifikation, so sind solche Varianten am effizientesten, bei denen der Parameter k isoliert steht. Dieses ist bei den Varianten EG II.3, EG II.5, EG III.3, EG III.5, EG IV.1, EG IV.6, EG V.2 und EG V.4 der Fall. Damit gibt es insgesamt acht DSA-Varianten mit effizienter Verifikation. Zusammen mit der Wahl der Vorzeichen σ und den Operationsmodi

M und S erhält man insgesamt 64 DSA-Varianten mit effizienter Verifikation, ohne Festlegung der Funktion f (wohl aber ihrer Argumente).

Zusammenfassend läßt sich feststellen, daß die Variante EG II.3 am geeignetsten ist, da bei ihr keine Invertierungen auf beiden Seiten benötigt werden und keine Einschränkung für die Funktion f notwendig ist. Bei der Variante EG II.5 muß das Inverse von x_A nur einmalig für alle Signaturen vorberechnet werden. Für beide Gleichungen führt die Wahl von f als Addition, bitweises XOR oder bitweises Äquivalent zu effizienten Varianten, bei denen der Unterzeichner nur eine Exponentiation und eine Multiplikation modulo q durchführen muß und der Verifizierer zwei Exponentiationen und eine Multiplikation modulo q benötigt.

Bei geeigneter Wahl der Funktion g, z.B. als Addition oder bitweises XOR, sind die Varianten EG III.3 und EG V.4 ebenso effizient, da sie dann ebenfalls keine Invertierungen benötigen. Außerdem kommen die Varianten EG III.5 und EG V.2 mit der einmaligen Berechnung von x_A^{-1} (mod q) aus, sofern die Funktion g geeignet gewählt wird. Alle effizienten Varianten werden in Tabelle 2 vorgestellt.

No.	Signatur	Verifikation
EG II.3	$s \equiv -x_A f(m,r) + k$	$r \equiv h(\alpha^s y_A^{f(m,r)})$
EG II.5	$f(m,r) \equiv -x_A s + k$	$r \equiv h(\alpha^{f(m,r)} y_A^s)$
EG III.3	$g(m,s) \equiv -x_A f(m,r) + k$	$r \equiv h(\alpha^{g(m,s)} y_A^{f(m,r)})$
EG III.5	$f(m,r) \equiv -x_A g(m,s) + k$	$r \equiv h(\alpha^{f(m,r)} y_A^{g(m,s)})$
EG V.2	$f(m,r) \equiv -x_A g(r,s) + k$	$r \equiv h(\alpha^{f(m,r)} y_A^{g(r,s)})$
EG V.4	$g(r,s) \equiv -x_A f(m,r) + k$	$r \equiv h(\alpha^{g(r,s)} y_A^{f(m,r)})$

Tabelle 2: Die effizientesten DSA-Varianten

6. Selbstzertifizierende öffentliche Schlüssel

Durch Anwendung der Ideen aus [2, 11] können für alle Benutzer mit unterschiedlichem Namen (bzw. Benutzermerkmalen) identitätsbasierte Zertifikate für die öffentlichen Schlüssel erzeugt werden. Diese heißen auch selbstzertifizierende öffentliche Schlüssel [10]. Sie haben die folgenden Eigenschaften:

- Der öffentliche Schlüssel y_A läßt sich als Funktion der Identität, der öffentlichen Parameter (erzeugendes Element α, Primmodul p, öffentlicher Schlüssel der Zertifizierungsinstanz y_Z) und dem Signaturparameter r berechnen, der nicht notwendigerweise authentisch sein muß. Der geheime Schlüssel x_A wird von der Zertifizierungsinstanz als Signaturparameter s berechnet.

- Die Authentizität des öffentlichen Schüssels wird nicht direkt verifiziert, jedoch kennt nur der autorisierte Benutzer (d.h. der Besitzer) den zugehörigen geheimen Schlüssel und kann daher die Schlüssel sinnvoll einsetzen.

Das Basisverfahren

Bei diesem Verfahren unterschreibt die Zertifizierungsinstanz Z die Identität ID_A der Benutzerin Alice mit einer ElGamal Unterschrift. Hierzu wählt sie eine Zufallszahl $k_A \in \mathbf{Z}^*_{p-1}$, berechnet $r_A := \alpha^{k_A} \pmod{p}$, und löst die Signaturgleichung nach dem Parameter x_A auf:

$$x_A \equiv (ID_A - x_Z r_A) k_A^{-1} \pmod{p-1}. \tag{7}$$

Sie übermittelt die Signaturparameter (r_A, x_A) an Alice, die hieraus ihren öffentlichen Schlüssel

$$y_A := r_A^{x_A} \equiv r_A^{(ID_A - x_Z r_A) k_A^{-1}} \equiv \alpha^{ID_A - x_Z r_A} \equiv \alpha^{ID_A} y_Z^{-r_A} \pmod{p}$$

berechnet. Dieser läßt sich somit als Funktion der öffentlichen Parameter α, p, ID_A, y_Z und des Signaturparameters r_A berechnen.

Der allgemeine Ansatz

Im folgenden werden wir einen allgemeinen Ansatz zur Berechnung des selbstzertifizierenden öffentlichen Schlüssels y_A der Benutzerin Alice beschreiben. Dabei beschränken wir uns auf die Darstellung im *Mode* L, die Übertragung auf die anderen Modi folgt unmittelbar.

Die Zertifizierungsinstanz Z, die ihren öffentlichen Schlüssel y_Z und ihren dazugehörigen geheimen Schlüssel x_Z benutzt, unterschreibt die Identität ID_A von Alice mit einer Variante des Meta-ElGamal Signaturverfahrens. Hierzu wählt sie eine Zufallszahl $k_A \in \mathbf{Z}_q$, berechnet $r_A := \alpha^{k_A} \pmod{p}$, und löst die allgemeine Signaturgleichung nach dem Parameter x_A auf:

$$A \equiv x_Z B + k_A C \pmod{q}. \tag{8}$$

Dabei sind A, B, C Permutationen der allgemeinen Funktionen e, f, g : $\mathbf{Z}_q^3 \to \mathbf{Z}_q$ mit den Argumenten r_A, x_A, ID_A. Dieses führt zu einer Gleichung der Form

$$x_A = S_{MEG}(x_Z, q, ID_A, k_A, r_A) =: \frac{a_A(x_Z, ID_A, k_A, r_A)}{b_A(x_Z, ID_A, k_A, r_A)} \pmod{q},$$

wobei $a_A, b_A : \mathbf{Z}_q^3 \times \mathbf{Z}_p \to \mathbf{Z}_q$ allgemeine Funktionen sind, die durch die jeweilige Variante eindeutig festgelegt sind. Das Tupel (r_A, x_A) ist eine Signatur der Nachricht ID_A. Der öffentliche Schlüssel y_A kann als $y_A := \beta_A^{x_A} \pmod{p}$ berechnet werden mit dem erzeugendes Element $\beta_A := \alpha^{b_A(x_Z, ID_A, k_A, r_A)} =: t_A(\alpha, y_Z, ID_A, r_A) \pmod{p}$, so daß die folgende Kongruenz für y_A erfüllt ist:

$$y_A \equiv \beta_A^{x_A} \equiv \alpha^{b_A(x_Z, ID_A, k_A, r_A) a_A(x_Z, ID_A, k_A, r_A) b_A(x_Z, ID_A, k_A, r_A)^{-1}} \equiv$$
$$\alpha^{a_A(x_Z, ID_A, k_A, r_A)} =: u_A(\alpha, y_Z, ID_A, r_A) \pmod{p}.$$

Das bedeutet, daß y_A als Funktion der öffentlichen, authentischen Parameter α, y_Z und ID_A und dem Signaturparameter r_A mit Hilfe der Funktion u_A berechnet werden kann. Um die Gültigkeit der letzten Kongruenz zu gewährleisten, sollten die Funktionen e, f und g als Komposition von arithmetischen Operationen gewählt werden. Wenn man z.B. die Varianten der Typen EG I und EG II des Meta-ElGamal Signaturverfahrens betrachtet, so erhält man folgende öffentliche Schlüssel:

Der Hauptnachteil dieses allgemeinen Ansatzes liegt darin, daß die Zertifizierungsinstanz die geheimen Schlüssel aller Benutzer erzeugt und daher das volle Vertrauen aller Beteiligten besitzen muß. Diese Schwachstelle kann vermieden werden, indem der geheime Schlüssel x_A mit einer verdeckten Unterschrift signiert wird [14, 19, 24], so daß er anschließend von dem Benutzer einmalig modifiziert werden kann, ohne daß die Zertifizierungsinstanz den neuen Wert von x_A erfährt [23].

Es sollte bemerkt werden, daß auch identitätsbasierte öffentliche Schlüssel berechnet werden können, indem die Zertifizierungsinstanz die Nachricht $m := h(ID_A) y_A$ unterzeichnet, wobei h eine öffentliche Hashfunktion ist. Dadurch erhält man ein Zertifikat (m, r, s) und kann den öffentlichen Schlüssel zu $y_A := m h(ID_A)^{-1} \pmod{p}$ berechnen, indem man die Identität ID_A des Benutzers verwendet [29]. Diese Methode läßt sich auf alle Varianten des Meta-ElGamal Signaturverfahrens übertragen.

No.	Signatur	β_A	$y_A = u_A(\alpha, y_Z, r_A, ID_A)$
EG I.1	$ID_A \equiv x_Z r_A + k_A x_A$	r_A	$\alpha^{ID_A} y_Z^{-r_A}$
EG I.2	$ID_A \equiv x_Z x_A + k_A r_A$	p_Z	$\alpha^{ID_A} r_A^{-r_A}$
EG I.3	$x_A \equiv x_Z r_A + k_A ID_A$	α	$y_Z^{r_A} r_A^{ID_A}$
EG I.4	$x_A \equiv x_Z ID_A + k_A r_A$	α	$y_Z^{ID_A} r_A^{r_A}$
EG I.5	$r_A \equiv x_Z x_A + k_A ID_A$	p_Z	$\alpha^{r_A} r_A^{-ID_A}$
EG I.6	$r_A \equiv x_Z ID_A + k_A x_A$	r_A	$\alpha^{r_A} y_Z^{-ID_A}$
EG II.1	$1 \equiv x_Z f(ID_A, r_A) + k_A x_A$	r_A	$\alpha y_Z^{-f(r_A, ID_A)}$
EG II.2	$1 \equiv x_Z x_A + k_A f(ID_A, r_A)$	y_Z	$\alpha r_A^{-f(ID_A, r_A)}$
EG II.3	$x_A \equiv x_Z f(ID_A, r_A) + k_A$	α	$y_Z^{f(ID_A, r_A)} r_A$
EG II.4	$x_A \equiv x_Z + k_A f(ID_A, r_A)$	α	$y_Z r_A^{f(ID_A, r_A)}$
EG II.5	$f(ID_A, r_A) \equiv x_Z x_A + k_A$	y_Z	$\alpha^{f(ID_A, r_A)} r_A^{-1}$
EG II.6	$f(ID_A, r_A) \equiv x_Z + k_A x_A$	r_A	$\alpha^{f(ID_A, r_A)} y_Z^{-1}$

Effizienz der Schlüsselberechnung

Der Vorteil der durch das Meta-ElGamal Signaturverfahren hinzugewonnenen Varianten für die Konstruktion selbstzertifizierender öffentlicher Schlüssel liegt in der höheren Effizienz einiger dieser Varianten. So kommen z.B. die Varianten EG II.3 und EG II.4 mit je einer Exponentiation zur Berechnung des öffentlichen Schlüssels aus, während die Variante aus [2, 11] zwei Exponentiationen benötigt.

6.1 Authentifikationsverfahren

In einem Authentifikationsverfahren beweist die Benutzerin Alice, die sich gegenüber dem Verifizierer Bob authentifizieren möchte, daß sie den diskreten Logarithmus x_A ihres selbstzertifizierenden öffentlichen Schlüssels $y_A := u_A(\alpha, y_Z, ID_A, r_A)$ zur Basis $\beta_A = t_A(\alpha, y_Z, ID_A, r_A)$ kennt. Hierzu kann sie eine Variante des Zero-Knowledge-Proofs von Chaum, Evertse und van de Graaf verwenden [6].

Diese Vorgehensweise läßt sich auf alle selbstzertifizierenden Schlüssel übertragen, die aus dem Meta-ElGamal Signaturverfahren erhalten werden können [23]:

Meta-Zero-Knowledge Authentifikationsverfahren		
Benutzerin *Alice*		Verifizierer *Bob*
$v_A \in \text{RAND}(\mathbf{Z}_q)$ $w_A := \beta_A^{v_A} \pmod{p}$	$\longrightarrow$	(ID_A, r_A, w_A) $\beta_A := t_A(\alpha, y_Z, r_A, ID_A)$ $y_A := u_A(\alpha, y_Z, r_A, ID_A)$
c_A	$\longleftarrow$	$c_A \in \text{RAND}(\mathbf{Z}_q)$
$z_A := v_A + x_A c_A \pmod{q}$	$\longrightarrow$	z_A Akzeptiert, falls $w_A \equiv \beta_A^{z_A} y_A^{-c_A} \pmod{p}$

6.2 Authentischer Schlüsselaustausch

Um ein allgemeines authentisches Schlüsselaustauschverfahren zu erhalten, können wir die Ansätze aus [2, 11] oder den SELANE-Protokollen [14] verwenden, die auf den selbstzertifizierenden öffentlichen Schlüsseln aufsetzen.

Der erste Ansatz verbindet beidseitige Authentifikation und den Diffie-Hellman-Schlüsselaustausch [7], indem die (authentischen) Daten, die während der Authentifikation ausgetauscht wurden, zur Berechnung des Sitzungsschlüssels benutzt werden. Dieser kann aus den öffentlichen Parametern w_A, w_B aus dem Meta-Authentifikationsverfahren von oben und zwei zufällig gewählten geheimen Parametern $d_A, d_B \in \mathbf{Z}_q^*$ sowie den daraus berechneten öffentlichen Werten $e_A := \beta_A^{d_A}$ und $e_B := \beta_B^{d_B}$ folgendermaßen erzeugt werden:

$$K := e_B^{v_A} w_B^{d_A} \equiv \beta_B^{v_A d_B + v_B d_A} \equiv \beta_A^{v_A d_B + v_B d_A} \equiv w_A^{d_B} e_A^{v_B} \pmod{p}.$$

Diese Gleichung ist offensichtlich nur dann erfüllt, wenn $\beta_A = \beta_B$ ist. Der Schlüssel K hängt nicht direkt von den öffentlichen Schlüsseln der beiden Parteien ab und daher ist durch die Kompromittierung eines bereits verwendeten Sitzungsschlüssels die Sicherheit der anderen Schlüssel nicht gefährdet.

Im zweiten Ansatz wird ein Diffie-Hellman Schlüssel berechnet, den nur die beiden Parteien kennen können. Dieser muß nach der Berechnung jedoch noch gegenseitig überprüft werden, damit sichergestellt ist, daß beide Seiten den gleichen Schlüssel besitzen, was z.B. durch Übermittlung einer ersten verschlüsselten Nachricht mit diesem Schlüssel und einer entsprechenden Antwort geschehen kann [15].

Im folgenden wird der Ablauf des Protokolls tabellarisch verdeutlicht:

Authentischer Schlüsselaustausch		
Benutzerin *Alice*	Kanal	Benutzer *Bob*
$y_B := u_B(\alpha, y_Z, ID_B, r_B)$ $\beta_B := t_B(\alpha, y_Z, ID_B, r_B)$		$y_A := u_A(\alpha, y_Z, ID_A, r_A)$ $\beta_A := t_A(\alpha, y_Z, ID_A, r_A)$
$v_A \in \mathbf{Z}_q^*$ $w_A := \beta_B^{v_A} \pmod{p}$		$v_B \in \mathbf{Z}_q^*$ $w_B := \beta_A^{v_B} \pmod{p}$
w_B	$\longleftrightarrow$	w_A
$K_A := w_B^{x_A} y_B^{v_A} \pmod{p}$		$K_B := w_A^{x_B} y_A^{v_B} \pmod{p}$

Wurde die Übermittlung der Werte w_A und w_B nicht von einem Angreifer gestört, so sind die beiden Sitzungsschlüssel identisch, wie die folgende Kongruenz zeigt:

$$K_A = w_B^{x_A} y_B^{v_A} \equiv (\beta_A^{v_B})^{x_A} (\beta_B^{x_B})^{v_A} \equiv (\beta_B^{v_A})^{s_B} (\beta_A^{s_A})^{v_B} \equiv w_A^{x_B} y_A^{v_B} = K_B \ (\bmod \ p).$$

Man beachte, daß beide Seiten unterschiedliche Funktionen t_i und u_i ($i \in \{A, B\}$) zur Berechnung ihrer selbstzertifizierenden öffentlichen Schlüssel p_i und der dazugehörigen Generatoren β_i verwenden können, die sich aus verschiedenen Varianten des Meta-ElGamal Signaturverfahrens ergeben haben können.

Auf beide vorgeschlagenen Verfahren läßt sich die Dreiecksattacke anwenden [4], bei der unter bestimmten Voraussetzungen der Sitzungsschlüssel zweier Benutzer unter Verwendung abgehörter Information berechnet werden kann. Diese Attacke kann verhindert werden, jedoch kann keine amortisierende Sicherheit mehr bewiesen werden [34].

7. Empfängerspezifische Signaturen

Beim RSA-Verfahren [31] ist es möglich, eine Signatur nur von einer vorher bestimmten Person verifizieren zu lassen. Dazu wird die Nachricht zusätzlich mit dem öffentlichen Schlüssel des Empfängers verschlüsselt [27]. Im Falle der ElGamal-Unterschriften ist dieses ebenfalls möglich, jedoch auch ohne zusätzliche Verschlüsselung. Insgesamt sind zunächst folgende Varianten denkbar:

1. Unverschlüsseltes Übersenden der Nachricht mit

a) Überprüfung der Signatur von beliebigen Personen.

b) Überprüfung der Signatur nur vom autorisierten Empfänger (dieses nennen wir empfängerspezifische Signatur).

2. Verschlüsseltes Übersenden der Nachricht mit

a) Überprüfung der Authentizität der verschlüsselten Nachricht von beliebigen Personen möglich (signierte Chiffrierung).

b) Überprüfung der Authentizität der verschlüsselten Nachricht nur vom autorisierten Empfänger möglich (empfängerspezifische signierte Chiffrierung).

Die Variante 1a) entspricht den bisher benutzten ElGamal-Signaturen. Im folgenden werden daher die anderen drei Möglichkeiten vorgestellt. Dabei werden die Verifikationsgleichungen in Mode L angegeben, sie lassen sich jedoch analog zur Kongruenz (6) leicht auf die anderen Modi übertragen.

7.1 Empfängerspezifische Signatur

Um eine empfängerspezifische Signatur zu realisieren, müssen alle Benutzer ihre geheimen Schlüssel $s_i \in \mathbf{Z}_q^*$ gewählt haben. Damit ist ihr öffentlicher Schlüssel p_i ein erzeugendes Element einer zyklischen Untergruppe der Ordnung q in $\mathbf{Z}_p^*$. Der Unterzeichner wählt hierzu eine Zufallszahl $k \in \mathbf{Z}_q^*$ und berechnet $r := g(y_B^k) \pmod{p}$, wobei $g : \mathbf{Z}_p^* \to \mathbf{Z}_p^*$ eine geeignete Einwegfunktion ist. Dann löst er die Signaturgleichung

$$A \equiv x_A B + kC \pmod{q}$$

nach dem Signaturparameter s auf. Die Signatur kann nur von dem autorisierten Empfänger verifiziert werden, da gilt:

$$r \equiv g\left(y_B^{AC^{-1}} y_A^{-x_B BC^{-1}} \pmod{p}\right).$$

Die Verwendung der Einwegfunktion g ist erforderlich, da sich die Verifikationsgleichung ansonsten nach $y_A^{x_B}$ auflösen läßt und somit die Verifikation aller weiteren Signaturen von jedem Benutzer möglich wäre.

7.2 Signierte Chiffrierung

Zur authentischen Nachrichtenverschlüsselung wird das erweiterte ElGamal Kryptosystem [8] verwendet, wobei zusätzlich eine Signatur der

Nachricht m erzeugt wird. Im einzelnen werden folgende Schritte durchgeführt: Die Absenderin Alice wählt eine Zufallszahl $k \in \mathbf{Z}_q^*$ und berechnet $r := \alpha^k \pmod{p}$, $K := y_B^k \pmod{p}$ und $c := Km \pmod{p}$. Daneben unterschreibt sie das Chiffrat c mit einer Variante des Meta-ElGamal Signaturverfahrens. Hierzu berechnet sie den Signaturparameter s, indem sie die Gleichung

$$A \equiv x_A B + kC \pmod{q}$$

nach diesem auflöst. Anschließend überträgt sie das signierte Chiffrat $(c; r, s)$ an den Empfänger Bob. Dieser berechnet $K := r^{x_B} \pmod{p}$ und $m := cK^{-1} \pmod{p}$. Ferner überprüft er die Signatur durch Verifikation der Gleichung

$$\alpha^A \equiv y_A^B r^C \pmod{p}.$$

Diese Verifikation kann von allen Benutzern im System durchgeführt werden, ohne daß diese hierdurch die Nachricht m erfahren können.

7.3 Empfängerspezifische signierte Chiffrierung

Bei der empfängerspezifischen authentischen Nachrichtenverschlüsselung wird anstelle des Chiffrats c die Nachricht m von der Senderin Alice unterschrieben. Diese Signatur kann nur von Bob verifiziert werden, nachdem er die Nachricht entschlüsselt hat.

8. Ausblick

In diesem Beitrag wurden verschiedene Anwendungen des Meta-ElGamal Signaturverfahrens vorgestellt. Dadurch ergeben sich zahlreiche Varianten, von denen einige effizienter als die bisher auf dem ElGamal-Signaturverfahren aufsetzenden Verfahren sind. Weitere Anwendungen sind Multisignaturen [20], Signaturverfahren mit Nachrichtenrückgewinnung [16, 29], Signaturverfahren mit Schwellwert-Verifikation [21], verdeckte Signaturverfahren [19] sowie stark blinde Signaturverfahren [5, 18].

Literatur

[1] G.B.Agnew, R.C.Mullin, S.A.Vanstone, „Improved digital signature scheme based on discrete exponentiation", Electronics Letters, Vol. 26, (1990), S. 1024–1025.

[2] F.Bauspieß, H.-J.Knobloch, „How to keep authenticity alive in a computer network", Lecture Notes in Computer Science 434, Advances in Cryptology: Proc. Eurocrypt '89, Berlin: Springer Verlag, (1990), S. 38–46.

[3] E.F.Brickell, K.S.McCurley, „Interactive Identification and Digital Signatures", AT&T Technical Journal, November/ Dezember, (1991), S. 73–86.

[4] M.Burmester, „On the risk of opening distributed keys", Lecture Notes in Computer Science 839, Advances in Cryptology: Proc. Crypto '94, Berlin: Springer Verlag, (1994), S. 308 – 317.

[5] J.L.Camenisch, J.-M.Piveteau, M.A.Stadler, „Blind signature schemes based on the discrete logarithm problem", Vorabdruck, vorgestellt auf der Rump session der Eurocrypt '94, (1994), 5 Seiten.

[6] D.Chaum, J.H.Evertse, J.van de Graaf, „Demonstrating possession of a discrete logarithms and some generalizations", Lecture Notes in Computer Science 304, Advances in Cryptology: Proc. Eurocrypt '87, Berlin: Springer Verlag, (1988), S. 127–141.

[7] W.Diffie, M.Hellmann,„New directions in cryptography", IEEE Transactions on Information Theory, Vol. IT-22, No. 6, November, (1976), S. 644–654.

[8] T.ElGamal, „Cryptography and logarithms over finite fields", Stanford University, CA., UMI Order No. DA 8420519, (1984), 119 Seiten.

[9] T.ElGamal, „A public key cryptosystem and a signature scheme based on discrete logarithms", IEEE Transactions on Information Theory, Vol. IT-30, No. 4, Juli, (1985), S. 469–472.

[10] M.Girault, „Self-Certified Public Keys", Lecture Notes in Computer Science 547, Advances in Cryptology: Proc. Eurocrypt '91, Berlin: Springer Verlag, (1991), S. 490–497.

[11] C.G.Günter, „An identity based key exchange protocol", Lecture Notes in Computer Science 434, Advances in Cryptology: Proc. Eurocrypt '89, Berlin: Springer Verlag, (1990), S. 29–37.

[12] L.Harn, „New digital signature scheme based on discrete logarithm", Electronics Letters, Vol. 30, No. 5, (1994), S. 396 – 398.

[13] L.Harn, „Public-key cryptosystems design based on factoring and discrete logarithms", IEE Proc.-Comput. Digit. Tech., Vol. 141, No. 3, May, (1994), S. 193 – 195.

[14] P.Horster, H.-J.Knobloch, „Discrete Logarithm based protocols", Lecture Notes in Computer Science 547, Advances in Cryptology: Proc. Eurocrypt '91, Berlin: Springer Verlag, (1992), S. 399–408.

[15] P.Horster, B.Klein, H.-J. Knobloch, „Authentifikation als Basis sicherer Kommunikation", DATASAFE '91, VDE-Verlag, Berlin, (1991), S. 219–236.

[16] P.Horster, M.Michels, H.Petersen, „Meta signature schemes giving message recovery", Proc. Workshop IT-Sicherheit, Wien, 22.–23. September, (1994), 12 Seiten.

[17] P.Horster, M.Michels, H.Petersen, „Meta-ElGamal signature schemes", Proc. der 2. ACM conference on Computer and Communications security, Fairfax, Virginia, 2.-4. Nov., (1994), S. 96–107.

[18] P.Horster, M.Michels, H.Petersen, „Generalized blind signature schemes based on the discrete logarithm problem", Pre-Proc. Asiacrypt '94, University of Wollongong, NSW, Australia, Nov. 28 – Dez. 1st, (1994), S. 185-196.

[19] P.Horster, M.Michels, H.Petersen, „Hidden signature schemes based on the discrete logarithm problem and related concepts", Technischer Report TR-94-10, Theoretische Informatik und Informationssicherheit, TU-Chemnitz-Zwickau, August, (1994), 12 Seiten, verfügbar über anonymous-FTP auf: ftp.tu-chemnitz.de/pub/Local/informatik/crypto.

[20] P.Horster, M.Michels, H.Petersen, „Meta-Multisignature schemes based on the discrete logarithm problem", Technischer Report TR-94-12, Theoretische Informatik und Informationssicherheit, TU-Chemnitz-Zwickau, September, (1994), 11 Seiten, verfügbar über anonymous-FTP auf: ftp.tu-chemnitz.de/pub/Local/informatik/crypto.

[21] P.Horster, M.Michels, H.Petersen, „Generalized signature schemes with (t, n) shared verification based on the discrete logarithm problem", Technischer Report TR-94-14, Theoretische Informatik und

Informationssicherheit, TU-Chemnitz-Zwickau, September, (1994), 8 Seiten.

[22] P.Horster, H.Petersen, „Verallgemeinerte ElGamal Signaturen", Sicherheit in Informationssystemen, Proceedings der SIS '94, Verlag der Fachvereine Zürich, (1994), S. 89–106.

[23] P.Horster, H.Petersen, „Signatur und Authentifikationsverfahren auf der Basis des diskreten Logarithmusproblems", Interner Bericht 94-9, RWTH Aachen, ISSN 0935-3232, Überarbeitete Fassung, März, (1994), 102 Seiten, verfügbar über anonymous-FTP auf: ftp.tu-chemnitz.de/pub/Local/informatik/crypto.

[24] P.Horster, H.Petersen, „Classification of blind signature schemes and examples of hidden and weak blind signatures", Vorgetragen auf der Rump Session der Eurocrypt '94, Perugia, Italy, (1994), 6 Seiten, verfügbar über anonymous-FTP auf: ftp.tu-chemnitz.de/pub/Local/informatik/crypto.

[25] H.-J.Knobloch, „A remark on the size of ElGamal-type digital signatures", EISS-Report 94/1, Universität Karlsruhe, (1994), 5 Seiten.

[26] H.-J.Knobloch, Gespräch auf der Eurocrypt '94 in Perugia, Italy, (1994).

[27] L.M. Kohnfelder, „On the Signature Reblocking Problem in Public-Key Cryptosystems", Comm. of the ACM, Vol. 21, No. 2, (1978), 179.

[28] National Institute of Standards and Technology, Federal Information Process. Standard, FIPS Pub XX: Digital Signature Standard (DSS), (1991).

[29] K.Nyberg, R.Rueppel, „A new signature scheme based on the discrete logarithm problem giving message recovery", Proc. 1st ACM Conference on Computer and Communications Security, Fairfax, Virginia, Nov. 3–5., (1993), 4 Seiten.

[30] K.Nyberg, R.Rueppel, „Message recovery for signature schemes based on the discrete logarithm problem", Pre-proceedings of Eurocrypt '94, (1994), S. 175 –190.

[31] R.L.Rivest, A.Shamir, L.Adleman, „A method for obtaining digital signatures and public-key cryptosystems", Comm. of the ACM, Vol. 21, (1978), S. 120–126.

[32] C.P.Schnorr, „Efficient identification and signatures for smart cards", Lecture Notes in Computer Science 435, Advances in Cryptology: Proc. Crypto '89, Berlin: Springer Verlag, (1990), S. 239–251.

[33] C.P.Schnorr, „Comment on DSA: Comparison of the Digital Signature Algorithm and the Signature schemes of ElGamal and Schnorr", Brief an den Direktor der CSL/NIST, 25.Oktober, (1991), 7 Seiten.

[34] Y.Yacobi, Z.Shmuely, „On key distribution systems", Lecture Notes in Computer Science 435, Advances in Cryptology: Proc. Crypto '89, Berlin: Springer Verlag, (1990), S. 344–355.

[35] S.-M. Yen, C.-S.Laih, „New Digital Signature Scheme based on Discrete Logarithm", Electronics Letters, Vol. 29, No. 12, (1993), S. 1120–1121.

Formale Verifikation der Grundelemente in Funktionsplänen von Notabschaltsystemen

Wolfgang A. Halang Bernd Krämer Norbert Völker

FernUniversität, Fachbereich Elektrotechnik, 58084 Hagen
{wolfgang.halang|bernd.kraemer|norbert.voelker}@fernuni-hagen.de

Zusammenfassung

Die Aufgabe von Schutzsystemen besteht darin, Prozesse aus gefährlichen in sichere Zustände zu bringen. Eine besondere Klasse von Schutzsystemen sind Notabschaltsysteme (NAS), die bis jetzt nur in inhärent fehlersicherer, festverdrahteter Form realisiert werden. Trotz ihrer hohen Zuverlässigkeit gibt es in der Industrie einen dringenden Bedarf, sie durch flexiblere Systeme zu ersetzen. Daher wird eine besondere speicherprogrammierbare Steuerung (SPS) vorgestellt, die Funktionspläne (FUP), das traditionelle und anwenderorientierte Paradigma für NASe, in ihrer Architektur direkt unterstützt. Dann geben wir einen formalen Korrektheitsbeweis der in FUPen auftretenden und NASe spezifizierende funktionalen Elemente. Bei dieser Aufgabe wird Isabelle/HOL als mechanischer Beweisassistent eingesetzt. Als letzter Schritt kann die Sicherheitsabnahme von NAS-Software leicht durch eine Rückübersetzung durchgeführt werden, eine besonders einfache, aber rigorose Methode, die auch von der SPS-Architektur unterstützt wird.

1 Einleitung

Viele technische Systeme haben im Versagensfalle das Potential verheerender Auswirkungen auf Umwelt, Gerätschaften oder menschliches Leben. Es ist daher ein wichtiges Ziel von Entwurf, Konstruktion und Betrieb solcher Systeme, die Wahrscheinlichkeit eines Unglücks zu minimieren. Eine Möglichkeit, dieses Ziel zu erreichen, besteht in der Installation eines Systems, dessen einzige Funktion die Prozeßüberwachung und das Ergreifen geeigneter Gegenmaßnahmen ist, falls sich etwas im Ablauf als gefährlich herausstellt. So werden zur Vermeidung von Unfällen viele Prozesse von diesen sogenannten *Schutzsystemen* überwacht. Eine besondere Art davon sind die wie folgt definierten *Notabschaltsysteme* (NAS):

> *Ein System, das einen Prozeß beobachtet und nur handelt, indem es den Prozeß in einen sicheren, statischen Zustand bringt (normalerweise durch Abschaltung), falls die Sicherheit von Menschen, Umwelt oder Investitionen gefährdet ist.*

Die Prozeßüberwachung besteht aus (a) der Beobachtung, ob bestimmte physikalische Größen wie z.B. Temperaturen oder Drücke innerhalb vorgegebener Grenzen bleiben, und (b) der Überwachung Boolescher Größen auf Wertänderungen. Typische NAS-Aktionen sind das Öffnen oder Schließen von Ventilen, das Bedienen von Schaltern usw. Strukturell gesehen sind NASe aus Booleschen Operatoren und Verzögerungen zusammengesetzte Funktionen. Zeitgeber sind nötig, da in Anfahr- und Abschaltsequenzen oft Beobachtungen oder Aktionen verzögert werden müssen. Ursprünglich wurden sicherheitsüberwachende Systeme pneumatisch, später, z.B. bei Eisenbahnsignalen, mit elektromagnetischen Relais' konstruiert. Heutzutage basieren die meisten installierten Systeme auf integrierter Elektronik, wobei es eine deutliche Tendenz hin zum Gebrauch von Mikrorechnern gibt.

Die gegenwärtig für Notabschaltzwecke eingesetzten (elektrischen) Systeme sind festverdrahtet, wobei jede Familie ein bestimmtes Prinzip inhärent fehlersicherer Logik anwendet. Die wesentlichen auf dem Markt erhältlichen Systeme sind *MagLog 24* der Firma GTI [2] und das *Planar-System* von HIMA [3], die ein magnetisches bzw. dynamisches Prinzip inhärent fehlersicherer Arbeitsweise anwenden. Beide Systeme wurden von den Technischen Überwachungsvereinen sicherheitstechnisch abgenommen. Die Funktionalität eines NASs wird durch Verbindung von Bauelementen für Boolesche Operatoren und Verzögerungen durch Drähte direkt in Hardware umgesetzt. Diese Bauelemente sind fehlersicher, d.h. jeder interne Fehler führt dazu, daß die Ausgaben den Zustand 'logisch falsch' annehmen. Falls korrekt implementiert, resultiert dies in der Systemausgabe 'logisch falsch', die wiederum eine Abschaltung verursacht. Daher führt jeder Fehler des NASs selbst zu einem sicheren Prozeßzustand (normalerweise einer Prozeßabschaltung). Diese inzwischen seit Jahrzehnten erfolgreich angewandte Technologie besitzt einige wichtige Vorteile. Durch die Einfachheit des Entwurfs wird die Hardware sehr zuverlässig. Die als Funktionsplan (FUP) ausgedrückte Eins-zu-Eins-Abbildung einer Kundenspezifikation auf Hardware-Module macht Implementierungsfehler praktisch unmöglich. "Programmieren" besteht aus dem Verbinden von Basismodulen mit Hilfe von Drähten, wodurch die statische Natur solcher Systeme betont wird. Schließlich ist die Fehlersicherheit festverdrahteter Systeme ein sehr wichtiger Vorteil. Dennoch gibt es auch Nachteile, die der Anlaß zur hier dargestellten Arbeit waren.

Wirtschaftliche Überlegungen erlegen der Entwicklung und Anwendung technischer Systeme strenge Randbedingungen auf. Das gilt ebenso für sicherheitsgerichtete Systeme. Da Arbeitskräfte steigende Kosten verursachen, müssen auch sicherheitsgerichtete Systeme höchst flexibel sein, um sie innerhalb kurzer Zeit zu niedrigen Kosten an sich ändernden Bedingungen anpassen zu können. Mit anderen Worten müssen sicherheitsgerichtete Systeme wie NASe programmgesteuert sein, um auf festverdrahtete Logik zur Wahrnehmung von Sicherheitsfunktionen in industriellen Prozessen verzichten zu können. Je nach nationaler Gesetzgebung und Praxis sind die Abnahmebehörden jedoch immer noch sehr zurückhaltend bei der — oder verweigern sogar die — Lizensierung sicherheitsgerichteter Systeme, deren Verhalten ausschließlich programmgesteuert ist. Auf Grund ihrer Einfachheit und ihres Leistungsangebotes scheinen *speicherprogrammierbare Steuerungen* (SPSen) die vielversprechendste Alternative zu festverdrahteter Logik in NASen zu sein.

Die Korrektheit eines programmgesteuerten NASs hängt von einer richtig funktionierenden Laufzeitumgebung einschließlich der notwendigen Hardware und der korrekten Implementation einer in Form eines FUPs ausgedrückten NAS-Spezifikation ab. Die Architektur einer vertrauenswürdigen Laufzeitumgebung für SPSen wird in Abschnitt 3 dargestellt. Die richtige Implementation einer NAS-Spezifikation beruht grundsätzlich auf der korrekten Implementation der einzelnen Grundelemente, aus denen ein FUP zusammengesetzt wird. Der Korrektheitsnachweis für die drei beim NAS-Entwurf benötigten Booleschen Operatoren ist trivial und wird daher hier ausgelassen. Dagegen wird die Korrektheit einer Prozedur, die ein Verzögerungsglied implementiert, in Abschnitt 4 explizit verifiziert, wobei wir die grundlegenden Schritte einer mechanischen Verifikation durch Ausnutzung der Fähigkeiten eines allgemeinen Theorembeweisers illustrieren. Die für den Korrektheitsbeweis notwendigen Formalisierungen werden in Logik höherer Ordnung (HOL) ausgeführt, einer typisierten Variante von

Churchs höherer Prädikatenlogik. Da HOL sehr ausdrucksstark ist, ist es eine beliebte Logik zum Nachweis der Richtigkeit von Hardware- und in zunehmendem Maße auch von Firmware- bzw. Software-Systemen [1,5] geworden. Als mechanischen Beweisassistenten verwenden wir den generischen Theorembeweiser Isabelle [8], der die interaktive Konstruktion von Beweisen in einer Anzahl von Logiken einschließlich HOL unterstützt.

2 Funktionspläne

Die Entwicklung von NAS-Software wird traditionell in Form des Zeichnens von FUPen ausgeführt. Letztere beschreiben die Abbildung Boolescher Eingaben auf Boolesche Ausgaben als Funktionen der Zeit, wie z.B.

> *wenn* ein Druck zu hoch ist
> *dann* muß ein Ventil geöffnet werden
> *und* eine Anzeige muß *nach* 5 Sekunden aufleuchten.

Alle Notabschaltsysteme können aus einer Menge von Funktionsmodulen konstruiert werden, die nur vier Elemente enthält, und zwar die drei Booleschen Operatoren *Und, Oder, Nicht* und ein *Verzögerungsglied* [2,3]. Aus Gründen der Einfachheit begrenzen wir ohne Beeinträchtigung der Funktionalität die Anzahl der Eingänge sowohl für *Und* als auch für *Oder* auf zwei. Ebenfalls ist es ausreichend, nur eine Art von Verzögerungsgliedern vorzusehen, da alle anderen in festverdrahteter Logik benutzten Zeitgebern durch das Hinzufügen von Invertern implementiert werden können. Die Funktionalität des Verzögerungsgliedes läßt sich informell folgendermaßen beschreiben:

> Ein nicht retriggerbares, monostabiles Element mit wählbarer Verzögerung, d.h. ein Element mit den beiden internen Zuständen *getriggert* und *nicht getriggert* und mit einem Booleschen Eingang derart, daß wenn es an letzterem im nicht getriggerten Zustand eine ansteigende Flanke, d.h. einen Übergang von 'logisch falsch' nach 'richtig', erkennt, es dann für eine Zeitdauer in den getriggerten Zustand wechselt, wie sie von dem an seinem Verzögerungseingang zum Zeitpunkt des Übergangs anstehenden Wert spezifiziert wird.

Eine formale Beschreibung der Verzögerungsfunktion wird unten in Form einer in der Programmiersprache "Strukturierter Text" für SPSen nach [4] formulierten Prozedur gegeben. Sie vermeidet bewußt die Anwendung einer Implementation der Zeit in Software. Stattdessen ruft sie eine die tatsächliche Zeit liefernde Funktion *Uhr* auf, von der angenommen wird, daß sie mit einer zuverlässigen und *gesetzlichen* Quelle — wie z.B. einer nationalen Eichbehörde — mittels Rundfunkkommunikation synchronisiert wird. Eine gegebene — relative — Verzögerung wird in einen — absoluten — Termin umgeformt, der wiederum kontinuierlich mit der tatsächlichen Zeit verglichen wird. Der permanente Vergleich wird durch die charakteristische Arbeitsweise von SPSen in Form wiederholter, zyklischer Programmausführungen gewährleistet.

```
FUNCTION_BLOCK timer(signal,delay) RETURNS BOOLEAN;
BOOLEAN signal; DURATION delay;
BEGIN
   BOOLEAN previous INIT(FALSE), triggered INIT(FALSE);
   TIME deadline INIT(-infinity);
   IF NOT triggered AND NOT previous AND signal
      THEN deadline:=clock()+delay
   FI
   triggered:=clock() LT deadline;
   previous:=signal;
   RETURN triggered;
END;
```

Wenn eine Implementierung aller vier in FUPen benutzten Grundfunktionen als korrekt bewiesen ist, muß für jedes neue NAS-Projekt nur die richtige Abbildung eines bestimmten Verbindungsmusters aufgerufener Funktionsblockinstanzen in Objekt-Code verifiziert werden. Für diesen Zweck empfiehlt es sich, den geladenen Objekt-Code, der ein Verbindungsmuster implementiert, der Rückübersetzung zu unterwerfen [7]. Dies ist notwendig, da gesetzliche Bestimmungen die Zugrundelegung des Objekt-Codes für den Korrektheitsnachweis von Software verlangen, denn Compiler sind selbst viel zu komplexe Software-Systeme, als daß ihre korrekte Funktion verifiziert werden könnte. Rückübersetzung ist eine Methode zur sicherheitstechnischen Abnahme, die im Zuge des Kernkraftwerkprojektes Halden entwickelt wurde. Die Methode ist — obwohl rigoros — im Grunde informell, leicht beigreifbar und ohne Ausbildung direkt anwendbar. Daher ist sie besonders gut für den Gebrauch auf der Anwenderprogrammebene durch Personen mit unterschiedlichstem Erfahrungshintergrund geeignet. Ihre leiche Verständlichkeit und Anwendbarkeit fördert inhärent den fehlerfreien Gebrauch der Methode. Sie besteht darin, geladene Maschinenprogramme aus dem Speicher auszulesen und an eine Anzahl von Teams zu geben, die ohne Kontakt untereinander arbeiten. Diese Teams interpretieren den Code mit dem Ziel, schließlich die Spezifikation wiederzuerlangen. Der Software wird eine Sicherheitslizenz zuerkannt, wenn die ursprüngliche Spezifikation mit den invers erhaltenen Respezifikationen übereinstimmt.

Natürlich ist diese Methode i.a. extrem umständlich, zeitaufwendig und teuer. Dies beruht auf der semantischen Lücke zwischen einer im Hinblick auf Anwenderfunktionen formulierten Spezifikation und den üblichen, sie ausführenden Maschinenanweisungen. Bei der Anwendung des Programmierparadigmas der Grundfunktionen wird die Spezifikation jedoch direkt auf Sequenzen von Modulaufrufen abgebildet. Der Objekt-Code besteht aus genau diesen Aufrufen und Parameterübergaben. Wenn die Implementierungsdetails der Funktionsmodule Teil einer SPS-Architektur sind, werden sie aus Sicht der Anwendungsprogrammierung unsichtbar und benötigen in diesem Zusammenhang keine Sicherheitsabnahme. Folglich kann die Rückübersetzung in einem einfachen Schritt vom Maschinen-Code zurück zur Problemspezifikation in Form von FUPen führen. Für die im nächsten Abschnitt umrissene Architektur ist der zur Anwendung der Rückübersetzungsmethode benötigte Aufwand um mehrere Größenordnungen niedriger als jener für die klassische von Neumann-Architektur.

3 Eine SPS-Architektur für sicherheitsgerichtete Anwendungen

Da es nicht unser Ziel ist, Hardware-Kosten zu sparen, sondern die Verständlichkeit von NAS-Programmen und ihres Ausführungsprozesses zu fördern, sehen wir in der Architektur unserer SPS konzeptionell zwei Prozessoren vor: einen Kontroll- und Datenflußprozessor ("Master") und einen Funktionsblockprozessor ("Slave"), die als separate physikalische Einheiten realisiert werden. Derart erzielen wir eine klare, physische Trennung der Funktionsblockverarbeitung im Slave von allen anderen Aufgaben (Ausführungssteuerung und Funktionsblockaufrufe), die dem Master zugewiesen sind, und eine direkte Abbildung des oben skizzierten Programmierparadigmas auf die Hardware-Architektur. Dadurch ergibt sich die Möglichkeit, Slave-Prozessoren mit ihrer gesamten Software im Rahmen einer einzigen Typprüfung sicherheitstechnisch abzunehmen. Das Konzept stellt sicher, daß sich Anwendungsprogramme allein im Kontrollflußprozessor befinden, auf den sich deshalb die projektspezifische Verifikation der einen Datenfluß implementierenden Modulverbindungen beschränken kann. Auf Grund der Natur der Software-Entwicklungsmethode bleibt der Prüfaufwand dabei immer gering.

Um Fehlfunktionen der Hardware feststellen zu können, haben wir eine durchgängig zweikanalige Architektur gewählt, die es auch erlaubt, Diversität in Form verschiedener Master- und unterschiedlicher Slave-Prozessoren vorzusehen. Alle Verarbeitungen erfolgen grundsätzlich parallel auf jeweils zwei Prozessoren, und alle übertragenen Daten werden einem Vergleich unterzogen. Wenigstens einer der Kontrollflußprozessoren sollte die im folgenden beschriebene extrem einfache Organisation mit nur zwei Instruktionen haben, was die Rückübersetzung von Programmen erheblich erleichtert. So erhalten wir die in Abb. 1 dargestellte asymmetrische Vierprozessorkonfiguration mit zwei Master/Slave-Prozessorpaaren.

Weil als Slaves Universalprozessoren benötigt werden und NASe sicherheitskritisch sind, liegt es nahe, hier den VIPER-1A-Prozessor [6] einzusetzen, denn der VIPER ist der einzige verfügbare Mikroprozessor, dessen Entwurf mit formalen Methoden als korrekt bewiesen wurde. Seine 1A-Version unterstützt Fehlererkennung in zweikanaliger Konfiguration. Bei dem bereits fertiggestellten ersten Prototyp unserer Architektur haben wir uns allerdings auf den Einsatz allein hinreichend betriebsbewährter Mikroprozessoren beschränkt.

Die Funktionsblockprozessoren führen alle Datenmanipulationen und Ein-/Ausgabeoperationen aus. Master- und Slave-Prozessoren kommunizieren untereinander über zwei FIFO-Puffer. Zur Programmausführung koordinieren sie sich wie folgt. Der Master beauftragt den Slave mit der Ausführung eines Funktionsblocks, indem er die Identifikation, die entsprechenden Parameter und gegebenenfalls auch die internen Zustände des Blockes über einen der FIFO-Puffer dem Slave zuschickt. Dort werden das den Funktionsblock implementierende Objektprogramm ausgeführt und die berechneten Resultate und neuen internen Zustände dem Master über den anderen FIFO-Puffer zurückgeschickt. Die Bearbeitung des Funktionsblocks endet mit dem Auslesen des Ausgabe-FIFOs und dem Ablegen der

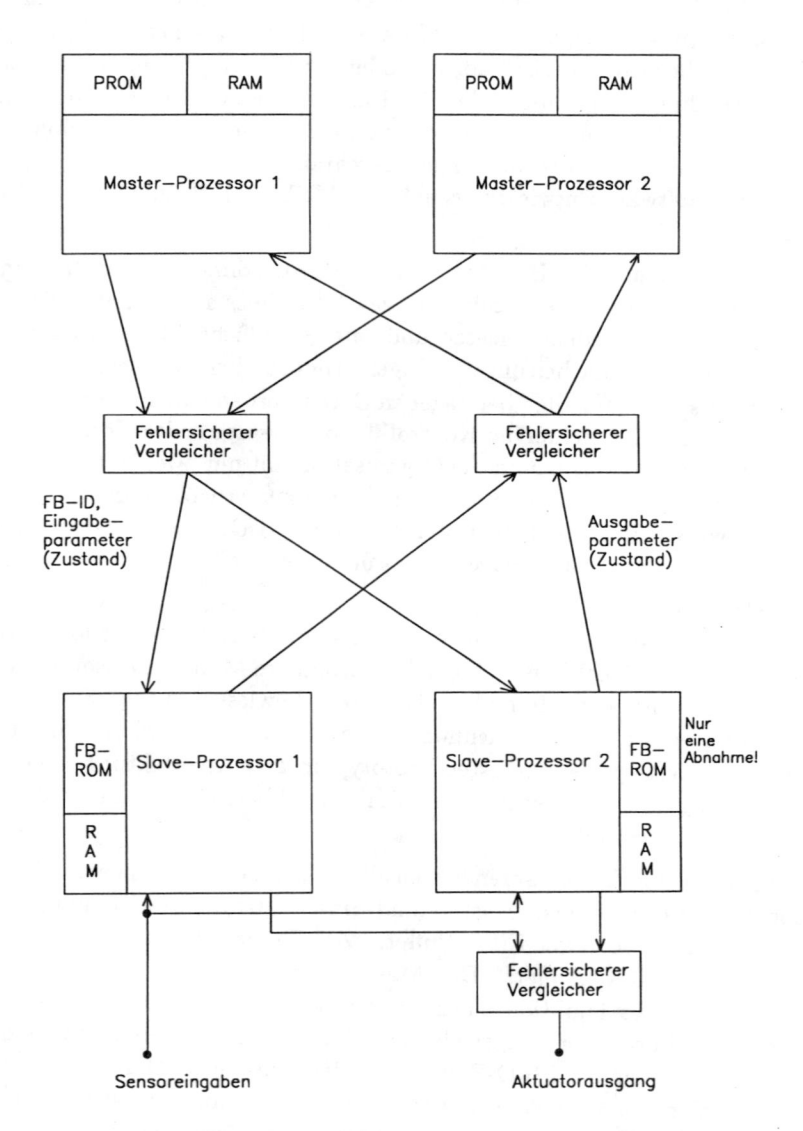

Abb. 1: Architektur einer sicherheitstechnisch abnehmbaren SPS

Daten im Speicher des Masters. Fehlersichere Vergleicher überprüfen die Ausgaben der Master, bevor die Ausgabendaten die Slaves erreichen und umgekehrt zur Fehlererkennung in unserer zweikanaligen Konfiguration.

Um jegliche Modifikationen durch Fehlfunktionen zu verhindern, sieht diese sicherheitsgerichtete Architektur grundsätzlich Nurlesespeicher für Objekt-Code vor, d.h. es gibt keinen RAM-Bereich für Programme. Der Code der Funktionsmodule wird als Firmware der Slaves in maskenprogrammierten ROMs bereitgestellt, die unter Aufsicht der Lizensierungsbehörden herzustellen und von diesen freizugeben sind. Dagegen werden die Anwenderprogramme auf der Master-Ebene vom Benutzer in (E)PROMs abgelegt. Dieser Teil der Software muß dann noch projektspezifischer Verifikation unterzogen werden, die wiederum von den Lizensierungsinstanzen durchgeführt wird, welche schließlich die (E)PROMs in den Zielsystemen versiegeln. Dies zeigt sehr deutlich, daß die Master/Slave-Konfiguration gewählt wurde, um zwei Systemteile physisch voneinander zu trennen: einen, dessen Software nur genau einmal verifiziert werden muß, und ein anderer mit den anwendungsspezifischen Programmen.

Der Master-Prozessor führt die in seinem PROM-Speicher abgelegten Programme aus. Neben diesem Programmspeicher umfaßt sein Adreßraum auch einen RAM-Bereich und folgende Register: FIFO-Eingang (zum Slave), FIFO-Ausgang (vom Slave), Identifikation und Anfangsadresse des aktuellen Programmsegmentes sowie Transitionsbedingung. Weiterhin gibt es einen dem Programmierer nicht zugänglichen Programmadreßzähler.

Der Master-Prozessor benötigt einen Befehlssatz mit nur zwei Instruktionen. Der MOVE-Befehl hat zwei Operanden, die Worte im Adreßraum des Prozessors direkt ansprechen und so auf Speicherstellen und die oben genannten Register lesend und schreibend zugreifen. Lesen des FIFO-Ausgangsregisters impliziert, daß der Prozessor warten muß, sofern der FIFO-Puffer leer ist. Analog muß der Prozessor beim Schreiben in das FIFO-Eingangsregister warten, wenn dieses voll ist. Im Rahmen der Ausführung eines MOVE-Befehls wird der Programmzähler inkrementiert.

Entworfen zur Implementation speicherprogrammierbarer Steuerungen bestehen die vom Master auszuführenden Programme aus Abfolgen von Schritten. Nach dem Programmsegment eines jeden solchen Schrittes wird ein operandenloser STEP-Befehl eingefügt, um anhand des Inhaltes des Transitionsbedingungsregisters zu entschieden, ob das Schrittsegment erneut ausgeführt werden soll oder ob zum logisch nächsten Schritt übergegangen werden soll, d.h. ob der Programmzähler wieder mit dem Inhalt des Segmentanfangsadressenregisters geladen wird oder ob die Anfangsadresse eines anderen Segmentes von einer Speicherzelle mit Namen Nächste-Schrittadresse zu lesen ist. Da Programmverzweigungen nur in dieser äußerst restriktiven Form möglich sind, wird der fehlerbedingte Zugriff auf den Code inaktiver Schritte unterbunden, was einen sehr effektiven Speicherschutzmechanismus darstellt.

Das mit dem Vorsehen der FIFO-Puffer verfolgte Entwurfsziel ist die Bereitstellung einfach zu synchronisierender und verständlicher Kommunikationsverbindungen, welche Master- und Slave-Prozessoren hinsichtlich ihrer Ausführungsgeschwindigkeiten problemlos entkoppeln. Jeder FIFO-Puffer besteht aus einem warteschlangenähnlichen Speicher und den zwei Ein-Bit-Statusregistern VOLL und LEER, die den Füllungszustand des FIFOs anzeigen und nicht benutzerzugänglich sind. Sie werden durch die FIFO-Steuerungslogik (zurück)gesetzt und bewirken im gesetzten Zustand, daß die Ausführung eines einen FIFO-Ein/Ausgang ansprechenden MOVE-Befehles wie oben beschrieben verzögert wird.

Der Vergleich der Ausgaben beider Master-Prozessoren bzw. der von den beiden Slave-Prozessoren kommenden Eingaben wird von zwei in die FIFO-Puffer integrierten Komparatoren durchgeführt. Da diesen die Verantwortlichkeit zur Erkennung von Fehlern im System obliegt, müssen sie höchsten Verläßlichkeitsanforderungen genügen. Deshalb wurden sie in unserem Prototyp mit Hilfe fehlersicherer Baugruppen der Firma HIMA realisiert. Ein Komparator ist mit vier FIFOs verbunden, zwei eingangs- und zwei ausgangsseitigen. Die jeweils ersten Datenelemente der eingangsseitigen Puffer werden zwischengespeichert und dann miteinander verglichen. Bei Ungleichheit wird ein Fehlersignal erzeugt, das das gesamte System anhält. Andernfalls wird das Datenelement in die beiden ausgangsseitigen FIFOs geschrieben.

Die hier vorgestellte SPS tauscht Daten mit externen technischen Prozessen mittels fehlererkennender und an die Funktionsblockprozessoren angeschlossener Schnittstelleneinheiten aus. Die von beiden Slaves erzeugten Ausgabedatenworte werden zuerst durch einen fehlersicheren Komparator auf Gleichheit überprüft, bevor sie in ein Ausgangshalteregister gebracht werden. Bei Ungleichheit wird wieder ein zu Systemabschaltung führendes Fehlersignal generiert.

4 Formale Verifikation des Verzögerungsgliedes

Das zur Verifikation des Zeitgeberprogrammes verwendete Isabelle-System ist ein generisches Beweissystem, welches für verschiedene Logiken instantiiert werden kann. In der Folge werden wir ausschließlich die HOL-Logik verwenden. Um die Darstellung übersichtlich zu halten, werden bestimmte technische Details wie Formatierungsanweisungen oder die Benennung von Axiomen ausgelassen. Der vollständige Code des Beweises ist per ftp^1 erhältlich. Isabelle hat ein polymorphes Typsystem mit einem Klassenkonzept ähnlich dem der funktionalen Programmiersprache Haskell. Dies läßt das Überladungen von Operatorsymbolen zu. Die Theorieentwicklung in Isabelle ist hierarchisch, d.h. neue Theorien werden durch die Einführung neuer Typen, Konstanten oder Axiome als logische Erweiterungen bereits existierender definiert. Als Basistheorie unserer Entwicklung wählen wir die "List"-Theorie aus der Isabelle/HOL-Bibliothek. Diese Theorie enthält Definitionen der Quantoren und der logischen Operationen der Prädikatenlogik höherer Stufe. Zusätzlich bietet sie natürliche Zahlen sowie Typen von Mengen, Produkten, Summen und Listen. Ein Überblick über die Notation gibt Tabelle 1.

Die folgenden Unterabschnitte beschäftigen sich mit dem Formalisierungsprozeß und dem Koorektheitsnachweis. Jeder Unterabschnitt ist nach der Theorie benannt, die er präsentiert. Die Theorien sind:

Variable, definiert einen Typ von Variablen;

State, definiert Zustände als Funktionen von Variablen zu Werten;

Syntax, definiert die Syntax der Programmiersprache;

Timer, definiert das Zeitgeberprogramm und seinen Anfangszustand;

Eval, führt eine denotationale Semantik ein;

Reactive, definiert die iterative Ausführung reaktiver Programme;

TimerSpec, enthält die Spezifikation des Zeitgebers;

TimerCorr, enthält den Hauptteil des Beweises.

Der Abhängigkeitsgraph dieser Theorien ist in Abb. 2 gegeben.

---

[1]Ftp-Server   ftp.fernuni-hagen.de,   Verzeichnis /pub/fachb/et/dvt/projects/verification

Ausdruck	Bedeutung
a :: A	a ist vom Typ A
bool	Boolescher Typ
True, False	die beiden Elemente von bool
~ a	nicht a (Negation)
a & b	a und b (Konjunktion)
a = b	a gleich b (Gleichheit)
a ~= b	nicht a gleich b
a ==> b	a impliziert b
ALL. t[x]	für alle x gilt t[x] (universelle Quantifizierung)
EX x. t[x]	für einige x gilt t[x] (existentielle Quantifizierung)
@ x. t[x]	ein x, so daß t[x] gilt. Falls kein solches x existiert, dann ein beliebiges Element vom Typ von x (Hilbertscher Auswahloperator)
% x. t[x]	Funktion, die t[a/x] als Resultat liefert, wenn sie auf a angewandt wird (Lambda-Abstraktion)
if(a,b,c)	wenn a, dann b, sonst c (Fallunterscheidung)
nat	Typ der natürlichen Zahlen
0, Suc	Null und die Nachfolgerfunktion auf nat
'a :: C	Typenvariable für Typen der Klasse C
A => B	Typ der Funktionen von Typ A nach Typ B
[A1,..,An] => B	Typ von Funktionen von A1,.., An nach B
A * B	Produkt der Typen A und B (Paare)
<a,b>	das Paar mit den Komponenten a und b
A list	Typ von Listen mit Elementen in Typ A
[], a # l	leere Liste und die Liste mit erstem Element a gefolgt durch Liste l
A + B	Summe der Typen A und B (disjunkte Vereinigung)
Inl, Inr	Injektion in den linken bzw. rechten Summanden eines Summen-Typs

Tabelle 1: Isabelle/HOL-Notation

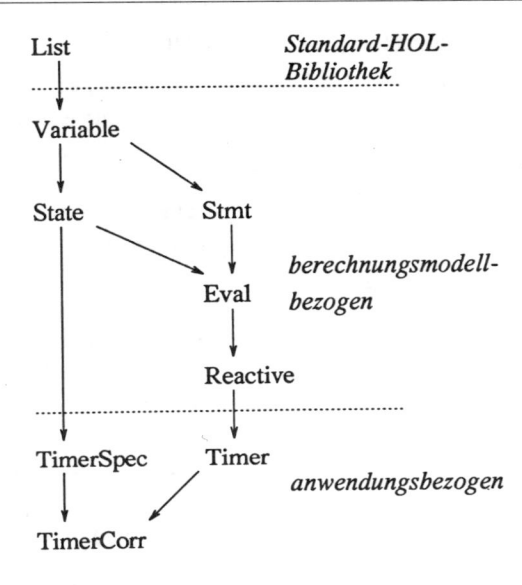

```
         List          Standard-HOL-
          |             Bibliothek
       Variable
          |     \
          ↓      ↘
        State    Stmt
          |       |
          |       ↓        berechnungsmodell-
          |      Eval       bezogen
          |       |
          |       ↓
          |    Reactive
          |       |
       ---+-------+---------------------
          |      / \
      TimerSpec Timer
          |    /            anwendungsbezogen
          ↓  ↙
       TimerCorr
```

Abb. 2: Theorieabhängigkeitsgraph

4.1 Berechnungsmodell und Verifikationsaufgabe

Entsprechend des Paradigmas "reaktives System" vollzieht sich die Ausführung einer Einheit wie des Zeitgebers in einer unendlichen Folge einzelner Aufrufe. Beim (i+1)-ten Aufruf liest die Einheit Werte aus einer entsprechenden Umgebung env(i+1), vollzieht dann einen bestimmten Wechsel ihres inneren Zustandes und gibt danach gewisse Werte aus.

Da wir in unserem Fall nur am Zeitgeber und nicht an seiner Wirkung auf die Umgebung interessiert sind, modellieren wir eine Berechnung durch ein Paar <es,ts> bestehend aus einer Folge von Eingabeumgebungen und der dazugehörenden Zustandsfolge des Zeitgebers. Ausgaben werden also vernachlässigt.

Zur Formalisierung der verbalen Spezifikation des Zeitgeberverhaltens verwenden wir Konzepte von Variablen und Zuständen, die wir weiter unten formal einführen werden. Für jetzt reicht es aus anzunehmen, daß Funktionen Signal(es,n), Signal(es,n), Clock(es,n), Delay(es,n) und Triggered(ts,n) vorliegen, welche die Werte entsprechender Variablen im

Schritt n einer Berechnung <es,ts> liefern.

Ein Triggerereignis, d.h. ein Wechsel vom nicht getriggerten in den getriggerten Zustand in einem Schritt (n+1), kann nur eintreten, wenn Tev(es, ts,n) gilt, wobei

```
Tev(es,ts,n) == if(n = 0, Signal(es,Suc(0))
                , ~Signal(es,n) & Signal(es,Suc(n))
                              & ~Triggered(ts,n))
```

Für n>0 besagt dies, daß der Zeitgeber vorher nicht getriggert war, und das Eingabesignal von False nach True gewechselt hat. Es sei darauf hingewiesen, daß der Fall n=0 in der verbalen Spezifikation offen gelassen worden war.

Unter der Annahme, daß die Uhrfunktion monoton steigend ist

```
n <= m ==> Clock(es,m) <= Clock(es,n))
```

kann nun eine zulässige Ausführung des Zeitgebers durch ein Prädikat timer_spec wie folgt charakterisiert werden:

```
timer_spec(es,ts) ==
  ALL n. (Triggered(ts,n)
       = (EX i. i<n & Tev(es,ts,i)
              & Clock(es,n) < Clock(es,Suc(i))
                            + Delay(es,Suc(i))))
```

In Worten: das Verzögerungsglied befindet sich genau dann im getriggerten Zustand, wenn vorher ein Triggerereignis stattgefunden hat, und wenn der aktuelle Stand der Uhr kleiner ist als der Stand der Uhr zum Triggerzeitpunkt plus dem damaligen Verzögerungswert.

4.2 Theorie Variable

Imperative Programme basieren auf Variablen und Zuständen. Wir modellieren Variable durch einen Typ, in dem alle vorkommenden Variablennamen explizit aufgeführt sind. Die Definition benutzt die HOL datatype-Deklaration, welche die Definition neuer Datentypen unterstützt.

```
Variable = List +
datatype variable = clock | signal | delay | triggered
                  | deadline | previous
```

Die erste Zeile deklariert die neue Theorie `Variable` als eine Erweiterung der Theorie `List`. Dann wird ein neuer Typ `variable` mit Elementen `clock`, `deadline` usw. eingeführt. Durch die Datentypdeklaration werden automatisch Sätze generiert, die den Typ `variable` charakterisieren. Insbesondere besagen sie, daß die angegebenen Elemente paarweise verschieden sind und daß es keine weiteren Elemente vom Typ `Variable` gibt.

4.3 Theorie State

Die "Structured Text"-Typen `DUARTION` und `TIME` werden wir in HOL durch natürliche Zahlen dartsellen. Daher sind die Werte von Variablen ausschließlich vom Typ `bool` oder `nat`. Dies legt es nahe, Zustände durch Funktionen von Variablen auf den Summen-Typ `bool + nat` zu repräsentieren:

```
state = "variable => bool + nat"
```

Zur Erreichung einer höheren Abstraktionsebene definieren wir eine neue Operation upd, die einen Zustand ändert, indem sie eine Variable an einen neuen Wert bindet:

```
s upd <v,a> == (% w. if(v=w,a,s(w)))
```

Der Zustand (%a.@ a.True) repräsentiert den Anfangszustand ohne Bindungen.

Durch einfache Termersetzung beweist man:

```
v = w  ==> (xs upd <v,a>)(w) = a
v ~= w ==> (xs upd <v,a>)(w) = xs(w)
```

Der Zustand ohne Bindungen zusammen mit der upd-Operation stellt daher eine Implementation der Datentyps "endliche Tabelle" dar.

Wie üblich definieren wir Operationen `TheBool` und `TheNat`, die ein Element der Summe `bool + nat` auf das entsprechende Element vom Typ `bool` bzw. `nat` zurückführen:

```
TheBool(Inl(a)) = a
TheNat(Inr(a)) = a
```

4.4 Theorie Syntax

Syntaktisch besteht ein Programm aus einer Liste von Eingabevariablen gefolgt vom Hauptteil des Programmes. Letzterer wird durch Anweisungen gebildet, welche vom Typ **stmt** sind. Erlaubte Anweisungen sind Wertzuweisungen ":=", bedingte Anweisungen If_Then_Fi und die sequentielle Komposition ";" von Anweisungen.

Die letzte syntaktische Kategorie außer Programmen, Anweisungen und Variablen ist die der Ausdrücke. Hier unterscheiden wir zwischen Booleschen (bexp) und Ausdrücken vom Typ natürlicher Zahlen (nexp). Zur Erhöhung der Lesbarkeit ist der Zuweisungsoperator := überladen, so daß sowohl Boolesche als auch Zahlenausdrücke auf der rechten Seite erlaubt sind.

Die Anweisungen unserer Programmiersprache werden dann folgendermaßen in Isabelle/HOL deklariert:

```
types    bexp nexp stmt
classes  exp < term
arities  bexp, nexp :: exp
consts
  ":="  :: "[variable,'a :: exp] => stmt"
  ";"   :: "[stmt,stmt] => stmt"
  If1   :: "[bexp,stmt] => stmt"          ("(If_//Then_//Fi)")
```

Die Typeneinschränkung 'a :: exp gewährleistet, daß der Typ der rechten Seite von Zuweisungen zur Klasse **exp** gehört.

Ausdrücke werden durch die folgenden Operatoren gebildet:

```
Pbexp :: "bool => bexp"         (* Inklusion von Werten *)
Pnexp :: "nat => nexp"
Bval  :: "variable => bexp"     (* Inklusion von Variablen *)
Nval  :: "variable => nexp"
less  :: "[nexp,nexp] => bexp"
```

```
and     ::  "[bexp,bexp] => bexp"
Not     ::  "bexp => bexp"
```

Die beabsichtigte Bedeutung dieser Operatoren sollte offensichtlich sein. Der Gebrauch des Plussymbols "+" für Zahlenausdrücke wird durch die Deklaration von nexp als Unterklasse der vordefinierten Klasse plus erlaubt:

```
arities   nexp :: plus
```

Programme bestehen einfach aus einer Variablenliste und einer Anweisung, dem Hauptteil des Programmes:

```
Program::  "[variable list, stmt] => program"
```

Die Theorie Syntax enthält keine Axiome, da die Bedeutung unten in den Theorien Eval und Reactive gegeben wird.

4.5 Theorie Timer: das Zeitgeberprogramm

Unter Ausnützung bestimmter Möglichkeiten von Isabelle zur Formatierung liest sich unsere HOL-Formalisierung des Zeitgeberprogrammes wie folgt:

```
consts
   timer_prog :: "program"
   timer_init :: "state"
rules
   timer_prog
   == FUNCTION_BLOCK [clock, signal, delay];
      BEGIN
      IF NOT(Bval(triggered)) AND NOT(Bval(previous))
         AND Bval(signal)
      THEN deadline := Nval(clock) + Pnexp(delay)
      FI;
      triggered := Nval(clock) LT Nval(deadline);
      previous := Bval(signal)
      END
```

```
timer_init ==
   [] upd <previous,Inl(False)>   upd <triggered,Inl(False)>
      upd <signal,Inl(False)>     upd <deadline,Inr(0)>
      upd <clock,Inr(0)>          upd <delay,Inr(0)>
```

Im Vergleich zum "Structured Text"-Programm gibt es drei kleinere Unterschiede. Aus der Darstellung des Typs TIME durch natürliche Zahlen ergibt sich, daß die Variable deadline mit 0, und nicht mit $-\infty$ zu initialisieren ist. Zweitens wurde die Systemuhr durch eine Umgebungsvariable clock modelliert, was bedeutet, daß es zu einem Aufruf des Zeitgebers genau einen Uhrzeitpunkt gibt. Drittens wurden aus technischen Gründen auch die Eingabevariablen clock, signal und delay initialisiert. Dies ist logisch nicht notwendig, vermeidet aber Fallunterscheidungen in der Spezifikation und im Beweis. Diese Unterschiede erhalten die wesentliche Semantik des Zeitgeberprogrammes. Da "Structured Text" keine formale Syntax besitzt, kann dies allerdings nicht formal nachgewiesen werden.

4.6 Theorie Eval: Auswertung von Ausdrücken und Anweisungen

Die Funktionen evbx und evnx werten Ausdrücke aus. Variablen werden dabei durch ihren Wert ersetzt und symbolische Operationen über Ausdrücken werden auf entsprechende Operationen der Grundtypen nat und bool abgebildet. Die Auswertung von Anweisungen führt zu einer verschachtelten Anwendung von upd-Operationen und Fallunterscheidungen.

```
consts
   evbx::    "[bexp,state] => bool"
   evnx::    "[nexp,state] => nat"
   ev::      "[stmt,state] => state"
rules
   evbx(Pbexp(a),s) = a
   evnx(Pnexp(a),s) = a
   evbx(Bval(v),s) = TheBool(s(v))
   evnx(Nval(v),s) = TheNat((s(v))
   evbx(a LT b,s) = (evnx(a,s) < evnx(b,s))
   evbx(a AND b,s) = (evbx(a,s) & evbx(b,s))
```

```
evbx(NOT(a),s) = (~(evbx(a,s)))
evnx(a + b,s) = (evnx(a,s) + evnx(b,s))
ev(v := (e::bexp),s) = s upd <v,Inl(evbx(e,s))>
ev(v := (e::nexp),s) = s upd <v,Inr(evnx(e,s))>
ev(S;T,s) = ev(T,ev(S,s))
ev((IF b THEN S FI),s)  = if (evbx(b,s), ev(S,s), s)
```

4.7 Theorie Reactive: Semantik einfacher reaktiver Programme

Die hier betrachteten reaktiven Programme setzen sich jeweils aus einer Liste von Eingabevariablen und einer Anweisung zusammen. Die Auswertung der Eingabe hat daher als Parameter eine Liste vs von Eingabevariablen, einen Zustand env, der die Umgebung darstellt, und einen Zustand s. Das Ergebnis ist eine Modifikation von s, wobei die Variablen in vs an ihre Werte in env gebunden werden. Die Auswertung der Eingabe und die wiederholte Anwendung eines reaktiven Programmes wird durch folgende rekursiven Funktionen beschrieben:

```
consts
  evinp:: "[variable list, env, state] => state"
  evr::   "[program, state, nat => env, nat] => state"
rules
  evinp([], env, s) = s
  evinp(v # vs, env, s) = evinp(vs,env,s) upd <v,env(v)>
  evr(Program(vs,stmt), s0, envs, 0) = s0
  evr(Program(vs,stmt), s0, envs, Suc(n))
  =  ev(stmt, evinp(vs,envs(Suc(n))
                   ,evr(Program(vs,stmt), s0, envs, n)))
```

4.8 Theorie TimerSpec: Anforderungsspezifikation

Die weiter oben gegebene Anforderungsspezifikation enthielt Funktionen Signal, Triggered und Clock, die jetzt formal definiert werden können.

Die Definition eines Triggerereignisses und des Prädikats timer_spec werden unten wiederholt:

```
TimerSpec = State +
consts
  Signal, Triggered :: "[nat => state, nat] => bool"
  Clock, Delay     :: "[nat => state, nat] => nat"
  Tev              :: "[nat => state, nat => state, nat] => bool"
  timer_spec       :: "[nat => state, nat => state] => bool"
rules
  Signal(es,n)     == TheBool(es(n,signal))
  Clock(es,n)      == TheNat(es(n,clock))
  Triggered(es,n)  == TheBool(ts(n,triggered))
  Delay(es,n)      == TheNat(es(n,delay))
  Tev(es,ts,n)     == if(n = 0, Signal(es,Suc(0))
                          , ~Signal(es,n) & Signal(es,Suc(n))
                              & ~Triggered(ts,n))
(* Annahme \"uber Umgebungen *)
  m <= n ==> Clock(es,m) <= Clock(es,n)
(* Anforderungsspezifikation *)
  timer_spec(es,ts) ==
  ALL n. (Triggered(ts,n)
       = (EX i. i<n & Tev(es,ts,i)
                & Clock(es,n) < Clock(es,Suc(i))
                                 + Delay(es,Suc(i))))
```

Natürlich ist es jetzt das Ziel zu beweisen, daß die Auswertung des Zeitgeberprogrammes mit einer beliebigen Umgebungsfolge es tatsächlich die Zeitgeberspezifikation erfüllt:

(1)   ts = evr(timer_prog,timer_init,es)   ==> timer_spec(es,ts)

4.9 Theorie TimerCorr: Beweis

Zur Verbesserung der Lesbarkeit unserer Formeln führen wir Abkürzungen für die Werte der Variablen previous bzw. deadline ein:

```
Previous(ts,n) == TheBool(ts(n,previous))
Deadline(ts,n) == TheNat(ts(n,deadline))
```

Weiter werden wir von nun an die Prämisse unseres Ziels

```
ts = evr(timer_prog,timer_init,es)                        (1)
```

als implizite Annahme voraussetzen.

Der Korrektheitsbeweis besteht aus zwei im folgenden zusammengefaßten Phasen. In der ersten Phase werden die Werte der Zeitgebervariablen d induktiv charakterisiert. Dies wird durch Taktiken erreicht, die hauptsächlich Definitionen einsetzen und die die sich ergebenden Formeln durch den Gebrauch von Gleichungen für die Auswertung von Programmen, Anweisungen, Ausdrücken und Zustandsmanipulationen vereinfachen. Man erhält leicht folgende Gleichungen

```
Previous(ts,0) = False
Triggered(ts,0) = False
Deadline(ts,0) = 0
0<n   ==> Previous(ts,n) = Signal(es,n)
Triggered(ts,n) = (Clock(es,n) < Deadline(ts,n))
Deadline(ts,Suc(n))
= if( Tev(es,ts,n), Clock(es,Suc(n)) + Delay(es,Suc(n))
              , Deadline(ts,n))
```

Bis hierhin ist das Vorgehen unabhängig vom konkreten Programm und die verwendeten Beweistaktiken lassen sich direkt auf ähnliche Programme anwenden.

In der zweiten Phase des Beweises wird die induktive Charakterisierung der Variablenwerte für den Nachweis der Anforderungsspezifikation timer_spec benutzt. Ein direkter induktiver Beweisversuch mit obigen Gleichungen schlägt jedoch fehl. Die Erkenntnis, daß sich der Wert von deadline nicht ändert, solange der Zeitgeber getriggert bleibt, führt aber zu folgendem Lemma, das durch Induktion über n bewiesen werden kann:

```
[| Tev(es,ts,i); i < n;
   Clock(es,n) < Clock(es,Suc(i)) + Delay(es,Suc(i))
|] ==> Deadline(ts,n) = Clock(es,Suc(i)) + Delay(es,Suc(i))
```

Mit Hilfe dieses Lemmas läßt sich die Gültigkeit der Formel (1), und damit der Korrektheit des Zeitgeberprogrammes, per Induktion beweisen.

Literatur

[1] Gordon, M.J.C., Mechanizing programming logics in higher order logic, in Birtwistle, G., Subrahmanyam, P.A. (Eds.), Current Trends in Hardware Verification and Automated Theorem Proving, pp. 387 – 439, Springer-Verlag, New York-Berlin-Heidelberg-Tokyo, 1989.

[2] GTI Industrial Automation bv, Eliminating the Unexpected — An introduction to MagLog24 inherently fail-safe logic technology, Apeldoorn, 1993.

[3] Paul Hildebrandt GmbH & Co. KG, Fail-Safe Electronic Controls — The HIMA-Planar-System, Broschüre TI 92.08, Brühl, 1992.

[4] IEC Internationale Norm 1131-3, Programmable Controllers, Part 3: Programming Languages, International Electrotechnical Commission, Genf, 1992.

[5] Joyce, J.J., Seger C.-J.H. (Eds.), Higher Order Logic Theorem Proving and Its Applications, Lecture Notes in Computer Science, Vol. 780, Springer-Verlag, New York-Berlin-Heidelberg-Tokyo, 1994.

[6] Kershaw, J., The VIPER Microprocessor, Report No. 87014, Royal Signal and Radar Establishment, Malvern, 1987.

[7] Krebs, H., Haspel, U., Ein Verfahren zur Software-Verifikation, Regelungstechnische Praxis 28, 73 – 78, 1984.

[8] Paulson, L.C., Isabelle: A Generic Theorem Prover, Lecture Notes in Computer Science, Vol. 828, Springer-Verlag, New York-Berlin-Heidelberg-Tokyo, 1994.

Assuring Ownership Rights for Digital Images

Germano Caronni

Computer Engineering and Networks Laboratory
Swiss Federal Institute of Technology Zurich
E-Mail: caronni@tik.ethz.ch

Abstract

The use of digital data has become more and more commercialized. This is especially true for digital images, where proofs of origin and of content integrity are an important issue. This paper describes a problem related to 'proof of origin' and proposes a possible solution to it. After a discussion of the solution, possible extensions and related areas of work are addressed.

1 The Problem

Until now, digital data which was disseminated had no 'unique' features. Everybody received an identical copy of the data. Thus, if one of the copies was illegally distributed, it was impossible to determine the initiator of the unauthorized distribution. Typical effects are software piracy, the unauthorized distribution of vector fonts for printers and the distribution of certain digital images, such as art collections and satellite data. The same holds true for the distribution of confidential texts or images.

All possible kinds of digital data, such as computer software, fonts, texts, images and sound suffer from this problem. Only digital data in form of images[1] will be discussed here. Although related solutions for other types of digital data might be found, they have not yet been considered and would exceed the limits of this paper. A possible solution for formatted text may be found in [9] or [16].

---

[1] Only digital (or digitized) images are considered, which contain a certain amount of noise, or variance in brightness. Thus images of 'Roger Rabbit' may not be acceptable, but a copy of Tizians 'Pietà' is.

A distributor of digital images of commercial or confidential nature usually is interested in detecting the source of illegal copies of his data. To do this, he has to provide each recipient with a different copy of his data. A process called *tagging* will be described, which includes hidden information in images, and thus makes distributed instances of an image different from each other. 'Hidden' here means that the inclusion of the data into the image causes quality degradation which is not perceivable by human eyes, and a receiver of the processed image is not able to detect or remove the included tags. As soon as the distributor of the original image somehow receives an illegal copy of it, he should be able to identify the original receiver of this particular image with high probability, even if the image suffered from some loss of quality.

Naturally, the distributor has to decide if the cost (time and effort) of tagging is adequate to achieve the intended results. If the distributed images have a short lifetime and are spread to a large audience, as with Reuters news images, tagging might be less adequate than in an art catalogue. At the same time, secure means for distribution and storage of tagged images have to be used, e.g. by applying commonly known cryptographic techniques, such as DES[11] or IDEA[12] for storage and additionally RSA[10] for transmission. Otherwise, a tagged image might be stolen from a legal customer, causing him to be accused for illegally spreading this image.

2 Requirements for successful tagging of images

The fundamental solution to the problem of detecting the distribution path of each image is to provide each recipient of an image with a different copy. The difference in the distributed images will allow the distributor to identify a certain recipient, by determining to whom he has given this instance of the original image.

As soon as a recipient, from now on dubbed *enemy*, wants to illegally spread his image, he will use countermeasures like the addition of noise, stretching of the image in one axis, or any other change which does not destroy the semantics of the image. This makes it more difficult for the distributor to identify him and has to be taken into account when looking for solutions to the following requirements:

- A *tag*[2] introduced into an image should have maximal information content to allow a good differentiation between different recipients.
- The tag should destroy as small as possible an amount of original information in the image. This guarantees high acceptance of the modified image by the

---

[2] The sum of hidden information introduced into the image is named tag.

recipient.
- The distributor should be able to easily separate the tags from the original image to allow detection of tags when an illegal copy of an image returns to him.
- There should be no possibility to separate the tags from an image without having access to the original untagged image.
- Removing or hiding the tags in the image should imply a maximum loss of quality in the image.

Some of these requirements work against each other, so a balance has to be found in order to get an optimal result. This balance depends on the actual needs of the distributor, and is influenced by e.g. the number of recipients or the fact if the distributor wants to recognize printed copies of the image.

3 Technical Approach

The issue of tagging images was partitioned into interdependent problems. Possible solutions to these problems are examined in the following sections. The approach presented here is partially based on heuristics, as formal models and methods have yet to be defined. To do this, information theoretical and statistical arguments have to be combined and discussed together. No tightly related work has been found. Although [18] pursues the same goals as this paper, the chosen approach is strongly related to DCT compression of an image, and has not been considered further. Loosely connected previous and related work is referenced.

3.1 Information that Constitutes the Tags

To allow the distributor to differentiate between multiple instances of the same image, information has to be included into them. In its most abstract form, this information is a sequence of bits. Experiments have shown that, using the method presented in section 3.2, an image usually contains some hundred tag bits. Depending on the expected strategies of the enemies, different usage and interpretation of these bits should be chosen. Under the assumption that enemies do not cooperate (see section 3.3), the tag bits may provide maximum difference between different image instances. Principles applied to the construction of error correcting codes[1] (ECC) can be used to construct highly individual tag sequences. Under other circumstances, random bit sequences[13] may be used. They are easier to construct than ECCs, and give a better possibility to detect groups of cooperating enemies (see section 3.3).

3.2 Integrating the Tags into the Image

A mechanism has to be found to integrate the above defined tag bits into the image in a nonlocalizable manner. The distributor may not simply append the tags to the image, or place them in well-defined locations of the image, as an enemy might then just remove the tags, without suffering a loss of quality.

The idea of hiding information in an image to provide means of transferring the information without detection by an enemy is not new [2][3]. For example, a bitsequence could be directly integrated into the image by setting the least significant bit of the color values of a pixel to the value of one bit in the sequence. Nevertheless, currently known mechanisms are not fault tolerant, even slight distortion of the image makes the hidden information unrecoverable[3], as no redundancy is provided.

If the tagging procedure were to be executed by a human he could modify some picture elements manually, thus minimally changing the semantics of the image. By introducing these modified elements (such as additional leaves of a depicted tree, a change in a shadow or a shift in the position of the sun) depending on the chosen bit sequence, a corresponding tag sequence would be produced. A similar but automated method for tagging purposes could shift borders detected in the image, replace homogenous areas by slightly different shades or change line widths of lines detected in the image. These two approaches (the manual and automatic change of image semantics) were not examined further, but still remain interesting, as they represent a near-optimal fulfilment of the requirements stated in section 2.

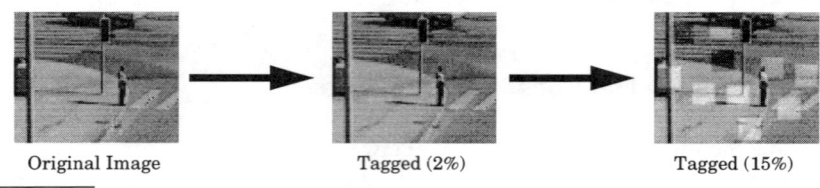

Original Image   Tagged (2%)   Tagged (15%)

Figure 1:   Example on rectangular tags

The approach taken in this work modulates the brightness of chosen rectangles in the image to hide its tagging information. Independent modulation of RGB color values is not suitable, as greylevel images are deemed to be of quite good quality, and the transformation from color to greylevel causes an extremely high information loss. Figure 1 illustrates the method. To the left, an unmodified section of the image is displayed. The section in the middle is tagged with a modulation of 2% of the maximal brightness, allowing the recovery of most of the tags even after

---

[3] The approach of image tagging might even be used to convey small amounts of information between communication partners in a unrecognizable and fault-tolerant way.

printing and rescanning the image. Finally, the section to the right is tagged with a modulation of 15%, giving the possibility to actually see the embedded rectangles.

Using rectangles introduces a high amount of redundancy for the tag information, allowing the detection of tags even after strong distortions of the image. Special considerations taken when placing the rectangles in the image cause them to disappear behind the 'natural' noise in the image. No rectangle is placed in a region which is too homogenous, or contains a sharp break, such as an edge. Homogenous regions have to be avoided to prevent enemies from extrapolating the state of the tag by analyzing the surroundings of the tag, edges have to be avoided to maintain image quality.

3.3 Recovering Tags from Distorted Images

To recover the tags from a distorted image, the possible actions of the enemies have to be considered: An enemy can try to work alone, having access to only one tagged image, or a group of enemies can work together, and devise strategies which use their differently tagged images to defeat the distributor.

An enemy who has access to only one tagged image is not able to detect the tags, as they are hidden behind the 'natural' noise in the image. He can distort the whole image or regions of it. This may be a change of contents, like adding noise, quantifying the colorspace of the image, applying dithering or a change in the form of the image such as stretching it, slightly rotating it, etc.

Unless this solitary enemy degrades the quality of the image by an amount which makes a future exploitation unlikely, the redundancy of the tags which were introduced by the distributor allows a good (> 90%) detection of the tag sequence. Methods to compensate for a change in form are known (e.g. [4],[5] and [6]), but have yet to be applied.

A group of enemies working together is able to initiate a much stronger attack by mixing or comparing their differently tagged images. This way, they can reduce the detectability of tags or even localize a certain amount of them. Estimates on the strength of such attacks may be found in section 5.2. To solve the problem of cooperating enemies in a better fashion, special tag sequences or even a different tagging method have to be developed. A possible approach to do this might be derived from [17].

After the tag sequence is retrieved by the distributor, it is compared with all generated tag sequences. The ones that are most similar represent the enemy or group of enemies who has distributed the image.

4 Realisation

In this section, the proposed simple tagging mechanism and the detection of tags shall be examined in greater detail, after discussing some preliminaries.

The tagging process introduces noise into an image, thus degrading its quality. This quality degradation (and the degradation that occurs when enemies apply countermeasures to a tagged image) has to be measured. This may be done by some humans, stating their subjective impression about the image. Preferring more objective data which may be collected in an automated way another approach has been taken. The correlation coefficient between original and modified image is measured. This coefficient is calculated on the brightness of each corresponding pixel in the two images ($b_o(x, y)$ for the original and $b_m(x, y)$ for the modified image respectively). It is defined as:

$$R = \frac{v_{om}}{v_o v_m}.$$

$$v_{om} = \frac{1}{(X \cdot Y) - 1} \sum_{x=1}^{X} \sum_{y=1}^{Y} (b_o(x, y) - m_o)(b_m(x, y) - m_m)$$

is the covariance between original and modified image, where m_o and m_m represent the mean brightness of either one. v_o and v_m are the variances of the two images, v_o is defined as

$$v_o^2 = \frac{1}{(X \cdot Y) - 1} \sum_{x=1}^{X} \sum_{y=1}^{Y} (b_o(x, y) - m_o)^2.$$

When comparing two identical pictures, $|R|$ will have the value of 1, the more differences the pictures show, the more $|R|$ will decrease towards 0. This method for comparing images can only be applied to images having the same size, which sometimes might require the preprocessing of images

4.1 How to Integrate the Tags

In this tentative realisation of the tagging mechanism, the bitsequence which constitutes the tags is generated by a simple random number generator[14]. For more serious applications better generators have to be chosen to disallow attacks based on this information.

Tags are represented by rectangles which get modulated onto an image. The more geometrical deformation of the image is expected, the bigger a tag should be. They have a fixed size of $2 \cdot 2$ up to $2n \cdot 2n$, $(n < min(X, Y)/2)$ pixels, which is chosen at program start. Tags of 4x4 up to 16x16 pixels have been examined in [8] and in section 5 of this paper. In a first step, all locations in the image where a tag could possibly be placed are identified by calculating the variance of regions of size $n \cdot n$ in the image and comparing it against a upper and a lower limit. These limits were empirically defined. After having located all possible positions, some of these positions are randomly chosen, keyed by a so called *group identification* and a probability for each possible position to be actually used. Care is taken to provide each rectangle with a border of n unmodulated pixels. This is needed for a later detection of the tags. At the same time, the direction in which a future tag may get modulated (brighter/darker) is randomly chosen.

The location and possible modulation of tags in an image is the same for all customers who receive this image, as long as the group identification is the same for all customers. To differentiate between customers, a *serial number* is used, again keying a random generator. The thus generated bitsequence triggers the actual modulation of the tags, and is at the same time used to add some noise (currently 0.5% of the maximal brightness) to each pixel of the image. The activation of a tag alters the brightness of a corresponding rectangle in the image by e.g. 1%. Again these values are hardcoded. The following figure illustrates the different modulations which are superimposed on top of the original image.

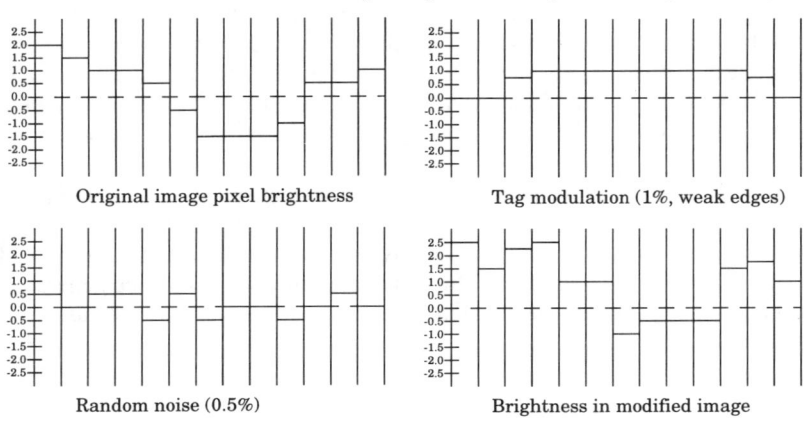

Figure 2: Modulation of an image by tagging information

Actual data on some examples (number of tags and correlation coefficient) may be found in section 5. Adapting the variance in brightness to the actual variance of the local region might lead to a noticeable increase in tag detection by the distributor, and will be subject to further study.

As tag rectangles are placed only in regions with a minimal variance, it is expected that the 'additional' information added by the tag disappears behind the image noise. Tags introduced in an image usually are not visible to a careful observer.

4.2 Recovering the Tags

The algorithm which recovers the tags is designed to exploit the fact that image distortion introduced by an enemy or e.g. lossy compression algorithm usually are not localized exactly on the effective tag rectangles. Distortion is expected to equally spread on the rectangles (or part of them) and their unmodified surroundings. It is a precondition that the image to be processed has the same size as the original image, and that geometrical distortions (like rotation) have been eliminated from it.

In a first step, the brightness of each pixel in the received image is subtracted from the original one. Now, having knowledge of possible tag positions, the algorithm tries to recover the original modulation of the rectangle, thus identifying the state of the corresponding bit in the tag sequence. Around the original tag with size $2n \cdot 2n$ an unmodified region of size n should exist. After the subtraction, the mean brightness of the border region should be 0. The actual value is calculated, and the so won offset used to correct the mean value for the brightness in the tag rectangle. This is done separately for each quarter of the tag rectangle, allowing a future balancing of the four mean values extracted from the rectangle on a nonlinear base. Currently, just the arithmetic mean of the four values is taken and compared with a threshold. If the mean value is higher than 1/2 of the modulation strength of the rectangle, the corresponding tag bit is taken as '1' in the other case as '0'.

After this has been done for each tag rectangle in the image, the distributor is now in possession of a recovered tag sequence. By comparing it with the stored tag sequences of all customers the enemy may be identified. If a group of enemies shall be detected, groups of different tag sequences have to be generated, and just the bits in each sequence which are equal to all customers in the assumed group have to be checked.

5 Evaluation

To substantiate some of the claims in this paper, data has been collected. The main purpose of this data is to show the detectability of tags in distorted images on the one hand, and on the other hand give some hints on how strong the quality degradation of the images in the course of tagging actually is.

5.1 Tagging and Quality Loss

Depending on the size and the 'noisiness' of the image, and on the tag size, a different number of tags can be placed in the image. Table 1 enumerates the number of tags which was measured on a variety of randomly collected pictures At the same time values of |R| are displayed, giving a hint on quality loss introduced by the tagging process.

Image:	#Tags 4x4	#Tags 8x8	#Tags 12x12	#Tags 16x16	IRI 4x4	IRI 8x8	IRI 12x12	IRI 16x16	IRI Ref. ±1%Noise
bud (640x480)	690	427	254	156	.9998552	.9998131	.9997896	.9997647	.9988916
zurlim (512x512)	1593	606	282	156	.9999024	.9998786	.9998695	.9998585	.9994244
pic3 (502x900)	614	445	293	204	.9998595	.9998270	.9997997	.9997749	.9988591
ystone (1152x779)	1208	1076	683	453	.9995562	.9994302	.9993338	.9992625	.9964358
lake (512x512)	1530	608	299	175	.9998826	.9998515	.9998394	.9998352	.9993038

Table 1: Number of tags and value of correlation coefficient (tagging with 1.2%)

5.2 Countermeasures

As stated in section 3.3 enemies might apply different kinds of modifications to a tagged image to make it harder for the distributor to recover the tag sequence. The list of possible modifications and attacks on tagged images in this paper represents in no way an exhaustive overview, nor does it prove anything. It just gives a hint on the possibilities of the enemy[4].

A group of enemies working together is able to initiate a strong attack. They may simply mix their images, giving each pixel of their 'output' image the value of the mean of all the corresponding pixels in the different images. This way, they can reduce the detectability of some of the tag bits by flattening the profile of the corresponding tag rectangles. Additionally they may compare their images, thus detecting differently modulated tags (see figure 3). They are then capable of fal-

Tagged Image A   Tagged Image B   Difference

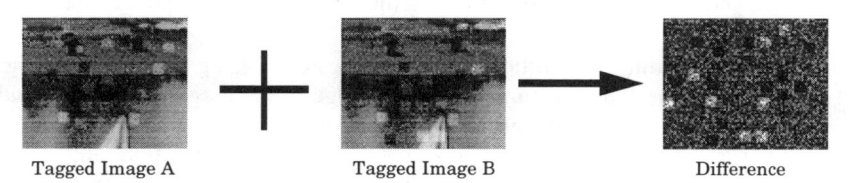

Figure 3: The detection of differing tags by enemies (20 tags detected)

sifying their tag sequence. Assuming a randomly constructed bit sequence as identifier for each customer, N enemies may detect a fraction of $1 - 2^{1-N}$ of all tags. As long as the number of enemies is small, the distributor may still identify them by checking the bits they were not able to detect; if the number of enemies

---

[4] Usually it is very difficult for the designer of a cryptography or protection related algorithm to prove the strength of his algorithm, or assess all possible methods to counter it.

gets larger ($2^N \geq$ Number of T_i) it is impossible to detect them.

A solitary enemy is not able to gain any information on the tags in the image. Thus his possible attacks are of two distinct classes:

1. Modification of image geometry

   The enemy may slightly rotate, shrink, stretch, shift, etc. the whole image, or parts of it. This causes the locations of tags to be shifted, making it difficult for the distributor to (automatically) check the tags.

   Just to give an example, some images have been shrunk by 50%. About 2/3 of all tags were still detectable, while $|R|$ dropped to about 0.85 and the images were subjectively severely degraded. The main problem here is to undo the geometrical distortion introduced by an enemy to allow the subsequent detection of tags. The application of [6] will at least partially solve this problem.

2. Modification of image content

   The goal of content modification is to 'remove' the tags from the image, or at least distort the brightness of tag rectangles as much as possible, thus disallowing the distributor to successfully recover the bit sequence hidden in them. Image content modification comprises many possibilities. The following mechanisms have been employed to gain some data:

   - Noise has been randomly added to the tagged image. The noise has been added to the brightness of each pixel, changing it by $\pm 2\%$, respectively $\pm 4\%$ of its maximal value.
   - The JPEG lossy image compression algorithm[15] has been employed on the tagged images. The quality of the image was reduced to 75% and 30% respectively, where a quality of 30% represents a rather degraded picture.
   - The colorspace of the tagged image has been reduced to 32 colors. At the same time dithering with Floyd-Steinberg error diffusion has been employed. The output of this step is in the range of a very sophisticated color printer.

   A very special kind of modification is the repeated tagging of an already tagged image. Some trials assuming the knowledge of the tagging algorithm and all its parameters except the group identification and the original picture have shown a quality degradation of about 0.0002 per tagging iteration, and a loss of 3-4% of the original tags per iteration. After about the fifth iteration the images subjectively become more and more distorted.

Table 2 depicts the quality loss experienced when employing above methods on the original images (col: number of colors in the original image).

5.3 Success in Recovering the Tags

Having produced a variety of tagged images (tagged with different tag sizes and differing strength of tag rectangle modulation) the content distortions mentioned above have been applied. Afterwards the tag sequences were recovered and compared with the originally introduced tags. Table 3 enumerates the percentage of tags that were successfully detected in each case for different tag sizes and tag modulation strengths.

		Noise 2%	Noise 4%	JPEG Q75	JPEG Q30	FSQUANT 32
bud	256 col	.9969303	.9879267	.9941969	.9749811	.9900836
zurlim	>99999 col	.9983958	.9935527	.9971826	.9918425	.9949042
pic3	76540 col	.9968435	.9875711	.9984049	.9965283	.9725430
ystone	>99999 col	.9901941	.9624366	.9959695	.9912676	.9583207
lake	>99999 col	.9980696	.9923478	.9971620	.9942864	.9911683

Table 2: Quality degradation after distortion of original images

		Noise 2%				Noise 4%				JPEG Q75				JPEG Q30				FSQUANT 32			
		4x4	8x8	12x12	16x16	4x4	8x8	12x12	16x16	4x4	8x8	12x12	16x16	4x4	8x8	12x12	16x16	4x4	8x8	12x12	16x16
bud	1,0%	81	98	99	100	68	83	90	99	82	99	100	100	63	83	93	100	76	91	94	98
	1,2%	84	98	100	100	70	85	93	99	85	100	100	100	65	86	96	100	72	91	94	99
	1,4%	88	99	100	100	73	90	97	100	89	100	100	100	68	92	99	100	82	96	95	98
zurlim	1,0%	81	98	100	100	68	87	93	97	82	99	100	100	65	83	96	98	75	90	92	94
	1,2%	85	99	100	100	70	89	96	99	86	100	100	100	66	87	98	99	78	93	94	94
	1,4%	88	100	100	100	73	92	99	100	89	100	100	100	69	90	99	100	81	95	95	96
pic3	1,0%	83	98	100	100	69	84	96	98	83	99	99	100	66	85	96	99	68	84	86	92
	1,2%	85	99	100	100	71	86	96	99	84	99	100	100	66	89	96	100	71	84	88	94
	1,4%	88	100	100	100	74	91	99	99	88	100	100	100	69	94	99	100	76	89	94	94
ystone	1,0%	82	97	99	100	68	83	94	98	85	99	100	100	67	89	96	99	72	86	87	90
	1,2%	85	98	100	100	70	86	95	99	85	100	100	100	68	91	98	100	76	88	89	90
	1,4%	89	99	100	100	73	90	98	100	89	100	100	100	71	94	99	100	79	90	90	92
lake	1,0%	80	98	99	100	67	88	94	98	83	99	100	100	68	86	96	99	69	85	88	94
	1,2%	83	99	100	100	69	90	96	100	86	99	100	100	69	89	98	99	71	87	90	93
	1,4%	87	100	100	100	72	94	98	100	89	100	100	100	71	93	99	100	73	89	92	94

Table 3: Measured success in detecting tags (in percent)

Using a modulation strength of 2% and a tag size of 16x16 pixels, it was possible to recover 75% of the tags from enlarged, (color-)printed and rescanned images.

6 Summary and Future Work

A new and interesting problem has been presented, and some basic approaches for a solution have been discussed. Although there is still a lot of work to do, the results are promising. Additional efforts on both the theoretical and the practical side need to be done on at least the following points:
- Explore other forms of tagging and modulation of tags, including 'Adaptive

Tagging'.
- Explore hierarchical distribution paths for the images (multiple tagging?).
- Apply 'tagging' to sound (Tagging text has in the meantime been done by [9])
- Prove the nondetectability of tags introduced into images.
- Define probability limits for detecting enemies after receiving distorted images.
- Explore other geometrical shapes or overlapping shapes to carry tag information. Is spread spectrum technology applicable to the process of tagging?
- Adapt the 'decomposition of deformation'[6] to the analysis of tagged images.
- Develop better tag sequences for groups of enemies.
- Do extensive tests on different types of images.
- Find alternative methods to measure quality degradation of images.
- Analyze tagging in connection with confidential data and for steganographic purposes.
- Classify different possible types of tagging mechanisms, depending on the kind of document which is to be tagged.
- Study this approach in relation to the detection of covert channels [7].

Acknowledgements

The author would like to thank Bernhard Plattner and Ueli Maurer for their encouragement and support, which made this work possible.

References

[1] Shu Lin, Daniel J. Costello jr., "Error Control Coding: Fundamentals and Applications", Prentice Hall, 1983.
[2] D. Kahn, "The Codebreakers", Macmillan, New York, 1967, pp. 523.
[3] Friedrich Bauer, "Kryptologie: Methoden und Maximen", Springer-Verlag Berlin, 1993, pp. 5-20.
[4] A.W. Gruen, "Adaptive Least Squares Correlation: A powerful image matching technique", Report Number 115 of the Institute for Geodesy and Photogrammetry, ETH Zürich, 1986.
[5] William K. Pratt, "Correlation Techniques of Image Registration", IEEE Transactions on aerospace and electronic systems, vol AES-10, no 3, May 1974.

[6] Fred L. Bookstein, "Principal Warps: Thin-Plate Splines and the Decomposition of Deformation", IEEE Transactions on Pattern Analysis and Machine Intelligence, vol 11, no 6, June 1989, pp. 345-365.

[7] National Computer Security Center, "A Guide to Understanding Covert Channel Analysis of Trusted Systems", (NCSC-TG-030), NCSC, National Security Agency, INFOSEC Awareness Division, Ft. George G. Meade, MD 20755-6000.

[8] Germano Caronni, "Ermitteln unauthorisierter Verteiler von maschinenlesbaren Daten", in german only, Computer Engineering and Networks Laboratory, Swiss Federal Institute of Technology, August 1993.

[9] J. Brassil, S. Low, N. Maxemchuk, L. O'Gorman, "Electronic Marking and Identification Techniques to Discourage Document Copying", Proceedings of Infocom '94, pp. 1278-1287, June 1994.

[10] R. L. Rivest, A. Shamir, L. Adleman, "A method for obtaining digital signatures and public-key cryptosystems", CACM, vol. 21, no. 2, pp. 120-127, Feb. 1987.

[11] "Data Encryption Standard (DES)", NBS-FIPS Publication 46, National Technical Information Service, Springfield, VA, April 1977.

[12] Xuejia Lai, "Detailed Description and a Software Implementation of the IPES Cipher", Institute for Signal and Information Processing, ETH Zürich, 1991.

[13] M. Blum, S. Micali, "How to generate cryptographically strong sequences of pseudo-random bits", SIAM J. Comput., vol. 13, no. 4, pp. 850-864, Nov. 1984.

[14] Stephen K. Park, Keith W. Miller, "Random Number Generators: Good Ones are Hard to Find", CACM, vol. 31, no. 10, pp. 1192-1201, Oct. 1988.

[15] Gregory K. Wallace, "The JPEG Still Picture Compression Standard", CACM vol. 34, no. 4, pp. 30-44, Apr. 1991.

[16] J. T. Brassil, S. Low, N. F. Maxemchuk, L. O'Gorman, "Hiding Information in Document Images", Submitted to IEEE Symposium on Security and Privacy 1995.

[17] Dan Boneh, James Shaw, "Collusion-Secure Fingerprinting for Digital Data", Technical Report at Princeton University (ftp://ftp.cs.princeton.edu/reports/1994/468.ps.Z), October 1994.

[18] K. Tanaka, Y. Nakamura, K. Matsui, "Embedding secret information into a dithered multilevel image", Proceedings of the 1990 IEEE Military Communications Conference, pp. 216-220, September 1990.

Digitale Signaturen mit integrierter Zertifikatkette

Gewinne für den Urheberschafts- und Autorisierungsnachweis

Volker Hammer [*]

Projektgruppe verfassungsverträgliche Technikgestaltung - provet e.V.
Kasinostr. 5
64293 Darmstadt

Zusammenfassung: Digitale Signaturen sollen rechtsverbindliche Telekooperation sichern. Der Urheber und dessen Autorisierung kann mit einer Zertifikatkette nachgewiesen werden. Existieren mehrere Zertifikate für einen öffentlichen Schlüssel der Zertifikatkette, ist mit dem üblichen Signaturaufbau nicht eindeutig nachzuweisen, welche der alternativen Ketten der Urheber verwenden wollte. Rechtliche und technisch-organisatorische Maßnahmen können den Austausch von Zertifikatketten erschweren. Zweifel können vermieden werden, wenn die Zertifikatkette für die Berechnung des Dokument-Authentikators berücksichtigt wird.

1 Zertifizierung für gesicherte Telekooperation

Mit digitalen Signaturen auf der Basis öffentlicher Schlüsselverfahren[1] kann unter anderem für die rechtsverbindliche Telekooperation die Authentizität elektronischer Dokumente und die Urheberschaft der Signatur festgestellt werden.[2] Für die weitere Diskussion werden folgende Begriffe gewählt: Die

---

[*] Der Beitrag entstand im Rahmen des Projekts "Soziale und politische Implikationen einer künftigen Sicherungsinfrastruktur", das von der VW-Stiftung gefördert wurde. Eine ausführliche Darstellung findet sich in Hammer 1994, provet-AP 148. Für wertvolle Hinweise danke ich Prof. Dr. jur. Alexander Roßnagel, Michael J. Schneider und Ulrich Pordesch (provet, Darmstadt) sowie Dr. Rüdiger Grimm und Wolfgang Schneider (GMD, Darmstadt).

[1] Das Konzept geht auf einen Ansatz von Diffie/Hellman, IEEE.IT 1976 zurück. Zu Verfahren und Algorithmen vgl. z. B. Schneier 1993, 31 ff; 273 ff. mwN.

[2] Vgl. zur rechtsverbindlichen Telekooperation mit Gestaltungsproblemen und Anforderungen z. B. provet/GMD 1994; spezieller zum Beweiswert Bizer/Hammer, DuD 1993; Hammer/Bizer, DuD 1993; Bizer/Hammer/Pordesch 1994. Voraussetzung und Annahme für das folgende ist, daß Schlüsselpaare nur als Unikate erzeugt und ausgegeben werden.

*digitale Signatur*³ besteht aus dem Kryptogramm eines Hashwertes für den Dokumentinhalt (*Dokument-Authentikator*) und einer *Kette von Zertifikaten*⁴. Der Inhalt von Zertifikaten⁵ wird von Zertifizierungsinstanzen mit *Zertifikat-Authentikatoren* gesichert. Werden Dokument-Authentikator und die Zertifikatkette an den ursprünglichen Dokumentinhalt angehängt, ergibt sich für ein digital signiertes Dokument der Aufbau wie in Abb. 1.

Um große Teilnehmergruppen mit zertifizierten Schlüsseln auszustatten, können Zertifizierungsinstanzen in Hierarchien angeordnet werden. Deren Wurzel wird durch eine Wurzel-Zertifizierungsinstanz, gebildet, die als "Sicherheitsanker" die Endzertifikate der Zertifikatketten ausstellt.

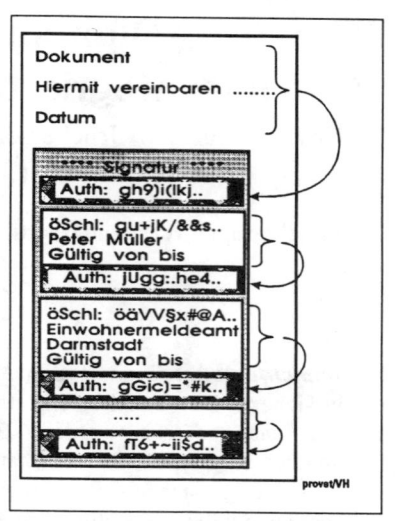

Abb. 1: Aufbau eines digital signierten Dokuments mit angehängter Zertifikatkette.

Im folgenden wird die mathematisch-technische Beziehung zwischen den Zertifikaten im Mittelpunkt der Betrachtung stehen.⁶ Die in den Zertifikaten ausgedrückte Beziehung "Schlüssel X bestätigt Schlüssel Y" kann als Zertifizierungsrelation aufgefaßt werden. Durch diese Relation spannt die Menge der in einer Zertifizierungsinstanz-Hierarchie ausgestellten Zertifikate einen gerichteten *Zertifizierungsgraphen* auf.⁷ Als *Zertifikatkette* wird eine Folge von Zertifikaten bezeichnet, die im Zertifizierungsgraphen einen Weg beschreibt. Die Menge der Zertifikate spannt einen Zertifizierungsbaum auf, wenn gilt: 1) Lediglich ein öffentlicher Schlüssel wird nicht oder nur durch ein Selbstzertifikat bestätigt (Schlüssel der *Wurzel-Zertifizierungsinstanz*) und 2) alle weiteren öffentlichen

---

3   Vgl. zu der im folgenden verwendeten Begriffsbildung auch Hammer, DuD 1993. Hier werden nur digitale Signaturen mit Urheberschaftsnachweis über Zertifikatketten betrachtet. Vielfältige weitere Formen der Verwendung von Authentikatoren werden nicht untersucht.
4   Vgl. auch X.509 1988, 57 ff.
5   Insbesondere öffentlicher Schlüssel und Inhaber. Durch zusätzliche Attribute in qualifizierenden Zertifikaten können auch Informationen zur Autorisierung in der Signatur enthalten sein; provet/GMD 1994, 209 ff. Zu weiteren Problemen der Autorisierung digital signierter Dokumente siehe Hammer/Bizer, DuD 1993, 695f.
6   Für die Organisation von Sicherungsinfrastrukturen bestehen vielfältige weitere Gestaltungsfragen; Hammer 1994, provet-AP 150b.
7   Vgl. zu Zertifikat-Relationen ausführlicher Hammer 1994, provet-AP 149, 36 ff.

Schlüssel werden genau durch ein Zertifikat bestätigt. In Zertifizierungsbäumen führt jeweils genau eine Zertifikatkette von der Wurzel-Zertifizierungsinstanz zu jedem Zertifikat des Baumes.

2 Mehrfachzertifikate

Die Daten, die in einem Zertifikat bestätigt werden, auch der öffentliche Schlüssel, sind öffentlich. Daher können auch mehrere Zertifikate mit unterschiedlichen Zusicherungen für einen öffentlichen Schlüssel ausgestellt werden (*Mehrfachzertifikate*). Im Prinzip kann jeder Inhaber eines Signatur-Schlüsselpaares Daten zu einem Zertifikat zusammenstellen und signieren. Dies gilt für Teilnehmer genauso wie für Zertifizierungsinstanzen. Jeder Schlüsselinhaber könnte also Mehrfachzertifikate erzeugen, sie lassen sich nicht generell verhindern. Durch Mehrfachzertifikate wird die Baumstruktur aufgelöst, es entsteht im allgemeinen Fall ein beliebiger gerichteter Zertifizierungsgraph.

Mehrfachzertifikate eröffnen eine Reihe von Gestaltungsoptionen und werfen gleichzeitig Probleme für Technik und Organisation von Sicherungsinfrastrukturen[8] auf. Bevor geprüft wird, wie technisch auf Mehrfachzertifikate reagiert werden kann, sollen zunächst exemplarisch einige Vor- und Nachteile angedeutet werden.

Vorteile von Mehrfachzertifikaten

Mehrfachzertifikate können zur *Strukturoptimierung* in Zertifizierungshierarchien eingesetzt werden. Autonome Wurzel-Zertifizierungsinstanzen können sich mit ihrer Hilfe gegenseitig anerkennen.[9] Auch können mit Querzertifikaten in großen Zertifizierungshierarchien "Abkürzungen" eingerichtet werden.[10]

Mehrfachzertifikate unterstützen Aufgaben der *Schlüsselverwaltung*. Nach Ablauf der Gültigkeitsdauer eines Zertifikats kann statt eines Schlüsselwechsels auch ein Zertifikat mit neuem Gültigkeitszeitraum ausgestellt werden.

---

[8] Eine Sicherungsinfrastruktur umfaßt alle Instanzen mit ihrer Ausstattung, die organisatorischen Maßnahmen und rechtlichen Regeln, mit deren Hilfe die Sicherungsdienstleistungen erbracht werden. Vgl. zum Begriff Hammer 1994, provet-AP 150b, 34 ff. und ausführlich Hammer 1994, provet-AP 150i.

[9] Vgl. z. b. X.509 1988, 57 ff.; Grimm/Nausester/Schneider/Viebeg 1990, 4 ff.; Kent 1993, 13.; Jordan u. a. 1994, 2.

[10] Vgl. auch X.509 1988, 59 ff.

Mehrfachzertifikate können auch genutzt werden, um gezielt eingegrenzte Teilhierarchien nach der Sperrung eines übergeordneten Zertifizierungsinstanz-Zertifikats wieder freizugeben.[11]

Ein Schlüsselpaar könnte für mehrere *unterschiedliche Zwecke* verwendet werden. In mehreren qualifizierenden Zertifikaten könnten dazu unterschiedliche Bestätigungen, auch Sicherungspolitiken, ausgedrückt werden.[12]

Nachteile von Mehrfachzertifikaten

Durch Mehrfachzertifikate entstehen alternative Zertifikatketten für die Bestätigung eines öffentlichen Schlüssels. In digital signierten Dokumenten mit der Struktur aus Abb. 1 können die gesamte Zertifikatkette oder Teile davon nachträglich ausgetauscht werden, solange geeignete Mehrfachzertifikate existieren. Zu berücksichtigen ist, daß zusätzliche Zertifikate auf einen öffentlichen Schlüssel ohne Willen und Kenntnis des Inhabers ausgestellt werden können.

Die Zertifikatkette muß im Rechtsstreit als *Beweismittel* verwendbar sein.[13] Existieren Zertifikatketten mit unterschiedlicher Autorisierung, könnte der jeweils Beweispflichtige oder -gegner versuchen, einen Vorteil aus der Behauptung zu ziehen, die digitale Signatur sei mit einer anderen Zertifikatkette versehen gewesen. Können sich Urheber und Empfänger wegen austauschbarer Zertifikatketten nicht sicher sein, welche Zusicherung sie in die Erklärung setzen oder daraus entnehmen, verringert sich die Rechtssicherheit.

In *verschiedenen Zertifizierungshierarchien* können unterschiedliche Sicherungspolitiken gelten. Offen ist daher, ob und wie weit Telekooperationsteilnehmer Zertifikatketten trauen können, in denen zwischen Zertifizierungshierarchien gewechselt wird. Zusicherungen können durch Querzertifikate auch *ungewollt vererbt* werden. Dies gilt beispielsweise für die indirekte Anerkennung zwischen Wurzel-Zertifizierungsinstanzen, die möglicherweise nicht gewünscht ist.[14]

Weitreichende Auswirkungen haben Mehrfachzertifikate auf *Sperrkonzepte*. So könnte es erforderlich werden, statt eines Zertifikats[15] einen Schlüssel zu sper-

---

[11] Vgl. dazu auch Hammer 1994, provet-AP 150c, 82 ff.
[12] Dies ist allerdings nach dem Datenumfang von X.509 nicht möglich; X.509 1988, 57.
[13] Vgl. zur Beweislast Bizer/Hammer, DuD 1993, 620f.; zu Beweisproblemen der Urheberschaft Hammer/Bizer, DuD 1993, 693 ff.; Hammer 1994b.
[14] Vgl. PEM-Board, Kaliski, 23.2. 1991.
[15] Siehe z. B. X.509 1988, 68f.

ren. Zu bestimmen ist auch, ob die Sperrung auf die transitive Hülle der ausgestellten Zertifikate vererbt werden muß. Existieren Querzertifikate, könnte eine Prüffunktion sonst "Abkürzungen" oder "Umleitungen" folgen und einen gesperrten Knoten im Zertifizierungsgraphen umgehen.

3 Gestaltungsvorschläge

Mehrfachzertifikate bereichern die "Zertifizierungslandschaft" ebenso, wie sie zusätzliche Probleme aufwerfen. Technikentwickler, -gestalter, -betreiber und Anwender werden sich auf die zusätzliche Komplexität einstellen und bewußte Entscheidungen hinsichtlich der Vermeidung oder Nutzung von Mehrfachzertifikaten treffen müssen. Zu suchen ist einerseits nach Gestaltungsmöglichkeiten, die das Ausstellen von Mehrfachzertifikaten verhindern. Sind Mehrfachzertifikate möglich oder zugelassen, muß anderseits sichergestellt werden, daß der Urheber einer digitalen Signatur nachweisen kann, mit welcher Zertifikatkette er diese versehen wollte, und der Empfänger diese sicher rekonstruieren kann.

3.1 Rechtliche Gestaltungsansätze

Die Verwendung von Mehrfachzertifikaten könnte durch rechtliche Vorgaben[16] und in Verträgen geregelt werden. Sie könnten beispielsweise festlegen, daß Zertifizierungsinstanzen keine Querzertifikate ausstellen dürfen. Diese Forderung müßte von den Trägern von Sicherungsinfrastrukturen wiederum technisch und organisatorisch durchgesetzt werden. Es wären Aufsichts- und Kontrollverfahren zu etablieren, um Verstöße nachweisen und ahnden zu können. Rechtsregeln könnten auch bestimmten, daß einem Urheber im Zweifel die Zertifikatkette mit der höchsten - oder der niedrigsten - Autorisierung zuzurechnen ist. Dies würde aber zur Rechtsunsicherheit für jeweils einen Kooperationspartner führen.

3.2 Technisch-organisatorische Gestaltungsansätze

Rechtliche oder organisatorische Vorgaben könnten technisch durchgesetzt werden. Werden Mehrfachzertifikate verboten, wird ein Zertifizierungsbaum mit eindeutigen Ketten erzwungen. Dies verbietet aber beispielsweise auch das Ausstellen von Zertifikaten mit neuem Gültigkeitszeitraum für bereits zertifizierte Schlüssel. Außerdem bietet die organisatorische Anforderung alleine nur

---

16 Vgl. zu Bereichen rechtlicher Rahmensetzungen Roßnagel 1994, provet-AP 150d, 112 ff., 128 ff.

eine relativ schwache Sicherheit. Um zu *verhindern, daß Mehrfachzertifikate ausgestellt werden können*, muß gesicherte Hardware und entsprechend programmiert Software eingesetzt werden. Mit allen Schlüsselpaaren, die außerhalb solcher gesicherter Umgebungen verwendet werden, können weiter Mehrfachzertifikate erzeugt werden. Je offener die organisatorisch-technischen Lösungen sein sollen (beispielsweise benutzergenerierte Schlüssel), desto schwieriger wird es, Anforderung technisch zu erzwingen.

Mehrfachzertifikate können von Prüffunktionen erkannt werden, wenn für die Inhalte der Zertifikate und der Zertifikatkette *Konsistenzbedingungen* gelten müssen und diese in einer Zertifikatkette verletzt werden.[17] Soweit allerdings mehrere Zertifikatketten die Konsistenzbedingungen erfüllen, sind sie weiter austauschbar (beispielsweise Zertifikate zu Verlängerung der Gültigkeitsdauer).

Sollen Mehrfachzertifikate genutzt und trotzdem eine hohe Nachweissicherheit für die Kooperationspartner erreicht werden, kann die *Zertifikatkette* auch eindeutig gekennzeichnet und *im Dokument referenziert* werden. Dazu könnten beispielsweise Folgen eindeutiger Seriennummern verwendet werden.[18] Die Seriennummernfolge der ausgewählten Zertifikatkette könnte vor der Berechnung des Dokument-Authentikator zum Dokumentinhalt hinzugefügt werden.

Alle bisher aufgeführten Vorschläge bauen zusätzliche Hürden gegen Manipulationsversuche auf. Sie basieren allerdings immer auf rechtlich-organisatorischen Vorgaben, möglicherweise mit technischer Unterstützung, und verlangen daher Zusicherungen der Sicherungsinfrastrukturen.

3.3 Signaturen mit integrierter Zertifikatkette

Eine weitere, sehr einfache, technisch naheliegende und konsequente Lösung bestünde darin, die gesamte Zertifikatkette vor der Berechnung des Dokument-Authentikators zum Dokumentinhalt hinzuzufügen.[19] Der Signierende könnte die Zertifikatkette auswählen, die er dem Dokument hinzufügen will und sie beim Erzeugen der Signatur mit sichern. Würde die Zertifikatkette nachträg-

---

[17] Konsistenzbedingungen (enge Bindung der Zuständigkeit an Namenshierarchien) werden bspw. in PEM gefordert. Vgl. Kent 1991, 6, 11, 15.

[18] Sind alle Zertifikate eines Zertifizierungsinstanz-Schlüssels mit einer eindeutigen Seriennummer versehen, wird die Zertifikatkette durch die Folge der Seriennummern der in ihr enthaltenen Zertifikate beschrieben; Jordan u. a. 1994.

[19] Ohne nähere Begründung geht Müller 1994, 5, in seiner Grafik von der Integration eines Zertifikats in den zu signierenden Dokumentinhalt aus. Allerdings könnten oberhalb diese Zertifikats alternative Zertifikatketten verwendet werden.

lich gegen eine andere ausgetauscht, würde die Prüffunktion die Veränderung des elektronischen Dokuments erkennen. Der Gestaltungsansatz fördert die Autonomie der Telekooperationspartner gegenüber ihrer Abhängigkeit von Zusicherungen der Sicherungsinfrastruktur und bietet gleichzeitig *Verfahrenssicherheit*.

Allerdings könnten der Signierende oder höhere Zertifizierungsinstanzen immer noch alternative Zertifikatketten wählen, um die Autorisierung eines öffentlichen Schlüssels zu verändern. Dies wird verhindert, wenn mit dem gleichen Vorgehen auch bei der Zertifizierung die ausgewählten übergeordneten Zertifikate einer Zertifikatkette für die Berechnung der Zertifikat-Authentikatoren berücksichtigt werden. Jeder Zertifikat-Authentikator sichert dann die gesamten Zertifikatdaten mit der übergeordneten Zertifikatkette. Dadurch ergäben sich digital signierte Dokumente mit rekursiv integrierter Zertifikatkette (Abb. 2). Zwar können nach X.509 Zertifikatketten in Dokument-Authentikatoren berücksichtigt werden, die Integration von Zertifikatketten in Zertifikat-Authentikatoren entspricht jedoch nicht mehr der Zertifikat-Spezifikation.[20]

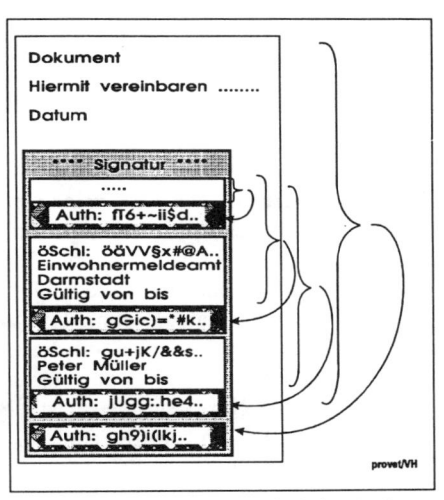

Abb. 2: Aufbau eines digital signierten Dokuments mit rekursiv integrierter Zertifikatkette.

Technische Optimierung

Die Verfahrenssicherheit beruht letztlich darauf, daß die Zertifikat-Authentikatoren der Zertifikatkette in die Berechnung des Dokument-Authentikators einbezogen werden. Um zu vermeiden, daß in jedem Fall die gesamte Zertifikatkette übertragen werden muß, würde es zur Verringerung des *Signaturoverheads* ausreichen, wenn die Zertifikat-Authentikatoren für die Signaturberechnung und -prüfung *nur rechnerisch* berücksichtigt werden. Der zusätzliche Speicherbedarf könnte, beispielsweise bei wiederholter Verwendung von Zerti-

---

[20] Vgl. zur Spezifikation X.509 1988, 58.

fikatketten, auf eine eindeutige Referenzierung der Zertifikatkette reduziert werden. Da die einzelnen Zertifikatketten konstant sind, könnten auch einmal berechnete Hashwerte der Zertifikatketten oder Zertifikat-Authentikatoren-Folgen wiederverwendet werden und die *Optimierung der Rechenzeit* erlauben.

Dem Empfänger bleibt außerdem *auf eigenes Risiko* unbenommen, weiterhin alternative, für ihn günstiger erscheinende Zertifikatketten zur Prüfung der Schlüsselinhaberschaft zu verwenden.

4 Konsequenzen

Da Mehrfachzertifikate nicht prinzipiell verhindert werden können, muß nach Strategien zur Gestaltung von Zertifizierungshierarchien, Zertifikaten und digitalen Signaturen gesucht werden. Mit Kombinationen der hier angedeuteten Gestaltungsmöglichkeiten sollte angestrebt werden, die Vorteile von Mehrfachzertifikaten zu nutzen, ohne die Nachteile in Kauf nehmen zu müssen. Besondere Bedeutung gewinnen aus diesem Blickwinkel *technische Standards* für digitale Signaturen, security objects und technische Funktionen in Sicherungsinfrastrukturen. Nur wenn sie beispielsweise die Integration von Zertifikaten unterstützen, dürften künftig auch in implementierten technischen Systemen geeignete Maßnahmen realisiert werden. Die Standards können Signatur- und Prüffunktionen, Chipkartenanwendungen, Kartenzugangsgeräte oder Anwendungssysteme genauso betreffen wie Zertifizierungssysteme, Verzeichnisdienste und Sperrkonzepte.

Eine zentrale Rolle dürften im Zusammenhang mit Mehrfachzertifikaten die Wurzel-Zertifizierungsinstanzen einnehmen. Sie können als Sicherungsanker für spezifische Anwendungszwecke etabliert werden und mit ihrer Sicherungspolitik dazu beitragen, einige der genannten Probleme zu vermindern oder zu lösen. Voraussetzung dürfte allerdings eine anwendungsspezifische Konfiguration der Prüffunktionen beim Anwender sein. Bisher ist allerdings offen, welche Rolle die Wurzel-Zertifizierungsinstanzen in diesem Sinne rechtlich, organisatorisch und technisch für die Anwender spielen sollen.

Rechtlichen Regelungen können die Ausgestaltung von Sicherungsinfrastrukturen beeinflussen.[21] Sie sollten daher vorschreiben, in welchen Fällen Mehrfachzertifikate verwendet werden dürfen und mit welcher Verantwortung sie für den Aussteller verbunden sind.[22] Für die Verantwortung der Anwender

---

[21] Vgl. Hammer 1994, provet-AP 150b, 55 f.
[22] Vgl. auch Roßnagel 1994, provet-AP 150d, 128 ff.

sind außerdem Rechtsregeln relevant, die den Beweiswert digital signierter Dokumente beeinflussen.

Sowohl hinsichtlich der Vor- und Nachteile von Mehrfachzertifikaten, als auch hinsichtlich der Gestaltungsalternativen und ihrer Folgen besteht noch umfangreicher Forschungsbedarf. Verschiedene Gestaltungsalternativen sollten *praxisnah erprobt werden*, bevor sie standardisiert und praktisch angewendet werden, beispielsweise in vergleichenden Simulationsstudien.[23] Die Bewertung von Gestaltungsvarianten muß Kriterien der Sozialverträglichkeit, wie die Verletzlichkeit, Verfassungsverträglichkeit und Anwendergerechtheit, berücksichtigen.[24]

Literaturverzeichnis

Bizer, J. / Hammer, V. (1993): Elektronisch signierte Dokumente als Beweismittel, DuD 11/1993, 619 ff.

Bizer, J. / Hammer, V. Pordesch, U. (1994): Gestaltungsvorschläge zur Verbesserung des Beweiswerts digital signierter Dokumente, in: Pohl, H. / Weck, G. (Hrsg.): Beiträge zur Informationssicherheit, München 1994 (i.E.) ff.

Diffie, W. / Hellman, M. E. (1976): New directions in Cryptography, IEEE.IT 6/1976, 644 ff.

Grimm, R. / Nausester, R.-D. / Schneider, W. / Viebeg, U. (1990): Secure DFN - Principles of Security Operations and Specification of Security Interfaces, Arbeitspapiere der GMD 491, Sankt Augustin, 1990.

Hammer, V. (1993): Gateway "Elektronische Signaturen", DuD 11/1993, 636 ff.

Hammer, V. (1994): Begriffsbildung: Infrastruktur und Sicherungsinfrastruktur, provet-Arbeitspapier 150i, Darmstadt, 1994.

Hammer, V. (1994): Exemplarische Verletzlichkeitsprobleme durch die Anwendung von Sicherungsinfrastrukturen, provet-Arbeitspapier 150c, Darmstadt, 1994.

Hammer, V. (1994): Gestaltungsbedarf und Gestaltungsoptionen für Sicherungsinfrastrukturen, provet-Arbeitspapier 150b, Darmstadt, 1994.

Hammer, V. (1994): Mehrfachzertifikate in Zertifizierungshierarchien, provet-Arbeitspapier 148, Darmstadt, 1994.

Hammer, V. (1994): Strukturoptionen für Sicherungsinfrastrukturen, provet-Arbeitspapier 149, Darmstadt, 1994.

Hammer, V. (1994a): Simulationsstudien im Prozeß der Technikgestaltung, in: Bundesamt für Sicherheit in der Informationstechnik (Hrsg.): Computersimulation: (K)ein Spiegel der Wirklichkeit - interdisziplinärer Diskurs zu querschnittlichen Fragen der IT-Sicherheit, 1994, Ingelheim, 126 ff.

Hammer, V. (1994b): Gestaltungsanforderungen zum Nachweis der Urheberschaft digital signierter Dokumente, in: Bauknecht, K. / Teufel, S. (Hrsg.): Sicherheit in Informationssystemen, Zürich 1994, 225 ff.

---

[23] Vgl. zur Methode der Simulationsstudie z. B. provet/GMD 1994, 13 ff.; Pordesch/ Roßnagel/Schneider, DuD 1993; Hammer 1994a, 126 ff.

[24] Vgl. zu den Kriterien und Anforderungen z. B. provet/GMD 1994, 20 ff., 121 ff., 200 ff., 243 ff.; auch Hammer 1994, provet-AP 150c und Roßnagel 1994, provet-AP 150d.

Hammer, V. / Bizer, J. (1993): Beweiswert elektronisch signierter Dokumente, DuD 12/1993, 689 ff.

Jordan, F. / Medina, M. / Cruellas, J.C. / Gallego, I. (1994): A Step Ahead in the Directory Authentication Framework, in: Medina, M. / Borenstein, N. (Hrsg.): Upper Layer Protocols, Architectures and Applications - Proceedings of the IFIP TC6/WG6.5 International Conference 1994 in Barcelona, Amsterdam u. a., 1994, 89 ff.

Kent, S. (1991): Privacy Enhancement for Internet Electronic Mail - Part II: Certificate-Based Key-Management, Internet Network Working Group RFC 1114, 1991.

Kent, S. (1993): Privacy Enhancement for Internet Electronic Mail - Part II: Certificate-Based Key-Management, Internet Network Working Group RFC 1422, 1993.

Müller, K. (1994): Digitale Signaturen: Referenzszenarien und Risikoanalysen, in: Reimer, H. (Hrsg.): TeleTrusT Jahresbericht 1993, Erfurt, 1994.

PEM-Board: e-mail-Verteiler zur Diskussion über PEM. Die Nachrichten sind jeweils mit über den Autor und das Sendedatum - soweit ersichtlich - gekennzeichnet.

Pordesch, U. / Roßnagel, A. / Schneider, M.J. (1993): Erprobung sicherheits- und datenschutzrelevanter Informationstechniken mit Simulationsstudien, DuD 1993, 491 ff.

provet / GMD (1994): Die Simulationsstudie Rechtspflege - Eine neue Methode zur Technikgestaltung für Telekooperation, Berlin, 1994.

Roßnagel, A. (1994): Rechtliche Gestaltung von Sicherungsinfrastrukturen, provet-Arbeitspapier 150d, Darmstadt, 1994.

Schneier, B. (1993): Applied Cryptography - Protocols, Algorithms, and Source Code in C, New York, 1993.

X.509 (1988): The Directory - Authentication Framework, in: CCITT: "Data Communications Networks Directory Recommendations X.500-X.521 - Blue Book Volume VIII - Fascicle VIII.8", Geneva, 1989, 48 ff.

Praktische Erfahrungen bei der Prüfung von Betriebssystemen und Sicherheitskomponenten für Mainframes am Beispiel von MVS und RACF

Christof Schramm
Bayerischer Sparkassen- und Giroverband
Prüfungsstelle
Karolinenplatz 5, 80333 München

Zusammenfassung

Über die praktischen Erfahrungen aus zahlreichen Sicherheitsprüfungen in MVS Installationen wird berichtet. Ausgehend von den daraus gewonnenen Erkenntnissen werden für den praktischen Einsatz wesentliche Aspekte, auf die im Rahmen der Zertifizierungskriterien z.B. des "Orange Book" nicht oder nur unzureichend eingegangen wird, dargestellt. Zur Frage nach dem Nutzen der Zertifizierung historisch gewachsener, komplexer Systeme für den Einsatz in einem Rechenzentrum wird aus der Sicht eines Prüfers Stellung genommen.

1. Abgrenzung des Umfelds

Es wird ausschließlich das Großrechner-Betriebssystem MVS/ESA zusammen mit der Zugriffs-Kontrollsoftware RACF des Herstellers IBM betrachtet. Dieses Betriebssystem wurde in der Version MVS/ESA 3.1.3 zusammen mit den Komponenten RACF 1.9 und JES2 V3.1.3 nach den "Department of Defense Trusted Computer System Evaluatuion Criteria, DoD 5200.28-STD", auch unter dem Namen "Orange Book" bekannt, erstmals nach B1 zertifiziert. Die meisten Rechenzentren, die Systeme unter MVS betreiben, setzen gegenwärtig MVS/ESA 4.2.2 oder MVS/ESA 4.3 ein. MVS/ESA Version 5.1 wurde im Frühjahr 1994 vom Hersteller angekündigt.
Diese Ausarbeitung stellt die konkreten, in der Praxis bei der Prüfung von Großrechenzentren, die Mainframes unter MVS betreiben, gewonnenen Erfahrungen dar und zeigt die aus der Sicht des Praktikers zu ziehenden Konsequenzen auf.

2. Quellen der Erkenntnisse

Die beschriebenen Fälle von Sicherheitslücken wurden sämtlich in der Praxis, meist mehrfach bei unterschiedlichen Unternehmen der verschiedensten Branchen beobachtet. Sie entstammen teils eigenen Prüfungen, teils Prüfungen, die von befreundeten Unternehmensberatern oder Fachkollegen im In- und Ausland durchgeführt wurden.

3. Einiges zur Struktur von MVS

MVS ist das Betriebssystem des Herstellers IBM für Großrechner des obersten Leistungsspektrums. Wie die meisten gängigen Mainframe Betriebssysteme ist MVS durch folgende Merkmale gekennzeichnet :

- 2 Maschinenzustände

Die CPU befindet sich entweder im "Supervisor Status" oder im "Problem Status".
Im "Supervisor Status" ist die Ausführung aller Instruktionen erlaubt. Dadurch ist es im Supervisor Status möglich, auf alle Bereiche des realen und virtuellen Speichers und auf absolut alle angeschlossenen Peripheriegeräte (insbes. Band- und Plattenlaufwerke) schreibend wie lesend zuzugreifen. Im "Problem Program Status" ist die Ausführung einer Reihe sogenannter "privilegierter" Befehle nicht erlaubt. Der Wechsel in den "Supervisor Status" bzw. den "Problem Status" erfolgt durch Setzen bzw. Löschen von Bit 15 in einem speziellen Register, dem sogenannten PSW.

- Realisierung aller Sicherheits- und Protokollierungsfunktionen in Software

Sämtliche Sicherheits- und Protokollierungsfunktionen sind in MVS wie in den meisten gängigen Betriebssystemen ausschließlich in Software realisiert. Sie sind durch Programme realisiert, die im virtuellen Speicher geladene Kontrollblöcke benutzen. Ihre korrekte Funktion hängt kritisch davon ab, daß es nur dem Betriebssystem sowie vertrauenswürdigen Komponenten und keinem Dritten möglich ist, unter Privilegierung schreibend auf Code oder Kontrollblöcke zuzugreifen.

- historisch gewachsene Strukturen

MVS ist seit 1974 auf dem Markt. Das System wurde zu einer Zeit entwickelt, als man überwiegend an Stapelverarbeitung im Closed Shop Betrieb dachte und kaum jemand sich Systeme mit einem hohen Grad von Dialogverarbeitung, zehntausenden von Usern, weltweiter Vernetzung und dementsprechenden Sicherheitsanforderungen als Realität des übernächsten Jahrzehnts vorstellen konnte.

Die damals gewählten und im Laufe von 20 Jahren zusätzlich entstandenen Grundstrukturen des Systems sind de facto nicht mehr veränderbar. Sie können im Sinne der Aufwärtskompatibilität letztlich nur erweitert werden. Innerhalb von MVS sind die Schnittstellen deshalb sehr komplex.

- *Die Komplexität des Systems ist außerordentlich groß*

Ein im Rechenzentrum eines Großunternehmens installierter Rechnerkomplex unter MVS ist von einer geradezu erschreckenden Komplexität. Er läßt sich beispielsweise durch folgende Daten charakterisieren :

- -50.000 Dateien
- - 250 DASD Volumes mit 500 GB Speicherplatz
- -20.000 Terminals
- -25.000 Benutzer
- - 5.000 Anwendungsprogramme mit insgesamt 5 Millonen Zeilen Quellcode, dies entspricht dem Umfang einer Bibliothek von 500 Bänden
- - 6.000 Batch Jobs pro Tag
- -   3 Millionen Online Transaktionen pro Tag
- -   30 Systemprogrammierer (incl. Netz, DB)
- - 100 Mitarbeiter RZ
- - 250 Softwareentwickler
- -   20 andere Rechenzentren zu denen Verbindung per SNA, JES RJE besteht
- - 100 LANs, die angebunden sind
- -   Anbindung an INTERNET
- - 100 Softwareprodukte im Einsatz
- - 600 Handbücher zur Dokumentation der systemnahen und System-Software

Das Gesamtsystem umfaßt ein Konglomerat von Software verschiedenster Hersteller.

- *Sicherheitsfunktionen gehören nicht zum Systemkern*

Sicherheits- und Protokollierungsfunktionen sind bei MVS keine Bestandteile eines Systemkerns. Sie sind vielmehr historisch gesehen, nachträglich auf MVS "aufgepfropft" worden.

- *Jede Komponente hat ihre eigenen Sicherheitsmechanismen*

Für die allermeisten Systemkomponenten gilt, daß sie über eigene und unabhängige Sicherheitsmechanismen verfügen und daß der Anschluß an die zentrale Sicherheits-Software wahlweise ist und explizit eingerichtet werden muß. Dies gilt auch für viele Komponenten des Herstellers IBM.

- *Security ist immer wahlweise*

Der Umfang der Berechtigungsprüfung ist immer abhängig davon, ob für die betreffende Komponente der Anschluß an die Sicherheitssoftware realisiert wurde, inwieweit eigene Sicherheitsfunktionen der Komponente greifen und welche der hunderte von Parametern, Optionen und Tabelleneinträgen, die das Verhalten der Sicherheitssoftware steuern, wie gesetzt sind und welche Exits den Ablauf der Berechtigungsprüfung beeinflussen.

5. Beispiele für Schwachstellen aus der täglichen Praxis

Aus der großen Anzahl von in der Praxis zu findenden Sicherheitslücken sollen hier einige wenige beispielhaft dargestellt werden.

5.1 Unsauberer Supervisor Call

5.1.1 Allgemeines zur Struktur von MVS

Im MVS sind die Berechtigungen eines in Ausführung befindlichen Programms in dessen Programm-Statuswort (PSW), dem Inhalt eines speziellen Registers, abgelegt.

Dieses PSW enthält neben einer Reihe anderer Daten Informationen, insbesondere den "Storage Protection Key", im folgenden kurz "Key" genannt und das "Status Bit". Der "Key" definiert die Berechtigung des Programms, bestimmte Speicherbereiche zu lesen.

Jede Seite des Hauptspeichers hat einen Speicherschutzschlüssel zugeordnet. Ein Programm kann auf eine Seite nur dann schreibend zugreifen, wenn der "Key" gleich dem Speicherschutzschlüssel dieser Seite oder gleich Null ist. Für Lesezugriffe ist, falls für diese Seite ein allgemeiner Lesezugriff als gesperrt gekennzeichnet ist, ein identischer "Key" oder ein "Key" Null erforderlich. Das heißt, daß mit "Key" Null alle Seiten in allen Adreßräumen gelesen und verändert werden können. Der "Key" kann Werte von 0 bis 15 annehmen. Für "normale" Anwendungsprogramme hat der "Key" den Wert 8.

Das "Status Bit" definiert, in welchem der zwei möglichen Systemzustände "User Status" oder "Supervisor Status" sich das Programm befindet. Im "User Status" kann das Programm eine Reihe sogenannter privilegierter Befehle nicht ausführen, wie beispielsweise das PSW verändern. Im "Supervisor Status" kann das Programm alle Befehle ausführen, auch solche, die das PSW und damit den "Key" verändern.

Für Programme mit einem "Key" aus dem Bereich 0 bis 8 gilt, daß sie über den MODESET SVC sich selbst vom "User Status" in den "Supervisor Status" versetzen können.

Da Anwendungsprogramme auch Leistungen des Betriebssystems benötigen, die von diesem nur im "Supervisor Status" erbracht werden können, können sie mittels eines speziellen Befehls, des sogenannten "Supervisor Calls" (SVC) die Kontrolle an das Betriebssystem übergeben. Die Art der gewünschten Leistung wird über einen Operanden dieses Befehls, die SVC-Nummer (und weitere Parameter) festgelegt.

5.1.2. User-SVCs

MVS ermöglicht es jeder Installation, gewissermaßen das Betriebssystem individuell durch Einfügen weiterer SVCs zu erweitern. Dies geschieht durch sogenannte "User SVCs". Die SVCs 0 bis 199 werden von IBM als "System SVCs" angesehen. Die SVCs 200 bis 255 kann die Installation selbst definieren.

User-SVCs können für viele systemnahe Produkte wie beispielsweise Datenbanksoftware die Methode der Wahl sein, ihre Dienste effizient und unter Wahrung der Systemintegrität Anwendungsprogrammen zur Verfügung zu stellen. User SVCs sind bei entsprechender Sorgfalt ihres Designs ein legitimes und in der Praxis von vielen gängigen Softwareprodukten genutztes Hilfsmittel.

Ernste Gefahren für die Systemintegrität drohen jedoch von einem relativ häufig anzutreffenden Typus von User SVCs, die keinen anderen Zweck haben, als jedem beliebigen Aufrufer schlicht und einfach erhöhte Privilegierung zu verschaffen.

5.1.3. Ein Blick aus der "Hacker"-Perspektive

Der Code von User SVCs und die Tabelle, die der Nummer eines SVCs die Einsprung in den zugehörigen Code zuordnet, die sogenannte SVCTABLE, stehen in Speicherbereichen (LPA, Nucleus), die aus technischen Gründen von jedem Programm gelesen werden können. Dies kann auch per Zugriffs-Kontrollsoftware nicht verhindert werden. Somit ist es grundsätzlich nicht möglich, zu verhindern, daß ein Benutzer (zumindest wenn er selbst geschriebene Assembler-Programme starten kann oder bestimmte Utilities benutzen kann) alle User SVCs im System identifiziert und insbesondere die kürzeren unter ihnen auch disassembliert. Wie die Erfahrung lehrt, wird er dabei nicht selten "fündig" und entdeckt einen User SVC, der die Systemsicherheit untergräbt.

5.1.4 Weitergabe der Autorisierung

Im folgenden wird ein besonders einfacher, im Rahmen einer Prüfung gefundener User SVC dargestellt, der jeden Aufrufer in den Supervisor Status versetzen kann.
Das Anwendungsprogramm enthält einen Maschinenbefehl "SVC xy", wobei der Operand "xy" (1 Byte) die Nummer des SVCs ist. Die Hardware erkennt bei der Befehlsausführung den Befehl "SVC", behandelt dieses Ereignis als "Interrupt" und leitet hardwaregesteuert die "Interrupt-Behandlung" ein. Dabei erhält hardwaregesteuert die für diese Klasse der "SVC-Interrupts" zuständige Routine, der SVC-Interrupt-Handler, die Kontrolle, die gesteuert über eine spezielle Tabelle, die sogenannte SVCTABLE, der dieser Nr. xy zugeordneten SVC Routine die Kontrolle übergibt. Die Routine des User SVCs erhält die Kontrolle vom Interrupt Handler im Supervisor Status.

Der gefundene SVC bestand aus genau zwei Befehlen

```
        BALR   R6,R1
        BR     R14
```

Die Wirkungsweise dieses SVCs ist schlicht diese, daß er mit dem ersten Befehl BALR an die in Mehrzweckregister R1 gespeicherte Adresse springt, wobei die Adresse des nächsten auszuführenden Befehls (in diesem Fall des Befehls BR 14) in Mehrzweckregister R6 gespeichert wird. Das Mehrzweckregister R1 wird (im Gegensatz zu einer Reihe anderer Register) vom SVC Interrupt Handler nicht verändert und hat den Inhalt, den er zum Ausführungszeitpunkt der SVC Instruktion hatte. Somit kann der Aufrufer des SVC (das heißt jedes Programm, das die SVC-Instruktion SVC xy enthält), durch Setzen des Mehrzweckregisters R1 der SVC-Routine ein beliebiges Sprungziel im eigenen Adreßraum vorgeben.

Da die oben aufgelistete SVC Routine die Kontrolle im Supervisor Status mit PSW Key 0 erhält, wird an der durch Mehrzweckregister R1 die Programmausführung im Supervisor Status mit PSW Key 0 fortgesetzt. Nach einem eventuellen Rücksprung über die in Mehrzweckregister R6 hinterlegte Adresse wird durch Ausführung des Befehls BR 14 die Kontrolle wieder an den SVC Interrupt Handler übergeben, der dann die Kontrolle seinerseits an den Aufrufer des SVCs zurückgibt.

Neben dieser besonders einfachen Technik, dem Aufrufer Autorisierung zuzuschanzen, gibt es eine Reihe weiterer, in der Praxis vorzufindender Methoden (siehe z.B. [19])

5.1.5 Beispiel einer konkreten Manipulation

Wenn ein Benutzer vom RACF anhand seines Paßworts identifiziert wird, wird für diesen Benutzer ein Kontrollblock, der sogenannte ACEE, im Speicher angelegt, der die wesentlichen Informationen des User Profils enthält.

Wenn das System zum Beispiel prüft, ob dieser Benutzer die Eigenschaft SPECIAL hat, das heißt, ob er in der RACF Database Profile beliebig verändern darf, trifft RACF diese Entscheidung anhand eines einzigen Bits in diesem Kontrollblock.

Dieser Kontrollblock ist dadurch geschützt, daß der Seite, in der dieser Kontrollblock liegt, durch einen Speicherschutzschlüssel mit dem Wert Null geschützt ist. Jedes Programm, das entweder im Supervisor Status oder mit Key 0 bis 7 im PSW abläuft, kann sich durch Veränderung dieses Bits in diesem Kontrollblock selbst die Eigenschaft "SPECIAL" zuordnen oder seine User-ID im ACEE gegen eine beliebige andere, höher privilegierte Userid austauschen.

RACF und die Protokollierungsmechanismen des Systems ordnen dem Benutzer die im ACEE enthaltene Userid zu.

Mittels eines etwa 15 Statements langen Assemblerprogramms, das z.b. den oben beschriebenen "faulen" User SVC aufruft, nachdem es das Mehrzweckregister R1 so besetzt hat, daß es auf eine geeignete Adresse im eigenen Programm zeigt und anschließend im ACEE das Special-Bit setzt und die Userid eines hoch privilegierten Users einträgt, ist die Umgehung nicht nur aller Mechanismen zur Berechtigungsprüfung sondern auch aller Protokollierungsmaßnahmen realisierbar, da alle Aktivitäten des Benutzers ab sofort unter der Userid eines anderen Benutzers auf ihre Zulässigkeit überprüft und protokolliert werden !

Fazit : eine kleine Lücke im MVS ermöglicht mit geringen technischen Aufwand die Umgehung der Zugriffs-Kontrollmechanismen und die Täuschung der Protokollierung.

Vergleichbare Manipulationen könnten ebenso über eine Vielzahl anderer Wege, bei denen andere, ähnlich sensitive Kontrollblöcke wie z. B die SAF Vector Table manipuliert werden, vorgenommen werden.

5.2 DFDSS Exit

DFDSS wird von den IBM Produkten DFSMS und DFHSM als sogenannter "Data Mover" benutzt. Weiterhin benutzen die meisten Installationen DFDSS als Standardtool für Dump und Restore von ganzen Volumes oder unter Nutzung von parameterdefinierten Filtern für den Dump oder Restore bestimmter Dateien. In Jobs für DFDSS wird stets das Programm ADRDSSU aufgerufen. ADRDSSU kennt eine Reihe von Exits, darunter einen User Authorization Exit, mit dem Namen ARUPSWD, der die Berechtigungsprüfung durch RACF "abschalten" kann.

In einer Installation wurde ein solcher Exit ADRUPSWD gefunden. Er bestand aus ganzen 2 Befehlen und hatte folgendes Aussehen

```
SR  15,15
BCR R14,X'F'
```

Mit dem Befehl SR 15,15 wird Register 15 auf Null gesetzt und mit dem Befehl BCR R14,X'F' wird zum Aufrufer zurück gesprungen.

Der Exit meldet über Returncode in Register 15, ob der gewünschte Zugriff erlaubt werden soll. Ein Wert von Null in Register 15 gestattet in jedem Fall den Zugriff.

Der oben gezeigte Exit erlaubt deshalb stets und immer jedwedem Benutzer, der nicht bereits sowieso per RACF die Erlaubnis zum Zugriff auf die Daten hat, den Zugriff auf jedwedes Volume auch auf der Ebene von Dateien (Filterfunktion).

5.3 RACF Exit

Die Zugriffs-Kontrollsoftware RACF wird nur auf "Zuruf" tätig, das heißt, wenn eine andere Systemkomponente von RACF eine Berechtigungsprüfung verlangt. Diese übergibt dabei an RACF im wesentlichen Userid, Name der Ressource, Resource Class und gewünschte Zugriffsart. RACF prüft anhand dieser Angaben dann den Zugriffswunsch und meldet über einen Return-Code (0= ja, 8=nein, 4="weiß nicht") das Ergebnis seiner Prüfung an den Aufrufer zurück.

Wenn sich ein Benutzer beispielsweise an TSO anmeldet, so erfragt dieses Subsystem zunächst im Logon-Bildschirm Benutzerkennung und Paßwort. Die eingelesenen Werte werden von TSO dann an RACF zur Authentifikation des Benutzers weitergeleitet. RACF führt die Paßwortprüfung durch und meldet über einen Returncode (0=ja), ob der Benutzer existiert, nicht gesperrt ist und das richtige Paßwort eingegeben hat. Außerdem wird im Erfolgsfall der oben beschriebene ACEE angelegt, ein Kontrollblock, der das Benutzerprofil in Kurzform enthält.

RACF hat sowohl an der Schnittstelle für die Berechtigungsprüfung (RACHECK) als auch an der Schnittstelle für die Benutzeridentifikation und Authentifikation (RACINIT) jeweils je zwei Exits. Insbesondere an der Schnittstelle für die Authentifikation der Benutzer findet man in der Praxis immer wieder Exits, die bestimmte Benutzer von der Paßwortprüfung ausnehmen.

Dies geschieht dadurch, daß innerhalb des Exits die übergebene Benutzerkennung geprüft wird und in Abhängigkeit vom Ergebnis der Prüfung die Parameter des Aufrufs noch vor der eigentlichen Verarbeitung durch RACF vom Exit verändert werden. Es ist nämlich ohne weiteres möglich, RACF per Parameter anzuweisen, den ACEE für einen Benutzer ohne jede Prüfung des übergebenen Paßworts anzulegen.

In aller Regel handelt es sich bei diesen Benutzerkennungen um hoch privilegierte Benutzer, unter denen die Produktion des Rechenzentrums läuft.

Der Exit ist für jedermann im System sichtbar, weder Existenz noch Funktion können geheim gehalten werden, da diese Exits festgelegte Namen haben müssen und in einem jedermann lesend zugänglichen Speicherbereich stehen müssen (Link Pack Area).

5.4 Unsaubere PC Routine

Program Call ist eine durch die Hardware-Architektur bereitgestellte Möglichkeit, bei Programmverzweigungen sowohl in einen anderen Adressraum zu verzweigen als auch die Privilegierung, unter der das aufgerufene Programm abläuft, zu wechseln.

Program Call wurde durch einen speziellen Maschinenbefehl (Memnonic PC) realisiert, der die Programmverzweigung an beliebige Adressen im eigenen oder einem anderen Adreßraum ermöglicht. Dabei kann ein Wechsel in den Supervisor Status unter Zuordnung eines beliebigen PSW Key erfolgen.

Die Kontrolle der potentiellen Sprungziele erfolgt durch dem nicht priv. Benutzer nicht zugängliche Kontrollblöcke und Tabellen, die das Sprungziel (Adreßraum, Zieladresse), den Modus (Supervisor oder Problem Status) und den PSW Key unter dem das aufgerufene Programm ablaufen soll, vorgeben. Die Nummer eines solchen Eintrags in einer Tabelle ist als Operand des PC Befehls zu übergeben.

Durch Program Call wurde ein Konstrukt geschaffen, das ähnliche Möglichkeiten wie der SVC-Mechanismus bietet, insbesondere auch die Einrichtung von fast beliebig vielen "User-Routinen" durch die eigene Systemprogrammierung und Drittsoftware erlaubt.

Für den Revisor ergeben Program Call Routinen eine Fülle neuer Probleme. Sie werden zunehmend sowohl vom MVS als auch systemnahen Produkten genutzt (ca 300 Routinen unter MVS 4.2.2). Sie zeitigen die selben Risiken wie User SVCs, sind jedoch erheblich schwerer zu überwachen und zu überprüfen als SVCs. Die wesentlichsten Gründe dafür sind

- Die Zuordnung von Nummern zu Funktionen ist auch bei Systemfunktionen nicht mehr fest, sondern hängt von Zufälligkeiten ab
- Die von MVS und seinen Subsystemen eingebrachten Routinen sind nur teilweise dokumentiert
- Die Kontrollblöcke befinden sich in einem speziellen Adreßraum und sind mit normalen Mitteln nicht "lesbar"
- Die Kontrollblockstruktur ist nicht ausreichend dokumentiert
- Es gibt keine vernünftigen Tools zum Auslesen der Daten für Prüfzwecke
- Es erfolgt keine Protokollierung der Einrichtung von PC-Routinen

Offensichtlich hat beim Entwurf dieser Systemkomponente die Überprüfbarkeit der an dieser Stelle ins System verbrachten Modifikationen keine Rolle gespielt. Unter Sicherheitsgesichtspunkten ist dieses Konstrukt eine Katastrophe. Das folgende Beispiel einer "faulen" PC Routine wurde bei einer Prüfung 1994 gefunden.

```
SYS001      CSECT
SYS001      AMODE       31
SYS001      RMODE       ANY
            REQUATE
            BASR        R12,0                       ESTABL. ADDR.
            B           LABEL-*(,R12)
            DC          C'SYS001 &SYSDATE &SYSTIME'
LABEL       LR          R1,R3                       SAVE OLD PKM
            SLL         R3,16                       CLEAR PKM FIELD
            SRL         R3,16
            SLL         R0,16
            OR          R3,R0                       SET NEW PKM
            LR          R0,R1                       RETURN OLD PKM
            SRL         R0,16
            PT          R3,R14
            END
```

Diese PC Routine konnte, wie die Analyse der Kontrollblockstruktur (aus einem "Snap Dump" der PCDATA) ergab, von jedermann aufgerufen werden.

Die einzige Funktion der Routine ist es, die im Register 0 als Parameter übergebene Bitleiste von 16 Bit (im 2. Halbwort) in die Program Key Mask im Control Register (CR) 3 zu plazieren. Dies geschieht durch diverse Registermanipulationen, die diese Bitleiste in Mehrzweckregister 3 plazieren. Die Ausführung des Befehls PT führt dazu, daß über Register 14 zum Aufrufer der PC-Routine zurückgesprungen wird und gleichzeitig aus den Inhalten von Mehrzweckregister 3 Kontrollregister-Inhalte, insbesondere die Program Key Mask (PKM) in CR 3 , gesetzt wird. Die PKM im Control Register 3 kontrolliert, welche PSW Keys der Benutzer sich mit dem Befehl SPKA in PSW laden kann (Bitleiste von 16 Bit, Bit x gesetzt bedeutet, daß PSW Key x zulässig). Im Problem Status ist der Zugriff auf diese Control Register (insges. 16 Stück) nicht möglich. Bei geeignet gewählter PKM (z.B. X'FFFF') kann der Aufrufer dieser PC Routine sich per semiprivilegiertem Befehl SPKA jeden beliebigen Wert als PSW Key ins PSW laden. Mit Key 0 kann er alle Kontrollblöcke des Systems ändern.

Das heißt, mittels Aufruf dieser PC-Routine mit X'FFFF' im 2. Halbwort von Register 0 und anschließendem Aufruf des semiprivilegierten Befehls SPKA kann sich jeder Anwender in einen Status versetzen, in dem er sich beispielsweise gegenüber RACF und den Protokollierungsmechanismen eine andere Identität verleihen kann.

5.5 Offene APF Library

Die "Authorized Program Facility" APF wurde von IBM als "kontrollierte und sichere" Möglichkeit eingeführt, um systemnaher Software den Zugang zur Ausführung von privilegierten Operationen zu verschaffen. In der Praxis hat sich APF als ein wenn überhaupt, dann nur mit großer Mühe beherrschbares Sicherheitsproblem im MVS erwiesen. Die Grundidee bei APF kann kurz folgendermaßen beschrieben werden

- Liste von Authorized Libraries (APF List)

Im System ist eine Liste von Lademodulbibliotheken gespeichert, die als "authorisierter Herkunftsort" für "vertrauenswürdige" Modul systemnaher Software angesehen werden. Die Bibliotheken werden als APF Libraries bezeichnet.

- Privilegierung über MODESET

Lademoduln, die aus einer APF Library kommen, können den SVC 107 (Makro MODESET) absetzen. Der MODESET SVC ermöglicht es dem aufrufenden Programm (unter gewissen Bedingungen)

- den System Key im PSW (Bits 8-11) auf einen beliebigen Wert zu setzen

- das Status Bit im PSW (Bit 15) zu setzen oder zu löschen

Die Details der APF Authorisierung sind etwas komplexer, als hier beschrieben, jedoch reicht die obige Darstellung für die Zwecke dieser Ausarbeitung aus.
In einer durchschnittlichen Installation findet man 50 bis 250 APF Libraries mit ·10.000 bis 50.000 Moduln. Die Überwachung dieser Bibliotheken und ihres Inhalts ist untertrieben gesprochen, "mühsam und aufwendig".
In aller Regel findet man bei der Prüfung in diesem Bereich gravierende Lücken. Meist sind dies unzureichend geschützte Bibliotheken in die sehr viele oder gar alle Benutzer eigene Programme einstellen können, die sie dann APF-authorisiert ablaufen lassen können. Sogenannte "Universallader", das heißt Programme, die nichts anderes tun, als sich selbst per MODESET in den Supervisor Status zu versetzen, die Einträge in den Kontrollblöcken (insbes. JSCB), die ihre APF-Eigenschaften dokumentieren, zu löschen und danach ein anderes Programm, das in den Aufrufparametern spezifiziert wurde, aus einer beliebigen Bibliothek zu laden und zu starten, das dann folglich selbst im Supervisor Status läuft, sind ebenfalls bekannt.

Die Frage, ob sich unter den zigtausenden von Moduln in den APF Libraries ein von Dritten neu verbrachtes oder unzulässig modifiziertes Modul befindet, ist in der Praxis nicht mit der nötigen Sicherheit zu beantworten.

5.6 Ungeschütztes Systemprogrammierer-Tool (keine Anbindung an RACF)

In fast jeder kommerziellen MVS Installation findet man eines oder mehrere der üblichen Systemprogrammierer Tools, die es sowohl für MVS selbst als auch speziell für viele Subsysteme wie CICS, IMS oder DB2 gibt.
Die bekanntesten Vertreter dieser Produkte sind die Produktfamilie OMEGAMON von Candle, CA-LOOK von Computer Associates und RESOLVE von Boole & Babbage. Diese Produkte verfügen meist über einige recht sensitive Funktionen. Dazu gehören üblicherweise Funktionen der folgenden Art :

- Durchsuchen des virtuellen Speichers beliebiger Adreßräume nach Zeichenfolgen

- Ändern beliebiger Bereiche im virtuellen Speicher beliebiger Adreßräume und des Common Storage

- Anzeige beliebiger Speicherbereiche

- komfortables Ändern sensitiver Systemtabellen wie der SVCTABLE, APF List, LINKLIST und dgl.

Wie für die meisten Systemkomponenten und Drittsoftwareprodukte im MVS gilt auch für diese Produkte, daß sie einerseits über interne Sicherheitsfunktionen oft recht zweifelhafter Qualität verfügen und andererseits meist (aber nicht bei jedem Produkt !) eine Schnittstelle zur Zugriffs-Kontrollsoftware (RACF, TOPSECRET, ACF2) verfügen. Generell ist es möglich, die genannten Komponenten, gänzlich ohne jede "Security", nur mit interner Security in beliebig wählbarem Schutzumfang, in einer Mischung aus "internal Security" und externer Zugriffs-Kontrollsoftware oder ausschließlicher Anbindung an die externe Zugriffs-Kontroll-Software zu "fahren". Immer wieder findet man beispielsweise Systemprogrammierer-Tools im Einsatz, die nicht an die Zugriffs-Kontroll-Software angebunden sind und bei denen die Paßworte immer noch die allgemein bekannten Default-Paßworte sind, mit denen der Hersteller das Produkt ausliefert. Wurden die Paßworte ausnahmsweise einmal verändert, dann steht der Job, mit dem die neuen Paßworte generiert wurden, nicht selten in einer Bibliothek, die jedermann lesen darf.

5.7 Löcher im RACF

Die Zugriffs-Kontrollsoftware RACF, die in der Mehrzahl der deutschen MVS Installationen im Einsatz ist, verfügt über eine Unzahl von Parametern, Optionen, Exits, Tabellen und Resource Classes. Die Wechselwirkungen der Parameter und das Zusammenspiel mit Parametern, Exits und Tabellen in den 20, 50 oder 100 systemnahen Softwareprodukten, die in einer kommerziellen im Einsatz sind, ist extrem komplex. Diese Situation wird in allen Details nur noch von wenigen Spezialisten, kaum jedoch noch von einem Revisor oder Sicherheitsbeauftragten, überblickt.

Als ein einfaches Beispiel für die Problematik sei hier der Bandschutz aufgeführt :

- Der RACF Parameter NOTAPEDSN, der meist gesetzt ist, bewirkt, daß Dateien auf Bändern generell nicht über RACF geschützt sind

- Selbst wenn TAPEDSN im RACF gesetzt ist, gilt, daß NUR die erste Datei (von ggf. 100) auf einem Band über ein RACF Dateiprofil geschützt ist.

- Für den Dateinamen gilt, daß auf dem Band immer nur die letzten 17 Byte des Dateinamens gespeichert sind. Damit kann RACF auf die folgende Weise ausgetrickst werden :

  - ursprünglicher Dateiname :

    BWK.ULTRA.GEHEIM.PINS

  - Schutz durch Profil

    BWK.ULTRA.GEHEIM.**

  - Name in Kennsatz auf dem Band

    ULTRA.GEHEIM.PINS

  - Zugriff auf das Band per

```
//EINGABE   DD DSN=SRM.ULTRA.GEHEIM.PINS,
//             VOL=SER=xxxxxx,UNIT=TAPE,DISP=SHR
```

- Prüfung im RACF anhand Dateiprofil SRM.**

- Das gängigste Bandverwaltungssystem CA-1 prüft Berechtigungen nur dann über RACF, wenn dies in den Parametern von CA-1 so definiert wurde. CA-1 verfügt auch über eine interne Security, die auf Funktionspaßworten beruht, die einerseits im RZ meist allgemein bekannt sind und die andererseits im Code von CA-1 fest verdrahtet sind beim Browsen der Lademoduln im Klartext zu sehen sind. Das Wechselspiel von interner Security von CA-1, den Parametern, die die Anbindung von CA-1 an RACF steuern, den Parametern in RACF selbst ist eine "Wissenschaft für sich".

5.8 Zusammenfassung der Erfahrungen aus der Praxis

Die Erfahrungen aus der Prüfung lassen sich kurz folgendermaßen zusammenfassen :

- *Auch ein zertifiziertes System kann in der Praxis beliebig unsicher gefahren werden*

Der Grund ist der, daß Sicherheitsfunktionen immer wahlweise sind, speziell durch das fehlerfreie Zusammenspiel einer kaum mehr übersehbar komplexen Menge von Parametern, Optionen und Exits in verschiedensten Komponenten zu aktivieren sind und alle Komponenten per Default "offen" ausgeliefert werden

- *Sicherheitsmechanismen können durch kleinste Schwachstellen in "weit abgelegenen" Komponenten unwirksam gemacht werden*

Wie die Erfahrung zeigt, ist es möglich, beispielsweise über ein unzureichend abgesichertes Systemprogrammierer-Tool Manipulationen im System vorzunehmen, die die Zugriffskontroll-Software unwirksam machen und sämtliche Protokollierungsmaßnahmen unterlaufen.

- *Die Prüfung ist sehr aufwendig*

Die Prüfung der Sicherheit im systemnahen Bereich ist sehr zeitaufwendig und erfordert sehr spezialisierte Fachkenntnisse. Die Mehrzahl der Unternehmen ist nicht in der Lage, die notwendigen Ressourcen vorzuhalten.

- *90 % der erstmals geprüften Systeme haben sicherheitsmäßig massive Mängel*

Die bisher bekannt gewordenen Erfahrungen aus Prüfungen zeigen, daß bei praktisch allen erstmalig im systemnahen Bereich erfolgenden Prüfungen Schwachstellen festgestellt werden, die die Umgehung der Zugriffskontrollen und der Protokollierung durch eine große Anzahl von Benutzern ermöglichten.

- *Prüfung der Systemsicherheit, die diesen Namen verdient, findet in der Mehrzahl der Rechenzentren nicht statt*

Bedingt durch die Komplexität der Materie, den erforderlichen Zeitaufwand und die benötigten Spezialkenntnisse finden entsprechende Prüfungen in der erforderlichen Tiefe in der Mehrzahl der Installationen nicht statt.

6. Mängel bei Zertifizierung

Aus der Sicht der Praxis lassen sich aus den Prüfungen im Bereich MVS und bei anderen zertifizierten Systemen einige Mängel an den Zertifizierungskriterien ableiten.
Die Kriterien "Prüfbarkeit" und "praktische Handhabbarkeit" der sicherheitsrelevanten Features eines Systems finden keinen oder höchst unzureichenden Niederschlag in den Zertifizierungskriterien.
Insbesondere wirkt sich das Fehlen folgender Kriterien in der Praxis nachteilig aus :

- *Absicherung Wartungsmaterial (sichere Codeauslieferung)*

Derzeit erhält praktisch jede Installation neue Versionen von MVS, sonstigen Subsystemen oder Drittsoftware auf Magnetbandkassetten über den Postweg. Innerhalb des Unternehmens gehen diese Pakete üblicherweise über die Hauspost an die Systemprogrammierung. In den Räumen der Systemprogrammierung liegen die Kassetten dann oft wochenlang, bis sie schließlich zur Installation an das Rechenzentrum übergeben werden, wo sie dann erstmals geschützt im Magnetbandarchiv lagern. Die Behältnisse mit den Kassetten sind physisch durchweg weder versiegelt noch so gestaltet, daß das Unterschieben eines Duplikats oder einer bereits geöffneten Verpackung eindeutig erkennbar wäre. Die Daten auf den Kassetten selbst sind weder durch Prüfsummen, noch durch digitale Signatur oder Verschlüsselung geschützt. Das Format, in dem die Daten gespeichert sind, ist gut dokumentiert und allgemein bekannt. Die Frage, ob zum Zeitpunkt des Einspielens in das System das Wartungsmaterial noch genau dem entspricht, was der Hersteller an die Installation übersenden wollte, kann seitens der Installation mangels entsprechender Voraussetzungen nicht geprüft werden. In Anbetracht der Zugriffsmöglichkeiten auf dem Versandweg bis zum Magnetbandarchiv des Unternehmens und der Risikosituation mancher Installationen besteht hier ein Gefahrenpotential. Entsprechende Sicherheitsmaßnahmen (secure distribution) sind im "Orange Book" [1] erst ab Stufe A1 als Evaluierungskriterium definiert. Dies sollte jedoch bereits in vorgelagerten Zertifizierungsstufen wie B1 Evaluierungskriterium sein. Die ITSEC gehen in ihren Kriterienkatalogen grundsätzlich auf die Problematik der "secure distribution" ein [2]. Beim bereits nach dem ITSEC zertifizierten Mainframe Betriebssystem BS2000 wurde hier die Auslieferung per "Kurier" als die Zertifizierungskriterien erfüllend betrachtet, eine Lösung, die sich beim Einsatz in der täglichen Praxis als zu umständlich erweisen dürfte.

- *Funktionen zur Codeidentifizierung*

In einer kommerziellen MVS Installation haben Betriebssystem und systemnahe Software einen Umfang von weit mehr als 50.000 Moduln. Diese Moduln stammen vom Hersteller, von zahlreichen Softwarehäusern und (einige wenige) von der eigenen Systemprogrammierung. Für die Beurteilung der Sicherheit wäre es z. B. sehr wesentlich zu erkennen, zu welchen Produkten diese momentan vorhandenen 74.384 Moduln gehören und ob sie alle unverändert dem vom Hersteller ausgelieferten Stand entsprechen (unter Berücksichtigung aller offiziellen Wartungsmaßnahmen). Dies kann in der Praxis nur durch ein einheitliches genormtes, von (möglichst) allen Softwareanbietern benutztes Prüfsummenverfahren geschehen, bei dem die "Inventarlisten" pro Produkt samt (vom Versions- und Wartungsstand abhängigen) Prüfsummen auf sicheren Wegen jederzeit abrufbar sind. Zum heutigen Zeitpunkt ist die Frage, ob sich in einem gegebenen MVS System hier und jetzt im Code des Systems oder systemnaher Komponenten Manipulationen durch Einbringung z.B. von Front-Ends an vorhandenen Moduln oder selbst geschriebenen Programmen in APF Libraries befinden, mangels entsprechender technischer

Voraussetzungen nicht prüfbar. Entsprechende Anforderungen sind weder in den ITSEC [2] noch im "Orange Book" [1] zu finden.

- *Prüfbarkeit als Designkriterium*

In einem Gespräch mit dem führenden Experten bei IBM für "CICS Security" aus den USA anläßlich eines Kongresses entwickelte sich folgender Dialog : "Ich bin Revisor und möchte auch die Sicherheit im Bereich CICS prüfen. Da CICS eine Reihe von Exits an sensitiven Schnittstellen hat, wie z. B. am Interface zur Telekommunikationsmethode VTAM, muß ich auch prüfen, welche Exits in CICS gerade installiert sind. Wie mache ich das ?". Die Antwort : "Gar nicht, das können sie nicht ersehen." Frage : "Aber CICS wird doch auch in sehr sensitiven Installationen in den USA, z.b. im Bereich des DoD eingesetzt, in denen doch auch Prüfungen erfolgen, wie machen die das denn, oder prüfen die etwa auch nichts ?" Antwort "Tja, das habe ich mich auch schon öfters gefragt". PC Routinen, die in diesem Beitrag bereits näher beschrieben wurden und für die ein Beispiel einer Sicherheitslücke vorgestellt wurde, sind geradezu ein Musterbeispiel, wie man ein derartiges Feature sicherheitsmäßig unkontrollierbar gestalten kann. Folgende Einrichtungen fehlen :

- Kontrolle des Einrichtens von PC-Routinen durch Aufruf der Zugriffs-Kontroll-Software in den entsprechenden System Services und Protokollierung

- Anzeige der vorhandenen PC-Routinen einschließlich der sogenannten "Non-System-Entries", der Namen der angesprochenen Moduln, der Bibliotheken aus denen sie geladen wurden (soweit aus Kontrollblöcken verfügbar), der Identifikation von IBM System Einträgen und der Daten aus den den Aufruf von PC Routinen steuernden Kontrollblöcken in einem für Revisoren und Sicherheitsspezialisten brauchbaren Format

Gegenwärtig ist die Prüfung der PC-Routinen auf Sicherheitslücken außerordentlich zeitaufwendig, verlangt Systemkenntnisse in einer Tiefe, die auch viele Systemprogrammierer nicht (mehr) besitzen und ist dennoch nur recht eingeschränkt möglich. Wie es dazu kommen konnte, daß diese Punkte bei der Zertifizierung von MVS nach B1 nicht beanstandet wurden, bleibt ein Rätsel. Das von IBM stammende Datenbanksystem DB2 verfügt über keine Schnittstelle, über die man die Berechtigungen innerhalb von DB2 (z.B. Administratorberechtigung, Berechtigung zum Zugriff auf bestimmte Felder ...) durch das IBM Produkt RACF prüfen lassen könnte. Die Liste von für die

Sicherheit sehr wesentlichen Funktionen in MVS, dessen Subsystemen und systemnaher Drittsoftware, bei deren Design auf Prüfbarkeit keine Rücksicht genommen wurde, läßt sich noch fast beliebig lang fortsetzen.

- *Existenz von Prüfwerkzeugen*

Allgemein ist die Sicherheit nach B1 für MVS theoretisch erreichbar. Es fehlen jedoch für praktisch alle Aspekte in der Praxis handhabbare Prüfwerkzeuge, um für ein konkretes System die Erreichung bestimmter Sicherheitsstufen zu prüfen. Beispielsweise können die vom Hersteller IBM für sein Produkt RACF angebotenen Prüfungshilfsmittel nur als völlig unzureichend qualifiziert werden. Weiterhin gibt es beispielsweise auch kein für die Prüfungspraxis taugliches Werkzeug zur Anzeige aller in MVS, dessen Subsystemem und systemnaher Komponenten vorhandenen System Exits und ihrer Kenndaten einschließlich der automatischen Erkennung von Stubs und vom Hersteller ausgelieferter Default-Exits. Dazu bedürfte es einer Norm für die Erkennung von Exits in Komponenten Dritter.

- *praktische Auswertbarkeit von Logs*

Rein theoretisch existiert zwar im MVS das sogenannte SYSLOG, das Konsolprotokoll, das pro 24 h etwa 200.000 bis 750.000 Sätze enthält. Eine Unzahl von Komponenten protokolliert in dieses Log. Eine relativ große Anzahl von Meldungstypen ist unter Sicherheitsgesichtspunkten relevant. Jedoch enthält das SYSLOG vermutlich 10000, 20000 oder eventuell mehr verschiedene Meldungsarten, die in 10, 20, 50 oder mehr Broschüren jeweils beim betreffenden Subsystem beschrieben sind. Wer immer das SYSLOG auswerten will, muß sich zunächst diese Broschüren alle ermitteln, beschaffen, die einzelnen Meldungen nach ihrer Sicherheitsrelevanz klassifizieren und Filterprogramme schreiben. Rein theoretisch ist dies natürlich möglich, jedoch ist der damit verbundene Aufwand für die einzelne Installation nicht tragbar.

- *praktische Handhabbarkeit als Evaluierungskriterium*

In der Praxis wird niemals das "nackte Betriebssystem", sondern ein komplexes Gebilde aus dem Betriebssystem selbst, den zum Betriebssystem gehörenden Subsystemen und einer großen Zahl von Komponenten (20, 50, 100 oder mehr), die von Drittanbietern bezogen werden, im Einsatz sein. Die Verantwortung für die korrekte Setzung einer Unzahl von Parametern, Optionen, Tabelleninhalten und Zugriffsberechtigungen sowie die Funktionalität einer Unzahl von Exits und anderer Systemerweiterungen wird vom Hersteller und der Installation zugeschoben, die das Betriebssystem einsetzt [12]. Dieses Vorgehen mag zwar rein formal in Ordnung sein, ist aber für die Praxis wenig hilfreich. Maßnahmen, die die Komplexität dieses Gesamtgebildes begrenzen und die es in der realen Welt mit tragbarem Aufwand sicherheitsmäßig beherrschbar machen, sind dringend erforderlich und sollten in den Zertifizierungskriterien ihren Niederschlag finden.

7. Ergebnis

Aus der täglichen praktischen Auseinandersetzung mit Sicherheitsfragen in kommerziellen Großrechenzentren läßt sich folgendes Resume ziehen

- Für kommerziell verfügbare Mainframes sind architekturelle Schwachstellen wegen des Zwangs zur Aufwärtskompatibilität nicht mehr zu beseitigen. Ein besonders krasses Beispiel hierfür ist unter MVS die sogenannte Authorized Program Facility (APF).

- Die Komplexität einer in einem Großrechenzentrum vorhandenen Mainframe-Umgebung ist geradezu erschreckend. Ursachen hierfür sind die Komplexität des Betriebssystems selbst, der zum Betrieb erforderlichen Subsysteme wie z.B. der Zugriffs-Kontroll-Software, der Telekommunikationssysteme, einiger zig systemnaher Softwarekomponenten und ihrer komplexen Schnittstellen. Dieses Gebilde ist nicht statisch, sondern durch teilweise jährliche Versionswechsel und die Installation immer neuer weiterer Komponenten in permanenter Veränderung begriffen.

- Um die Sicherheit des Gesamtsystems zu untergraben, reicht eine Sicherheitslücke in irgend einer der hundert oder mehr unter erhöhter Privilegierung ablaufenden Komponenten. Durch eine solche Lücke werden die Mechanismen in den anderen Komponenten des Systems wertlos.

- Bereits das "nackte" Betriebssystem MVS ist kein monolithischer Block, sondern ein Gebilde mit vielen hunderten von "Stellschrauben" wie Parametern, Tabellenmoduln und Exits. Dies gilt in erhöhtem Maß für das Gesamtsystem. Die Sicherheit des Gesamtgebildes hängt entscheidend davon ab, daß ausnahmslos alle "Stellschrauben" korrekt eingestellt sind.

- Die korrekte Einstellung all dieser "Stellschrauben" muß in einem Rechenzentrum überwacht werden. Wie die Erfahrung lehrt, sind Mängel in diesem Bereich die Regel, nicht die Ausnahme.

- Die Komplexität des Gebildes aus Betriebssystem und systemnahen Komponenten unter Sicherheitsgesichtspunkten überfordert Systemprogrammierer, Sicherheitsadministratoren und Prüfer. Die Gesamtsysteme sind unter Sicherheitsgesichtspunkten kaum mehr handhabbar.

- Bei den Zertifizierungskriterien [1], [2] wird aus der Sicht des Prüfers insbesondere vermißt, daß die effektive Prüfbarkeit des Sicherheitsniveaus eines in einem realen Rechenzentrum eingesetzten Systems keine Rolle spielt. Außerdem müßte der Gesichtspunkt der sicheren Verteilung von Software und der systemmäßig (auch für Drittsoftware) unterstützten und genormten Codeidentifikation bereits auf relativ niederen Sicherheitsstufen obligatorisch sein.

- Das Maß der Gesamtkomplexität aller sicherheitsrelevanten Funktionen, Mechanismen, Optionen und Parameter eines in der Praxis nutzbaren Gesamtsystems sollte in die Zertifizierungskriterien einfließen, um den Gesichtspunkt der praktischen Handhabbarkeit zu berücksichtigen. Wie dies erfolgen kann, bedarf noch der Diskussion. Der bisher beschrittene Weg, alle Probleme vom Hersteller weg in den Verantwortungsbereich des Rechenzentrums zu verlagern, mag zwar formal in Ordnung sein, führt jedoch letztlich zu keinem sinnvollen Ergebnis.

- Auf den konkreten Fall des Betriebssystems MVS bezogen, erscheint ein nennenswerter Nutzen der Zertifizierung nach dem "Orange Book" für die Praxis bisher nicht gegeben.

- Ein in den Unternehmen und Behörden nicht zu unterschätzendes Problem ergibt sich aus der durch die Zertifizierung im Management oft erzeugten Scheinsicherheit. Vielfach glaubt das Management, allein durch den Einsatz einiger zertifizierter Komponenten Sicherheit "garantiert" zu haben und unterläßt dringend erforderliche Maßnahmen im Bereich Prüfung, Sicherheitsadministration und Auditing.

Die oben aus der Erfahrung im Bereich kommerzieller Installationen unter dem Betriebssystem MVS gewonnenen Erkenntnisse dürften sich ohne weiteres auf andere Betriebssysteme für Mainframes und auf Systeme vergleichbarer Komplexität wie insbesondere große heterogene Netze verallgemeinern lassen.

Literaturverzeichnis

[1] Department of Defense Trusted Computer System Evaluation Criteria DOD 5200.28-STD, 1985
[2] Kriterien für die Bewertung der Sicherheit von Systemen der Informationstechnik (ITSEC), 1. Aufl., Köln, 1992, ISBN 3-88784-344-4
[3] V. L. Conyers, Audit and Control of MVS, EDP Auditors Fondation, USA, ca. 1991, P.O. Box 74171, Chicago IL 60690
[4] ESA/390 Principles of Operations, IBM Form SA22-7201
[5] I. J. Douglas (Ed.), Audit and Control of Systems Software, NCC Publications, ISBN 0-85012-400-X, 1983
[6] Johnson, MVS Concepts and Facilities, Intertext/McGraw-Hill, 1991, ISBN 0-07-032673-8
[7] Prasad, IBM Mainframes, Intertext/McGraw-Hill, 1989, ISBN 0-07-050686-8
[8] R. Paans, A Close Look At MVS Systems : Mechanisms, Performance and Security, North-Holland, 1989, ISBN 0-444-70008-0
[9] M. Marx, MVS Power Programming, McGraw-Hill/Intertext, 1991
[10] R. Paans/I.S. Herschberg, "Auditing the Change Management Process", Computers and Security, April 1990, S. 161 ff
[11] W. S. McPhee, Operating System Integrity in OS/VS2 ,IBM Systems Journal, Vol. 3 Num. 3, 1974
[12] MVS/ESA Planning : B1 Security, IBM Form GC28-1171-0
[13] MVS/ESA Library Guide, IBM Form, GC28-1601
[14] MVS/ESA V4 System Modifications, IBM Form GC28-1636
[15] MVS/ESA V4 Installation Exits, IBM Form GC28-1637
[16] RACF 1.9 System Programmer's Library SC28-1343, IBM Form
[17] RACF 1.9 Security Administrator's Guide SC28-1340, IBM Form
[18] Ch. Schramm, Security of the MVS Authorized Program Facility, EDPACS October 1990, ISSN0736-6981 S. 7-12
[19] Ch. Schramm, Computer Centers Undermine MVS Security, Computers & Security, June 1991, S. 359-370
[20] Ch. Schramm, Added-on Security for MVS, Computers & Security, June 1993, S. 379-388
[21] Ch. Schramm, Prüfung der Sicherheit von MVS, KES, ISSN 0177-4565, 5/89 S. 337 ff.
[22] Ch. Schramm, Die Sicherheit von OMEGAMON/MVS, KES, ISSN 0177-4565, 2/91 S. 98 ff.
[23] Ch. Schramm, Aus Erfahrung ... Ein Auswertungssystem für RACF, KES, ISSN 0177-4565, 1/93 S. 97 ff.

EURORADIO : Verläßliche Übertragung sicherheitsrelevanter Zugbeeinflussungsdaten über offene Netzwerke

Jens Braband [*]
SIEMENS AG, Bereich Verkehrstechnik
Ackerstraße 22, D-38126 Braunschweig

Zusammenfassung

Im Projekt EURORADIO werden Methoden entwickelt und bewertet, die. die Verläßlichkeit (insbesondere die signaltechnische Sicherheit) der Übertragung sicherheitsrelevanter Zugbeeinflussungsdaten über offene Netzwerke wie ISDN oder GSM garantieren sollen. Das Übertragungsnetz wird dabei als nicht sicher vorausgesetzt und als Black Box (sog. Grauer Kanal) betrachtet. Die Sicherheitsanforderungen an das System und die Resultate einer Gefährdungsanalyse zeigen, daß kryptographische Mechanismen (Message Authentication Code (MAC), Digitale Signatur (DS)) geeignete Lösungen sind. Es wird begründet, warum ein MAC für diese Anwendung gegenüber der DS wesentliche Vorteile besitzt. Weiter wird mittels eines spieltheorethischen Ansatzes gezeigt, wie die signaltechnische Sicherheit mittels eines MAC unter sinnvollen Voraussetzungen für den Grauen Kanal praktisch garantiert und dimensioniert werden kann.

1 Einleitung

Für die Verläßlichkeit des Hochgeschwindigkeitsverkehrs bei der Eisenbahn ist es nicht ausreichend, Weichen und Signale richtig zu stellen und dem Zugführer sicherheitskritische Informationen optisch zu signalisieren. Für den Hochgeschwindigkeitszug ICE der Deutschen Bahn AG, für den der Bremsweg bei einer Reisegeschwindigkeit von 250 km/h mehr als 4 km beträgt, wird deshalb bereits ein leistungsfähiges Zugbeeinflussungssystem mit elektronischer Führerraum-Signalisierung (das sog. Linienzugbeeinflussungssystem LZB) eingesetzt, das dem

---

[*] Diese Arbeit entstand im Rahmen des Forschungsprojekts EURET 1205, das von der Europäischen Gemeinschaft DG VII-A4 unter dem Vertrag Nr. 8101-CT-91-1201 gefördert wurde. Der Autor möchte sich bei den Vertretern aller beteiligten Firmen für die gute Zusammenarbeit bedanken.

Zugführer eine elektronische Sicht von bis zu 10 km verschafft und zusätzlich die Zugfahrt überwacht.

Die rasche Entwicklung der modernen Digitaltechnik bietet auch für die Eisenbahnsicherungstechnik zahlreiche Möglichkeiten zur Leistungssteigerung bei gleichzeitiger Kostensenkung, allerdings nur unter Verwendung standardisierter Systeme, die wesentlich komplexer sind als bisher. Diese handelsüblichen Systeme erfüllen allerdings für sich alleine nicht die hohen Sicherheitsanforderungen der Bahnen und müssen deshalb durch geeignete Module ergänzt werden, die die Sicherheit garantieren können. Im Rahmen des ETCS-Projekts (European Train Control System) wird im Auftrag der EG und des Eisenbahnverbandes UIC/ERRI A200 eine standardisierte Funkzugbeeinflussung (FZB) für ein künftiges europäisches Hochgeschwindigkeitsnetz entwickelt [1]. Auftragnehmer ist EUROSIG, ein Konsortium neun namhafter europäischer Signaltechnik-Hersteller: ABB Signal, ACEC Transport, Alcatel SEL, ANSALDO Trasporti, CS Transport, GEC Alsthom, SASIB, Siemens und Westinghouse Signals. Das modular aufgebaute ETCS ist für eine Geschwindigkeit bis zu 500 km/h ausgelegt.

Die Aufgabe des Projekts EURORADIO besteht im Entwurf eines Moduls für das ETCS, das die signaltechnische Sicherheit der Übertragung von Zugbeeinflussungsdaten zwischen FZB-Kontrollzentren und Zügen über ein standardisiertes Mobilfunknetz gewährleisten soll. Mittlerweile hat sich der Bahnverband UIC für das GSM-System entschieden.

2 Verläßlichkeit und signaltechnische Sicherheit

Die Grundsätze zur Spezifikation und Bewertung der Verläßlichkeit des elektronisch geführten Zugverkehrs wurden in europäischen Normentwürfen festgelegt [2]. Die signaltechnische Sicherheit (safety) ist als ein Systemzustand definiert, der frei von unakzeptablen Risiken ist, wobei das Risiko von der Wahrscheinlichkeit und den Folgen einer potentiellen Gefährdung (d. h. Gefahr für Leib und Leben der Passagiere) abhängt. Die Verläßlichkeit eines Systems wird sowohl qualitativ (z. B. Einhalten eines standardisierten Entwicklungszyklus) als auch quantitativ (z. B. Vorgabe zulässiger Gefährdungsraten) definiert und bewertet. Abbildung 1 zeigt die Einflußfaktoren auf die Verläßlichkeit nach [2].

Die signaltechnische Sicherheit das Systems muß in einem Sicherheitsnachweis vom Hersteller dokumentiert werden, der neben dem Nachweis eines geeigneten Qualitäts- und Sicherheitsmanagements den Funktionsnachweis und den Nachweis der Auswirkungen von Störeinflüssen und Ausfällen auf das System beinhaltet. Die für den Sicherheitsnachweis zugelassenen Methoden sind ebenfalls standardisiert.

Für das Projekt EURORADIO wurde gefordert, daß die signaltechnische Sicherheit unabhängig von den Eigenschaften des Übertragungskanals garantiert werden muß. Der Übertragungskanal wird als nicht sicher, aber verfügbar vorausgesetzt. Im Prinzip wird der Übertragungskanal als Black Box betrachtet, dieses Modell wird als Grauer Kanal bezeichnet. Dieses Modell besitzt den Vorteil, daß im Sicherheitsnachweis die komplexe Hardware und Software des Übertragungskanals nicht detailliert bewertet werden muß und daß ein Austausch von Komponenten des Übertragungskanals keine Auswirkungen auf den Sicherheitsnachweis hat.

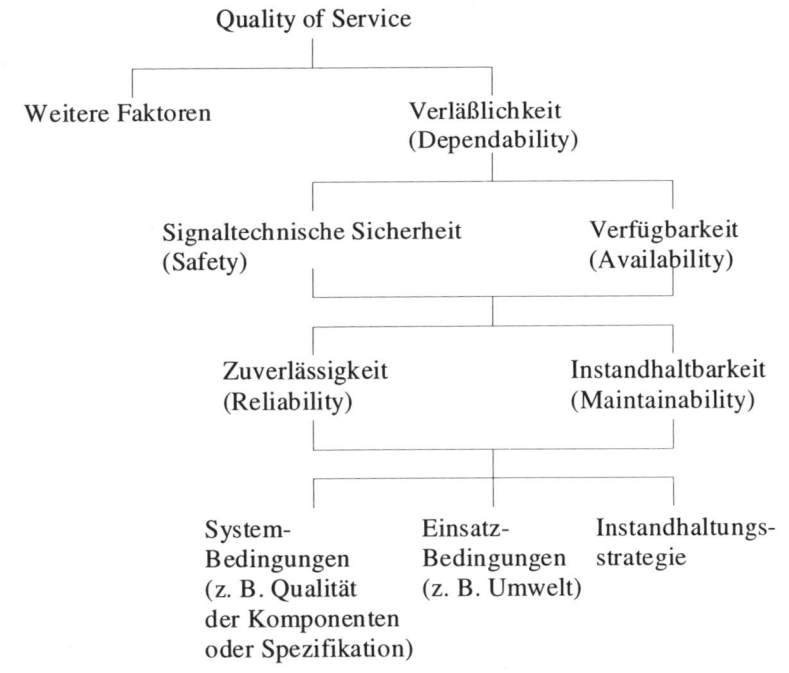

```
                        Quality of Service
                               |
            ┌──────────────────┴──────────────────┐
     Weitere Faktoren                      Verläßlichkeit
                                           (Dependability)
                                                  |
                              ┌───────────────────┴───────────────────┐
                   Signaltechnische Sicherheit              Verfügbarkeit
                   (Safety)                                 (Availability)
                                                                   |
                                          ┌────────────────────────┴────────────────────────┐
                                   Zuverlässigkeit                              Instandhaltbarkeit
                                   (Reliability)                                (Maintainability)
                                                                                        |
                           ┌────────────────────────┬────────────────────────┐
                     System-                   Einsatz-              Instandhaltungs-
                     Bedingungen               Bedingungen           strategie
                     (z. B. Qualität           (z. B. Umwelt)
                     der Komponenten
                     oder Spezifikation)
```

Abbildung 1: Einflußfaktoren auf die Verläßlichkeit der Zugbeeinflussung

Abbildung 2 zeigt schematisch eine mögliche Konfiguration des Umfeldes, in dem EURORADIO eingesetzt wird, sowie die festzulegenden Schnittstellen. Die Funkzugbeeinflussungs-Streckenzentrale sendet die Zugbeeinflussungsdaten über ein ISDN-Netz an das GSM Switching Centre, das die geeignete GSM Base Station bestimmt und die Übertragung durchführt. An Bord des Zuges befindet sich die GSM Mobile Station, die über ein Bussystem an einen sicheren Rechner angeschlossen ist, der die Daten auswertet. Der Ausdruck sicherer Rechner steht hier für ein mindestens 2-von-2-Mikrocomputersystem, bei dem die Prozessoren parallel das gleiche Programm abarbeiten und sich gegenseitig schrittweise überprüfen. Zusätzlich kontrolliert zyklisch jeder Prozessor seine Funktionsfähigkeit mit Hilfe von Testprogrammen.

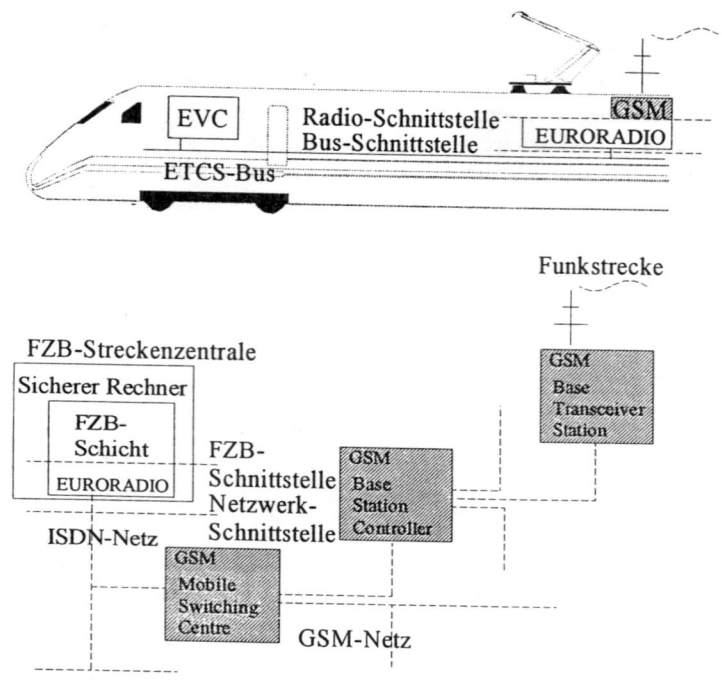

Legende: EVC = European Vital Computer
▨ = Nicht sichere Komponente des Grauen Kanals

Abbildung 2: Beispielkonfiguration für das Modul EURORADIO

3 Anforderungen und Sicherheitsarchitektur

Das Lastenheft für EURORADIO [3] enthält u. a. die folgenden funktionalen und sicherheitsrelevanten Anforderungen für den Entwurf:

- Identifikation der Teilnehmer beim Verbindungsaufbau
- Sicherung der Authentizität und Integrität von sicherheitsrelevanten FZB-Telegrammen
- Schutz gegen böswilligen Mißbrauch (intelligente Angriffe)
- Verzögerung durch Codierung und Decodierung insgesamt geringer als 50 ms
- Vergrößerung der Telegrammlänge durch Codierung weniger als 100%
- Größe von FZB-Telegrammen ca. 25 Byte

Als Sicherheitsniveau nach CENELEC prEN 50126 [2] wurde für EURORADIO das höchste Niveau (Safety Integrity Level 4) gewählt, da jede Fehlfunktion von EURORADIO katastrophale Auswirkungen haben könnte. Dies wurde durch folgende Forderungen quantitativ und qualitativ spezifiziert, die sowohl Forderungen an die signaltechnische Sicherheit als auch an die IT-Sicherheit darstellen:

- Die Gesamtgefährdungsrate aufgrund von zufälligen Störeinwirkungen und Auswirkungen von Hardware- und Softwarefehlfunktionen (im Netz) soll weniger als 10^{-11} pro Stunde pro Zug betragen.
- Die Stärke der Benutzeridentifikations- und Telegrammauthentikationsmechanismen soll so dimensioniert werden, daß böswillige Eingriffe mit einer hohen Wahrscheinlichkeit entdeckt werden können. Dies heißt, daß unter normalen Betriebsbedingungen ein unentdeckter böswilliger Eingriff sehr unwahrscheinlich sein soll und nur durchführbar sein darf, falls der Angreifer über ein außergewöhnliches Maß an technischen, finanziellen und personellen Ressourcen verfügt.

Um den Sicherheitsnachweis möglichst einfach zu gestalten, sollen sicherheitsrelevante Funktionen in einem Sicherheitskern konzentriert werden und von anderen Funktionen (z. B. Anpassung an den Übertragungskanal) so weit wie möglich separiert werden.

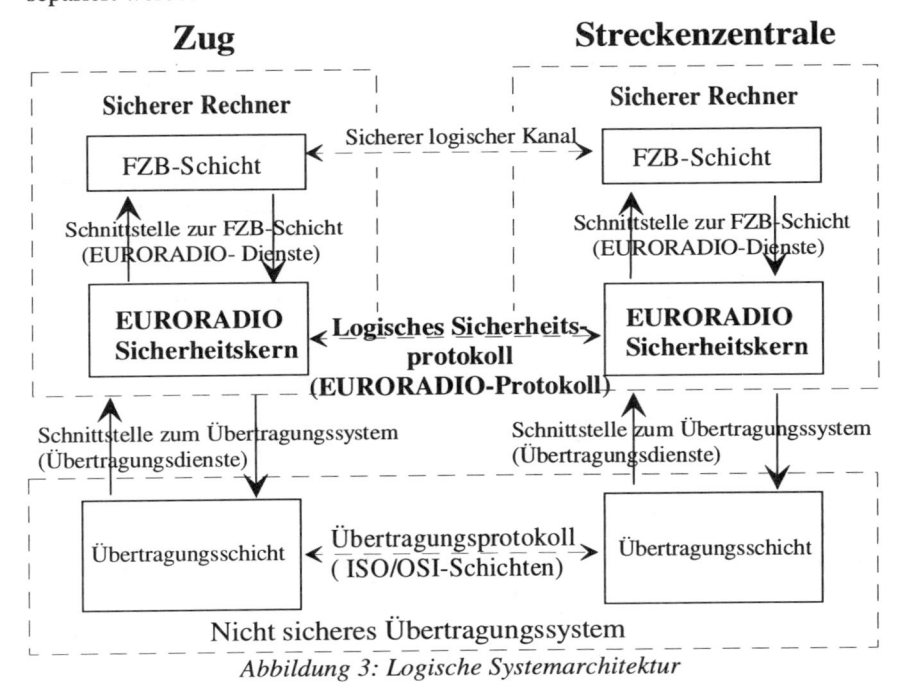

Abbildung 3: Logische Systemarchitektur

4 Ergebnisse der Gefährdungsanalyse

Es wurde eine Gefährdungsanalyse (Preliminary Hazard and Risk Analysis) nach CENELEC prEN 50126 [2] durchgeführt. Als mögliche Fehlerquellen müssen aufgrund der Komplexität und der offenen Architektur (unautorisierter Zugriff auf das GSM- und ISDN-Netz kann nicht ausgeschlossen werden) berücksichtigt werden:

- Zufällige Fehler aufgrund von elektromagnetische Störungen
- Störungen durch Ausfall nicht signaltechnisch sicherer Hardware
- Böswillige Angriffe (z. B. Sabotage)

Aufgrund der Komplexität des Übertragungskanals soll dieser als Grauer Kanal, d. h. es soll kein spezifisches Stör- oder Ausfallverhalten angenommen werden. Im Fall böswilliger Angriffe kann angenommen werden, kann die detaillierte Modellierung der Auswirkung zufälliger Störungen bzw. von Ausfällen aufgrund der folgenden Annahme vereinfacht werden:

Annahme 1: Zufällige Störungen oder Ausfälle von Komponenten des Übertragungskanals haben keine schlimmeren Auswirkungen als böswillige Angriffe.

Unter Annahme 1 kann sich die Gefährdungsanalyse im wesentlichen auf böswillige Angriffe beschränken. In der Analyse für EURORADIO [4,5] wurden die Bedrohungen der Vertraulichkeit, Integrität, Authentizität, Verbindlichkeit und Verfügbarkeit eingehend bewertet. Das Ergebnis dieser Analyse ist, daß generell das mit den Bedrohungen der Vertraulichkeit und Verbindlichkeit verbundene Risiko für FZB-Anwendungen vernachlässigbar ist. Ein zentrales Ergebnis der Gefährdungsanalyse ist, daß zur Erkennung böswilliger Angriffe geeignete Protokollmaßnahmen (Zeitstempel, Sequenznummern o. ä.) in Verbindung mit kryptographischen Verfahren [4] notwendig sind, allerdings keine Verschlüsselung der Daten.

5 Untersuchung kryptographischer Methoden

Es müssen zumindest die folgenden Sicherheitsdienste angeboten werden:

- Management der kryptographischen Schlüssel
- Identifikation und Authentikation der Teilnehmer beim Aufbau einer Verbindung
- Überwachung der Integrität, Authentizität und Zeitrichtigkeit der Telegramme

Im folgenden werden die wichtigsten Ergebnisse [4] stichpunktartig zusammengefaßt.

Das Schlüsselmanagement für FZB-Anwendungen kann entweder mit einfachen symmetrischen Methoden (wie bei GSM oder in Bankanwendungen) oder mit asymmetrischen Methoden erfolgen. Für die Benutzeridentifikation und -authentikation gibt es eine Reihe geeigneter Verfahren (z. B. ISO/IEC 10202 bzw. 9798),

wobei sich symmetrische und asymmetrische Verfahren nur sehr wenig unterscheiden.
Es gibt zwei Verfahren, die die Anforderungen über Telegrammauthentikation erfüllen können:

- ein Message Authentication Code (MAC) (genormt durch ISO/IEC 9797), basierend auf einer symmetrischen Blockchiffre, z. B. DES
- eine Digitale Signatur (DS) (genormt durch ISO/IEC 9796 oder den FIPS-Normvorschlag DSS), basierend auf einem asymmetrischen Verschlüsselungsverfahren.

Ein Vergleich verschiedener Hardware- und Softwareimplementierungen hat eindeutig den Geschwindigkeitsvorteil des MAC gegenüber der DS (bei einer minimalen Schlüssellänge von 512 Bit für die asymmetrischen Verfahren) ergeben [4]. In Abhängigkeit vom gewählten Algorithmus und der Implementierung bietet ein MAC, basierend auf einer symmetrischen Blockchiffre, eine 100-1000 mal größere Verarbeitungsgeschwindigkeit. Nur neueste Hardwareimplementierungen von DS können überhaupt die Echtzeitanforderungen von EURORADIO erfüllen. Ein weiterer Vorteil eines MAC gegenüber DS ist die wesentlich kürzere Länge des Sicherungsanhangs. In der folgenden Tabelle ist die Effizienz der Verfahren (Quotient der Länge des Sicherungsanhangs zur Nachrichtenlänge) für anwendungstypische kurze Nachrichten dargestellt:

Länge der Nachricht	MAC (ISO/IEC 9797)	RSA (ISO/IEC 9796)	DSS
192 Bit	0.33	1.66	1.66
200 Bit	0.6	1.56	1.6
256 Bit	0.25	1	1.25

Tabelle 1: Effizienz der Verfahren

6 Eine spieltheoretische Modellierung des Grauen Kanals

In der Authentikationstheorie gibt es drei Parteien: den Sender und den Empfänger einer Nachricht, die sich gegenseitig vertrauen, und den Angreifer, dessen Ziel es ist, den Empfänger zu veranlassen, eine ge- oder verfälschte Nachricht als authentisch zu akzeptieren. Um einen gewissen Grad an Sicherheit zu erreichen, muß der Sender die Nachricht derart mit Redundanz ausstatten, daß es für den Angreifer auch unter Ausnutzung einer optimalen Strategie nur mit einer geringen Wahrscheinlichkeit gelingt, die Nachricht unerkannt zu verfälschen. Durch Anfügen der Redundanz wird die Menge aller möglichen Nachrichten in zwei disjunkte Teilmengen A und $\overline{A}$ zerlegt, nämlich diejenigen Nachrichten, die der Empfänger nach Prüfung der Redundanz als authentisch akzeptiert und diejenigen, die er als nicht authentisch verwirft. Im Gegensatz zur klassischen Kanalcodierung, bei der A fest ist, ändert sich die Teilmenge A mit jedem Schlüssel. Ein guter Authentikationscode sollte für jeden gewählten Schlüssel die authentischen Nachrichten möglichst zufällig unter die Menge aller Nachrichten mischen, um die Unsicherheit des Angreifers, der den Schlüssel nicht oder nur teilweise kennen sollte, über den gültigen Code zu maximieren.

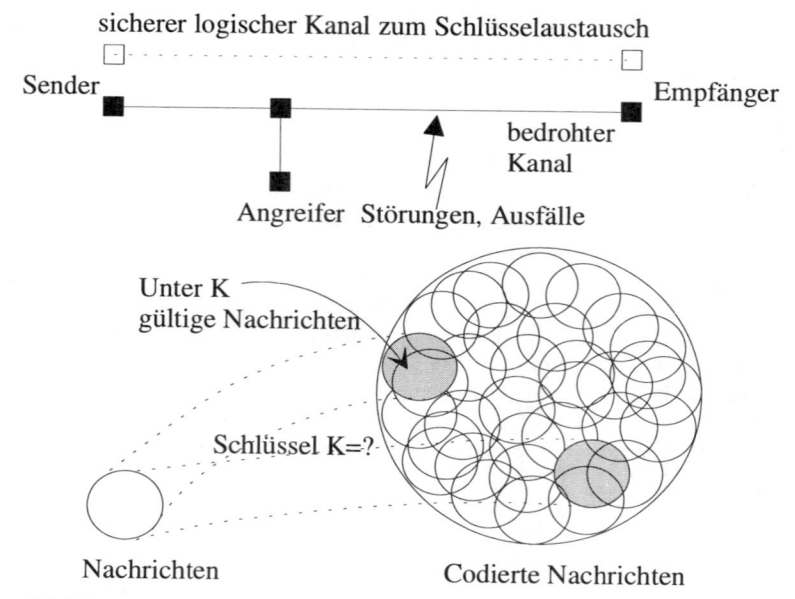

Abbildung 4: Das spieltheoretische Modell aus der Sicht des Angreifers

Vom Standpunkt des Angreifers sieht das Spiel folgendermaßen aus: Er kennt den aktuellen Schlüssel nicht, aber er kann den Authentikationscode für jeden Schlüssel und jede Nachricht berechnen. Er kennt also für jeden Schlüssel die Menge A der gültigen Nachrichten und muß eine optimale Strategie zur Suche des richtigen Schlüssels finden. Unter Annahme 1 können auch zufällige Störeinflüsse oder Auswirkungen von Hardwareausfällen als formale Spieler angesehen werden, deren optimale Strategie nicht besser sein kann als die eines intelligenten Angreifers.

Die theoretische Sicherheit von Authentikationscodes wurde unter der Annahme, daß der Angreifer unbegrenzte Zeit und Rechenleistung zur Verfügung hat, bereits ausführlich aus informationstheoretischer Sicht diskutiert [6]. Die wichtigsten Ergebnisse sind einige untere Schranken für die Wahrscheinlichkeit erfolgreicher Angriffe und die Tatsache, daß ein absoluter Schutz unmöglich ist. Es wurde jedoch auch angemerkt [7], daß diese Ergebnisse nicht gültig sind, falls nur praktische Sicherheit gefordert wird, d. h. falls nur die Wahrscheinlichkeit eines erfolgreichen Angriffs eines Gegners mit beschränkter Zeit und Rechenleistung hinreichend gering sein soll.

7 Aufdeckung von intelligenten Angriffen

Im folgenden sollen die Annahmen, die zur Bewertung der Sicherheit des MAC notwendig sind, vollständig ausgearbeitet und diskutiert werden. Eine grundlegende Forderung für die Modellierung von böswilligen Angriffen ist wohlbekannt als Kerckhoffsches Prinzip:

Annahme 2: Die Sicherheit des kryptographischen Verfahrens hängt nur von der Unsicherheit des Angreifers über den Schlüssel ab.

Die Häufigkeit von böswilligen Angriffen kann nur schwer modelliert werden; allerdings kann die Erfolgswahrscheinlichkeit eines Angriffs in Abhängigkeit von der Unsicherheit des Angreifers über den Schlüssel abgeschätzt werden. Im weiteren sei vorausgesetzt, daß ein auf einer kryptographisch starken Blockchiffre (z. B. DES oder IDEA) beruhender MAC verwendet wird:

Annahme 3: Die benutzte Blockchiffre besitzt fast ideale Diffusions- und Konfusions-Eigenschaften.

Annahme 4: Der Angreifer besitzt nur zwei Möglichkeiten, um einen erfolgreichen Angriff zu starten:

i) vollständige Schlüsselsuche aufgrund einer ausreichenden Menge abgehörter Nachrichten
ii) zufällige Bestimmung des MAC

Unter diesen Annahmen hängt die Wahrscheinlichkeit P_{UA} eines vom Empfänger unentdeckten Angriffs nur von der Unsicherheit $H(K)$ (Entropie) des Angreifers über den gültigen Schlüssel und der Länge m des MAC ab [4]:

$$P_{UA} = \max\left\{ \left\lceil 2^{H(K)-m} \right\rceil \times 2^{-H(K)}, 2^{-m} \right\} \quad (1)$$

$H(K)$ ist wiederum eine Funktion der Größe des Schlüsselraums, der Zeit und der Rechenkapazität des Angreifers ist, über die weitere Annahmen gemacht werden müssen.

8 Aufdeckung von Ausfallauswirkungen und zufälligen Fehlern

Die zentrale Größe bei der Bewertung der signaltechnischen Sicherheit von Datenübertragungsmechanismen sind die Wahrscheinlichkeit P_{UF}, daß ein auf dem Übertragungsweg verfälschtes Telegramm vom Sicherheitscode nicht als fehlerhaft erkannt wird bzw. die Rate (Fehler pro Stunde), mit der unerkannte Fehler auftreten. Unter Annahme 1 folgt sofort

$$P_{UF} \leq P_{UA} \qquad (2)$$

für beliebige Störeinflüsse und Ausfallauswirkungen unabhängig von der speziellen Charakteristik der Fehler. In vielen Situationen überschätzt man mit (1) allerdings die Gefährlichkeit von Störeinflüssen und Ausfallauswirkungen sehr stark, denn dieser formale Spieler sollte normalerweise nicht in der Lage sein, wie ein intelligenter Angreifer die verwendeten Algorithmen zu kennen und eine vollständige Schlüsselsuche durchzuführen, deshalb kann man argumentieren, daß hier gilt:

Annahme 4': Für einen Angreifer, der die Blockchiffre und das Konstruktionsprinzip des MAC nicht kennt, besteht die optimale Strategie darin, den MAC für eine beliebig modifizierte Nachricht zufällig zu bestimmen.

Dies ist insbesondere dann erlaubt, wenn davon ausgegangen werden kann, daß im Übertragungskanal kein Mechanismus zur Berechnung der verwendeten Blockchiffre vorhanden ist. In diesem Fall gilt unter Annahme 3 und 4'

$$P_{UF} \leq 2^{-m}. \qquad (3)$$

Es ist insbesondere anzumerken, daß außer Annahme 4' keine weitere Anforderung an die Eigenschaften des Übertragungskanals gestellt wurde. Unter Annahme 4' ist die Abschätzung (3) robust gegenüber der Fehlercharakteristik des Kanals; die Anforderungen werden hier an die Blockchiffre und den MAC gestellt.

Literatur

[1] European Train Control System, UIC/ERRI A200, 1993.
[2] Standard for Dependability (RAMS) for guided transport systems, Part 0: Dependability, Part 1: Reliability, Availability, Maintainability, Part 2: Safety, CENELEC-Subgroup TC9X/WG5B, prEN 50126, December 1993.
[3] EURORADIO System Requirements Specification, Version 1.0, EUROSIG, 1994.
[4] EURORADIO WP 1.3 Report on encoding/decoding methods, Version 1.0, EUROSIG, 1994.
[5] EURORADIO Preliminary Hazard Analysis, Version 1.0, EUROSIG, 1994.
[6] Simmons, G. J.: Authentication theory/Coding theory, Proc. CRYPTO'84, 411-431.
[7] Simmons, G. J.: A survey of information authentication, Proc. IEEE, vol. 76, 1988, 603-620.
[8] Fumy, W. und Rieß, H. P.: Kryptographie, München 1994.

Zugriffsschutz für OSI-Management

Erfahrungen aus dem DeTeBerkom-Projekt BMSec[1]

Rüdiger Grimm, Thomas Hetschold

GMD, Institut für Telekooperationstechnik
Postfach 100138, D-64201 Darmstadt.
{grimm,hetschold}@darmstadt.gmd.de

Zusammenfassung

Während die Sicherheitsproblematik von *Network Management* Anwendungen seit langem bekannt ist und ihre Lösungen in den OSI-Spezifikationen der X.700-Serie beschrieben sind, gibt es bisher kaum Erfahrungen mit ihrer Implementierung. Dieses Papier gibt eine kritische Sicht auf den OSI-Standard von Authentifizierung und Zugriffsschutz für Managementanwendungen und beschreibt dann unsere Erfahrung mit seiner Implementierung. Unsere Implementierung wurde mit Hilfe von OSIMaDE, SecuDE und IsoDE im BMSec-Projekt realisiert. Die verwendeten Abkürzungen und Akronyme sind am Ende dieses Artikels erläutert.

Schlüsselwörter

OSI-Management, Zugriffskontrolle, Authentifizierung, IsoDE, OSIMaDE, BerMan, SecuDE.

1 Problemstellung

Der Betrieb von Kommunikationsnetzen erfordert einen hohen Aufwand an Betreuung. Deshalb haben die Standardisierungsgremien von OSI- (in der X.700-Serie) und Internet-Protokollen (mit dem SNMP) schon vor einigen Jahren Modelle, Protokolle und Dienste eines *Network-Management* spezifiziert [17, 19]. Das Besondere am *Network-Management* besteht darin, daß es sich um einen *verteilten* Dienst handelt: Handelnder Manager und die betreuten Objekte im

---

[1]Das Projekt BMSec wird von der DeTeBerkom GmbH, Berlin gefördert. Seine Ergebnisse werden auch im RACE-Projekt [16] erprobt.

Managed System sind voneinander entfernt und über ein offenes Kommunikationsnetz miteinander verbunden. Manager greifen mit Hilfe von Kommandos, die über das Netz in Form von Kommunikationsprotokollen zum betreuten System übermittelt werden, auf die Objekte zu, um sie zu lesen oder zu verändern. Für die betreuten Objekte ist lokal ein Agent zuständig, der wiederum über die Kommunikationsprotokolle Antworten auf die Management-Kommandos und andere Meldungen an den Manager zurücksendet.

Während das Internet-SNMP das Management des Internets selbst spezifiziert, geht OSI-X.700 insofern weiter, als es einen Rahmen für *jede* Form von verteiltem Management spezifiziert, also auch von solchen Management-Aufgaben, die zwar über das Netz hinweg erledigt werden, deren Zielobjekte sich aber nicht notwendig auf das Kommunikationsnetz selbst beziehen. Beispiele dafür sind das Management einer entfernten Produktionsanlage, die Verteilung und Wartung kryptographischer Schlüssel oder eine verteilte Dokumentenverwaltung.

Ein Vergleich der beiden Modelle von X.700 und SNMP findet sich z. B. bei [17] und ist nicht Gegenstand dieses Papiers. Wir halten uns hier an das OSI-Modell, ohne damit behaupten zu wollen, daß es das überlegene Modell sei. Im Gegenteil: Ein Urteil über die Praktikabilität des OSI-X.700 Modells ist eines unserer Projektziele.

In jedem Fall aber geht es darum, daß ein Manager ein System von sensiblen Objekten, mit dem er durch ein offenes Kommunikationsnetz verbunden ist, betreut, indem er diese Objekte beobachtet und steuert.

Ein Managementsystem ist grundsätzlich als eine besonders sensible Institution anzusehen, das man auch in einem offenen Netz sicher führen können muß. Zur Sicherheit gehört natürlich zunächst eine angemessene Menge von Funktionen, die vollständig, übersichtlich und korrekt handhabbar sind: das ist die Aufgabe des Designers einer spezifischen Managementanwendung und wird hier nicht weiter besprochen. Zur Sicherheit gehört aber ganz allgemein auch der Schutz des Managementsystems vor unautorisierten Handlungen, d. h. in erster Linie vor Zerstörung, Manipulation und Ausforschung der Objekte. Davon ist in diesem Papier die Rede.

Die klassische Lösung dieses Problems ist ein Zugriffsschutz aufgrund von Regeln, die festlegen, welche Manager mit welchen Operationen auf welche Objekte zugreifen dürfen oder nicht. Dabei werden Manager und Objekte über ihre *Namen* identifiziert. Jede Regelprüfung setzt also eine Namensprüfung voraus. Daher hängt die Sicherheit des Zugriffsschutzes von der Authentizität der Namen ab.

Nach dem OSI-Management-Modell stehen sich zwei Personen gegenüber: Auf der einen Seite der *Manager* als handelnde Person und auf der anderen Seite der *Agent*, der die *Managed Objects* in der *Management Information Base (MIB)* lokal kontrolliert. Manager und Agent sind voneinander entfernt, wobei der Objektschutz durch den Agenten lokal bei den Objekten durchgesetzt wird (s. u. Abschnitt 2.1). Daher kann man die folgenden drei wichtigen Sicherheitsprobleme identifizieren, die miteinander verknüpft sind:

(a) die Authentizität der Namen von Manager und Agent,
(b) ein wirkungsvolles Zugriffskontrollschema auf Seiten des Agenten,
(c) der Schutz der Kommunikationsdaten vor Verfälschung und Ausforschung.

Als eine Lösung des *Authentifizierungsproblems* in offenen Netzen sind im *Authentication Framework* von OSI [10] „starke" Authentifizierungsprotokolle spezifiziert. Sie sind auch für Directory-Zugriffe bereits implementiert und erprobt worden [3, 14, 15, 16, 18].

Der *Zugriffsschutz* ist als Problem von den Autoren des OSI-Management-Standards erkannt und in einer eigenen Norm besonders für OSI-Management-Anwendungen spezifiziert worden [5]. Das Besondere dieser Spezifikation liegt darin, daß die Zugriffskontrolle durch Objekte gesteuert wird, die ihrerseits Gegenstand der eigenen Managementanwendung sind.

Die *Integrität* und *Vertraulichkeit* der *Kommunikationsdaten* wiederum wird nach dem heutigen Kenntnisstand am wirkungsvollsten durch kryptographische Mittel auf der Basis asymmetrischer Algorithmen geschützt, wie das z. B. in X.400-1988, Internet-PEM und Directory-Anwendungen spezifiziert und in einigen Projekten auch bereits implementiert und erprobt worden ist [3, 14, 15, 18]. Davon soll hier ebenfalls nicht weiter die Rede sein. Allerdings sei darauf hingewiesen, daß bei der starken Authentifizierung nach X.509 die Kommunikationspartner dieselben Schlüssel und Mechanismen einsetzen, so daß weitere Verschlüsselungen der Protokolldaten keinen besonderen Implementierungsaufwand mehr bedeuten.

Die Aufgabe, die wir hier beschreiben wollen, besteht darin, die gegenseitige Authentifizierung von Manager und Agenten und, darauf aufbauend, die Zugriffskontrolle der Objekte auf Seiten des Agenten miteinander zu verknüpfen. Auf dieser Basis haben wir dann die Zugriffskontrolle implementiert und erprobt. In diesem Papier geben wir einen Überblick über die Spezifikation des OSI-Managements und beschreiben dann unsere Implementation mit Hilfe von OSIMaDE [1], SecuDE [18] und IsoDE [13], die wir später im Kontext von DeTeBerkom und RACE [16] erproben werden. Schließlich fassen wir unsere Erfahrungen mit der gerade abgeschlossenen Implementation zusammen und geben einen Ausblick auf weitere Forschungserfordernisse.

Die Authentizität von Manager und Agent ist bereits im VALUE-Projekt PASSWORD [3, 14, 18] mit denselben Mechanismen erprobt worden, wobei es dort aber nur um die Kompatibilität der Authentifizierungsprotokolle bei Directory-Zugriffen ging, während die lokale Absicherung unberücksichtigt blieb. Diese Implementierungen des PASSWORD-Projektes sind sowohl in das ESPRIT-Projekt MIDAS [15], als auch in unsere eigenen Arbeiten in BMSec eingegangen[2], so daß wir von einer Kompatibilität unserer Protokolle in MIDAS und BMSec ausgehen können. MIDAS behandelt ebenfalls sowohl die starke Authentifizierung, als auch die Zugriffskontrolle beim OSI-Management. Allerdings ist die Zugriffskontrolle dort nur in Teilen implementiert worden. Es ist das (bereits verabredete) Ziel unseres Projektes, daß auch in diesem Punkt MIDAS und BMSec kompatibel bleiben, da die Produkte beider Projekte ja in einem (allen gemeinsamen) offenen Netz zum Einsatz kommen sollen.

2 Die Idee von OSI zum verteilten Management

2.1 OSI Management Anwendungen

OSI behandelt für seine Managementanwendungen in X.700 den allgemeinen Fall eines Managers, der ein System von sensiblen Objekten steuert, wobei Manager und betreutes System voneinander entfernt und durch ein offenes Kommunikationsnetz miteinander verbunden sind. Nach dem OSI-Sprachgebrauch nennen wir den Handelnden, der die betreuten Objekte steuert und sich über sie informiert, den „*Manager*", und die betreuten Objekte werden in einer „*Management Information Base (MIB)*" zusammengefaßt, für die der „*Agent*" zuständig ist. *Manager* und *Agent* kommunizieren miteinander nach den Regeln eines genormten Anwendungsprotokolles, dem *Common Management Information Protocol* [12], über das Kommunikationsnetz und benutzen dabei lokal jeweils in ihrer Rolle den *Common Management Information Service* [14]. Der *Agent* setzt lokal die *Operations*-Kommandos des *Managers* in echte Management-Aktionen gegenüber den betreuten Objekten in der *MIB* um, und der *Agent* sendet *Antworten* aus den Management-Operationen über die Kommunikationsprotokolle wieder an den *Manager* zurück. Mehr noch: der *Agent* kann ereignisgesteuert von sich aus aktiv werden und wichtige Ereignisse aus der *MIB* dem *Manager* (oder anderen Kommunikationsteilnehmern) in sogenannten *Notifikationen* mitteilen.

---

[2]Während MIDAS mit dem in der UCL entwickelten Sicherheitstool OSISEC gearbeitet hat, arbeiten wir mit dem in der GMD Darmstadt entwickelten Sicherheitstool SecuDE. Als Ergebnis des VALUE-Projektes PASSWORD sind ihre Sicherheitsmechanismen kompatibel.

Der OSI-Management-Standard X.700 definiert außerdem ein Modell von strukturierten Objekten und ihrem funktionalen Zusammenhang. Die „*managed objects*" des Modells beinhalten je nach *Objektklasse* gewisse Eigenschaften, Steuermöglichkeiten und Verhaltensweisen.

Die Objektklassen dienen der Definition und Beschreibung der Objekte und stehen untereinander in einer Vererbungshierarchie, wie man das von objektorientierten Programmiersprachen (und auch vom X.500-Standard) her gewohnt ist. In [6] wird die Struktur der Objektklassen definiert, während die sogennanten „*Guidelines for the Definition of Managed Objects (GDMO)*" [7] eine Beschreibungssprache für die Spezifikation von Objektklassen und allen ihren Eigenschaften mit Hilfe von vorformatierten Sprachkonstrukten, sogenannten „*Templates*" definieren. Eine Objektklasse ist im Wesentlichen durch seine *Attribute* (das sind die eigentlichen steuerbaren Elemente einer Objektklasse), durch die *Operationen* auf diesen Attributen, durch Reaktionen auf Zugriffe (*Responses*) oder auf äußere Ereignisse (*Notifications*) und schließlich durch sein (zu programmierendes) *Verhalten* als lokale Ressource definiert. Operationen können einfache vorgegebene Zugriffsarten wie „lesen" und „schreiben" sein oder frei programmierbare komplexe Aktionen.

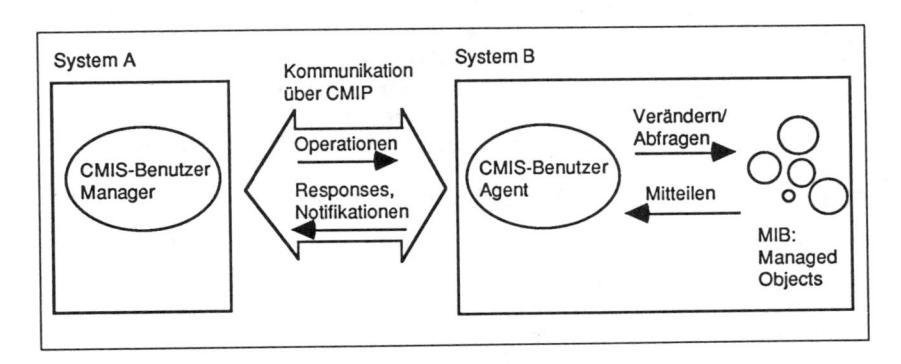

Abb. 1: OSI Modell X.700 einer Management-Kommunikationsanwendung

Neben der Vererbungshierarchie der Objektklassen, die nur dazu da ist, die Spezifikation von konkreten Managementsystemen zu unterstützen, gibt es eine Hierarchie der Objektinstanzen selbst, die die Zugehörigkeit von Objekten untereinander ausdrückt. Man kann also diejenigen Attribute und andere Eigenschaften eines Objektes, die man gerne zusammengefaßt verwalten will, zu einem Unterobjekt zusammenfassen und dem ursprünglichen Objekt unterordnen. Die „Zugehörigkeitshierarchie" der Objekte wird über die Namenshierarchie der Objekte bestimmt: Untergeordnete Objekte erben automatisch die Namen der übergeordneten Objekte und erhalten ein weiteres qualifizierendes Namensattribut. Diese hierarchische Zuordnung von Objekten wird deshalb auch als *Name Binding* bezeichnet und ist in derselben Form schon im Directory-Standard definiert. Deshalb kann bei geeigneter Namenswahl auch ein *Managed Information Tree* in einen *Directory Information Tree* integriert werden.

Die Zugriffskontrolle selbst ist durch das Dokument [5] des OSI-Management-Standards als ein mit vielen Unterobjekten reich strukturiertes *managed object* spezifiziert und wird auf diese Weise Gegenstand ihres eigenen Managements.

2.2 Zugriffskontrolle im OSI-Management

2.2.1 AEF und ADF

Zugriffskontrolle wird durch die sogenannte *access control enforcement function* (AEF) und die sogenannte *access control decision function* (ADF) verwirklicht.

Aufgabe der AEF ist es, den Zugriffsschutz durchzusetzen, Aufgabe der ADF ist, die Zugriffsentscheidung zu treffen, d. h. die Frage zu klären, ob einem Manager der Zugriff auf ein Objekt gewährt wird. Die ADF benötigt hierfür sogenannte *access control information* (ACI), die die eigentlichen Zugriffsregeln enthält (s. u. Abschnitt 2.2.2). AEF und ADF mit ACI sind auf Seiten des Management*agent* installiert. Eine gute Übersicht über das Zusammenspiel der Funktionen findet sich in [19, S.508], hier leicht modifiziert dargestellt.

Wir können drei Arten von Zugriffskontrolle unterscheiden (siehe Abb. 2):

a) während des *Verbindungsaufbaus* zwischen Manager und Agent;
b) bei jedem einzelnen Management *Request*, wenn ein Manager die Durchführung einer Operation auf einem Objekt verlangt;
c) für den Empfang einer Management *notification*, wenn ein Agent einem Manager einen *event report* sendet.

Standard X.741 spezifiziert die Fälle (b) und (c). Im BMSec Projekt (s. u. Abschnitt 3) wurde Fall (b) implementiert, da dieser Fall die feinste Granularität bietet.

Zugriffsschutz für OSI-Management 313

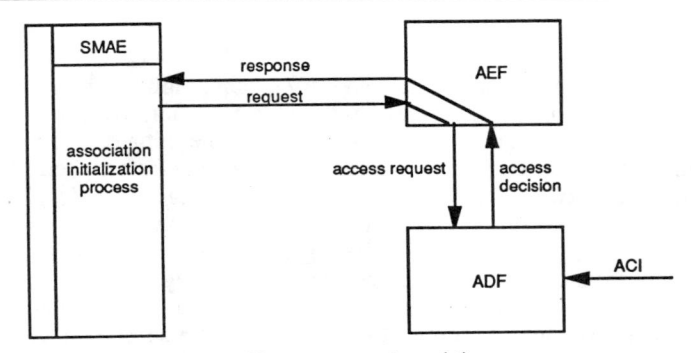

(a) Access control for a management association

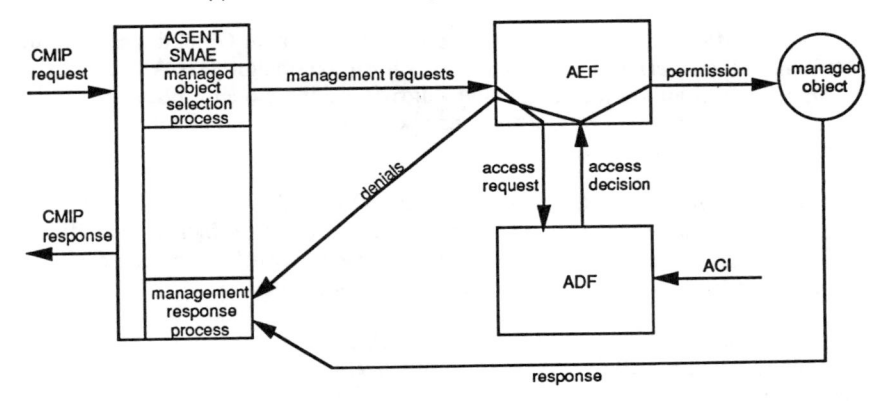

(b) Access control for management operations

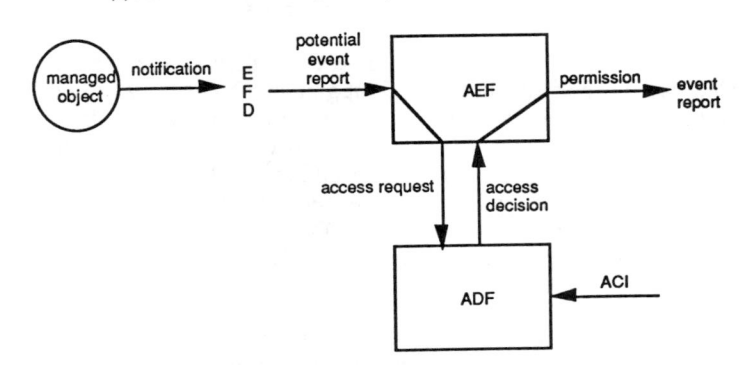

(c) Access control for a management notification

Abb. 2: Drei Arten von Zugriffskontrolle

2.2.2 ACI

Damit die ADF richtige Entscheidungen treffen kann, muß sie „wissen", welche Initiatoren (*initiators*) auf die MIB zugreifen können und welche Zielobjekte (*targets*) in der MIB gefunden werden können. Welche Initiatoren dann auf welche Zielobjekte zugreifen dürfen, wird in Regeln (*rules*) festgehalten. Dabei unterscheidet man zwischen Voreinstellungsregeln (*default rules*), globalen Regeln (*global rules*), die für alle Zielobjekte gelten, und Einzelobjektregeln (*item rules*), die für Teilmengen der Zielobjekte gelten. Es ist fundamental, daß der Standard vorsieht, Initiatoren, Zielobjekte und Regeln selbst in *managed objects* zu speichern, die in der gleichen MIB abgelegt werden, wie die Zielobjekte selbst, und dadurch auf die gleiche Weise gemanaged werden können (siehe Abb. 3).

Die *managed object class* (MOC) *rule* ist eine abstrakte Objektklasse, die die Attribute *access permission* und *denial response* beinhaltet. Das Attribut *access permission* gibt an, ob die Regel eine Zugriffserlaubnis oder ein Zugriffsverbot beschreibt. Das Attribut *denial response* bestimmt, wie im Falle einer Zugriffsverweigerung verfahren wird.

Die MOC *global rule* erbt die Attribute der Objektklasse *rule* und enthält ein weiteres Attribut *initiator list*, das eine Liste von Initiatorobjekten spezifiziert, die wiederum Initiatoren bezeichnen, für die die im Attribut *access permission* angegebene Zugriffsart für alle Zielobjekte der MIB gilt.

Die MOC *item rule* erbt die Attribute der Objektklasse *rule* und enthält außerdem die Attribute *initiator list* und *targets list*. Die Zugriffsart, definiert durch das Attribut *access permission*, soll dann für alle Initiatoren gelten, die durch das Attribut *initiator list* beschrieben sind und Zugriff auf Zielobjekte verlangen, die durch das Attribut *targets list* beschrieben sind.

Die MOC *initiators* ist eine abstrakte Objektklasse, die das Attribut *initiator ACI mandated* enthält. Dieses Attribut gibt an, ob der Initiator bei einem Zugriff zusätzliche ACI übermitteln muß. Die Objektklasse *initiators* wird an alle Objektklassen vererbt, die spezifisch für einzelne Zugriffskontrollschemata sind, wie Zugriffskontrollisten, *capabilities* und *labels*. In unserem Projekt haben wir das Zugriffskontrollistenschema implementiert, das zur Realisierung die Objektklasse *ACL initiators* benutzt. Diese Objektklasse enthält das Attribut *access control list*, das Initiatoren durch *distinguished names* und *object identifiers* beschreibt.

Die MOC *targets* enthält die Attribute *managed object classes*, *managed object instances*, *scope* und *filter*, mit deren Hilfe Gruppen von Zielobjekten, einzelne Zielobjekte bis hin zu einzelnen Attributen von Zielobjekten beschrieben werden.

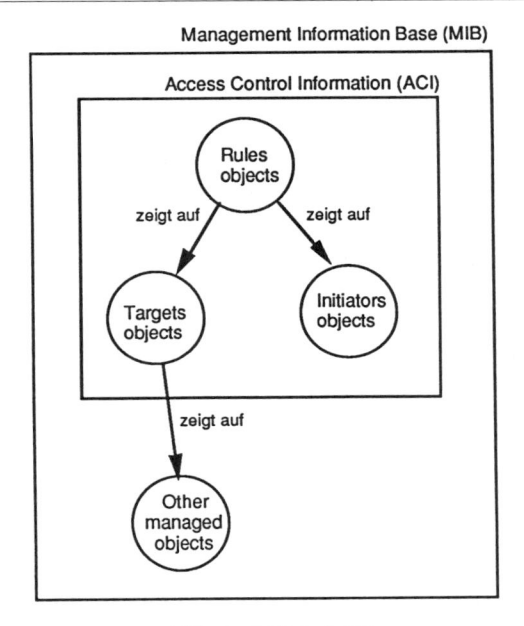

Abb. 3: ACI in MIB

Um Zugriffsschutz für bestimmte Operationen zu realisieren, wurde eine weitere Objektklasse *operations* eingeführt. Sie enthält das Attribut *operation type*. Operationsobjekte sind durch Namensbindung (*name binding*) an ihre Zielobjekte gebunden, wie in den Richtlinien für die Definition von *managed objects* definiert. Dadurch werden die Zugriffsoperationen zu Bestandteilen der Zielobjekte. Es ergibt sich zum Beispiel die unten in Abb. 4 gezeigte Situation. Hierbei wird angenommen, daß eine Menge von Initiatoren, bestimmt durch das Objekt I1, lesend auf eine Menge von Zielobjekten zugreifen darf, eine Menge von Initiatoren, bestimmt durch das Objekt I2, aber lesend und schreibend auf die gleichen Zielobjekte zugreifen darf. Für eine Diskussion der Vor- und Nachteile dieses Vorgehens s. u. Abschnitt 2.4.

2.2.3 Auswertungsreihenfolge der Regeln mit Beispiel

Die Zugriffskontrollregeln werden nach folgender Reihenfolge ausgewertet, wobei die erste gefundene gültige Regel angewendet wird:

1. globale Verbotsregeln (*global deny rules*)
2. Einzelobjektverbotsregeln (*item deny rules*)
3. globale Erlaubtregeln (*global grant rules*)

4. Einzelobjekterlaubtregeln (*item grant rules*)
5. Voreinstellungsregeln (*default rules*)

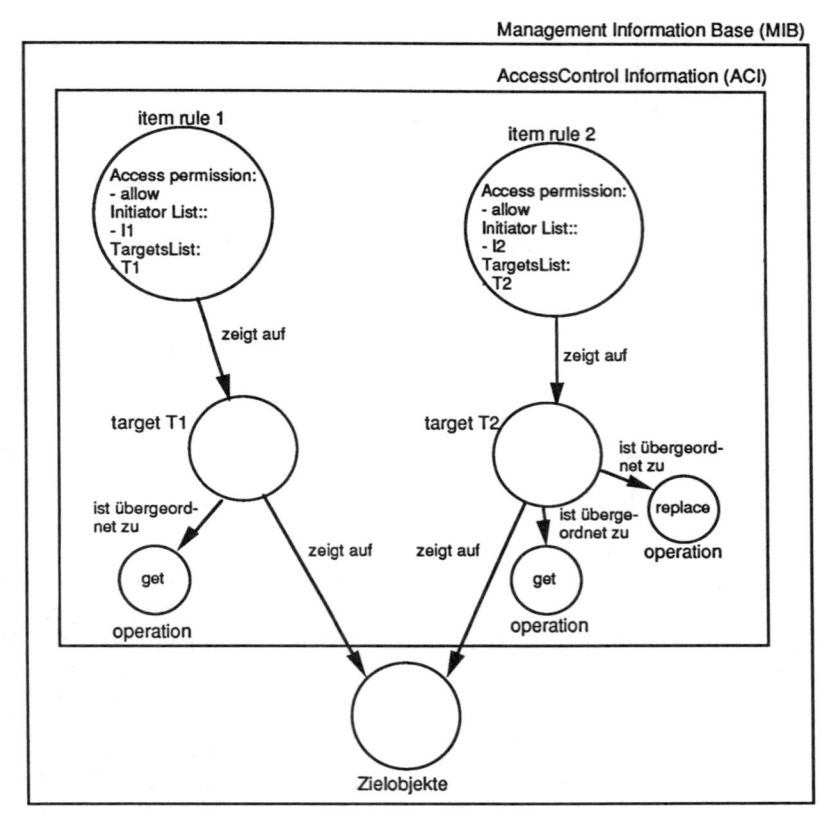

Abb. 4: Beispiel für item rules *mit* targets *und* operations

Informelles Beispiel:

managed objects:

Objektklasse	Attributwerte
Initiator 1	Maria
Initiator 2	Hans
Zielobjekt	Drucker

Objektklasse	Attributwerte
globale Regel 1	Maria darf alles
globale Regel 2	Hans darf alles
Einzelobjektregel	Hans darf Drucker nicht erzeugen
Voreinstellungsregel	Verbot für alle Zugriffsoperationen

Zugriffsversuche:

Zugriffsart	Zugriffsentscheidung	aufgrund der Regel
Maria liest Drucker	erlaubt	globale Regel 1
Hans liest Drucker	erlaubt	globale Regel 2
Hans erzeugt neues Druckerobjekt	verboten	Einzelobjekt(verbots)regel, wird vor der globalen (Erlaubt)regel 2 ausgewertet
Günther liest Drucker	verboten	Voreinstellungsregel, da sonst keine Regel zutrifft

2.3 Authentifikation im OSI-Management

Grundlage der Implementation der 2-Wege-Authentifizierung ist die Definition der starken Authentifizierung in den ITU-Empfehlungen [9, 10] und ihrer Anwendung im OSI-Management-Protokoll [12]. Demnach werden die von den Kommunikationspartnern erzeugten *Strong Credentials* innerhalb der *user-Information*-Felder des Verbindungsaufbaus in [8] ausgetauscht.

Das sieht im einzelnen so aus: Jeder Kommunikationspartner erzeugt auf Anwendungsebene die Protokolldateneinheit (kurz „*APDU*" für „*Application Protocol Data Unit*") *DirectoryBindArgument* mit *StrongCredentials* nach [9, 10]. *StrongCredentials* enthält eine *Zertifizierungskette* und ein signiertes *Token* mit dem Namen des Partners, einem Zeitstempel und einer Zufallszahl. Die folgenden Definitionen sind [9] entnommen:

```
DirectoryBindArgument ::= SET {
    credentials   [0] Credentials OPTIONAL,
    versions      [1] Versions DEFAULT {V1} }
```

```
Credentials    ::=         CHOICE {
    simple                 [0] SimpleCredentials,
    strong                 [1] StrongCredentials,
    externalProcedure      [2] EXTERNAL }

StrongCredentials ::= SET {
    certification-path [0] CertificationPath OPTIONAL,
    bind-token         [1] Token }

Token ::= SIGNED { SEQUENCE {
    algorithm  [0] Algorithmidentifier,
    name       [1] DistinguishedName,
    time       [2] UTCTime,
    random     [3] BIT STRING } }
```

Dieses *DirectoryBindArgument* wird als *userInfo* in die *CMIPUserInfo*-APDU eingetragen, welches in [12] wie folgt definiert ist:

```
CMIPUserinfo ::= SEQUENCE {
    protocolVersion [0] IMPLICIT ProtocolVersion
                            DEFAULT { version1 },
    functionalUnits [1] IMPLICIT FunctionalUnits
                            DEFAULT { },
    accessControl   [2] EXTERNAL OPTIONAL,
    userInfo        [3] EXTERNAL OPTIONAL }
```

Das *CMIPUserinfo* seinerseits bildet gemäß dem OSI-Management-Standard [12, Annex A] ein eigenes *EXTERNAL* im *user-information* Feld des ACSE-Verbindungsaufbaus und wird auf diese Weise Bestandteil der *AARQ-apdu* bzw. der *AARE-apdu*, wie im ACSE-Standard [8] beschrieben ist:

```
AARQ-apdu ::= [APPLICATION 0] IMPLICIT SEQUENCE {
    protocol-version [0] IMPLICIT BIT STRING
                            {version1 (0)}
                            DEFAULT { version1 },
    ...,
    user-information [30] IMPLICIT SEQUENCE OF EXTERNAL}
```

und *AARE-apdu* analog.

Manager und Agent sollen sich wie folgt voreinander authentifizieren: Der Manager initiiert die Verbindung und schickt seine *StrongCredentials* im Verbindungsaufbauwunsch an den Agent in einer *AARQ-apdu*. Dieser prüft sie und lehnt die Verbindung in *AARE-apdu* mit *Associate-result=rejected* ab, wenn er *Token* oder *Zertifizierungskette* nicht verifizieren kann. Wenn er dagegen die *StrongCredentials* verifizieren kann, akzeptiert er die Verbindung in *AARE-apdu* mit *Associate-result=accepted*.

Die akzeptierende Verbindungsaufbau-Information des Agent, *AARE-apdu* mit *Associate-result=accepted*, enthält nun die *StrongCredentials* des Agent. Der Manager prüft sie, und wenn er *Token* oder *Zertifizierungskette* nicht verifizieren kann, dann bricht er die Verbindung mit einem *"Provider-ABORT"* ab, d. h. er schickt eine *ABRT-apdu* mit *abort-source=service-provider*. Wenn er dagegen die *StrongCredentials* verifizieren kann, fährt er mit dem nächsten Schritt im normalen CMIP-Protokollablauf fort.

Die Prüfung der *Strong Credentials* ist eine lokale Aufgabe. Sie wird im Abschnitt „Strong Authentication" von [10] beschrieben. Es fällt auf, daß die Protokolldatendefinitionen in [9] nur die Übertragung einer einzigen Zufallszahl erlaubt, so daß der gerufene Partner die Zufallszahl des rufenden Partners nicht wiederholen kann. Mit anderen Worten, der Directory-Standard bildet seine eigene 2-Wege-Authentifizierung [10] nicht korrekt auf seine Protokolldefinition [9] ab, sondern [9] spezifiziert nur eine „2-mal-1-Wege-Authentifizierung" statt einer echten 2-Wege-Authentifizierung.

2.4 Kritik an den OSI Spezifikationen

Generell gilt, daß die OSI Spezifikationen die Zugriffskontrolle nur im offenen Kommunikationsnetz beschreiben, d. h. sie definieren ein Zugriffskontroll-modell mit Zugriffskontrollobjekten und Zugriffskontrollfunktionen. Die eigentliche Durchsetzung der Zugriffskontrolle findet letztlich beim Agent statt und ist nicht weiter spezifiziert. Sie muß durch andere Verfahren gesichert werden. Zum Beispiel können die *managed objects* in verschlüsselten Dateien gespeichert werden, wie dies in SecuDE mit den lokalen Chipkarten geschieht [3]. Die Sicherstellung der lokalen Zugriffskontrolle ist aber nicht Gegenstand des Standards.

Außerdem muß auch festgehalten werden, daß die Abbildung der *managed objects* auf reale Resourcen durch den Implementierer erfolgt und nicht Teil des Standards ist. Für den Agent wird dann vorausgesetzt, daß die Implementation korrekt ist. Hier könnten aber Zugriffskontrollmechanismen umgangen werden.

Ein Vorteil der OSI Spezifikation ist, daß sich logisch verbundene Anwendungs- und Zugriffskontrollobjekte in der gleichen MIB befinden und mit Hilfe der gleichen Mittel gemanaged werden. Dabei gestattet die Struktur der Objekte die Trennung der Zugriffsrechte nach Anwendungsobjekten und Zugriffskontrollobjekten, so daß „Zugriffskontrollmanager" (ähnlich UNIX-Systemadministratoren) definiert werden können.

Die Beschreibung von Zielobjekten in *item rules* lautet gemäß dem Standard:

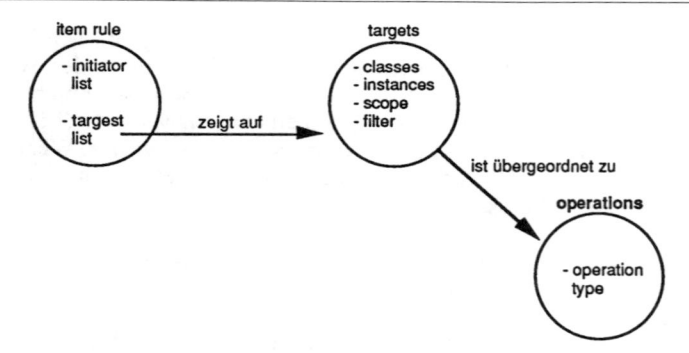

[Diagram: item rule (initiator list, targest list) zeigt auf → targets (classes, instances, scope, filter); ist übergeordnet zu → operations (operation type)]

Denkbar wäre aber auch folgende Lösung:

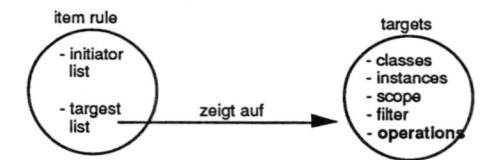

[Diagram: item rule (initiator list, targest list) zeigt auf → targets (classes, instances, scope, filter, **operations**)]

Der Vorteil der zweiten Lösung wäre, daß Zielobjekte bis auf das Level der Operationen durch ein einziges Objekt beschrieben werden. Dadurch sind bei der Bestimmung der Zugriffskontrollentscheidung weniger Zugriffe auf die MIB nötig, die Implementation wäre also effizienter.

Der Vorteil der ersten Lösung dagegen ist, daß Zielobjekte und Operationen getrennt dargestellt werden, da sie ja auch logisch Unterschiedliches beschreiben. Ein weiterer Vorteil ist, daß durch eine einfache Ergänzung der Namensbindung der Operationen an Initiatoren die Zugriffskontrollmechanismen ergänzt werden können:

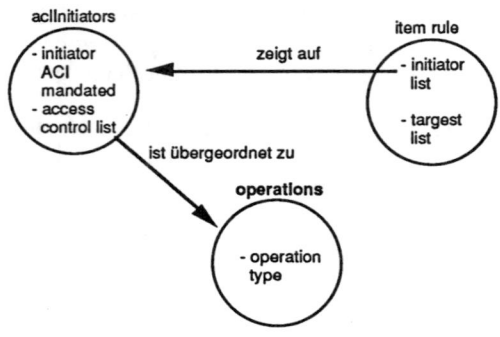

[Diagram: aclInitiators (initiator ACI mandated, access control list) ← zeigt auf — item rule (initiator list, targest list); ist übergeordnet zu → operations (operation type)]

Abb. 5 a-c: Bezug der operations *zu* initiators *und* targets

Es gibt einige einfache Sachverhalte, die sich nicht durch eine Regel ausdrücken lassen, z. B. läßt sich der Sachverhalt nicht ausdrücken, *bestimmten* Initiatoren generellen, auf *bestimmte* Operationen eingeschränkten Zugriff auf *alle* Zielobjekte zu geben. Das muß vielmehr durch Aufzählung einer vollständigen Liste von Zielobjekten ausgedrückt werden.

[5] äußert sich nicht dazu, wie auf Konfliktfälle der *denial response* reagiert werden soll, die auftreten können, wenn mehrere *item rules* auf das gleiche Zielobjekt verweisen, die unterschiedliche Einträge für dieses Attribut haben. Hier muß offenbar eine Hierarchie der Attributwerte festgelegt werden. Weiterhin bleibt fraglich, wie in folgendem Fall verfahren werden soll. Das *denial response* Attribut einer *item rule* bestimme, daß im Falle einer Zugriffsverweigerung ein Abbruch der Verbindung durchgeführt werden soll, die Granularität der Zugriffskontrolle sei nicht auf „request" eingestellt. Werden jetzt mehrere gültige Objekte und ein Objekt angesprochen, auf das diese *item rule* zeigt, so bleibt offen, wann der Verbindungsabbruch durchgeführt werden soll – noch bevor die gültigen Objekte gesendet werden, oder erst danach. In all diesen Fällen wird es zu unterschiedlichen Implementationen kommen. Wir haben uns im letzteren Fall dafür entschieden, dem Verbindungsabbruch Vorrang einzuräumen.

Vom Standard sind als Zugriffskontrollschemata *Zugriffskontrollisten*, *Capabilities* und *Labels* vorgesehen. Die Zugriffskontrollisten arbeiten namenbasiert auf *distinguished names* und *object identifiers*. Hier sollte einmal überlegt werden, ob nicht eine *Zweck*bindung der Zugriffskontrolle möglich ist. Im allgemeinen wird ein Manager Zugriffe zur Durchführung eines Zwecks durchführen. Der Zugriff auf *managed objects* sollte dann gewährt werden, wenn er (beweisbar) dazu dient, einen bestimmten Zweck zu erfüllen, so wie es beispielsweise auch das Bundesdatenschutzgesetz beschreibt.

3 Das Projekt BMSec

Im Institut für Telekooperationstechnik der GMD in Darmstadt ist in den letzten Jahren das Sicherheits-Toolkit SecuDE entwickelt worden [3, 17]. Es enthält u. a. Module zur Implementierung von kryptographischen Signier- und Verschlüsselungsfunktionen und von Directory-Zugriffen auf zugehörige Schlüsselinformationen. Im Rahmen des VALUE-Projektes PASSWORD [3, 14] wurde dafür gesorgt, daß die kryptographischen Mechanismen und die Kommunikationsprotokolle mit denen in anderen Produkten (OSISEC von der UCL London und Torquemeda von der INRIA Sophia Antipolis) kompatibel sind. Dabei wurde mit SecuDE auch eine starke 2-Wege-Authentifizierung für Directory-Zugriffe implementiert, die ebenfalls mit der OSISEC-Implementierung kompatibel ist.

Im Institut FOKUS der GMD in Berlin wurde in den letzten Jahren unter Förderung der DeTeBerkom das OSI-Management-Toolkit BerMan implementiert [1]. Dieses wurde in dem ESPRIT-Projekt MIDAS mit dem Toolkit OSIMIS der UCL London zu einer gemeinsamen OSI-Management-Plattform OSIMaDE ausgebaut. Dabei haben die englischen Partner der UCL in ihre Komponenten erste Ansätze von Authentifikations- und Zugriffskontrollmechanismen mit Hilfe des UCL-Produktes OSISEC eingebaut.

Das Projektziel von BMSec, das unter Förderung der DeTeBerkom von der GMD in Darmstadt durchgeführt wird, ist es, BerMan/OSIMaDE und SecuDE zusammenzuführen. Dabei sollen zwei Dinge erreicht werden: *Erstens* die Absicherung von BerMan mit Hilfe von Authentifikation und Zugriffskontrolle [2, 4]. Dieser Aspekt wird in dem hier vorliegenden Papier behandelt. *Zweitens* soll mit Hilfe von BerMan ein Managementsystem für Zertifizierungsinstanzen und Chipkarten definiert und implementiert werden. Zertifizierungsinstanzen sind (wie alle Managementbereiche) sensible Institutionen, für die ein verteiltes Managementsystem nur dann verantwortbar ist, wenn es eine starke Authentifizierung der Partner und eine Zugriffskontrolle der Objekte sicher gewährleistet. Insofern ist die Absicherung des Managementsystems die Basisaufgabe. Die Implementierung des Zertifizierungsmanagements wird allerdings erst die geeignete Belastungsprobe dafür darstellen, ob mit Hilfe von OSI und BerMan ein sinnvolles Managementsystem überhaupt hergestellt werden kann. Diese Erfahrung steht noch aus und wird in späteren Beiträgen veröffentlicht werden.

4 Implementation der Zugriffskontrolle in OSIMaDE

Bei der Implementation von namensabhängiger Zugriffskontrolle leuchtet unmittelbar ein, daß sie ohne vorausgegangene Authentifikation wenig sinnvoll ist. Sonst wäre es jedem möglich, in der Maske derjenigen Person Zugriff auf Objekte zu verlangen, der der Zugriff erlaubt ist. Also wurde mit der Zugriffskontrolle auch die 2-Wege-Authentifizierung gemäß [10] implementiert. Zu ihrer Realisierung wurde das Softwarepaket SecuDE verwendet.

Wir haben uns dafür entschieden, die Sicherheitsmechanismen so einzubauen, daß sie dynamisch von außen über einen „Schalter" ein- oder ausgeschaltet werden können. Dieser Schalter ist als ein Attribut des X.500 Directoryeintrages des Agent realisiert, der während des Verbindungsaufbaus gelesen wird. Man kann dieses Attribut als die Beschreibung einer *„Security Policy"* ansehen, die der Agent bei Verbindungsaufbau liest und an die er sich dann hält.

Die Authentifikation wird in die Aufbauphase der *association control* gelegt [8], die Zugriffskontrolle findet in der Managementphase statt. Der um die Sicherheitsfunktionalität ergänzte Protokollablauf sieht wie folgt aus:

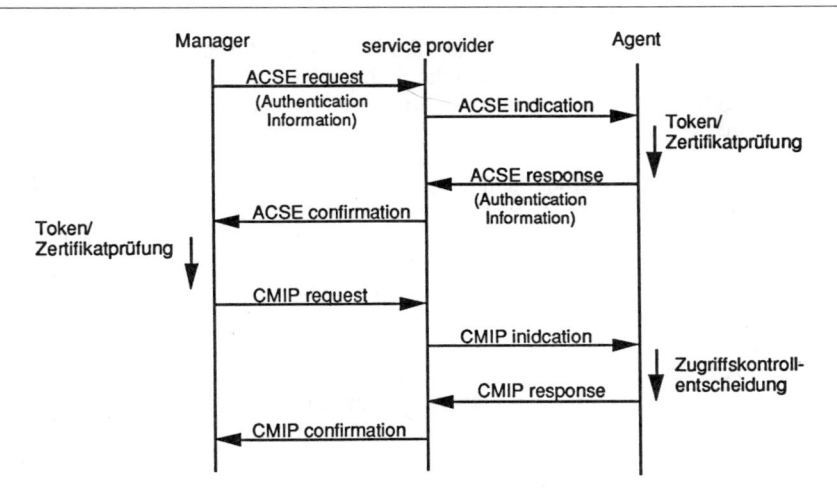

```
Manager          service provider        Agent
   ACSE request ──▶
   (Authentication      ACSE indication ──▶
   Information)                              Token/
                                        ↓ Zertifikatprüfung
                        ◀── ACSE response
   ◀── ACSE confirmation  (Authentication
Token/                      Information)
Zertifikatprüfung ↓

   CMIP request ──▶
                        CMIP indication ──▶
                                              Zugriffskontroll-
                        ◀── CMIP response   ↓ entscheidung
   ◀── CMIP confirmation
```

Abb. 6: Protokollablauf mit Sicherheitsfunktionalität

Unser Ziel bei der Programmierung der Sicherheitsfunktionalität in OSIMaDE war es, diese im Quellcode so weit wie möglich zu kapseln, d. h. das bestehende Paket so wenig wie möglich zu verändern. Alle nötigen Veränderungen sollten durch einen Schalter zur Kompilationszeit ein- bzw. ausgeschaltet werden können. Dieser „Kompilationsschalter" ist im Quellcode als ein *„conditional define"* (*#ifdef BMSecAccessControl und #ifdef Secude*) eingebaut und bezieht sich dort auf die sicherheitsbezogenen Teile.

Dabei haben wir in Kauf genommen, daß der resultierende Code langsamer und größer ist, als nötig, d. h. durch vollständige Integration in den bestehenden Quellcode hätten einige Funktionsabläufe optimiert werden können. Die Notwendigkeit für unser Vorgehen war, daß das Softwarepaket OSIMaDE durch unsere Projektpartner weiterentwickelt wurde und unsere zusätzliche Funktionalität möglichst einfach und schnell in neue Versionen integriert werden können soll. Ein Vorteil dieser Vorgehensweise ist, daß logisch getrennte Programmteile, wie die Zugriffskontrollentscheidung und die Auswahl der angeforderten *managed objects*, auch funktionell getrennt bleiben, und somit die Fehlerkorrektur einfacher ist und auch Programmergänzungen leichter durchgeführt werden können.

OSIMaDE besteht einerseits aus allgemeinen Managerapplikationen, die als Kommandozeilenbefehle oder als fensterorientierte Applikation Zugriff auf die *managed objects* beliebiger Agenten gewähren. Andererseits besteht OSIMaDE aus verschiedenen Compilern und Funktionsbibliotheken, mit deren Hilfe GDMO- und ASN.1-Beschreibungen der *managed objects* in eine Agentapplikation überführt werden sollen.

Da die Zugriffskontrolle vollständig auf der Agentseite durchgeführt wird, mußten die Managerapplikationen nur um die Sicherheitsfunktionalität der Authentifizierung agentseitig in die Funktionen implementiert werden, die den Verbindungsaufbau durchführen.

Die Zugriffskontrolle wurde agentseitig in die Funktionen integriert, die einen CMIS-Request bearbeiten. Dabei vollzog sich die Implementation der Zugriffskontrolle selbst in vier Schritten. Der erste und zweite Arbeitsschritt war, für die in ASN.1-Notation vorliegenden Attribute Syntaxbeschreibungen analog zur Quipubeschreibung [13] und die entsprechenden C++-Kapselung zu implementieren.

Der dritte Arbeitsschritt war die Implementation der *managed object classes* als C++-Klassen. Dies wird im wesentlichen durch den sogenannten GDMO-Compiler durchgeführt, es mußten lediglich kleinere Modifikationen am Code vorgenommen werden. Die Implementation des Verhaltens der Objekte, letztlich die ADF, war der letzte Arbeitsschritt.

Das größte Problem bei dem Zusammenspiel der Softwarepakete (IsoDE, OSIMaDE, SecuDE) waren Namenskonflikte. Viele OSIMaDE C++ Klassennamen sind in SecuDE C-Typen. Da es in C und C++ nicht möglich ist, solche Konflikte durch qualifizierte Namen (durch Voransetzen des Dateinamens) zu lösen, bleibt hier nur, in den Softwarepaketen selbst diese Namen durchgängig zu ändern. Unglücklicherweise handelt es sich hier teilweise um häufig gebrauchte Strukturen, so daß sich diese Änderungen durch eine ganze Reihe von Dateien hindurchziehen.

Da hier eine Mischung aus C und C++ Code vorliegt, müssen Funktionsprototypen in C explizit als C-Code deklariert werden, damit der C++-Compiler korrekte Objektdateien erzeugt. Weder in IsoDE, noch in SecuDE ist dies bisher der Fall. Die Umsetzung der IsoDE Funktionsprototypen wurde in OSIMaDE bereits vorgenommen, SecuDE wird diese Änderung im nächsten Release beinhalten.

OSIMaDE erlaubt, beim Starten eines Agent Initialobjekte zu erzeugen. Die Attribute dieser Objekte enthalten dann entweder festeingestellte Voreinstellungswerte oder Nullwerte. Bezüglich der Zugriffskontrolle hat das den Nachteil, daß nach dem Starten des Agent kein Manager Zugriff auf die MIB hat. Um diesen Zustand zu umgehen, haben wir eine Funktion geschrieben, um den Attributen der Initialobjekte flexibel Initialwerte zuzuweisen. So ist es möglich, zumindest einen „Zugriffskontrollmanager" einzurichten, der dann mit Hilfe der Managertools die weitere Zugriffskontrolle steuert.

Dabei stellt sich das Problem der Darstellung der Zugriffskontrollobjekte am Bildschirm. Die Kommandozeilenbefehle bieten sicher keine adäquate Darstellungsform hierfür. Aber auch ein allgemeines Werkzeug, wie der CMIS-Browser [1], erscheint noch zu unflexibel. Die Attribute der Zugriffskontrollobjekte enthalten häufig Listenwerte, die zur Zeit in einer Zeile angezeigt werden. Ein Manager benötigt diese Listen aber „auf einen Blick". *Managed objects* sind aufgrund ihrer Namensbindung hierarchisch geordnet. Um zumindest verschiedene Hierarchieebenen anzeigen zu können, müssen gleichzeitig mehrere Verbindungen zum Agent aufgebaut werden. Die Regelobjekte der Zugriffskontrolle verweisen auf Initiatoren und Zielobjekte, ohne daß diese durch Namensbindung regiert werden. Hier zeigt sich ein Konflikt der Modellstruktur des Managements gegenüber der inhaltlichen Struktur der Zugriffskontrolle. Ein grafisches Mittel, um Zugriffskontrolle geeignet darzustellen, wäre wünschenswert.

5 Ausblick

Authentizität und Zugriffsschutz sind nur zwei unter vielen Sicherheitsanforderungen an ein Managementsystem. Vertraulichkeit und Integrität der Kommunikation wären weitere Aspekte. Aber auch die Verbindlichkeit der Managementhandlungen, sowie die Zuverlässigkeit und Haftung sind wichtige Aspekte von Sicherheit, die für Managementsysteme von Bedeutung sind. Die in diesem Projekt BMSec eingebauten Mechanismen können als Bausteine für weitere Sicherheitsmaßnahmen verwendet werden, indem sie einerseits eine kryptographische Basis für andere Mechanismen bieten, indem aber andererseits ihre Ergebnisse auch inhaltlich eine Grundlage für weitere Maßnahmen darstellen.

Die Authentifizierungsmechanismen sind dem SecuDE-Paket entnommen und dadurch aufgrund des PASSWORD-Projektes mit den OSISEC-Mechanismen kompatibel [3]. In Kürze wird eine gemeinsame Aktivität mit dem MIDAS-Projekt [15], das die OSISEC-Mechanismen verwendet, gestartet, um das Interworking der starken Authentifizierung auch für Managementanwendungen zu erhalten.

Eine ganz andere Frage ist das *Management von Sicherheit*, also z. B. die Betreuung vertrauenswürdiger Instanzen, das Schlüsselmanagement, die Bereithaltung von Notfallmaßnahmen usw. Es ist die Frage, ob das OSI-Management-Modell dafür geeignet ist. Durch seine Allgemeingültigkeit ist es einerseits flexibler, andererseits aber auch komplexer und unübersichtlicher als das SNMP-Modell des Internet [17]. Ein Vergleich der beiden Managementmodelle in bezug auf Sicherheitsmanagement steht noch aus.

Die Zugriffskontrolle selbst ist natürlich auch Gegenstand eines Sicherheitsmanagements. Sie unterliegt einer sehr spezifischen Struktur, die sich nicht unbedingt mit der objektorientierten Struktur der *Managed Objects* deckt. In einem ersten Ansatz bilden wir aber die Zugriffskontrolle auf die Management-Struktur von X.700 ab und reichen sie an den Anwender weiter. Das zwingt den Anwender, also den Gestalter einer konkreten Zugriffskontrolle und ihren Manager, diese komplizierte Abbildung von einer Struktur auf die andere zu verstehen. Es ist nach unserer Meinung unbedingt erforderlich, eine Benutzeroberfläche für Zugriffskontrolle zu entwerfen, die die eigene Struktur der Zugriffskontrolle ausdrückt und ihre Abbildung auf die Management-Struktur von X.700 verbirgt.

Unsere Implementationen von Sicherheitsmanagement beziehen sich zunächst nur auf das Management einer Zertifizierungsinstanz (CA) nach [10]. Praktische Erfahrungen aus Feldversuchen mit CA-Management in DeTeBERKOM- und SAMSON-Kontexten sind erst in Vorbereitung. Über sie wird später noch zu berichten sein.

Abkürzungen und Akronyme

AARE	A-Associate-Response APDU, aus ACSE X.227;
AARQ	A-Associate-Request APDU, aus ACSE X.227;
ABRT	A-Abort APDU, aus ACSE X.227;
ACI	Access control information, aus OSI-Management X.700 ff.;
ACL	Access control list;
ACSE	Association control service element, ITU Standard X.217, X.227;
ADF	Access control decision function, z. B. in CMIS;
AEF	Access control enforcement function, z. B. in CMIS;
APDU	Application protocol data unit;
BerMan	Berkom Management, Projekt der DeTeBerkom;
BMSec	Berkom Management Security, Projekt der DeTeBerkom;
CMIP	Common management information protocol, ITU X.700 ff.;
CMIS	Common management information service, ITU X.700 ff.;
EFD	Event forwarding discriminator, z. B. in CMIS;
ESPRIT	Förderungsprogramm der Europäischen Union aus dem 3. Framework 1992;
GDMO	Guidelines for the definition of managed objects, zu CMIS;
IsoDE	Iso development environment, Entwicklungsumgebung für OSI Anwendungen;
MIB	Management information base, aus CMIS;
MIDAS	Projekt des ESPRIT Programmes;
MOC	Managed object class, aus CMIS;
OSIMaDE	OSI Management development environment, im BerMan Projekt entwickelt;
OSISEC	OSI Security, Entwicklungsumgebung für Sicherheitsdienste, von der UCL entwickelt;

PASSWORD Piloting authentication and security services within OSI applications for RTD information, Projekt des VALUE Programmes;
PEM Privacy Enhanced Mail, um Sicherheitsdienste erweiterte electronic mail, im Internet entwickelt, RFC 1421-1424;
RACE Förderungsprogramm der Europäischen Union aus dem 3. Framework 1992;
SAMSON Projekt des RACE Programmes;
SecuDE Security development environment, Entwicklungsumgebung für Sicherheitsdienste, von der GMD entwickelt;
SMAE Systems management application entity, zu CMIS;
SNMP Simple network management protocol, Internet Standard;
VALUE Förderungsprogramm der Europäischen Union aus dem 3. Framework 1992;

Literatur

[1] BERMAN, Guide to the BERKOM Management Platform, Volume 4: Programmer's Guide for the Managed Side. Version 3.0, Dez. 1993.

[2] Faltin, U., Spezifikation und Implementation von 2-Wege-Authentifizierung in BerMan, Version 1, 31.8.1994. (Erhältlich bei den Autoren.)

[3] Grimm, R., Lühe, J., Schneider, W., Towards Trustworthy Communication Systems – Experiences with the Security Toolkit SecuDE, in: Proceedings of the IFIP TC6/WG6.5 International Conference on Upper Layer Protocols, Architectures and Applications (ULPAA'94), Barcelona, 1.-3. Juni 1994, 103-116. Wird veröffentlicht in IFIP Transactions, Elsevier Science Publishers B.V. (North-Holland), 1994.

[4] Hetschold, T., Specification and Implementation of Access Control according to ISO/IEC 10164-9/X.741, Version 2, 31.8.1994. (Erhältlich bei den Autoren.)

[5] ISO/IEC 10164-9, ITU X.741, Information technology – Open Systems Interconnection – Systems management: Objects and attributes for access control, 1993.

[6] ISO/IEC 10165-2, ITU X.721, Information technology – Open Systems Interconnection – Structure of management information: Definition of management information, 1988.

[7] ISO/IEC 10165-4, ITU X.722, Information technology – Open Systems Interconnection – Structure of management information: Guidelines for the definition of managed objects, 1988.

[8] ISO/IEC 8649/8650, ITU X.217/X.227, Information Processing Systems – Open Systems Interconnection – Service Definition/Protocol Specification for the Association Control Service Element, 1987(E).

[9] ISO/IEC 9594-3, ITU X.511 (1988/92), Information technology – Open Systems Interconnection – The Directory – Abstract Service Definition, 1993(E).

[10] ISO/IEC 9594-8, ITU X.509 (1988/92), Information technology – Open Systems Interconnection – The Directory – Authentication Framework, 1993(E).

[11] ISO/IEC 9595, ITU X.710, Information technology – Open Systems Interconnection – Common management information service definition, 1991(E).

[12] ISO/IEC 9596-1, ITU X.711, Information technology – Open Systems Interconnection – Common management information protocol – Part 1: Specification, 1991(E).

[13] ISODE Vol. 12 (Quipu), Programmer's Guide, X.500 DUA, Feb. 1993.

[14] Kirstein, P., Williams, P., Piloting authentication and security services within OSI applications for RTD information (PASSWORD), 3rd Joint European Networking Conference, Innsbruck, Austria, 11-14 May 1992, in: Computer Networks and ISDN Systems, Vol. 25, Numbers 4-5, Nov. 1992, Elsevier Science Publishers B.V. (North-Holland), 483-489.

[15] Knight, G., Bhatti, S., Deri, L., Secure Remote Management in the ESPRIT MIDAS Project, in: Proceedings of the IFIP TC6/WG6.5 International Conference on Upper Layer Protocols, Architectures and Applications (ULPAA'94), Barcelona, 1.-3. Juni 1994, 73-82. Wird veröffentlicht in IFIP Transactions, Elsevier Science Publishers B.V. (North-Holland), 1994.

[16] RACE 2058, SAMSON – Security And Management Services in Open Networks. Deliverable D1: Global Specification of a Security Service Management Architecture Model, July 1992. Deliverable D2: Top Level Specification of the SAMSON Security Management Architecture, Issue 2, Dec 1992. Deliverable D3: Detailed Design Specifications, Issue 1, April 1993. (Erhältlich bei den Autoren.)

[17] Rose, M. T., The Simple Book: An Introduction to Management of TCP/IP-based Internets, Prentice Hall, Englewood Cliffs, NJ, 1991.

[18] Schneider, W., (Ed.): SecuDE – Overview Version 4.3, Mai 94. Erhältlich über anonymes ftp von ftp.darmstadt.gmd.de aus dem Unterverzeichnis pub/secude. Dort sind auch alle anderen SecuDE-Dokumente erhältlich.

[19] Stallings, W., SNMP, SNMPv2, and CMIP: the practical guide to network management standards, Addison Wesley, Reading MA, 1993.

Vertrauenswürdiger Entwurf portabler Benutzerendgeräte und Sicherheitsmodule

Andreas Pfitzmann

Technische Universität Dresden
Institut für Theoretische Informatik
01062 Dresden
pfitza@tcs.inf.tu-dresden.de

Birgit Pfitzmann,
Matthias Schunter

Universität Hildesheim
Institut für Informatik
Marienburger Platz 22
31141 Hildesheim
{pfitzb,schunter}@informatik.
uni-hildesheim.de

Michael Waidner[1]

IBM Forschungslaboratorium Zürich
Säumerstrasse 4
CH-8803 Rüschlikon, Schweiz
wmi@zurich.ibm.com

Zusammenfassung: Portable Benutzerendgeräte (POBs) und Sicherheitsmodule (SMs) müssen hohe Sicherheitsanforderungen erfüllen, um für Anwendungen wie elektronische Zahlungssysteme oder elektronisches Unterschreiben von Dokumenten einsetzbar zu sein. Insbesondere müssen die Benutzer selbst ihren POBs und SMs vertrauen können. Es werden daher praktikable „vertrauensbildende" Maßnahmen für Entwurf, Entwicklung, Produktion, Initialisierung und Nutzung von POBs und SMs vorgestellt. Insbesondere werden Methoden zur Unterschrift großer Dokumente auf kleinen POBs und Alternativen zu Smartcards für SMs vorgestellt sowie flexiblere Verfahren zur Benutzeridentifikation diskutiert.

1 Einleitung

Was sind *portable Benutzerendgeräte* (POB) und *Sicherheitsmodule* (SM)?

POBs sind beliebige tragbare Geräte mit Rechen- und Speicherleistung, wie zum Beispiel tragbare Rechner (Notebooks, PDAs), Mobilfunktelefone, Taschenrechner, Digitaluhren, Gameboys, sogenannte elektronische Brieftaschen oder einfach Prozessorchipkarten (*smart cards*).

SMs sind manipulationssichere (*tamper-resistant*) Rechner, die versuchen, die

---

[1] Die Arbeiten wurden größtenteils am Institut für Rechnerentwurf und Fehlertoleranz, Universität Karlsruhe, ausgeführt.

Vertraulichkeit und Integrität gespeicherter Daten auch bei physischen Angriffen zu wahren. Einfache SMs sind Prozessorchipkarten [GuUQ 92]; leistungsfähigere und komplexere Module sind jedoch bereits erhältlich [Palm 92].

Ein Benutzerendgerät kann zugleich ein Sicherheitsmodul sein oder ein oder mehrere SMs enthalten.

Betrachtet werden unter anderem folgende Anwendungen:

- Elektronische Off-Line Zahlungssysteme (*electronic cash*) mit elektronischen Brieftaschen und Chipkarten als SMs. Solche Systeme werden zur Zeit z.B. von National Westminster (*Mondex*) [Rolf 94] und vom europäischen ESPRIT-Forschungsprojekt „CAFE" entwickelt [BBCM 94][2], wobei sich das CAFE-System durch die fortschrittlichste Architektur und Kryptographie auszeichnet.

- Mobilfunktelefone [ETSI 90] und Vorschläge zur Erhebung von Straßennutzungsgebühren analog den Zahlungssystemanwendungen [MeMä 94].

- Elektronisches Unterschreiben von Dokumenten für das „papierlose Büro" und elektronische Abwicklung von Rechtsgeschäften. Bisherige Erfahrungen mit derartigen Anwendungen auf Personalcomputern zeigen, daß rechtsgültige Unterschriften ohne benutzereigene Geräte nicht machbar sind: Einfache Gerätemanipulationen sind vom Benutzer nicht erkennbar und ermöglichen das Erlangen von Unterschriften, die der Unterzeichner nicht beabsichtigte [Pord 93, PoRS 93].

Um praktische Sicherheit zu erreichen, müssen die Anwendungen insgesamt betrachtet werden: Sicherheit scheitert oft an der Faulheit der Benutzer. Der Benutzer will weder viele POBs oder SMs verwalten noch sein Geld auf mehrere Geräte verteilen müssen. Außerdem sollte ein POB auch für weniger sicherheitsrelevante Anwendungen ohne große Umstellungen brauchbar sein. Es wird im folgenden vorausgesetzt:

- Jedes Gerät (POB/SM) ist einem Benutzer fest zugeordnet (im Gegensatz etwa zu öffentlichen Terminals).[3]

- Die Anwendung schließt ein Rechtsgeschäft ein, d.h. der Benutzer gibt mittels seines POBs eine Willenserklärung ab. Der Benutzer muß daher den Ablauf prüfen und wichtige Schritte autorisieren können, z.B. bei einer Zahlung sowohl den Betrag als auch die Weitergabe persönlicher Daten.

In Kap. 2 geben wir einen Überblick über verschiedene Arten von Vertrauen in

---

[2] Unsere Forschungsgruppe ist an CAFE beteiligt. Unsere Erfahrungen aus diesem Projekt motivierten uns, dieses Papier zu schreiben.

[3] Sollen Geräte verliehen oder von Gruppen geteilt werden, ist zumindest ein minimales sicheres Mehrbenutzerbetriebssystem nötig. Dies wird im folgenden nicht betrachtet.

POB und SMs und über „vertrauensbildende" Entwicklungs- und Herstellungsmethoden. Anschließend werden einige Fragestellungen genauer betrachtet, die bisher in der Literatur nicht oder nicht umfassend behandelt wurden:

- Wie kann das Vertrauen von Benutzern, deren Sicherheit von einem POB/SM abhängt, in ihre Geräte erhöht werden (Kap. 3)?
- Wie können die Handlungen des Gerätes für Benutzer nachvollziehbar gemacht werden (Kap. 4), insbesondere bei beschränkten Ein- und Ausgabemöglichkeiten?
- Maßnahmen gegen Verlust der Geräte (Kap. 5).
- Flexible Maßnahmen zur gegenseitigen Erkennung von Benutzer und Gerät (Kap. 6).
- Mehr über sicheren Speicher in Sicherheitsmodulen (Kap. 7).

Diese Gliederung folgt dem Lebenszyklus eines Geräts mit Untergliederung nach den verschiedenen Vertrauensarten.

2 Vertrauen ist nicht gleich Vertrauen

2.1 Drei Arten von Vertrauen

Wir unterscheiden folgende Arten von Vertrauen nach Situation des Agenten (d.h. des SM/POB, das für eine Person handelt):

1. *Vertrauen in persönlichen Agenten:* In den hier betrachteten Anwendungen müssen die Benutzer darauf vertrauen, daß ihre Geräte, während sie diese besitzen, korrekt arbeiten, z.B. kein Geld löschen und keine beliebigen Nachrichten unterschreiben.

2. *Agent unter fremder Kontrolle*: Meist müssen POBs und SMs auch bei Angriffen in der Lage sein, Schaden zu verhindern. Wir unterscheiden zwei Arten von fremder Kontrolle über ein Gerät:

   2a. *Vertrauen in entführten Agenten*: Hier vertraut der rechtmäßige Benutzer darauf, daß auch ein verlorenes oder gestohlenes Gerät seine Rechte sichert. Ähnliche Situationen sind Wartung und vorübergehende Weitergabe, z.B. in ein POS-(Point-of-Sales-)Terminal.

   2b. *Vertrauen in Agenten in feindlicher Umgebung*: Jemand gibt sein Gerät dauerhaft an Dritte weiter und vertraut darauf, daß es den Umfang der Nutzung seiner Rechte kontrolliert. Beispiel hierfür ist eine Telefonwertkarte, die im Namen der Telefongesellschaft verhindert, daß Gebühreneinheiten mehrfach ausgegeben werden.

2.2 Vertrauensbildende Maßnahmen nach Vertrauensarten

Vertrauen in persönlichen Agenten

- Diese Art von Vertrauen beruht auf der Vertrauenswürdigkeit von Entwurf, Herstellung, Auslieferung, Personalisierung, Initialisierung und gegebenenfalls auch Wartung der Geräte. Obwohl „vertrauenswürdig" nicht objektiv meßbar ist, existieren Maßnahmen, die diese Vertrauenswürdigkeit erhöhen.

- Eine gut durchdachte und dokumentierte Benutzerschnittstelle ist zwingend notwendig, um dem Benutzer zu ermöglichen, seine Wünsche dem Gerät zu vermitteln. Ein Beispiel ist die Warnfunktion (eine wichtige Funktionen der handgeschriebenen Unterschrift) beim Unterschreiben.

Spezielle Fragestellungen, die wir in späteren Kapiteln wieder aufgreifen, sind:

- Maßnahmen zur Erhöhung des Vertrauens in einen Entwurf — vorrangig Diversität und andere Methoden der Software-Fehlertoleranz (Kap. 3.1).

- Auch wenn die Benutzer dem Entwurf vertrauen, muß garantiert werden, daß die gelieferten Geräte dem Entwurf entsprechen (Kap. 3.2).

- Für alle Beteiligten vertrauenswürdige Erzeugung von Schlüsseln (Kap. 3.3).

- Unter welchen Bedingungen können mehrere Parteien mit gegensätzlichen Sicherheitsanforderungen demselben SM vertrauen (Kap. 3.4)?

- Wie können Benutzer sicher sein, was sie signieren, wenn das Display eines POB eigentlich zu klein ist, um die Dokumente darzustellen (Kap. 4)?

Vertrauen in entführten Agenten

Für diese Vertrauensart wird ein SM benötigt, dem der Benutzer vertraut. Dies kann zugleich das POB sein[4]. Dieses SM sollte

- den Benutzer identifizieren (z.B. durch PIN, Passwort oder Biometrik) und

- geheime Schlüssel speichern und verwenden. Wenn SM und POB nicht identisch sind, gehören dazu die Schlüssel zur Geheimhaltung und Integritätsprüfung von aus dem SM in das ungeschützte POB ausgelagerten Daten.

---

[4] Alternativ könnte der Speicherinhalt des POB mit einem geheimen Schlüssel des Benutzers verschlüsselt werden. Dieser muß nach dem Einschalten eingegeben werden. Kaum ein Benutzer wird jedoch bereit (und fähig) sein, sich einen kryptographisch sicheren Schlüssel zu merken (ein 56-bit DES Schlüssel wäre das Minimum). Im Prinzip könnte man auch Biometrik verwenden, um einen sicheren Schlüssel abzuleiten. Erstens ist jedoch unklar, ob immer derselbe Schlüssel abgeleitet wird. Zweitens gibt es kaum Variationsmöglichkeiten für den Schlüssel (nur 10 Finger ...). Drittens könnten auch andere die Schlüssel ableiten (z.B. von Fingerabdrücken an Weingläsern, siehe Kap. 6.1).

Manche POBs können während des Betriebs verloren oder gestohlen werden (z.B. Mobiltelefon). Dies ist problematisch, da ein Angreifer das POB weiter nutzen oder während des Betriebs ausforschen kann. Gegenmaßnahmen teilen sich auf in

- solche, die das Verlustrisiko zu verringern, und
- solche, die den Schaden bei eventuellem Verlust begrenzen.

Analog sollten wartbare POBs einen Wartungsmodus besitzen, in dem sie ohne SM arbeiten. Genauer wird untersucht:

- Welche Bauformen von SMs verringern das Verlustrisiko (Kap. 5)?
- Aspekte der Benutzeridentifikation:
  - Verhindern der Beobachtung wichtiger PINs (Kap. 6.1).
  - Benutzerfreundliche Autorisierung mehrerer Schritte (Kap. 6.1).
  - Schutz vor gefälschten POBs (Kap. 6.2).
- Kosten und Nutzen durch Brechen der sicheren Hardware (Kap. 7.1).
- Für welche Teile eines POB wird sichere Hardware gebraucht (Kap. 7.2)?

Vertrauen in Agenten in feindlicher Umgebung

Dies setzt in der Regel ein SM des zu schützenden Dritten voraus. Diese Art von Vertrauen wird jedoch nicht bei allen Anwendungen benötigt, beispielsweise nicht bei Zahlungssystemen mit Online-Prüfung der Transaktionen [Chau 89].

Im Gegensatz zu den anderen Vertrauensarten ist bei Agenten in feindlicher Umgebung wenigstens die Identifikation zwischen SM und vertretener Person problemlos: Da diese wieder einen Rechner haben kann, können kryptographische Identifikationsprotokolle verwendet werden.

Die einzigen offenen Fragen sind also, wie der Dritte Vertrauen in das SM erlangt und inwieweit der sicheren Hardware vertraut werden kann. Dies wird zusammen mit den entsprechenden Fragen für Vertrauen in entführte Agenten in Kap. 3 und 7 behandelt.

3 Vertrauen ist gut, Kontrolle ist besser

Wodurch kann ein Benutzer einem Gerät vertrauen, das er nicht selbst entworfen und gebaut hat? Natürlich können wir diese Frage nur teilweise beantworten. Auch wenn oft Zertifizierungsinstanzen eingeschaltet werden, beachte man, daß das eigentliche Ziel ist, die Person, deren Sicherheit auf einem Gerät beruht, von der Vertrauenswürdigkeit des Geräts zu überzeugen. Daher sollte sie größtmögliche Kontrolle über Entwicklung und Herstellung des Geräts besitzen.

3.1 Vertrauenswürdige Herstellung

Leider ist Vertrauen in Soft- und Hardware durch Verifikation in der Realität nur in wenigen Spezialfällen machbar. Meist sind nicht einmal prinzipielle Verfahren zur Verifikation der Sicherheit bekannt[5]. Trotzdem kann Vertrauen durch Methoden der Software-Fehlertoleranz erhöht werden.

Strukturierte und modulare Entwicklung

Wie bereits üblich, kann Sicherheit z.b. durch einen kleinen (eventuell sogar beweisbaren) Sicherheitskern unterstützt werden.

Strukturierte und modulare Entwicklung ermöglicht weiterhin Diversität (Mehrfachauslegung von Modulen) auf mehreren Ebenen und erhöht die Abwehrchancen für eventuelle Angriffe.

Qualitätskontrolle von jedem Produktionsschritt

Wie in der Informatik (hoffentlich) üblich und bereits teilweise standardisiert [ITSEC 91], sollten die einzelnen Schritte einer Qualitätskontrolle unterliegen. Die Qualitätskontrolle an sich muß natürlich auch vertrauenswürdig sein. Daher sollten die folgenden Maßnahmen zur Erhöhung des Vertrauens auch auf sie angewendet werden.

Diversität der Produktionsschritte

- *Diversität der Entwicklung:* Die Entwicklung sollte so öffentlich wie möglich sein und von möglichst vielen unabhängigen Experten überprüft werden.[6]
- Für alle Einzelteile und Programme sollten *verschiedene Bezugsquellen* existieren, um die Chance zu erhöhen, daß jeder Benutzer eine für ihn hinreichend vertrauenswürdige Bezugsquelle findet.

Qualitätskontrolle und Diversität sind zum Teil aber gegensätzlich: Bei begrenztem Budget sinkt die Qualität bei zu vielen unabhängigen Entwicklungen.

- Innerhalb eines Geräts wird Diversität wie für die Fehlertoleranz üblich angewendet: Die Grundverfahren Fehlermaskierung[7] und Rücksetzblöcke[8] erhö-

---

[5] Es existieren Spezifikationen für manche Komponenten von sicheren Systemen, z.B. Signatursysteme [GoMR 88, Pfit 93] und Authentifikationssysteme [BeRo 94]. Spezifikationen für komplette Systeme (z.B. Zahlungssysteme) existieren jedoch nicht.

[6] Die Veröffentlichung der benutzten Algorithmen sollte die Sicherheit eines Systems nicht verringern: Die Sicherheit eines *sicheren* Systems wird durch die Prüfung durch unabhängige Experten bestätigt. Erkennen von *Sicherheitslücken* ermöglicht Abhilfe. Außerdem ist Geheimhaltung sowieso nur schwer möglich: Aufgrund der im Vergleich zu löschbaren Speichern einfacheren physikalischen Auslesbarkeit von ROM können Programme auch bei SMs kaum vor Angreifern geheimgehalten werden.

hen die Verfügbarkeit der Geräte [AnLe 90]. Maskierung verhindert auch verdeckte Kanäle: Übertragung von Information über die Rechenzeit wird verhindert, indem alle Berechnungen nach einer festen Zeit abgebrochen werden (der, die ein korrektes Programm benötigt) [Cles 88]. Beide Lösungen hängen von der Verläßlichkeit der Auswahlkomponente ab. Die Idee ist jedoch, daß diese einfacher zu überprüfen ist als die zu kontrollierenden Komponenten — im Idealfall würde der Benutzer das Ergebnis selbst auswählen.

Sinnvollerweise sollte Diversität auf Logik- und Programmebene angewendet werden, da hier eine vollständige Prüfung nicht möglich ist. Einfachere Hardwarekomponenten, wie physikalische Schnittstellen, wären davon ausgenommen.

Begrenzung der Fehlerausbreitung

Die maximale Auswirkung unverläßlicher Komponenten sollte so beschränkt wie möglich sein. Zur Sicherstellung der Verfügbarkeit und Integrität wird hierzu jede Komponente Plausibilitätskontrollen ihrer Eingaben vornehmen. Selbst kryptographische Kontrolle und Selbstkorrektur von Programmen sind denkbar [BlKa 89]. Zur Sicherstellung der Vertraulichkeit sind die Informationsflüsse auf das absolut Notwendige einzuschränken. Beispiele hierfür sind:

- Datenaustausch zweier Komponenten über einen unsicheren Kanal sollte Ende-zu-Ende verschlüsselt werden. Dies kann bereits nötig sein, wenn ein SM aus mehreren Bausteinen besteht.

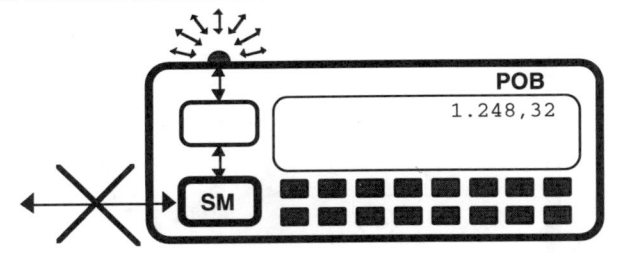

Bild 1: *Unterbindung von Informationsfluß durch ein POB*

- Sollen drei Komponenten A, B, C, so verbunden werden, daß B mit A und C, aber nie A direkt mit C kommuniziert, so sollte B sämtliche verdeckten Kanäle zwischen A und C schließen (Abb. 1). Dies ist für manche Anwendungen tatsächlich möglich (s. Wallet-Observer-Protokolle [Chau 92, ChPe 93]). Ein einfaches Beispiel ist ein POB B mit einem internen SM A mit anderem

---

[7] Auswahl eines Ergebnisses aus einer Menge mehrerer unabhängiger Berechnungen (meist nach der Mehrheit). Dies wird auch N-Versionen-Programmierung genannt.

[8] Verschiedene Komponenten versuchen nacheinander ein Ergebnis zu berechnen, bis eine ein korrektes erhält.

Eigentümer, das mit einem externen Terminal C kommuniziert.

- Sollen Aufgaben von A in eine leistungsfähigere Komponente B ausgelagert werden, so sollte B möglichst wenig geheime Information erhalten. Hierzu kann A das Problem in Teilprobleme zerlegen, diese an B weitergeben und die Ergebnisse selbst wieder zusammensetzen [MaKI 90, PfWa 93]. Ebenso kann ein SM verschlüsselte Daten in den unsicheren, aber größeren Speicher des POBs auslagern. (Eine Vergrößerung des SM-Speichers ist vorzuziehen.)

3.2 Original oder Fälschung?

Auch wenn die Entwicklung vertrauenswürdig erscheint, muß noch sichergestellt werden, daß die Geräte dem geprüften Entwurf entsprechen. Viele Fehler und Angriffe könnten durch vollständige Überwachung von Produktion und Auslieferung vermieden werden. Trotzdem sind einige Prüfungen am ausgelieferten Gerät notwendig, die gewisse Angriffe ausschließen:

Auslieferung von verfälschten Geräten

Ein normaler Benutzer kann nur dann feststellen, ob er ein echtes Gerät, d.h. eins vom gewünschten Hersteller, besitzt, falls das Gerät sichere Hardware enthält.[9] Bei hohem Austauschrisiko sollte daher sichere Hardware für alle kritischen Teile (einschließlich Benutzerschnittstelle) eingesetzt werden. Mindestens einfache Erkennungsmerkmale, wie Hologramme, sind immer nötig (Kap. 6.2).

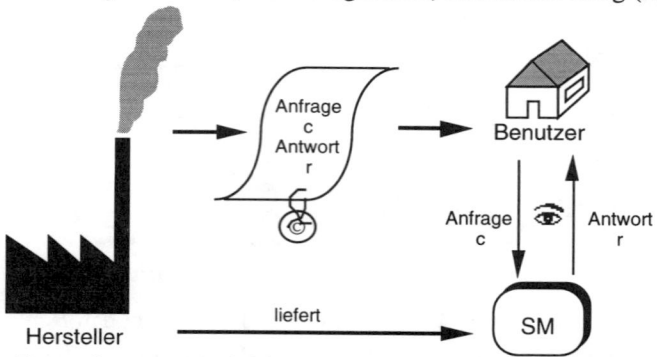

Bild 2: *Frage-Antwort-Mechanismus zur Prüfung der Herkunft des Gerätes.*

Falls das Gerät sichere Hardware besitzt (SM), kann es seine Echtheit durch korrektes Beantworten von Anfragen beweisen. Zum Beispiel kann der Benutzer

---

[9] Umgekehrt erschwert allerdings sichere Hardware unabhängigen Prüfinstanzen das Prüfen zufällig ausgewählter Geräte gegen Fehler direkt vom Hersteller.

direkt vom Hersteller eine zufällige Anfrage c und die korrekte Antwort r mitgeteilt bekommen und prüfen, ob das Gerät c mit r beantwortet (Abb. 2). Nach korrekter Antwort sollte dieser Mechanismus außer Kraft gesetzt werden, um unberechtigte Identifizierung durch andere zu verhindern. Alternativ könnte das SM auch vom Benutzer gewählte Nachrichten unterschreiben.

Solche Frage-Antwort-Mechanismen sind nicht sicher, falls ein ausreichender Kanal zwischen dem Angreifer und dem gefälschten POB existiert (z.B. bei Mobiltelefonen): Dann kann das POB die Anfrage an den Angreifer schicken, der sie durch ein korrektes Gerät beantworten läßt (z.b. das entwendete echte) und die Antwort an das gefälschte POB zurückschickt.

Fehlerhafte Geräte direkt vom Hersteller

Dies ist der Fall, wenn das vom Hersteller produzierte Gerät vom geprüften Entwurf abweicht.

Bei getrennt gelieferter Software ist das Problem lösbar, denn sie kann zertifiziert (d.h. durch eine Prüfinstanz elektronisch unterschrieben) werden. Dies setzt allerdings ein anderes hinreichend vertrauenswürdiges Gerät oder eine hinreichend vertrauenswürdige Instanz zur Prüfung der Unterschrift voraus. Das Risiko der Erkennung eines Angriffs ist hier hoch, da die Korrektheit der Unterschrift auch im Nachhinein geprüft werden kann.

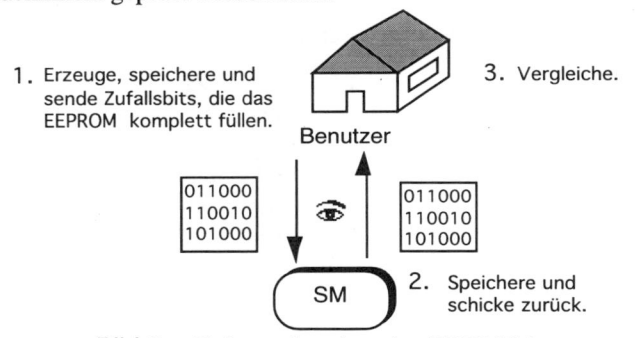

Bild 3: *Sicheres Löschen des EEPROMs.*

Für Programme im ROM und die Logik der Bausteine gibt es keine einfachen Testverfahren, die der Benutzer selbst anwenden kann. Ein Hauptproblem ist der Nachweis, daß keine versteckte Funktionalität existiert, z.B. eine bestimmte zehnstellige Zahl, die das SM zu unerwünschten Aktionen veranlaßt. Einzige Möglichkeit für den Benutzer ist zu prüfen, ob alle gewünschten Funktionen korrekt arbeiten und zu hoffen, daß diese den verfügbaren Platz vollständig ausfüllen. (Parallel dazu können Verbraucherschutzorganisationen natürlich Stichproben weitergehend überprüfen).

Falls das SM zu Beginn kein Geheimnis außer für den oben beschriebenen

Frage-Antwort-Mechanismus enthält und die Speichergröße bekannt ist, kann der Benutzer zumindest das Löschen des Speichers überprüfen (Abb. 3): Der Benutzer sendet zufällige Daten an das SM, die den ganzen Speicher ausfüllen. Anschließend muß das SM genau diese Daten wiedergeben.

Analog kann die Größe von Geheimnissen im EEPROM geprüft werden. Weitere Prüfungen sind möglich, falls die Geheimnisse bekannte Eigenschaften haben sollen. Meist werden jedoch zum Auslieferungszeitpunkt noch keine Geheimnisse (außer evtl. ein Zufallsanteil für die Schlüsselerzeugung, s. unten) im EEPROM gespeichert.

Bei analogen Merkmalen des Geräts treten spezielle Probleme auf:

- Falls individuelle analoge Merkmale auch für andere Geräte sichtbar sind (z.B. Hologramme, Kapazitäten oder Widerstände), lassen sie unerwünschte Identifikation zu.

- Falls sie geheim sind (analoge Maßnahmen, die den Nachbau trotz vollständiger Digitalinformation erschweren), ist dies unverträglich mit den anderen Sicherheitsanforderungen: Diese undokumentierte Funktionalität kann nur durch wenige geprüft werden[10]. In den häufigen Fällen, daß das SM nur durch ein POB oder über ein Netz kommuniziert, sind diese Maßnahmen sowieso ausgeschlossen (Mobiltelefone u.ä.).

3.3 Initialisierung und Schlüsselerzeugung

SMs müssen in der Lage sein, Schlüssel so zu erzeugen, daß Zufälligkeit und Geheimhaltung gesichert ist. Das einzige Problem hieran ist meist die Erzeugung von anfänglichen Zufallsbits.[11] Diese werden entweder direkt in der Schlüsselerzeugung benutzt oder als Startwert eines Pseudozufallszahlengenerators (z.B. zur Erzeugung von Modulus und initialem x des x^2-mod-n-Generators [BlBS 86]).

Falls das SM keinen physikalischen Zufallsgenerator besitzt oder man diesem nicht vollständig vertraut, sollte dem Benutzer gestattet werden, seinen Teil zu der Zufälligkeit beizutragen — Sicherheitsbewußte werden hier zu Münze oder Würfel greifen. Die Erzeugung einer gemeinsamen Zufallszahl aus den einzelnen Zahlen ist bei sicherer und vertrauter Hardware einfach: Jede Gruppe gibt eine Zufallsfolge der gewünschten Länge ein. Das SM verknüpft diese mit XOR. War

---

[10] Man könnte darauf vertrauen, daß diese individuellen Merkmale nur von wenigen Geräten geprüft werden (z.B. von Bankautomaten, nicht jedoch Ladenkassen) oder daß nur allgemeine Merkmale geprüft werden. Beides ist jedoch unbefriedigend, da die Einschränkungen kurzfristig und unbemerkbar aufgehoben werden können.

[11] Der Speicherplatz für Programme zur Schlüsselerzeugung (z.B. erweiterte Primzahltests) ist kein Problem. Falls das SM das Laden von Anwendungen erlaubt, ist dies nur eine Anwendung. Nach Erzeugen der Schlüssel kann diese oft gelöscht und durch andere Anwendungen überschrieben werden.

mindestens eine Eingabe zufällig, so ist das Ergebnis auch zufällig.[12]

3.4 Ein SM als Doppelagent

Wir wollen schließlich untersuchen, wie sinnvoll die Annahme ist, daß mehrere Parteien, meist ein Benutzer und ein Diensterbringer, einem einzigen SM vertrauen (auch bezüglich der Rechtsgültigkeit der gemeinsamen Transaktionen).

Eine zwingende Voraussetzung ist, daß die Sicherheit des SM von keiner dieser Parteien abhängt, d.h. der Hersteller muß von allen unabhängig sein. Die Parteien müssen sich sogar auf sichere Weise gemeinsam auf einen Hersteller einigen (schlimmstenfalls durch gemeinsamen Münzwurf [Blum 83]).

Hauptargumente gegen die Nutzung eines SM durch mehrere Parteien sind:

- Ein solches System ist nicht offen: Zum Beispiel muß bei einem Wechsel der Bank die neue Bank demselben SM wie die vorherige vertrauen. Die Einstellung der Banken hierzu ist unklar: In kleinem, nationalem Rahmen mag dies möglich sein, nicht jedoch für weltweite Anwendungen. (Wieso sollten Banken diese Einschränkungen in Kauf nehmen, wenn Public-Key-Verfahren ihnen erlauben, sich nicht gegenseitig völlig zu vertrauen?)
- Es ist unklar, ob alle Gruppen sich auf ein SM einigen können.

Die Hauptargumente für Doppelagenten-SMs sind Benutzerfreundlichkeit und Kosten. Da POBs jedoch leistungsfähiger sein werden und Einsteck-SMs sowieso verwendet werden, wird der Preis eines SMs im Vergleich zum Gesamtpreis vernachlässigbar sein.

Doppelagenten-SMs müssen in der Lage sein, Schlüssel zu erzeugen, deren Zufälligkeit und Geheimhaltung alle Parteien glauben. Der einzige Unterschied zu Kap. 3.3 ist, daß jede Gruppe einen Zufallsanteil beisteuern muß.

4 POB als Periskop des Benutzers

Wie kann ein Benutzer ein großes zu signierendes Dokument durch eine im Verhältnis hierzu kleine Anzeige eines POB betrachten? Oder, wie kann ein Benutzer eine Zahlung autorisieren, wenn die Anzeige kaum mehr als die Anzeige des Betrages zuläßt? Die Prüfung auf einem größeren Gerät (Workstation) scheidet meist aus, da das POB das einzige verläßliche Gerät ist und andere Geräte somit unterschiedliche Dokumente anzeigen und zur Signatur einreichen könnten [Pord 93, PoRS 93].

Es gibt hierfür keine umfassende Lösung, jedoch einige Ansätze. Man kann frei-

---

[12] Dies verträgt sich auch mit dem sicheren Löschen des Speichers: Da die Größe der Zufallsfolge bekannt ist, wird sichergestellt, daß alle anderen Teile wirklich leer sind.

formulierte Texte und feste bekannte Formulare (z.B. Überweisungen) unterscheiden. Bei letzteren muß das POB nur die variablen Teile anzeigen.

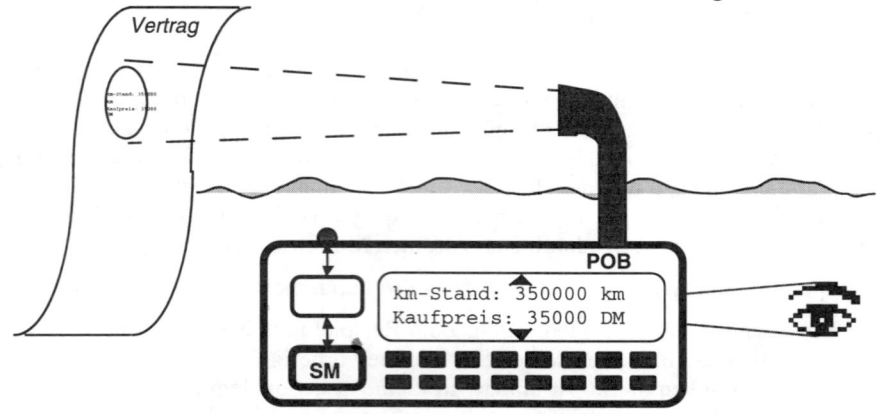

Bild 4: *Betrachten von großen Dokumenten mit kleiner POB-Anzeige*

Verkleinerung des Dokumentumfangs

- Entwickler und Benutzer sollten versuchen, die Gesamtgröße der Dokumente klein zu halten. Dies bedeutet unter anderem das Weglassen von wenig aussagekräftigen Floskeln und anderen nicht rechtsrelevanten Teilen.

- Reduzierung des variablen Teils des Dokuments durch Benutzung von Formularen, falls möglich. Jedes Formular und jedes Feld benötigen eindeutige Namen. Das POB muß Name und Wert jedes Feldes anzeigen können.

POBs mit leistungsfähiger Benutzerausgabe

- Hochauflösende Grafik ermöglicht das Absuchen des Dokuments mit einem Fenster.

- Weitere Ausgabekanäle, wie Sprache, erhöhen die Aufnahmefähigkeit.

Erzwingen des Durchlesens des Dokuments

Falls elektronische Unterschriften eine ähnliche Warnfunktion wie eigenhändige haben sollen, sollte das POB den Benutzer zwingen, das Dokument vollständig anzuschauen. So könnte das POB bei Formularen jeden Feldnamen und -inhalt einige Sekunden anzeigen und einzeln um Bestätigung bitten (oder sogar — für sehr wichtige Werte — das korrekte Abtippen erzwingen).

Für sehr große Dokumente ist dies jedoch zu aufwendig (z.B. bei einem 100-seitigen Vertrag — aber wer liest den schon auf Papier?). Hier könnte das POB zufällige Stichproben anzeigen, die der Benutzer mit einer gedruckten oder anderweitig angezeigten Version vergleicht, und dem Benutzer zusätzlich ermöglichen, beliebige Teile einzusehen (z.B. den Kaufpreis, der bei einer Zufallsstichprobe nur selten angezeigt würde).

Dieses Verfahren kann nicht ohne weiteres auf nichtlineare Daten, wie Hypertext, übertragen werden. Hypertext sollte jedoch in naher Zukunft nicht für Rechtsgeschäfte verwendet werden, da hier die nötige Warnfunktion kaum realisierbar ist.

Ausgabe auf anderen weitverbreiteten Ausgabegeräten

POBs können zur Ausgabe passive Standardausgabegeräte, wie z.B. Fax, Postscript-Drucker, Fernsehgeräte oder beliebige Computerbildschirme benutzen. Diese Lösung ist nicht optimal, da der Benutzer irgendeinem solchen Gerät vertrauen muß. Vorteile sind jedoch, daß ein derartiges Gerät nahezu immer verfügbar ist und daß durch die hohe Diversität ein Angriff erschwert wird. Auf jeden Fall ist diese Lösung vertrauenswürdiger als die Anzeige über den Bildschirm des Vertragspartners, wird also oft das Mittel der Wahl sein.

Um die Sicherheit dieser Lösung zu erhöhen, könnten Verfahren wie visuelle Verschlüsselung [NaSh 94] entweder direkt (Drucker und konstante Folie mit Schlüssel) oder durch Aufteilung der Daten in mehrere Teile für mehrere Ausgabegeräte eingesetzt werden. (Um eventuelle Fehler zu erkennen, müssen die Dokumente hierbei Redundanz besitzen.)

Andere Anforderungen, die das Unterschreiben von großen Dokumenten an SMs und POBs stellt, sind Übertragungs- und Speicherleistung zur Verarbeitung des gesamten Dokuments.

5 Freiheitserhaltende Maßnahmen für Agenten

In diesem Abschnitt schlagen wir Maßnahmen vor, die das Verlustrisiko vor allem von SMs minimieren.

Falls ein Gerät so klein ist, daß es am Körper getragen werden kann, ist das Verlustrisiko geringer als in Taschen, Mänteln oder gar im Büro[13]. Derzeit ist dies nur für kleine SMs, nicht aber für POBs möglich. (Zusammenrollbare Bildschirme sind noch nicht erhältlich, aber denkbar [Brow 94].) Als Bauarten für solche kleinen herausnehmbaren SMs sind denkbar:

a) Einsteck-SMs: Das SM wird meistens außerhalb des POB aufbewahrt und während des Betriebs in das POB eingesteckt. Das Risiko, POB und SM zusammen zu verlieren, liegt beim Benutzer. Spezielle Aufbewahrungsvorrichtungen für die SMs bestimmen das Verlustrisiko maßgeblich mit.

---

[13] Es sind bereits Uhren mit Tastatur und Infrarotschnittstelle oder Funkrufempfänger erhältlich [Funk1 94, Funk 94].

b) **Externe SMs:** Das SM ist immer getrennt vom POB und benötigt daher einen Kommunikationskanal zum POB. Funk, Infrarot oder Induktion sind denkbar, beschränken jedoch die Aufbewahrungsmöglichkeiten am Körper. Die Verbindung zwischen POB und SM muß verschlüsselt und authentisiert werden.

Da herausnehmbare SMs nur mit speziellen POBs kommunizieren müssen, gibt es keinen Grund, an ISO-Smartcards festzuhalten. Es gibt heute schon leistungsfähigere Bauarten für 1-Chip Module:

- Mobiltelefonchipkarten (wie ISO-Smartcard, nur auf kleineren Plastikkarten).
- Kleine Edelstahlknöpfe (Aussehen wie Knopfzellen) [Dall 94].
- Schlüsselanhänger, die an einer Kette getragen werden können, vorgesehen zur Speicherung von medizinischen Notfalldaten (z.Zt. bis 128KB) [Plus 90].
- PCMCIA-Module.

Vorteile der letzten drei Bauformen sind erhöhte Bruchsicherheit und Platz für größere oder mehrere Chips. Für die Mobiltelefonchipkarten und die Knöpfe werden spezielle Aufbewahrungsvorrichtungen benötigt.

Mögliche Bauformen für externe SMs oder Aufbewahrungsvorrichtungen sind

- Uhren,
- Halsketten, Ohrringe, Ringe oder anderer Schmuck,
- Anhänger am Schlüsselbund[14].

Von wichtigen Modulen können auch verschiedene Bauformen angeboten werden, so daß wahrscheinlich ist, daß jede und jeder eine geeignete Form findet.

6 Benutzeridentifikation: Freund oder Feind?

In diesem Abschnitt untersuchen wir Besonderheiten von Verfahren zur gegenseitigen Erkennung von Benutzer und POBs. Wir vergleichen nicht verschiedene Identifikationsverfahren, wie PINs, Passwörter und Biometrik, da hierüber bereits ausführliche Abhandlungen existieren [DaPr 89, Fitz 89, Mill 94].

6.1 Benutzeridentifikation

Identifikationszeitpunkte im Idealfall

Als Basis für die weiteren Betrachtungen geben wir an, wann und bei welchen Protokollschritten Benutzeridentifikation im Idealfall (d.h. wenn vollkommen

---

[14] Normale Leute sollten hierauf sicher immer gut aufpassen — wir scheinen aber wenig normale Leute zu kennen.

sicher und benutzerfreundlich) nötig wäre, um den Schaden bei Verlust (auch im Betrieb) zu minimieren:

- Bei jeder für den Benutzer sicherheitskritischen Aktion:
  - Jede unterschriebene Nachricht, die den Benutzer verpflichtet.
  - Jede Entscheidung zur Weitergabe von persönlichen Daten.

  Falls das Verlustrisiko während des Betriebs als gering eingeschätzt wird, genügt Identifikation beim Anschalten und Bestätigung der einzelnen Aktionen durch ein „OK".

- Will man verhindern, daß ein Gerät längere Zeit unberechtigt in Betrieb bleibt (weil das für die Ausforschungssicherheit nachteilig ist), ist Identifikation in festen Zeitintervallen nötig. Bei aufwendigen Verfahren (PIN, dynamischer Unterschriftvergleich) ist dies aber für die Benutzer kaum akzeptabel.

- Speziell für externe SMs, die direkt am Körper getragen werden, sind billige Identifikationsverfahren denkbar, die zwar den Benutzer nicht sicher erkennen, aber seine ununterbrochene Anwesenheit prüfen (Körpertemperatur, Herzschlagmessung). Dies ist mit einer einmaligen (aufwendigeren) Identifikation durch das POB zu Beginn jeder Transaktion zu kombinieren.

Beobachtbarkeit von Identifikation und Risikoklassen von Eingaben

Die meisten Identifikationsarten können von Angreifern beobachtet werden:

- Zuschauen bei der PIN-Eingabe.
- Fingerabdrücke auf Gläsern.
- Messung der Tastaturabstrahlungen während der PIN-Eingabe.
- Dynamische Aufzeichnung von handgeschriebenen Unterschriften durch Paketdienste [UPS 94].

Die Beobachtbarkeit kann eingeschränkt, aber nicht ausgeschlossen werden.[15] Daher wird eine Risikoanalyse benötigt, die Nutzen und Aufwand einer Beobachtung vergleicht. (Ein Ergebnis ist z.B., die Zahlungs-PIN nicht zum Abheben zuzulassen.) Die Benutzereingaben werden dann in Risikoklassen eingeteilt.

- Für verschiedene Risikoklassen sollten verschiedene Identifikationsverfahren gewählt werden können.
- Bei PINs sollten Benutzer, die sich nur eine merken können, diese ausschließlich für Eingaben der höchsten Risikoklasse benutzen.
- Selbst eine triviale PIN (solange sie unabhängig von der Hochsicherheits-PIN

---

[15] Ein Vorschlag sind variable PINs. Hier ist jede einzelne Beobachtung wertlos. Die Autoren gestehen jedoch ein, daß dies für die meisten Benutzer zu kompliziert wäre [MaIm 91].

ist) für eine niedrigere Risikoklasse ist besser als keine, da sie den erwarteten Nutzen bei Diebstahl verringert.

- Es sollte eine Möglichkeit geben, die nötige Identifikation vor dem Ereignis durchzuführen[16]. Die kritische Aktion wird dann nur durch ein OK bestätigt (z.B. Freigeben des Betrages im Auto statt in der Schlange an der Kasse der Tankstelle, Bestätigung an der Kasse nur durch „OK"). Das OK ist nötig, da sonst der Vertragspartner unbemerkt beliebige Aktionen durchführen kann.

Benutzerfreundlichkeit

Die Häufigkeit der Identifikation und die Wahl des Verfahrens ist immer ein Kompromiß zwischen Benutzerfreundlichkeit und Sicherheit. Die Entscheidung sollte jedoch weitgehend dem Benutzer überlassen werden und situationsabhängig möglich sein. Um eine sachgerechte Wahl zu ermöglichen, sind Warnungen und geeignete Vorgabewerte hilfreich.

Schlußbemerkungen

Denkbar wäre auch eine Notfall-PIN, die nur unter Zwang gebraucht wird: Transaktionen mit ihr sehen gültig aus, sind aber nichtig.

Da jedoch vielerlei Probleme bei der Identifikation auftreten, halten wir es für nötig, Transaktionen von hohem Wert durch Notare beglaubigen zu lassen.

6.2 Schutz vor gefälschten POBs

Bisher haben wir die Identifikation des Benutzers durch das Gerät behandelt. Auch für die Identifikation des Geräts durch den Benutzer existieren unterschiedliche Möglichkeiten:

- Die Standardmethode sind physikalische Merkmale wie Hologramme oder eingeschweißte Fotos, die vom Benutzer direkt erkannt werden können. Aus Datenschutzgründen sollte eine automatische Identifikation des Geräts durch Dritte allerdings nicht möglich sein. (Eingeprägte Nummern z.B. könnten leicht abgelesen werden.)

- Die Benutzung von Geräteidentifikationsnummern (DIN, *device identification number*) hilft wenig oder ist zu kompliziert. Eine feste Nummer ist nutzlos, da sie einen derartigen Angriff nicht verhindert. Jeweils nur einmal verwendete Paare (DIN, PIN) von Gerät- und Benutzeridentifikationsnummern sind denkbar. Da Listen mit diesen Paaren aber schriftlich vorliegen müßten, ist die Anwendbarkeit eingeschränkt.

---

[16] Bei dieser Gelegenheit kann der Benutzer eine kurze Einmal-PIN erhalten, die er dann anstelle des OK eingibt.

- Falls der Benutzer ein weiteres Gerät besitzt, können kryptographische Verfahren eingesetzt werden. Z.B. kann für POBs mit internem Smartcardleser dieses zweite Gerät eine Smartcard sein. Während der Initialisierung erhält sie eine spezielle Nummer (DIN) vom Benutzer. Wenn die Smartcard das POB identifiziert hat, gibt sie (da sie keinen eigenen Ausgabekanal zum Benutzer hat) diese DIN über das POB aus. Der Benutzer gibt nur bei korrekter DIN seine PIN ein. Anschließend wird die Smartcard entnommen.

  Bei Benutzung eines externen SMs, das ein Benutzer immer am Körper trägt, kann dies auch zur Identifikation anderer POBs und SMs eingesetzt werden.

  In beiden Fällen ist noch der oben beschriebene Angriff durch ein POB, das die Anfragen an den Angreifer weiterleitet und von diesem die Antworten eines korrekten POBs erhält, möglich. Dies kann nur verhindert werden, indem unerwünschte Kommunikation des POBs physisch unterbunden oder die physische Nähe des antwortenden POBs geprüft wird (Abstandsbegrenzungsprotokoll [BrCh 94]).

Die Verfahren können kombiniert werden: sichere Identifikation mit Smartcard nach Verleih/Wartung und weniger sichere mit Hologramm bei jeder Benutzung.

7 Das Schutzschild des Agenten

Wir betrachten nun den physischen Schutz der Hardware vor Veränderung und Ausforschung. Benötigt wird dieser für entführte Agenten und Agenten in feindlicher Umgebung. Größter Unterschied ist, daß ein Agent in feindlicher Umgebung voll funktionsfähig bleiben soll, ein entführter Agent jedoch nur gegenseitige Identifikation zulassen soll (abgesehen vom Verlust während des Betriebes, siehe Kap. 6.1). Schlägt sie fehl, sollten keine weiteren Operationen möglich sein.[17]

7.1 Risikoabschätzung

Der Schutzgrad von sicherer Hardware ist nicht genau meßbar. Sicher gibt es keinen absoluten Schutz gegen Angreifer mit ausreichend Wissen, Zeit und Ausrüstung. Daher ist eine Risikoabschätzung nötig: Der Aufwand, ein Gerät zu brechen und die Wahrscheinlichkeit, daß dies erkannt wird, sollten in ausgewogenem Verhältnis zum erzielbaren Gewinn stehen.

Nach Artikeln wie [Krus 91, Pate 91] ist zu vermuten, daß zum Brechen ein gut ausgestattetes Labor und ein fester Mehraufwand je gebrochenem Gerät nötig

---

[17] Ein entführter Agent muß auch mindestens eine geheime PIN o.ä. speichern. Die Beobachtungsmöglichkeiten bei der PIN-Prüfung lassen sich jedoch durch Speichern der einzelnen Bits an verschiedenen Stellen und sukzessiven Vergleich der einzelnen Bits verringern.

ist. Damit könnte eine konkrete Risikoabschätzung so aussehen:

- Berauben von Benutzern bei geringen Werten: Bei einem off-line Zahlungssystem mit
  - einem niedrigen Höchstbetrag auf der Karte,
  - ohne oder mit begrenzten on-line Abhebungen vom Konto und
  - eventuell Maßnahmen zur Erkennung von Abhebungen mit gestohlenen Karten

  ist das Risiko, daß eine Karte gestohlen wird und die PIN durch Brechen des Geräts ausgelesen wird, relativ gering, da das Beobachten der PIN weitaus weniger Aufwand erfordert.

- Berauben von Benutzern bei hohen Werten: Bei Home-Banking mit großen Beträgen oder bei elektronischen Unterschriften kann sich das Brechen des physischen Schutzes lohnen.

- Bankraub: Das vollständige Brechen eines Systems verspricht nahezu unabhängig vom nötigen Aufwand hohe Gewinne auf Kosten der Bank. Daher sollte die Bank ein Zahlungssystem mit einzeln elektronisch unterschriebenen Münzen verwenden, da hier Betrug sofort und sicher erkannt und lokalisiert werden kann, ohne auf Datenschutz verzichten zu müssen [ChFN 90, FrYu 93, Bran 94, Ferg 94].

- Datenschutz: Das Brechen eines SMs, um Daten des Benutzers auszuforschen, wird sich im allgemeinen nicht lohnen. (Allerdings sollten die Daten nicht in völlig ungeschützten Geräten gespeichert werden.) Geheimdienste könnten jedoch Geräte in Einzelfällen brechen, um die bisherigen Aktionen des SMs nachvollziehen zu können (z.B. durch Auslesen eines Schlüssels und Aufdecken der Daten der Bank).

7.2 Entwurfsentscheidungen

Folgende Punkte sollten während des Entwurfes von sicherer Hardware berücksichtigt werden:

Schutz von Schnittstellen

Für gewisse Anwendungen sollte die Benutzerschnittstelle Teil des SMs sein (d.h. das POB ist ein SM). Andernfalls sind Angriffe durch vertauschte Geräte möglich und kaum festzustellen. Denkbar sind das Abfangen einer PIN über eine vertauschte Tastatur, das Verändern der Tastaturbelegung (Ja/Nein-Tausch) oder das Verändern der Anzeige (Anzeige zu kleiner Beträge). Angriffe dieser Art werden sicher vorkommen, insbesondere gegen besonders arglose Benutzer. Meist wird es aber einfachere Angriffsformen geben, etwa die direkte Beobachtung der PIN-Eingabe oder, für Massenbetrug, der besonders „günstige" Verkauf manipulierter Ein-/Ausgabegeräte an möglichst viele Benutzer.

Speicherarten

Verschiedene Speicherarten besitzen unterschiedliche Schutzgrade:

- ROM: Das Auslesen von ROM durch spezialisierte Angreifer ist kaum verhinderbar. Daher darf die Sicherheit weder auf geheimen Schlüsseln noch auf geheimen Verfahren im ROM beruhen.
- Daten in Schreib-/Lesespeichern (z.B. EEPROM oder batteriegepuffertes RAM) von batteriegespeisten Geräten können bei einem Angriff gelöscht werden. Kritisch ist hier nur die Zeit des Löschens. Batteriegepuffertes RAM ist daher am geeignetsten. Dies spricht für SMs, die größer sind als eine Prozessorchipkarte.

Verlust im Betrieb

Das Gerät sollte sich automatisch abschalten, falls es längere Zeit nicht benutzt wurde oder falls eine Aktion abgeschlossen wurde. Außerdem sollte nicht auf geheime Daten zugegriffen werden, falls nicht kurz zuvor eine Identifikation stattgefunden hat (siehe auch Fußnote 17).

Sonstige

Viele Anwendungen benötigen verläßliche Zeitgeber (evtl. sogar Echtzeit) oder physikalische Zufallsgeneratoren. Ein universell einsetzbares SM sollte diese Funktionalität besitzen.

8 Fazit

Die ersten Abschnitte gaben einen Überblick über Vertrauensarten und vertrauensbildende Maßnahmen für portable Benutzerendgeräte und Sicherheitsmodule. Anschließend wurden spezielle Aspekte betrachtet:

- Vertrauen in Geräte kann nie vollständig gerechtfertigt werden. Man kann nur versuchen, möglichst viele vertrauensbildende Maßnahmen anzuwenden.
- Jedes Dokument, das von einem POB unterschrieben werden soll, muß durch den Benutzer über eine vertrauenswürdige Benutzerschnittstelle komplett autorisiert werden. Es wurde gezeigt, wie dies auch mit eingeschränkten Ausgabemöglichkeiten möglich ist.
- Bei Verwendung von ausforschungssicherer Hardware sollte das komplette POB und nicht nur einige Teile geschützt werden. Wichtig ist hierbei die Vertrauenswürdigkeit der Benutzerschnittstelle. Werden Rechte mehrerer Parteien verwaltet, so ist pro Partei ein SM sinnvoll.

- Es wurde gezeigt, daß Sicherheit und Benutzerfreundlichkeit vereint werden können, z.B. durch verschiedene Identifikationsverfahren für unterschiedliche Sicherheitsstufen und Auswahl durch den Benutzer.

Abschließend sei angemerkt, daß die derzeitige Entwicklung von vielen unterschiedlichen POBs auch für sicherheitskritische Anwendungen vorteilhaft ist. Da zur Zeit noch keine vertrauenswürdigen ausforschungssicheren POBs zur Verfügung stehen, ist es derzeit sinnvoll, auf weniger sichere Geräte, die jedoch von vielen Herstellern angeboten werden, auszuweichen und diese durch SMs zu ergänzen. Die meisten dieser Geräte sind leistungsfähiger, benutzerfreundlicher und vielseitiger als spezielle Sicherheitshardware. Die Entwicklung von sicheren Anwendungen sollte sich hauptsächlich auf Protokolle und Verfahren konzentrieren. Die Akzeptanz wird am größten sein, wenn die sicherheitsrelevanten Teile dieser Protokolle in SMs für zielgruppengerechte POBs vertrieben werden, z.B. PDAs oder Mobiltelefone für Manager, Uhren für Computerfeinde und Gameboys für Kinder.

Wir danken *Arnd Weber* vom Institut für Sozialforschung der Universität Frankfurt/M. für zahlreiche Diskussionen und Anregungen.

Literaturverzeichnis

AnLe 90 P. A. Lee, T. Anderson: Fault Tolerance - Principles and Practice; 2nd rev. ed., Dependable Computing and Fault-Tolerant Systems Vol. 3, Springer-Verlag, Wien 1990.

BBCM 94 J.-P. Boly, A. Bosselaers, R. Cramer, R. Michelsen, S. Mjølsnes, F. Muller, T. Pedersen, B. Pfitzmann, P. de Rooij, B. Schoenmakers, M. Schunter, L. Vallèe, M. Waidner: The ESPRIT Project CAFE — High Security Digital Payment Systems; ESORICS 94, LNCS 875, Springer-Verlag, Berlin 1994, 217-230.

BeRo 94 M. Bellare, Ph. Rogaway: Entity Authentication and Key Distribution; Crypto '93, LNCS 773, Springer-Verlag, Berlin 1994, 232-249.

BlBS 86 L. Blum, M. Blum, M. Shub: A Simple Unpredictable Pseudo-Random Number Generator; SIAM J. Comput. 15/2 (1986) 364-383.

BlKa 89 M. Blum, S. Kannan: Designing Programs that Check their Work; 21st STOC, ACM, New York 1989, 86-97.

Blum 83 M. Blum: Coin Flipping By Telephone, A Protocol for Solving Impossible Problems; ACM SIGACT News 15/1 (1983) 23-27.

Bran 94 S. Brands: Untraceable Off-line Cash in Wallets with Observers;

	Crypto '93, LNCS 773, Springer-Verlag, Berlin 1994, 302-318.
BrCh 94	S. Brands, D. Chaum: Distance-Bounding Protocols; Eurocrypt '93, LNCS 765, Springer-Verlag, Berlin 1994, 344-359.
Brow 94	J. Brown: Roll up for the flexible transistor, New Scientist 143/1944 (1994), 5.
Chau 89	D. Chaum: Privacy Protected Payments – Unconditional Payer and/or Payee Untraceability; SMART CARD 2000, North-Holland 1989, 69-93.
Chau 92	D. Chaum: Achieving Electronic Privacy; Scientific American (August 1992) 96-101.
ChFN 90	D. Chaum, A. Fiat, M. Naor: Untraceable Electronic Cash; Crypto '88, LNCS 403, Springer-Verlag, Berlin 1990, 319-327.
ChPe 93	D. Chaum, T. P. Pedersen: Wallet Databases with Observers; Crypto '92, LNCS 740, Springer Verlag, Berlin 1993, 89-105.
Cles 88	W. Clesle: Schutz auch vor Herstellern und Betreibern von Informationssystemen; Diplomarbeit, Institut für Rechnerentwurf und Fehlertoleranz, Universität Karlsruhe, Juni 1988.
Dall 94	Software Authorization Buttons by Dallas Semiconductors Inc., Werbung, BYTE 8 (1994).
DaPr 89	D. Davies, W. L. Price: Security for Computer Networks (2nd ed.); John Wiley & Sons, New York 1989.
ETSI 90	ETSI/PT12: ETSI/TC GSM 11.11 Specification of the SIM-ME Interface; Version 3.3.0, April 1990.
Ferg 94	N. Ferguson: Single Term Off-Line Coins; Eurocrypt '93, LNCS 765, Springer-Verlag, Berlin 1994, 318-328.
Fitz 89	K. Fitzgerald: The quest for intruder-proof computer systems; IEEE spectrum 26/8 (1989) 22-26.
FrYu 93	M. Franklin, M. Yung: Secure and Efficient Off-Line Digital Money; 20th ICALP, LNCS 700, Springer-Verlag, Berlin 1993, 265-276.
Funk 94	Funkruf-Trends: Pager für alle; Funkschau 13 (1994) 16.
Funk1 94	Funkruf-Trends: Aus dem Handgelenk (Multitalent); Funkschau 14 (1994) 74.
GoMR 88	S. Goldwasser, S. Micali, R. Rivest: A Digital Signature Scheme Secure Against Adaptive Chosen-Message Attacks; SIAM J. Comput. 17/2 (1988) 281-308.
GuUQ 92	L. Guillou, M. Ugon, J.-J. Quisquater: The Smart Card: A Standardized Security Device Dedicated to Public Cryptology; in: G. J. Simmons: Contemporary Cryptology – The Science of Information

Integrity; IEEE Press, Hoes Lane 1992, 561-613.

ITSEC 91 Office for Official Publications of the European Communities: ITSEC: Information Technology Security Evaluation Criteria, Version 1.2, Luxembourg 1991 (ISBN 92-826-3004-8).

Krus 91 D. Kruse: The new Siemens computer card; Smart Card 2000, North-Holland, Amsterdam 1991, 3-7.

MaKI 90 T. Matsumoto, K. Kato, H. Imai: Speeding up Secret Computations with Insecure Auxiliary Devices; Crypto '88, LNCS 403, Springer-Verlag, Berlin 1990, 497-506.

MaIm 91 T. Matsumoto, H. Imai: Human Identification Through Insecure Channel; Eurocrypt '91, LNCS 547, Springer-Verlag, Berlin 1991, 409-421.

MeMä 94 R. Mertens, N. Mäthner: Mobilfunk für Verkehrstelematik – System zur automatischen Gebührenerhebung mittels GSM-Mobilfunk; Elektronik 17 (1994) 50-60.

Mill 94 B. Miller: Vital signs of identity; IEEE spectrum 31/2 (1994) 22-30.

NaSh 94 M. Naor, A. Shamir: Visual Cryptography; Pre-proceeding of EUROCRYPT '94, May 9-12, 1994, Perugia, 1-11.

Palm 92 E. Palmer: An Introduction to Citadel – A Secure Crypto Coprocessor for Workstations; IBM Research Report RC 18373 (80423) 9/25/92, IBM Research Division, T. J. Watson Research Center 1992.

Pate 91 M. Paterson: Secure single chip microcomputer manufacture; Smart Card 2000, North-Holland, Amsterdam 1991, 29-37.

Pfit 93 B. Pfitzmann: Sorting Out Signature Schemes; 1st ACM Conference on Computer and Communications Security, acm press 1993, 74-85.

PfWa 93 B. Pfitzmann, M. Waidner: Attacks on protocols for server-aided RSA computation; Eurocrypt '92, LNCS 658, Springer-Verlag, Berlin 1993, 153-162.

Plus 90 PlusTag2 Broschüre, Plus 5 Engineering Limited, Crowborough, East Sussex, UK 1990.

Pord 93 U. Pordesch: Risiken elektronischer Signaturverfahren; Datenschutz und Datensicherung DuD 17/10 (1993) 561-569.

PoRS 93 U. Pordesch, A. Roßnagel, M. Schneider: Erprobung sicherheits- und datenschutzrelevanter Informationstechniken mit Simulationsstudien; Datenschutz und Datensicherung DuD 17/9 (1993) 491-497.

Rolf 94 R. Rolfe: Here Comes Electronic Cash; Credit Card Management Europe, January/February 1994, 16-20.

UPS 94 UPS Signature Pad, Werbung, Der Spiegel 22 (1994) 66-67.

Aktuelle Anforderungen an Intrusion Detection-Systeme und deren Berücksichtigung bei der Systemgestaltung von AID²

Michael Sobirey

Institut für Informatik, BTU Cottbus
Postfach 10 13 44, D-03013 Cottbus
sobirey@informatik.tu-cottbus.de

Zusammenfassung

Intrusion Detection stellt eine in Audit integrierte Sicherheitsfunktion zur automatisierten Erkennung von Angriffen in Systemen bzw. Netzen dar. Nach einem fragmentarischen Einstieg in die Thematik werden prinzipielle Herangehensweisen an die Analyse von Auditdaten vorgestellt. Ausgehend von einer kritischen Wertung der in den ITSEC sowie den Federal Criteria enthaltenen, für Intrusion Detection relevanten Empfehlungen werden Notwendigkeit und Möglichkeiten der Berücksichtigung datenschutzrechtlicher Rahmenbedingungen und deren technische Durchsetzung bei Systemgestaltung und Einsatz von Intrusion Detection-Systemen erörtert. Daran anschließend wird mit AID² (adaptive intrusion detection & defense system) ein derzeit in Realisierung befindliches Intrusion Detection-System vorgestellt, dem ein datenschutzkonformes Systemkonzept zugrundeliegt.

1 Einführende Begriffserklärungen

Mit dem Begriff *Intrusion* assoziiert man im Englischen u.a. Einmischung, Störung, Belästigung und Eindringen. In der Fachsprache der Informationssicherheit versteht man darunter einen Oberbegriff für *Verhalten* von Benutzern oder deren systeminternen Repräsentanten, daß die *Sicherheitspolitik in Computersystemen gefährdet* sowie, gegebenenfalls darüber hinausgehend, *allgemein akzeptierten Verhaltensnormen zuwiderläuft*. Letzteres betrifft bspw. das neugierige Herumstöbern in fremden Softwarebeständen, die aus Fahrlässigkeit oder Unkenntnis nicht sonderlich geschützt wurden.

Intrusion Detection dient der Erkennung von Einbruchsaktivitäten in (vernetzten) informationstechnischen Systemen, einschließlich in Applikationen, und kann im Sinne des Orange Book [11] als *Untermenge* des *von Audit* abgedeckten Funktionsbereichs aufgefaßt werden. Ausgehend von den in der deutschen Ausgabe [2] der harmonisierten europäischen Sicherheitskriterien ITSEC [6] aufgeführten generischen Sicherheitsfunktionen ist dieser Bereich der *Protokollauswertung* zuzuordnen.

Die Aufgabe des primär an den Interessen von Systemadministratoren sowie Systembetreibern orientierten Audits besteht in der Generierung, Aufzeichnung und Analyse von Daten über sicherheitsrelevante systeminterne Aktivitäten. Die der Erkennung von Einbruchsaktivitäten zugrundeliegenden Auditdaten werden entweder vom Referenz-Monitor in der Trusted Computing Base oder von vertrauenswürdigen Applikationen generiert. Gestützt auf eine eindeutige Identifikation der Benutzer ermöglicht die Aufzeichnung dieser Daten, systeminterne Aktivitäten auf ihre Verursacher zurückzuführen und damit die Feststellung individueller Verantwortlichkeiten für benutzerveranlaßte Aktionen.

Über die Analyse von Auditdaten kann festgestellt werden, ob zu irgendeinem Zeitpunkt Sicherheitsgefährdungen in einem System aufgetreten sind. Diese können bspw. durch Hackerangriffe, Computerspionage, Finanzmanipulationen, Sabotage unzufriedener regulärer Benutzer sowie Aktivitäten subversiver Software verursacht worden sein. Ziel der Auswertung dieser Daten ist eine hypothetische *semantische Verhaltensklassifikation* bzgl. Abnormalität, Verdächtigkeit oder offensichtlicher Subversivität von Subjekten.

Die Forderung nach Audit, insbesondere in sensiblen Bereichen, läßt sich auf vielfältige Weise motivieren. Die gegenwärtig und in absehbarer Zeit eingesetzten Betriebssysteme und Kommunikationsprotokolle verfügen über konzeptionelle Schwachstellen, insbesondere bei der Authentifikation und bei der Zugriffskontrolle. Da es selbst in der Theorie unmöglich ist, absolut sichere Computersysteme zu entwerfen, sind wir permanent mit systeminhärenten Sicherheitsrisiken konfrontiert. Ausgehend vom Vorhandensein dieser Risiken ermöglicht Audit *zumindest* ein Nachvollziehen all dessen, was in (und zwischen[1]) den jeweiligen Computersystemen an sicherheitsrelevanten Aktionen passierte. Hinzu kommt das Problem des Mißbrauchs von Zugriffsrechten durch reguläre Benutzer zu dem sich Halme und van Horne in [19] wie folgt äußerten: "Even if we perfect the ability to design computer systems which we can trust, we can never fully trust their users. The problem of catching legitimate users who violate system security will remain a problem which can most effectly be addressed by security monitoring." Neben der bereits erwähnten Nachweis-

---

[1] Die dafür erforderlichen Daten werden u.a. von Kommunikationsprotokoll-Wrappern geliefert.

barkeit netzinterner Aktionen in Konfliktfällen wird nicht zuletzt auf den Abschreckungsaspekt [24] dieser Sicherheitsfunktion gegenüber potentiellen Angreifern gebaut.

2 Automatisierte Einbruchserkennung

Im folgenden wird die Notwendigkeit einer automatisierten Auswertung von Auditdaten erläutert sowie prinzipielle Herangehensweisen und Probleme bei der Analyse dieser Daten skizziert. Ausgehend von einem kritischen Überblick über Empfehlungen internationaler Sicherheitskriterien für Audit werden datenschutzrechtliche Rahmenbedingungen für Gestaltung und Einsatz von Intrusion Detection-Systemen diskutiert.

2.1 Erforderlichkeit einer automatisierten Analyse von Auditdaten

Die mittels Audit pro Benutzer aufgezeichneten Daten können je nach Granularität Größenordnungen von mehreren MByte je Stunde pro Benutzer erreichen. Eine manuelle oder mit einfachen Tools unterstützte Auswertung, durch Sicherheitsadministratoren, ist aufgrund der Datenmengen und des mit der Analyse verbundenen zeitlichen Aufwands weitgehend unmöglich. Erst mit Hilfe automatisierter online-Analyseverfahren werden diese Datenmengen praktikabel handhabbar. Außerdem bieten sie am ehesten eine Gewähr für die Einhaltung hoher zeitlicher Anforderungen bei der Datenanalyse.

Auditdaten beziehen sich auf eine Vielzahl systeminterner Operationen (z.B. Systemstarts, Systemanmeldungen von Benutzern, Schreib- und Lesezugriffe). Innerhalb der operationsspezifischen Auditdatensätze sind wiederum numerische und kategorische Informationen unterschiedlichsten Typs enthalten, wodurch das Gesamterscheinungsbild dieser Daten recht komplex und schwer überschaubar wird. Bedingt durch die Bandbreite der Auditdatensätze und deren operationsinterne Datenvarianz erweist sich ihre Interpretation bzw. Analyse als sehr anspruchsvoll. Auch aus diesen Gründen sind leistungsfähige, algorithmische Verfahren erforderlich.

Für eine (automatisierte) Auditanalyse spricht letztendlich auch ein pragmatischer Gesichtspunkt. Beschränkt man sich beim Audit auf die Aufzeichnung und Archivierung sicherheitsrelevanter Daten, wird es weitgehend wirkungslos und auf diese Weise der Aufrechterhaltung des Abschreckungsaspekts eine wesentliche Voraussetzung entzogen.

Automatisierte Auswertungsverfahren werden nie ein vollwertiger Ersatz für kreative Sicherheitsadministratoren sein. Sie können aber entscheidend dazu beitragen, deren Arbeit zu erleichtern, sie zu effektivieren bzw., ausgehend von den oben genannten Gründen, in diesem Aufgabenbereich mitunter überhaupt erst möglich zu machen!

2.2 Zur Auswertungsproblematik

Bei der Analyse von Auditdaten reicht es nicht aus, analog der Zugriffskontrolle, einzelne Aktionen (Auditdatensätze) separat zu betrachten. Eine solche Aktion könnte bspw. die Verifikation einer Zugriffsforderung durch den Referenz-Monitor eines Betriebssystemkerns sein. Anhand dieser Überprüfung wird festgestellt, ob das Subjekt, das auf eine bestimmte Ressource zugreifen will, auch über die dafür erforderlichen Privilegien verfügt. Um semantische Analysen vornehmen zu können, macht sich außerdem eine Betrachtung vorheriger sowie gegebenenfalls eine Berücksichtigung prognostizierter Folgeaktionen in ihrer Gesamtheit erforderlich! Mittels derartiger Sequenzanalysen könnte man, bezugnehmend auf das obige Beispiel, festellen, *auf welche Art und Weise* ein Subjekt eine bestimmte Privilegierung erlangte.

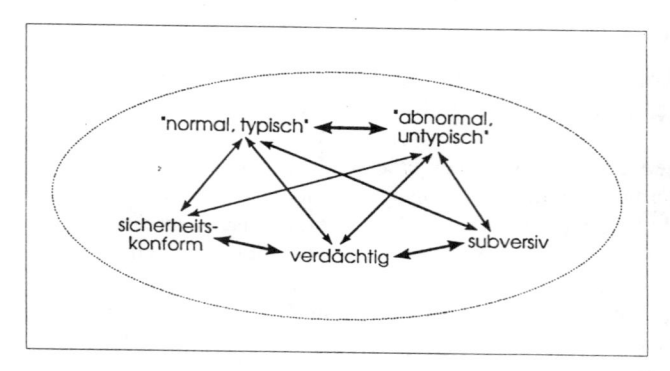

Abb. 1: Relationen im Verhaltensspektrum von Benutzern

Die in Intrusion Detection-Systemen realisierten Verhaltensanalysen bewegen sich traditionell auf zwei korrespondierenden Ebenen. Das in Abb. 1 als obere Ebene dargestellte recht abstrakte Verhaltensspektrum reicht *von "normalen, typischen"* bis hin zu *"abnormalen, untypischen"* Subjektverhalten. Aufgrund der damit indirekt aufgeworfenen Frage, inwiefern es ein normales, typisches Benutzerverhalten überhaupt geben kann, werden die beiden dieser Ebene zugeordneten Verhaltensklassen bewußt apostrophiert. Ergänzend sei erwähnt, daß sich der im folgenden gelegentlich verwendete Begriff der (statistischen) Referenzprofile prinzipiell auf diese Verhaltensebene bezieht. Auf der im Vergleich dazu hinsichtlich der Benutzerabsichten wesentlich aussagekräftigeren unteren Ebene unterscheidet man zwischen *sicherheitskonformen, verdächtigen* und offensichtlich *subversiven* Verhalten. Zur Beschreibung des algorithmisch nicht entscheidbaren Benutzerverhaltens werden unterschiedliche Modelle in Verbindung mit verschiedenen technologischen Herangehensweisen verwendet. Diese sollen im folgenden kurz vorgestellt werden.

Prägenden Einfluß auf zahlreiche, in der zweiten Hälfte der 80er Jahre entwickelte Intrusion Detection-Systeme, wie IDES, MIDAS, Haystack, NADIR oder NSM, hatte das von Dorothy E. Denning konzipierte Intrusion Detection Model, dem folgende Hypothese [9] zugrundeliegt: "... exploitation of a systems vulnerabilities involves *abnormal* use of the system; therefore, security violations could be detected from abnormal patterns of system usage." Die Umsetzung dieses Ansatzes erfordert statistische subjektspezifische Referenzprofile. Diesen Modellen liegen heuristische Annahmen über tolerierbare statistische Abweichungen zugrunde. Davon ausgehend wird das aktuelle Benutzerverhalten permanent mit den im Vorfeld generierten Referenzprofilen verglichen.

Eine weitere Möglichkeit zur Modellierung "normaler, typischer" Verhaltensmuster sind automatisch generierte Regelwälder (koexistierende Regelbäume) mit denen statistisch akzeptable Werte bzw. Daten bestimmter Felder in Auditdatensätzen in Abhängigkeit von anderen Feldern spezifiziert werden [35]. Ein anderes, auf einem zeitbasierten induktiven Lernverfahren basierendes Verfahren generiert Regeln, die wahrscheinlichkeitsbewertete Abfolgen systeminterner Aktionen von Benutzern beschreiben [33]. Auch künstliche neuronale Netze [8, 14] wurden in dem Zusammenhang getestet.

Im korrespondierenden unteren Verhaltensspektrum (siehe Bild 1) bestehen Möglichkeiten für die Modellierung von sicherheitskonformen Verhalten mittels diverser Sicherheitsmodelle, z.B. Bell-LaPadula oder Chinese Wall. Verdächtige Verhaltensmuster können mit Hilfe heuristischer Indikatoren, z.B. zeitabhängigen, aktionsspezifischen Schwellwerten, beschrieben werden. Der auf Erkennung subversiver Verhaltensmuster orientierten Analyse liegen Beschreibungen über bekannte sowie hypothetische Angriffsszenarien zugrunde. Die Beschreibung derartiger Angriffssequenzen erfolgt meist mittels expliziter Wissensrepräsentation, in Form von Fakten, Regeln, Frames, Scripten.

Die auf statistischen Referenzprofilen basierenden Ansätze adressieren primär das Problem der auf fremden Benutzeraccounts agierenden *Masqueraders*. Ist einem Angreifer der Einbruch in einen fremden Benutzeraccount erst einmal gelungen, gibt es für die Zugriffskontrolle keine Möglichkeit, ihn an der Inanspruchnahme der damit verbundenen Zugriffsrechte zu hindern. Mit Hilfe der Referenzprofile und den der Analyse zugrundegelegten statistischen Verteilungen strebt man eine zusätzliche *indirekte "Authentifikation"* von Benutzern über ihr Verhalten an.

Wichtig ist bei der Generierung von Referenzprofilen, daß garantiert sicherheitskonforme Trainingsdaten Verwendung finden! Um ein tendenzielles Hinübergleiten von sicherheitskonformen zu subversiven Verhaltensmustern erkennen zu können, machen sich zudem Trendanalysen erforderlich. Hierbei zeigt sich ganz deutlich die notwendige, unbedingt zu berücksichtigende Wechselwirkung zwischen beiden Verhaltensebenen. Davon ausgehend relativiert sich der von Denning propagierte Vorteil ihres Ansatzes, Angriffssequenzen für die Analyse *nicht* exakt definieren zu müssen!

Letzteres ist wiederum eminent wichtig, wenn man sich für die Modellierung von Verhaltensklassen entschieden hat, die auf der unteren Verhaltensebene angesiedelt sind. In dem Fall macht sich insbesondere eine Auseinandersetzung mit dem Problem der inhärenten Unvollständigkeit der zugrundeliegenden Sicherheits- oder Angriffsmodelle erforderlich.

Die Effizienz aller Konzepte hängt stark von den Anforderungen der zu überwachenden System- bzw. Netzumgebungen, der darin agierenden Benutzer sowie der Qualität der im jeweiligen Anwendungsfall zugrundeliegenden Verhaltensmodelle ab. So dürfte es bspw. weitaus schwieriger sein, geeignete Kriterien für die Generierung statistischer Referenzprofile für Wissenschaftler, als solche für Sekretärinnen zu definieren, die wohl vorangig mit diversen Text-, Zeichen-, Dienstprogrammen, Literaturdatenbanken sowie gegebenenfalls mit Electronic Mail arbeiten.

Ausgehend von datenschutzrechtlichen Gesichtspunkten scheint die Verwendung statistischer Referenzprofile, vor allem im Hinblick auf eine potentiell mögliche Leistungsüberwachung, bedenklich. Das Problem einer effizienten, vor allem aber auch sozial akzeptablen Modellierung sowie Klassifikation algorithmisch unentscheidbaren Benutzerverhaltens ist bis heute nicht zufriedenstellend gelöst. Beleg dafür ist nicht zuletzt die relativ geringe Anzahl von Testinstallationen selbst relativ leistungsstarker Intrusion Detection-Systeme, wie das in Kooperation an der University of California in Davis sowie von den Haystack Laboratories entwickelte DIDS [32] oder das am SRI International in Menlo Park entwickelte (N)IDES [23].

2.3 Einige Empfehlungen internationaler Sicherheitskriterien

In zunehmenden Maße erschwert die Komplexität moderner informationstechnischer Systeme sowohl potentiellen Käufern als auch den Betreibern und Benutzern derartiger Systeme eine sachkundige Beurteilung der Herstellerangaben über die Sicherheit ihrer Systeme sowie deren Angemessenheit für die jeweiligen Einsatzaufgaben und -umgebungen [25]. Diesen Problemen Rechnung tragend entstanden ab der zweiten Hälfte der 80er Jahre Sicherheitskriterien in denen allgemeine Sicherheitseigenschaften bzw. -funktionen informationstechnischer Systeme definiert, strukturiert sowie Anforderungen an die Sicherheit dieser Systeme spezifiziert wurden. Damit waren Grundlagen geschaffen für zunächst national [11, 31, 36, 4, 7, 34] und seit Anfang der 90er Jahre auch international [6] anerkannte Bewertungen und Zertifizierungen informationstechnischer Systeme, die von herstellerunabhängigen Instanzen vorgenommen werden.

In den europäischen Sicherheitskriterien ITSEC [6] wird Audit, das in der deutschsprachigen Ausgabe inhaltlich der Protokollanalyse entspricht und gemeinsam mit Accountability die Beweissicherung beansprucht, als eine elementare generische Sicherheitsbasisfunktion definiert. Im Kriterienkatalog sind Empfehlungen über den Umfang der sicherheitsklassenspezifisch aufzuzeichnenden Daten, qualitative Anforderungen an die Auditanalyse (siehe Tabelle 1) sowie an den Schutz der Auditfunktionalität, als auch der von ihr aufgezeichneten Daten enthalten.

Sicherheitsklasse	Qualitative Anforderungen
F-C1	• keine (Erfassung und) Auswertung systeminterner Aktivitäten
F-C2	• Selektion benutzerspezifischer Aktivitäten
F-B1	• analog F-C2
F-B2	+ Überwachung (bekannter) verdeckter Kanäle
F-B3	+ *Überwachung kritischer Ereignisse* und Informierung des Sicherheitsadministrators + Veranlassung von Gegenmaßnahmen

Tabelle 1: Empfehlungen der ITSEC bzgl. der Protokollanalyse

Das höchste Potential bei der Auswertung von Auditdaten wird für Systeme der Klasse F-B3 gefordert. Im Gegensatz zu allen niedrigeren Sicherheitsklassen, deren Systeme ein unterschiedlich stark ausgeprägtes, passiv orientiertes Audit durchführen, ist für F-B3 ein aktives Audit Voraussetzung, daß neben der Analyse systeminterner Aktivitäten auch Gegenmaßnahmen initiieren kann. Aufgrund der empfohlenen Überwachung kritischer Ereignisse fallen die qualitativen Anforderungen an die Protokollanalyse für F-B3-Systeme in den Funktionsbereich Intrusion Detection.

In den inhaltlich etwas anders strukturierten US-amerikanischen Federal Criteria [34] werden, unabhängig von den darin beschriebenen Schutz- bzw. Sicherheitsprofilen, für die zugrundeliegenden Sicherheitsbasisfunktionen (functional components), Funktionsklassen definiert. Beim Audit (siehe Tabelle 2) gibt es, in Abhängigkeit vom jeweiligen Leistungspotential, die "Level" AD-1 bis AD-5.

Audit-Level	Qualitative Anforderungen
AD-1	• Selektion benutzerspezifischen Aktivitäten sowie von Zugriffen auf Objekte mit gleichem Sicherheitsattribut
AD-2	+ Review-Tool mit erweiterter Funktionalität + Schutz der Tools gegenüber unzulässiger Benutzung, Modifikation bzw. Zerstörung
AD-3	+ Bereitstellung von *Tools zur Einbruchserkennung*
AD-4	+ Überwachung kritischer Ereignisse + umgehende Informierung des Sicherheitsadministrators im Bedarfsfall + Veranlassung von Gegenmaßnahmen
AD-5	+ Generierung von Sicherheitsberichten sowie *Erkennung von Einbrüchen in Echtzeit*

Tabelle 2: Empfehlungen der Federal Criteria bzgl. der Analyse von Auditdaten

Bereits in der Funktionsklasse AD-3 werden explizit (passive) Intrusion Detection-Tools gefordert, die ausschließlich Auswertungsaufgaben erfüllen sollen. AD-4 entspricht inhaltlich den Anforderungen, die an die (aktive) Protokollanalyse in F-B3-Systemen gestellt werden. Für die Funktionsklasse AD-5 wird schließlich, ergänzend zum AD-4-Leistungspotential, die Erkennung von Einbrüchen in Echtzeit gefordert.

ITSEC v1.2	FC-ITS v1.0	
		Audit-Level
F-B3 (E6)	LP4	AD-1+
F-B3 (E5)	LP3	AD-1+
F-B2	LP2	AD-1
F-B1	LP1	AD-1
---	CS3	AD-3
---	CS2	AD-3
F-C2	CS1	AD-1
F-C1	---	

Tabelle 3: Äquivalenz von Sicherheitsklassen und -profilen

Tabelle 3 veranschaulicht die Äquivalenz von Sicherheitsklassen der europäischen Sicherheitskriterien und der US-amerikanischen Federal Criteria, die als Neuerung den Bereich zwischen F-C2/CS1 und F-B1/LP1 um die kommerziell motivierten Profile CS2 und 3 erweiterten. Die Profilbezeichner CS und LP der Federal Criteria stehen für *C*ommercial *S*ecurity sowie *L*abel-based *P*rotection.

Die der klassischen Sichtweise auf Sicherheit entsprechenden Basisfunktionen Audit (Beweissicherung und Protokollanalyse) sowie Identifikation/ Authentifizierung sind primär auf die Bedürfnisse der Betreiber und Administratoren informationstechnischer Systeme zugeschnitten. In dem Zusammenhang macht sich der historisch bedingte Einfluß des vorangig an militärischen Erfordernissen orientierten Orange Book nachhaltig bemerkbar. So fordern bspw. die ITSEC lediglich eine *einseitige* Authentifizierung [27] der Benutzer gegenüber dem System. Trotz des Arguments, daß Auditdaten u.a. auch zum Nachweis der Unschuld von Benutzern herangezogen werden, sind deren Schutzbedürfnisse in den aktuellen internationalen Sicherheitskriterien bisher kaum berücksichtigt. Zwischen Systembetreibern und -benutzern besteht ein einseitiges Abhängigkeitsverhältnis. Der überwachte Benutzer muß sich letztendlich darauf verlassen, daß der in seinem Arbeitsbereich zuständige Administrator seinen Aufgaben ordnungsgemäß nachkommt, insbesondere Authentizität und Integrität der Auditdaten effektiv schützt.

2.4 Datenschutzrechtliche Anforderungen

Die von Audit generierten und aufgezeichneten sowie von Intrusion Detection-Systemen verarbeiteten benutzerbezogenen Aktivitätsdaten sind personenbezogene Daten im Sinne des Datenschutzes. Als Konsequenz greifen in dem Zusammenhang auf nationaler Ebene u.a. das Bundesdatenschutzgesetz [3], das der Einschränkung von Beeinträchtigungen des im Grundgesetz [7] verankerten informationellen Selbstbestimmungsrechts[2] Betroffener bei Erhebung, Verarbeitung und Nutzung personenbezogener Daten dient. Außerdem wird der Bereich teilweise vom Betriebsverfassungsgesetz [1] überdeckt, das den Schutz von Arbeitnehmern in sozialen Angelegenheiten zum Ziel hat. Die in den Gesetzeswerken enthaltenen rechtlichen Rahmenbedingungen (siehe Tabelle 4) gilt es hinsichtlich

- des *Betroffenenschutzes*,
- der *Rechtfertigung* von Intrusion Detection-Systemen sowie
- bzgl. *der Vorgaben für deren Systemgestaltung und Einsatz*

zu interpretieren und praktisch umzusetzen.

Problematisch ist dabei, daß das BDSG gelegentlich mit sich selbst in Konflikt gerät [28]. Ein typisches Beispiel dafür sind die in §9 sowie dessen Anlage enthaltenen, etwas betagten Maßnahmen zur Datensicherung, die der technischen Durchsetzung von Datenschutz dienen. Diese Maßnahmen sollen einerseits personenbezogene Daten schützen, verursachen aber gleichzeitig durch die Generierung von Zugriffsprotokollen und dergleichen neue Datenschutzprobleme. Da Intrusion Detection-Systeme über technologieinhärente Möglichkeiten zur sozial bedenklichen Leistungs- [10, 22, 29] und Verhaltensüberwachung[3] verfügen, sind eine datenschutzkonforme Systemgestaltung sowie sozialverträgliche Einsatzkonzepte eine elementare Grundlage für die Akzeptanz derartiger Systeme.

Das dem klassischen Sicherheitsdenken zugrundeliegende Konzept sowie die davon geprägten internationalen Sicherheitskriterien wurden und werden, im Hinblick auf das Fehlen datenschutzkonformer Sicherheitsfunktionen, u.a. zur Gewährleistung von Anonymität und Unbeobachtbarkeit, nach wie vor wiederholt kritisiert [15, 16, 25]. Mit derartigen Funktionen ergäbe sich sowohl ein Schutz von Benutzern in umgekehrter Richtung gegenüber den benutzten Systemen, insbesondere deren Betreibern und Administratoren, als auch ein erhöhter Schutz der Benutzer untereinander. Ein erster Schritt in diese Richtung ist die in den kanadischen Sicherheitskriterien CTCPEC [4] enthaltene Forderung nach Aufteilung von Aufgaben und damit verbundenen Verantwort-

---

[2] Jeder deutsche Staatsbürger hat das Recht, grundsätzlich über die Preisgabe und Verwendung seiner persönlichen Daten zu bestimmen.
[3] Gemeint ist hier eine Verhaltensüberwachung außerhalb des für die IT-Sicherheit interessanten Bereichs.

Funktions-bereich	Datenschutz-problem	Einige Datenschutzbestimmungen bzgl.	
		Betroffenenschutz	... Intrusion Detection-Systeme
Audit	- *Generierung und Speicherung benutzerbezogener* (Aktivitäts-) Daten - inhärente *Unvollständigkeit* der Auditdaten - *Handlungsspielraum* der Superuser	- (Nachweis der) *Erforderlichkeit* lt. §9 BDSG - keine *überwiegende* Beeinträchtigung schutzwürdiger Interessen Betroffener entsprechend §13 Abs.2 Nr.2 BDSG	- *Verfolgung von Straftaten* gemäß §14 Abs.2 Nr.7 BDSG - *Abwehr drohender Gefahren* für die öffentliche Sicherheit nach §14 Abs.2 Nr.6 (- *Durchführung wiss. Forschung* entsprechend §14 Abs.2 Nr.9 BDSG)
Vorverarbeitung	- *Verluste* eventuell entlastender Details durch Reduktion	- Gewährleistung einer *ausschließlich Zwecken der Datensicherung* dienenden Verarbeitung lt. §14 Abs.4 sowie §31 BDSG	
Datenübertragung	- *sichere* Datenübertragung	- *Datensicherung* gemäß §9 BDSG	
Analyse (Reaktion)	- Verarbeitung benutzerbezogener (Aktivitäts-) Daten	- Verarbeitung ausschließlich zu Zwecken der Datensicherung entsprechend §14 Abs.4, §31 BDSG	
		- *Mitspracherecht der Betriebsräte* bei der Einführung technischer verhaltens- oder leistungsüberwachender Einrichtungen in §87 Abs.1 Nr.6 BetrVG	- *Geheimhaltung der Wissensbasen* gedeckt durch §19 Abs.4 BDSG aufgrund berechtigter Interessen (potentieller) Angreifer
		- *Verhältnismäßigkeit* gemäß §9 BDSG	
Sicherheitsadministrator	- Verarbeitung benutzerbezogener (Aktivitäts-) Daten	- analog Analyse - *keine unbefugte Verarbeitung oder Nutzung* der Auditdaten gemäß §5 BDSG	- analog Analyse - muß nach §19 Abs.2 BDSG *keine Auskunft* über die gespeicherten Daten erteilen

Tabelle 4: Datenschutz im Kontext von Audit und Intrusion Detection

lichkeiten (separation of duty) im Bereich des Netz-/System- und Sicherheitsmanagements.

Ziel des Einsatzes von Audit kann keine flächendeckende Überwachung sein. Eine Erforderlichkeit von Audit ist am ehesten für sensible Bereiche nachvollziehbar. Aufgrund der in diesen Bereichen in größeren Mengen anfallenden Auditdaten ist neben dem klassischen Sicherheitsadministrator ist ein spezieller *Datenschutzadministrator* denkbar, der speziell die Speicherung und Verarbeitung dieser personenbezogenen Benutzerdaten überwacht.

Zwischen der Identifikation/Authentifikation und der darauf aufbauenden herkömmlichen Beweissicherung und Protokollauswertung einerseits und den datenschutzorientierten Sicherheitsfunktionen bzw. Belangen andererseits bestehen informationelle Spannungsfelder. Die Ursachen für diese Spannungsfelder sind in den mitunter konträren Interessenlagen der Beteiligten und Betroffenen zu suchen, deren Berücksichtigung im Rahmen einer rechtskonformen und sozialverträglichen Systemgestaltung Kompromisse erfordert. Zudem dürfte sich perspektivisch eine an diesen Erfordernissen orientierte Gestaltung von IT-Systemen, nicht zuletzt aufgrund einer erhöhten Akzeptanz bei potentiellen Benutzern, auch ökonomisch bezahlt machen.

3 Das Intrusion Detection-System AID^2

AID^2 steht für **a**daptive **i**ntrusion **d**etection & **d**efense system. Das vom Autor konzipierte System wird von der Forschungsgruppe Netzsicherheit am Lehrstuhl für Rechnernetze und Kommunikationssysteme der Brandenburgischen Technischen Universität Cottbus weiterentwickelt und seit Mitte 1994 implementiert.

3.1 Motivation

Datenschutzrelevante Anforderungen und Probleme wurden in den vergangenen Jahren gelegentlich diskutiert [10, 21], fanden jedoch bei der *Realisierung* US-amerikanischer Intrusion Detection Systeme sowie der beiden in Frankreich entwickelten Systeme ASAX und Hyperview [18, 5] kaum Berücksichtigung. Exemplarisch für nicht nur in den USA vorherrschende Meinungen ist folgendes Zitat aus einer im Internet verbreiteten Kurzbeschreibung zum System Stalker [20]: "What are the privacy considerations? Stalker does not examine users keystrokes, file contents, or electronic mail, *so it does not violate user privacy.* It uses standard operating system audit trail data to analyze system events and services."

Erste konkrete Vorschläge für eine datenschutzkonforme Gestaltung von Intrusion Detection-Funktionen (Verschlüsselung von subjekt- und objektspezifischen Referenzprofilen) finden sich in [13]. Praktische Arbeiten dazu erfolgten im Rahmen der Realisierung von IDA [12], das eine in einen (simulierten MULTICS-) Sicherheitskern eingebettete Intrusion Detection-Komponente vorsieht, die mit dem Referenzmonitor direkt korrespondiert. Dieser Ansatz weist ideale Voraussetzungen zur Unterbindung bedenklicher Zugriffsanforderungen sowie einen guten Schutz der Komponente auf. Er verursacht allerdings eine erhöhte Komplexität des Kerns. Werden die verwendete Wissensbasis oder die statistische Auswertungseinheit modifiziert, so muß das Betriebssystem neu compiliert werden. Insbesondere letzteres ist wohl die Ursache dafür, daß dieses Systemkonzept bis dato keine Verbreitung fand (vgl. u.a. [30]).

Ziel unserer Arbeiten ist die erstmalige Realisierung eines *datenschutzkonformen* Intrusion Detection-Systems, das mit verteilten Audit und zentraler Auswertung auf einer Client-Server-Architektur basiert.

3.2 Gestaltungsziele

AID^2 dient der Erkennung und aktiven Bekämpfung von Angriffen in Systemen bzw. Netzen. Bei der Implementierung wird eine Realisierung *modularer Funktionseinheiten*, im Hinblick auf einen baukastenartigen Auf- bzw. Ausbau des Systems, angestrebt. Die qualitativen Anforderungen an die Analyse der Auditdaten orientieren sich an den Empfehlungen der ITSEC für die Protokollanalyse von F-B3-Systemen sowie an der höchsten Audit-Funktionsklasse AD-5 der Federal Criteria.

Im Hinblick auf die relativ geringe hiesige Akzeptanz von Intrusion Detection-Systemen wurde bei AID^2 von Anfang an auf eine datenschutzkonforme und sozial verträgliche Systemgestaltung orientiert. Der in den kanadischen Sicherheitskriterien CTCPEC empfohlenen *Aufteilung von Aufgaben und Verantwortlichkeiten* wird zunächst, insbesondere im Bereich der Sicherheitsadministration, durch aktive Einbeziehung des im jeweiligen Einsatzbereich zuständigen Datenschutzbeauftragten und kryptographische Verfahren entsprochen.

3.3 Die Systemarchitektur

Der für AID^2 vorgesehene modulare Aufbau sieht folgende Komponenten vor:

- das betriebssystemspezifische Audit,
- Vorverarbeitungs- und Überwachungsmodule,
- ein Datenübertragungs- und Kommunikationsmodul,
- mehrere koexistierende Analysemodule sowie
- ein Sicherheitsadministrator-Modul.

AID² agiert innerhalb einer Netzdomäne. Auf den überwachten Rechnern generierte und gespeicherte Auditdaten werden lokal vorverarbeitet und zu einer zentralen Auswertungsstation transferiert. Dort werden die Daten von einem echtzeitfähigen Expertensystem analysiert (siehe Abb. 2), für den Sicherheitsadministrator aufbereitet und im Bedarfsfall Aktionen gegen erkannte netzinterne Sicherheitsverletzungen initiiert, z.B. Terminieren von Prozessen, Sperren von Benutzeraccounts.

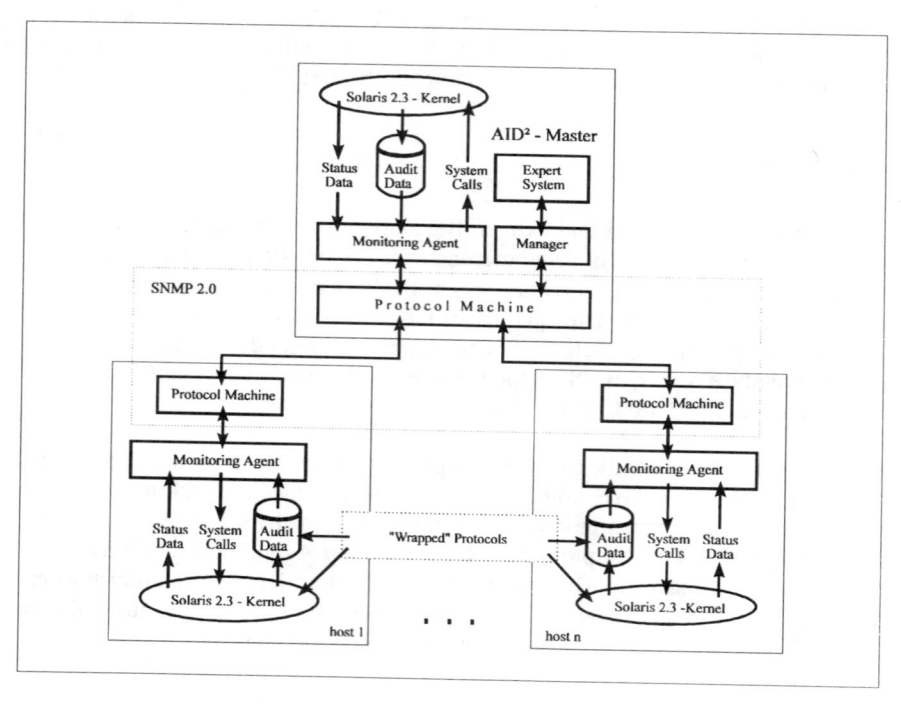

Abb. 2: AID²-Systemarchitektur

Die für das System gewählte Client-Server-Architektur verlangt eine sichere Kommunikation zwischen den einzelnen Modulen im Hinblick auf Verfügbarkeit, Integrität, Vertraulichkeit der zu übertragenden Daten sowie bezüglich der Authentizität der miteinander kommunizierenden Einheiten. Desweiteren stellt die vorgesehene zentrale Überwachung von Stationen innerhalb einer Netzdomäne ein typisches Managementproblem dar. Aus diesen Gründen wurde für AID^2 ein *Sicherheits-Management-Protokoll* gewählt, das zudem optional die Möglichkeit einer domänenübergreifenden Kooperation von Auswertungseinheiten bietet.

3.4 Anmerkungen zur Implementation

Als Sicherheits-Management-Protokoll findet eine public domain Implementation des SNMP 2.0 der Universität Twente Verwendung. Das Protokoll basiert auf einer Management Information Base (MIB) in der Objekte definiert sind, die von einer SNMP-Applikation abgefragt oder beeinflußt werden können. Im Rahmen der Realisierung von AID^2 wurde eine spezielle Security-MIB entwickelt, die von den als Vorverarbeitungs- und Überwachungsmodule agierenden Monitoring-Agenten verwaltet wird.

Ausgehend von den AD-5 Empfehlungen wird als zentrale Auswertungseinheit ein Expertensystem verwendet, das auf einer echtzeitfähigen Shell basiert. Unter Berücksichtigung der in 2.2 angesprochenen Probleme bei der semantischen Analyse von Auditdaten setzt unsere Forschungsgruppe jedoch mittelfristig auf *Diversität* bei den Auswertungseinheiten. Da das Implementieren und Testen von AID^2 in einer Solaris 2.x-Systemumgebung erfolgt, konzentrieren sich die Arbeiten zunächst auf die Modellierung konzeptionell bedingter, sicherheitsrelevanter "Flaschenhälse" des Betriebssystems (u.a. problematische Rechtetransfers, Szenarien mit Trojanischen Pferden). Ausgehend von einer zustandsorientierten semiformalen Beschreibung potentieller Angriffssequenzen wird die heuristische Wissensbasis erstellt.

3.5 Datenschutzkonforme Systemgestaltung

Auf die Notwendigkeit einer datenschutzkonformen Gestaltung von Intrusion Detection-Systemen wurde im Vorfeld nachdrücklich hingewiesen und ein entsprechender Anspruch als Gestaltungsziel für AID^2 in 3.2 propagiert. Zur organisatorischen und technischen Durchsetzung von Datenschutz sind bei der Realisierung des Systems unterschiedliche Maßnahmen geplant, die im folgenden, bezogen auf die jeweiligen Funktionsbereiche, erläutert werden.

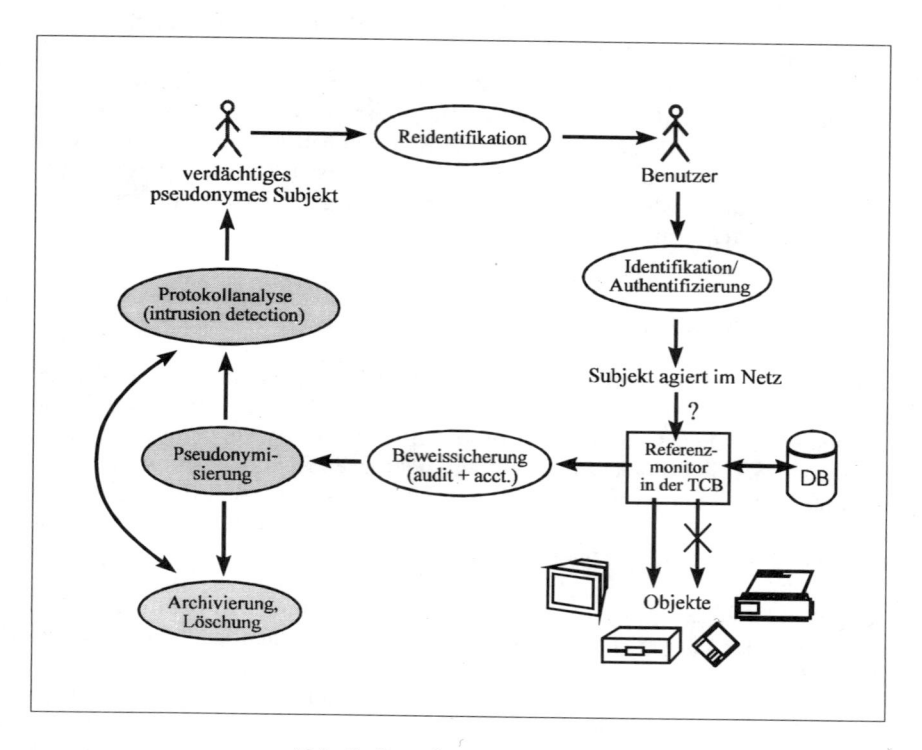

Abb. 3: Pseudonymisiertes Audit

Im untersten Funktionsbereich wird ein *pseudonymisiertes Audit* (siehe Abb. 3) durchgeführt. Die in den von Solaris 2.x generierten Auditdaten enthaltenen Benutzeridentifikatoren werden vom normal privilegierten Datenschutzadministrator (online) mit Pseudonymen überschrieben. Um die Vertraulichkeit der Benutzeridentifikator-Pseudonym-Zuordnungen gegenüber privilegierten Benutzern zu schützen, werden diese sensiblen Daten in einer speziellen Datenbank verschlüsselt abgespeichert, vom Datenschutzadministrator verwaltet und in unregelmäßigen zeitlichen Abständen verändert. Da der jeweilige Benutzerbezug der verwendeten Pseudonyme nur dem Datenschutzadministrator bekannt ist, handelt es sich nach [26] um *nichtöffentliche Personenpseudonyme*.

Die Verwendung eines Expertensystems als Basisauswertungseinheit ermöglicht ein *Nachvollziehen der Entscheidungsfindung* bei der Analyse benutzerspezifischer Auditdatensequenzen durch den Sicherheitsadministrator und wird auf diese Weise der Forderung nach transparenter Verarbeitung personenbezogener Daten gerecht. Um das datenschutzrechtliche Konfliktpotential von AID^2 von vornherein minimal zu halten, wird bei der Auditanalyse auf eine Generierung benutzerspezifischer Referenzprofile weitgehend verzichtet. Mit der Verarbeitung pseudonymisierter Auditdaten wird sichergestellt, daß bei der Analyse keine überwiegende Beeinträchtigung schutzwürdiger Belange eintritt. Gemäß dem Erforderlichkeitsgebot wird *erst in begründeten Verdachtsfällen* der betreffende Benutzer, auf Anforderung des Sicherheitsadministrators, vom Datenschutzadministrator *reidentifiziert*.

Aufgrund der modularen Funktionseinheiten kann AID^2, auch mit reduziertem Umfang, entsprechend den Erfordernissen in den jeweiligen Einsatzumgebungen, installiert werden.

Die in den AID^2-Domänen realisierte *informationelle Gewaltenteilung* kann in den herkömmlichen UNIX-Systemumgebungen zwar organisatorisch, teils kryptographisch, jedoch *noch* nicht architekturell erzwungen werden. Entscheidende Voraussetzung dafür wäre u.a. eine radikale Umgestaltung der Zugriffskontrolle, die den Systemadministrator in seinem Handlungsspielraum einschränkt und die Stellung der normalen Benutzer stärkt.

4 Ausblick

Allein mit gesetzgeberischen Maßnahmen und der Hoffnung auf guten Willen aller Beteiligten lassen sich Datenschutzanforderungen im Rahmen einer sicheren Datenverarbeitung kaum gewährleisten. Sie sind eine grundlegende Voraussetzung für die soziale Akzeptanz von sicheren Betriebssystemen und Kommunikationsarchitekturen, was nicht zuletzt ein gutes Verkaufsargument ist.

Bedingt durch die hohen Anforderungen im Bereich der Verhaltensmodellierung und der Verarbeitung benutzerbezogener Daten handelt es sich beim Intrusion Detection um eine anspruchsvolle, aber auch brisante Sicherheitsfunktion, die über die Durchsetzung technischen Datenschutzes weitgehend konvivial gestaltet und zum Einsatz gebracht werden kann!

Ziel der laufenden Arbeiten ist die Fertigstellung eines funktionsfähigen Prototypen in Minimalkonfiguration, die Aufnahme von Tests sowie der schrittweise Ausbau des Systems. Parallel dazu laufen Arbeiten zur datenschutzkonformen Umgestaltung von UNIX. Dem als Basisauswertungseinheit fungierenden echtzeitfähigen Expertensystem wird mittelfristig eine adaptive neuronale Komponente zur Seite gestellt.

Literatur

[1] Betriebsverfassungsgesetz, Novellierung vom 18. Dezember 1989

[2] Bundesamt für Sicherheit in der Informationstechnik (BSI): Kriterien für die Bewertung der Sicherheit von Systemen der Informationstechnik, Bundesanzeiger, Köln, 1992

[3] Bundesdatenschutzgesetz, Novellierung vom 20. Dezember 1990

[4] Canadian System Security Center, The Canadian Trusted Computer Product Evaluation Criteria, Version 3.0, April 1992

[5] CS Telecom, Hyperview. Product description, September 1994

[6] Commission of the European Communities, Information Technology Security Evaluation Criteria, Version 1.2, Office for Official Publications of the European Communities, Luxembourg, June 1991, Catalogue number: CD-71-91-502-EN-C

[7] Communications-Electronics Security Group, UK Systems Security Confidence Levels, CSEG Meorandum No.3, United Kingdom, January 1989

[8] Debar, H., Becker, M., Siboni, D., A neural network component for an intrusion detection system, Proc. of the IEEE Symposium on Research in Computer Security and Privacy, Oakland, CA, May 1992

[9] Denning, D. E., An intrusion detection model, Proc. of the IEEE Symposium on Security and Privacy, Oakland, CA, April 1986, pp. 184-194

[10] Denning, D. E., Neumann, P. G., Parker, D., Social aspects of computer security, Proc. of the 10th NCSC, Baltimore, MD, Oct. 1987, pp. 320-325

[11] Department of Defense, Trusted Computer Security Evaluation Criteria, (Orange Book), DoD 5200.28-STD, December 1985

[12] Fischer-Hübner, S., IDA (Intrusion Detection and Avoidance System): Ein einbruchserkennendes und einbruchsvermeidendes System, Dissertation am Fachbereich Informatik der Universität Hamburg, Shaker, Aachen, 1993

[13] Fischer-Hübner, S., Brunnstein, K., Opportunities and risks of intrusion detection expert systems, Proc. of the International IFIP-GI-Conference ORAIS '89, Universität Hamburg, Juli 1989, S. 317-323

[14] Fox, K. L., Henning, R. R., Reed, J. H., Simonian, R. P., A neural network approach towards intrusion detection, Proc. of the 13th NCSC, Washington, D.C., Oct. 1990, pp. 125-134

[15] Gehrke, M., Pfitzmann, A., Rannenberg, K., Information Technology Security Evaluation Criteria (ITSEC) - a Contribution to Vulnerability?, Proc. of the IFIP 12th World Computer Congress, Madrid, Sept. 1992

[16] Grimm, R., Sicherheit für offene Kommunikation: Verbindliche Telekooperation, BI-Wissenschaftsverlag, Mannheim, Leipzig, Wien, 1994

[17] Grundgesetz

[18] Habra, N., Le Charlier, B., Mounji, A., Mathieu, I., ASAX: Software architecture and rule-based language for universal audit trail analysis, Proc. of the ESORICS '92, Toulouse, November 1992, pp. 434-450

[19] Halme, L.R., van Horne, J., Automated analysis of computer systems audit trails for security purposes, Proc. of the 9th NCSC, Sept. 1986, pp. 71-74

[20] Haystack Laboratories, Inc., Info on Stalker, Sept. 1994

[21] Intrusion Detection: The State of the Art, Data Security Letter no. 22, November 1990, pp. 4-7

[22] rving, R. H., Higgins, C. A., Safayeni, F. R., Computerized Performan-ce Monitoring Systems: Use and Abuse, CACM 29(1986)8, pp. 794-801

[23] Lunt, T. et. al., A Real Time Intrusion Detection Expert System (IDES)- Final Report, SRI International, Menlo Park, CA, Feb. 1992

[24] National Computer Security Center, A Guide to Understanding Audit in Trusted Systems, NCSC-TG-001, Version 2, June 1988

[25] Pfitzmann, A., Rannenberg, K., Staatliche Initiativen und Dokumente zur IT-Sicherheit. Eine kritische Würdigung, Computer und Recht 3/93, S. 170-180

[26] Pfitzmann, B., Waidner M., Pfitzmann, A., Rechtssicherheit trotz Anonymität in offenen digitalen Systemen, Teil 1, Datenschutz und Datensicherung 6/90, S. 243-253, Teil 2, 7/90, S. 305-315

[27] Rihaczek, K., Bemerkungen zu den harmonisierten Evaluationskriterien für IT-Sicherheit, Proc. der VIS'91 (GI-Fachtagung), Darmstadt, März 1991, S. 259-276

[28] Rihaczek, K., Intrusion Detection, (Editorial), Datenschutz und Datensicherung 10/92, S. 505

[29] Schaefer, L. J., Employee Privacy and Intrusion Detection Systems: Monitoring on the Job, Proc. of the 14th NCSC, Washington, D.C., Oct. 1991, pp. 188-194

[30] Seiden, K. F., Melanson, J. P., The audit facility for a VMM security kernel, Proc. of the IEEE Symposium on Security and Privacy, Oakland, CA, May 1990, pp. 262-277

[31] Service Central de la Sécurité des Systèmes d'Information, Cataloque de Critères Destinés a Evaluer le Degré de Confiance des Systèmes d'Information, 692/SGDN/DISSI/SCSSI (Blue-White-Red-Book), Juli 1989

[32] Snapp, S. R. et. al., DIDS - Motivation, architecture, and an early prototype, Proc. of the 14th NCSC, Washington, D.C., Oct. 1991, pp. 167-176

[33] Teng, H., Chen, K., C-Y Lu, S., Adaptive real-time anomaly detection using inductively generated sequential patterns, Proc. of the IEEE Symposium on Security and Privacy, Oakland, CA, May 1990, pp. 278-284

[34] United States National Institute for Standards and Technology & National Security Agency, Federal Criteria for Information Technology Security, Version 1.0, Dec. 1992

[35] Vaccaro, H. S., Liepins, G. E., Detection of anomalous computer session activity, Proc. of the IEEE Symposium on Security and Privacy, Oakland, CA, May 1989, pp. 280-289

[36] Zentralstelle für Sicherheit in der Informationstechnik (Hrsg.), IT-Sicherheitskriterien: Kriterien für die Bewertung der Sicherheit von Systemen der Informationstechnik, Bundesanzeiger, Köln, 1989